Martina Haase

**Entwicklung eines Energie- und Stoffstrommodells
zur ökonomischen und ökologischen Bewertung
der Herstellung chemischer Grundstoffe aus Lignocellulose**

Entwicklung eines Energie- und Stoffstrommodells zur ökonomischen und ökologischen Bewertung der Herstellung chemischer Grundstoffe aus Lignocellulose

von
Martina Haase

Dissertation, Karlsruher Institut für Technologie
Fakultät für Wirtschaftswissenschaften
Tag der mündlichen Prüfung: 14. Dezember 2011
Referenten: Prof. Dr. rer. nat. Otto Rentz, Prof. Dr. rer. nat. Ute Karl

Impressum

Karlsruher Institut für Technologie (KIT)
KIT Scientific Publishing
Straße am Forum 2
D-76131 Karlsruhe
www.ksp.kit.edu

KIT – Universität des Landes Baden-Württemberg und nationales
Forschungszentrum in der Helmholtz-Gemeinschaft

KIT Scientific Publishing 2012
Print on Demand

ISBN 978-3-86644-819-3

Entwicklung eines Energie- und Stoffstrommodells zur ökonomischen und ökologischen Bewertung der Herstellung chemischer Grundstoffe aus Lignocellulose

Zur Erlangung des akademischen Grades eines

Doktors der Wirtschaftswissenschaften

(Dr. rer. pol.)

von der Fakultät für

Wirtschaftswissenschaften

des Karlsruher Institut für Technologie (KIT)

genehmigte

DISSERTATION

von

Dipl.-Umweltwiss. Martina Haase

Tag der mündlichen Prüfung: 14. Dezember 2011

Referent: Prof. Dr. rer. nat. Otto Rentz

Korreferentin: Prof. Dr. rer. nat. Ute Karl

Karlsruhe, 2012

Inhaltsverzeichnis

IV

1 Gegenstand und Aufbau der Arbeit

1.1 Ausgangslage und Problemstellung

Die Verknappung fossiler Rohstoffe verstärkt den Forschungsbedarf im Bereich der Entwicklung von Verfahren zum Einsatz von Biomasse als alternative Rohstoffbasis in der chemischen Industrie. Die zielgerichtete technische Entwicklung nachhaltiger Prozessketten zur Biomassenutzung erfordert eine begleitende ökonomische und ökologische Bewertung der im Labor- und Technikumsmaßstab neu entwickelten Verfahren. Die stoffliche Nutzung von Biomasse zur Herstellung von Grundchemikalien oder hochwertigen Produkten für die Chemieindustrie kann einen Beitrag zur nachhaltigen Substitution petrochemischer Rohstoffe leisten. Mit dem Ziel der Verminderung der Abhängigkeit von Rohölimporten und zur langfristigen Sicherung der Rohstoffbasis wird vermehrt die Möglichkeit der Nutzung lignocellulosehaltiger Biomasse, wie bspw. Holz oder Stroh, zur Herstellung von Plattform-chemikalien und neuen Materialien in Betracht gezogen. Aus ökologischer Sicht bietet die stoffliche Verwertung aller Inhaltsstoffe der Lignocellulose, d.h. im Wesentlichen von Cellulose, Hemicellulose und Lignin, im Vergleich zur ausschließlichen Nutzung von einzel-nen Pflanzenbestandteilen, wie z.B. Stärke aus Getreide und Pflanzenölen aus Ölsaaten, ins-besondere den Vorteil höherer Flächenerträge (vgl. bspw. Hamelinck et al., 2005). Gleichzei-tig führt die zunehmende stoffliche Nutzung von Holz bzw. lignocellulosehaltigen Rohstoffen außerhalb des Zellstoff- und Holzwerkstoffbereichs aber auch die verstärkte energetische Nutzung zu einer gesteigerten Konkurrenz um den Rohstoff Holz (vgl. Mantau et al., 2010).

Für die Chemieindustrie stellt der in der Biomasse organisch gebundene Kohlenstoff die einzige Alternative zu fossilen Rohstoffen dar. Eine zukünftige Erhöhung des Anteils nachwachsender Rohstoffe in der chemischen Industrie setzt die Entwicklung ökonomisch und ökologisch vorteilhafter Verfahren zur Herstellung von bislang fossil basierten Produkten bzw. von neuen Produkten mit technischen Vorteilen voraus (vgl. FNR, 2006, VCI, 2010). Dazu müssen geeignete Methoden zur Bewertung dieser Verfahren im Planungsstadium unter Einbeziehung ökonomischer und ökologischer Kriterien zum Einsatz kommen. In der vorliegenden Arbeit wird zu diesem Zweck ein Energie- und Stoffstrommodell zur Optimierung und Bewertung von Prozessketten entwickelt. Gegenstand der Betrachtungen stellt ein Organosolv-Aufschlussverfahren für Laubholz mit einer anschließenden Trennung der Holzkomponenten Cellulose, Hemicellulose (C_5-Zucker) und Lignin sowie einer nachfolgenden enzymatischen Hydrolyse von Cellulose zu Glukose dar.

1.2 Zielsetzung und Lösungsweg

Ziel der vorliegenden Arbeit ist die ökonomische und die ökologische Bewertung und Optimierung einer Prozesskette zur Umwandlung von Holz zu Glukose, C_5-Zuckern und Lignin, welche als Ausgangs- und Zwischenprodukte zur Herstellung chemischer Grundstoffe bzw. neuer Materialien eingesetzt werden können.

Zur Beantwortung der zentralen Fragestellung, unter welchen Annahmen der Einsatz von Holz als Rohstoff für die chemische Industrie aus ökonomischen und ökologischen Gesichtspunkten vorteilhaft ist, wird in der vorliegenden Arbeit ein Energie- und Stoffstrommodell entwickelt und angewandt. Für die Modellierung der Stoff- und Energieströme entlang der gesamten Wertschöpfungskette werden Methoden zur verfahrenstechnischen Modellierung und zur Stoffstromsimulation kombiniert. Zur Optimierung der Prozesskette werden die Schlüsselgrößen der Prozesskette mittels vollständiger Enumeration variiert und im Rahmen der Bewertung werden ökonomische und ökologische Zielkriterien sowohl gesondert als auch integriert betrachtet. In Abbildung 1 ist die methodische Vorgehensweise zusammenfassend dargestellt. Zunächst wird die betrachtete Prozesskette zur Herstellung chemischer Grundstoffe aus Holz charakterisiert und ein Blockfließbild der Produktionsanlage wird erstellt. Danach werden Schlüsselgrößen (s) für die Optimierung der Prozesskette und deren Einfluss auf die Stoff- und Energieströme identifiziert. Als Datengrundlage für die techno-ökonomische und die ökologische Bewertung und Optimierung wird eine verfahrenstechnische Modellierung ausgewählter Prozessschritte der Produktionsanlage durchgeführt. Die verfahrenstechnische Modellierung dient der Modellierung der Massenströme der Lösemittelrückgewinnung, der Schätzung der Energiebedarfe und der Auslegung einzelner Anlagenaggregate. Zusätzlich werden die Stoffströme entlang der gesamten Wertschöpfungskette, d.h. der Holzproduktion, des Holztransportes und der Produktionsanlage, mittels Stoffstromsimulation abgebildet, wobei in Bezug auf die Produktionsanlage insbesondere die Massenströme ($\dot{m}$) der Lösemittelrückgewinnung aus der verfahrenstechnischen Modellierung in die Stoffstrom-simulation mit einfließen (vgl. Abbildung 1).

Aufbauend auf den modellierten Stoff- und Energieströmen erfolgt die ökonomische und die ökologische Bewertung und Optimierung. Zur ökonomischen Bewertung der Prozesskette werden die Investitionen, das Betriebsergebnis, der Kapitalwert, die Rentabilität und die Amortisationsdauer für unterschiedliche Analgenkonfigurationen ermittelt. Für die ökologische Bewertung wird die Methode der Ökobilanzierung eingesetzt, wobei auf der Output-seite die Bilanzgrenze nach der Herstellung der Produkte gezogen wird und auf der Inputseite die Bilanzgrenze alle Prozesse bis zum Verbrauch von Ressourcen einschließt (*cradle-to-gate*-Analyse). Die Umweltwirkungsabschätzung wird anhand ausgewählter Kategorien

(Versauerung, Klimawandel, Humantoxizität) und zugehöriger Wirkungsindikatoren der Methode CML[1]-2001 sowie der Methode des kumulierten fossilen Energieaufwands durchgeführt. Zur Ermittlung potenzieller Einsparungen in den gewählten Wirkungskategorien wird die untersuchte Prozesskette mit möglichen konventionellen Referenzprozessen (Herstellung von Phenol aus Cumol und von Zucker-Rohsaft aus Zuckerrüben) verglichen. Im Rahmen von Szenarioanalysen werden die Auswirkungen der Variation verschiedener Einflussgrößen (bspw. Verkaufspreise für Produkte, Emissionsäquivalente der Referenzprozesse) auf die Ergebnisse der ökonomischen und der ökologischen Bewertung untersucht. Durch Variation der Schlüsselgrößen (vollständige Enumeration aller Möglichkeiten) wird die Prozesskette hinsichtlich einer Maximierung des Betriebsergebnisses sowie einer Maximierung der Einsparpotenziale ausgewählter Umweltwirkungen optimiert (vgl. Abbildung 1). Im Rahmen der Gesamtbewertung werden Konfigurationen der Prozesskette ermittelt und bewertet, welche unter Einbeziehung aller Zielgrößen und für unterschiedliche Zielvorgaben die besten Alternativen darstellen, d.h. es werden unterschiedliche Zielgrößen unter Berücksichtigung der übrigen Zielgrößen als Nebenbedingungen maximiert.

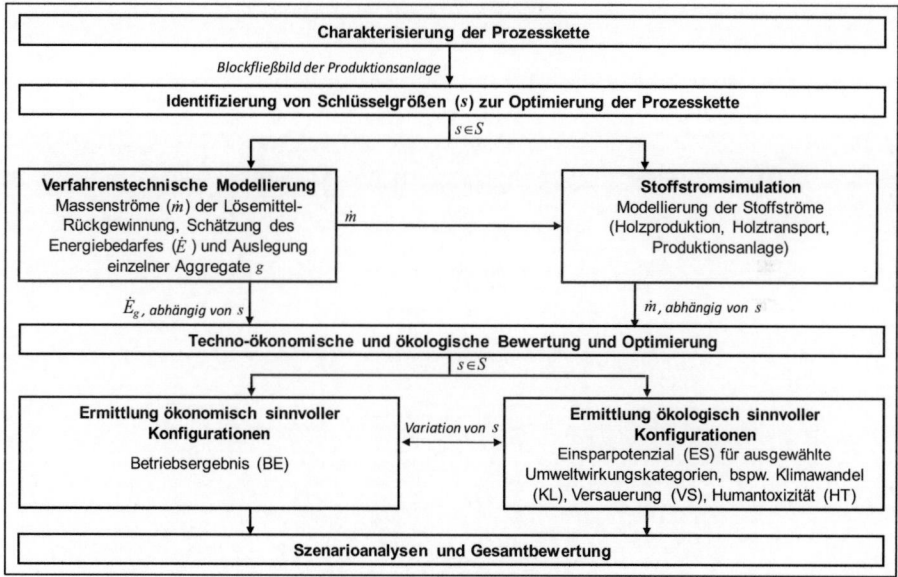

Abbildung 1: Methodische Vorgehensweise zur Bewertung und Optimierung der Prozesskette (eigene Darstellung)

---

[1] *Centrum voor Milieuwetenschappen Universiteit Leiden* (*Leiden University Institute of Environmental Sciences*)

Die Ergebnisse der Bewertung und Optimierung werden in der vorliegenden Arbeit beispielhaft für zwei mögliche Standorte der Chemieindustrie in Deutschland für die Holzarten Waldrestholz und Holz aus Kurzumtriebsplantagen dargestellt.

2 Charakterisierung von Verfahren zur Herstellung chemischer Grundstoffe aus Lignocellulose

In diesem Kapitel werden zunächst der Stand und die Perspektiven der Nutzung nachwachsender Rohstoffe in der chemischen Industrie in Deutschland dargestellt (vgl. Kapitel 2.1). Anschließend werden in Kapitel 2.2 die Eigenschaften des Rohstoffes Holz und die Möglichkeiten für dessen stoffliche Nutzung in der chemischen Industrie vorgestellt und in Kapitel 2.3 werden ausgewählte Verfahren zur Umwandlung von Holz zu chemischen Ausgangs- und Zwischenprodukten charakterisiert.

2.1 Zur Nutzung nachwachsender Rohstoffe in der chemischen Industrie

In diesem Kapitel werden die aktuelle Nutzung nachwachsender Rohstoffe in der chemischen Industrie sowie mögliche Konzepte zur Herstellung biomassebasierter chemischer Grundstoffe und insbesondere die Eignung von Kohlenhydraten aus lignocellulosehaltiger Biomasse als chemische Ausgangs- und Zwischenprodukte dargestellt.

Rohstoffbasis der chemischen Industrie

Etwa 4 % der in Deutschland genutzten fossilen Rohstoffe und ca. 15 % des Erdöls entfallen auf die chemische Industrie, während der Rest jeweils energetisch genutzt bzw. zur Herstellung von Kraftstoffen verwendet wird (vgl. VCI, 2010). Dennoch gewinnt auch für die Chemieindustrie die Verminderung von Treibhausgasemissionen und die Substituierung fossiler Rohstoffe zunehmend an Bedeutung. Insbesondere im Hinblick auf die Herstellung organischer Chemikalien, die zu ca. 90 % auf Erdöl und Erdgas basieren, werden zunehmend Prozesse zur Umwandlung von Biomasse in Betracht gezogen (vgl. Reinhardt et al., 2007). In der deutschen chemischen Industrie werden derzeit jährlich ca. 3 Mio. t nachwachsende Rohstoffe eingesetzt, was in etwa 13 % der gesamten Rohstoffbasis entspricht (vgl. Abbildung 2). Als nachwachsende Rohstoffe kommen bislang vor allem Pflanzenöle, Tierfette und Stärke für die Herstellung von bspw. Tensiden, Schmierstoffen und Polymeren zum Einsatz (vgl. FNR, 2006). Insbesondere erfolgt derzeit der Einsatz nachwachsender Rohstoffe, wenn die angestrebten Produkte nicht oder nur sehr schwer aus fossilen Rohstoffen synthetisiert werden können. Im Hinblick auf die Verknappung fossiler Rohstoffe sowie durch Bestrebungen im Hinblick auf eine nachhaltigere Produktion werden die nachwachsenden Rohstoffe nach Nordhoff et al. (2007) in der chemischen Industrie zukünftig an Bedeutung gewinnen. Die chemische Industrie unterliegt nach VCI (2010) einer starken

Importabhängigkeit: Etwa 90 % der eingesetzten fossilen Rohstoffe und ca. 60 - 70 % der eingesetzten nachwachsenden Rohstoffe werden importiert. Nach Menrad et al. (2006) stellen die Ölpreisentwicklung sowie die Möglichkeit der Generierung neuer Produkteigenschaften durch die Erweiterung der Rohstoffbasis die entscheidenden Faktoren für einen verstärkten Einsatz nachwachsender Rohstoffe in der chemischen Industrie dar.

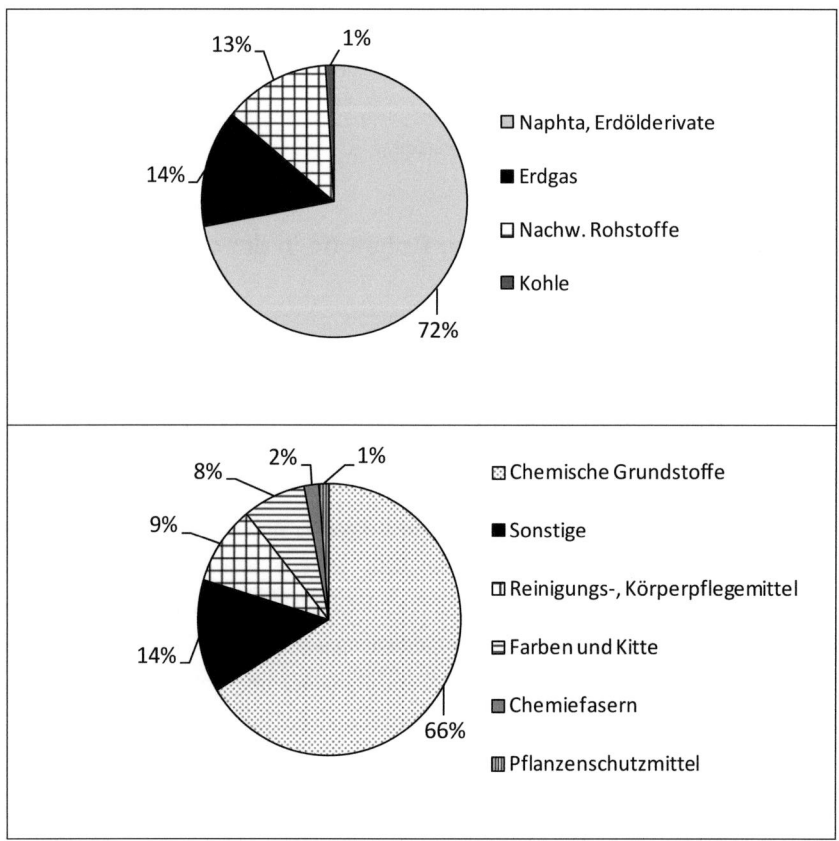

Abbildung 2: Rohstoffmix der organischen Chemieproduktion (oben) und Gesamtumsatz der chemischen Industrie nach Sparten (unten), jeweils Deutschland, Bezugsjahr 2008 (nach VCI, 2010 und VCI, 2010a)

In Bezug auf den Gesamtumsatz machen die bislang fast ausschließlich aus Erdöl und Erdgas hergestellten sog. chemischen Grundstoffe mit ca. 66 % den Großteil des Gesamtumsatzes der Chemieindustrie aus (vgl. Abbildung 2). Ein Großteil der zahlreichen chemischen End-produkte geht dabei auf nur acht Grundchemikalien (Benzol, Xylol, Toluol, Butan, Ethylen, Chlor, Synthesegas, Schwefelsäure) zurück, woraus ca. 25 Sekundärchemikalien (z.B. Cumol,

Essigsäure, Propylen) und in etwa 40 chemische Zwischenprodukte (z.B. Polypropylen, Phenol-Formaldehyd-Harze) hergestellt werden (vgl. Werpy et al., 2004). Auf Basis nachwachsender Rohstoffe werden derzeit nur sehr wenige chemische Grundstoffe, wie bspw. Zitronensäure und Milchsäure, produziert (vgl. Menrad et al., 2006). Analog zum erdölbasierten Stammbaumsystem können prinzipiell auch nachwachsende Rohstoffe zur Herstellung chemischer Grundstoffe herangezogen werden (vgl. van Haveren et al., 2008). Bei der Nutzung von Biomasse als Rohstoff für die chemische Industrie kann zudem durch den Erhalt von Funktionalisierungen (bspw. aromatische Ringe) die Syntheseleistung der Natur genutzt werden, während bei der Verarbeitung von Erdöl und Erdgas die Moleküle zunächst bis in kleinste Einheiten gespalten und anschließend wieder zu neuen Molekülen synthetisiert werden müssen (vgl. Arndt et al., 2007).

Möglichkeiten für den Ersatz petrochemischer Rohstoffe durch nachwachsende Rohstoffe

Bei der Entwicklung von Strategien zur Markteinfuhrung biobasierter chemischer Grundstoffe können nach Patel et al. (2006) grundsätzlich zwei verschiedene Ziele verfolgt werden:

- Ersatz petrochemischer Produkte

- Ersatz der Funktionalitäten petrochemischer Produkte

Die Herstellung petrochemischer Produkte auf Basis nachwachsender Rohstoffe hat den Vorteil, dass die Absatzmärkte bereits vorhanden sind, womit geringere Unsicherheiten verbunden sind und vorhandene Strukturen genutzt werden können. Gleichzeitig besteht ein Nachteil aufgrund einer direkten Konkurrenz mit etablierten Produktionsprozessen und deren unter derzeitigen Rahmenbedingungen zumeist kostengünstigeren Produktionsweisen. Beispiele hierfür stellen Essigsäure oder 1,3 Propandiol dar (vgl. Patel et al., 2006). Beim Ersatz petrochemischer Produkte über deren Funktionalität spielen Kostenkonkurrenzen eine weniger wichtige Rolle sofern es gelingt, Funktionalitäten zu verbessern oder neue Funktionalitäten zu ermöglichen. Ein Beispiel hierfür stellt der Ersatz von PET[2] durch biobasierte Polymilchsäure (PLA[3]) dar (vgl. Patel et al., 2006): Während die mechanischen Eigenschaften von PLA und PET sehr ähnlich ausfallen, weist PLA zusätzlich auch Eigenschaften auf, die für einige Anwendungen von Vorteil im Vergleich zu PET sein können, wie bspw. die biologische Abbaubarkeit (nach vorheriger Hydrolyse) oder die gute Benetzbarkeit für einen verbesserten Transport von Feuchtigkeit bspw. in Kleidung (vgl. Dugan, 2000).

---

[2] Polyethylenterephthalat

[3] *Poly Lactic Acid*

Nach Sanders et al. (2007) kann eine Integration biobasierter Zwischenprodukte in bestehende Produktstammbäume der chemischen Industrie insbesondere durch eine Anbindung der Produktionsanlagen an vorhandene Anlagen der chemischen Industrie erreicht werden. In Verbindung mit der Umwandlung von Biomasse zu chemischen Produkten und Kraftstoffen taucht in der Literatur vermehrt der Begriff der sog. Bioraffinerie auf (vgl. bspw. Cherubini, 2010). Der Begriff der Bioraffinerie wird dabei in Anlehnung an die Rohölraffinerie verwendet, insbesondere zur Veranschaulichung der zu Grunde liegenden Idee der Herstellung vielfältiger Produkte auf Basis weniger definierter biobasierter Ausgangs- bzw. Zwischenprodukte (vgl. Kamm et al., 2006, Ragauskas et al., 2006, Clark et al., 2006). In Kamm et al. (2006) werden denkbare Bioraffinerie-Konzepte in Bezug auf mögliche Rohstoffe, Prozesse und Produkte vorgestellt und in Cherubini et al. (2009) wird ein Ansatz zur Klassifizierung sog. Bioraffinerien entwickelt.

Nachwachsende Rohstoffe zur Herstellung chemischer Ausgangs- und Zwischenprodukte

Eine Möglichkeit für die Herstellung biobasierter Ausgangs- und Zwischenprodukte für die chemische Industrie stellen Kohlenhydrate (Zucker) dar. Bspw. wird in Patel et al. (2006) der Wechsel der Rohstoffbasis zur Herstellung chemischer Grundstoffe von Erdöl zu nach-wachsenden Rohstoffen mit einem Wechsel von Kohlenwasserstoffen zu Kohlenhydraten beschrieben. Die vorherrschenden Formen, in welchen Zucker in der Natur auftreten, sind Cellulose und Hemicellulose, welche neben Lignin die Hauptbestandteile lignocellulose-haltiger Biomasse darstellen (vgl. Werpy et al., 2004). Nach Lewandowski (2001) werden sog. Lignocellulose-Ganzpflanzen von Ölpflanzen (z.B. Raps) sowie Zucker-/Stärkepflanzen (Zuckerrübe, Getreide) anhand deren Eignung als Festbrennstoffe sowie anhand deren Aufbau aus den drei Biopolymeren Lignin, Cellulose und Hemicellulose, die einen Anteil von größer 95 % der Trockenmasse ausmachen, unterschieden. In Lewandowski (2001) werden verschie-dene anbautechnische Eigenschaften lignocellulosehaltiger Energiepflanzen, unter anderem schnellwachsender Baumarten, Miscanthus und Getreideganzpflanzen, näher charakterisiert.

Nach Reinhardt et al. (2007) wird das weltweite Biomassepotenzial durch sog. Anbau-biomasse dominiert, während in Europa der Anteil der lignocellulosehaltigen Reststoffe, wie bspw. Waldrestholz oder Stroh, eine größere Rolle spielt. Die Anbaubiomasse umfasst dabei neben Stärke-, Zucker- und Ölpflanzen auch lignocellulosehaltige Biomasse, bspw. in Form von Kurzumtriebsplantagen (z.B. Pappel, Eukalyptus). Bei einer Nutzung von lignocellulose-haltiger Biomasse zur Herstellung chemischer Ausgangs- und Zwischenprodukte können, im Vergleich zur energetischen Nutzung, die in der Biomasse vorhandenen Strukturen (bspw. aromatische Ringe, funktionelle Gruppen) optimal genutzt werden. Nachfolgend werden einige Eigenschaften von Holz sowie Möglichkeiten zur Nutzung von Holz als Rohstoff für die chemische Industrie erläutert.

2.2 Holz als Rohstoff für die Herstellung chemischer Grundstoffe

Nach einem Überblick über die chemische Zusammensetzung von Holz (Kapitel 2.2.1) werden in Kapitel 2.2.2 mögliche Plattformchemikalien aus Cellulose und Hemicellulose und in Kapitel 2.2.3 verschiedene Verwendungsmöglichkeiten für Lignin aufgezeigt.

2.2.1 Holzbestandteile

Holz ist durchschnittlich aus 40–43 % Cellulose, 21–35 % Hemicellulose, 20–28 % Lignin und 2–5 % übrigen Holzinhaltsstoffen (bspw. Alkohole, organische Säuren, mineralische Bestandteile) aufgebaut (vgl. Hartmann, 2001). Im Allgemeinen besitzen Nadelhölzer im Vergleich zu Laubhölzern höhere Anteile an Cellulose und Lignin und geringere Anteile an Hemicellulose. Je nach Holzart, Region und Vegetationsperiode liegt die elementare Zusammensetzung von Holz im Mittel bei ca. 50 % Kohlenstoff, 6 % Wasserstoff, 44 % Sauerstoff sowie weniger als 1 % anorganischen Komponenten, bspw. Stickstoff und Asche (vgl. Rowell et al., 2005). Im Vergleich dazu setzt sich Erdöl zu ca. 85 % aus Kohlenstoff und zu ca. 10 % aus Wasserstoff zusammen und zu weniger als 5 % aus Stickstoff, Sauerstoff und Schwefel (vgl. Speight, 1998).

Cellulose, der Hauptbestandteil pflanzlicher Zellwände, ist ein unverzweigter, kristalliner Polysaccharid (Mehrfachzucker), d.h. ein aus mehreren hundert bis mehreren tausend β-D-Glukosemolekülen aufgebautes Polymer, das unlöslich in Wasser und hydrolysestabil ist (vgl. Nimz et al., 2005). Die Grundstruktur der Cellulose stellen Cellobiose-Einheiten, aufgebaut aus zwei Glukose-Molekülen, dar. Die Anzahl der Glukose-Moleküle wird als sog. Grad der Polymerisierung (DP[4]) bezeichnet und beträgt für Holz-Cellulose ca. 10.000 (vgl. Rowell et al., 2005, Chum et al., 1985, Fengel und Wegener, 1984).

Hemicellulose ist eine Sammelbezeichnung für verschiedene Bestandteile pflanzlicher Zellwände. Es handelt sich um verzweigte Polysaccharide relativ geringer Kettenlänge (< 500 Zuckereinheiten), welche aus verschiedenen Zucker-Monomeren, u.a. Glukose, Xylose, Arabinose, Galactose und Mannose, aufgebaut sind und Acetyl- sowie Methyl-substituierte Gruppen aufweisen können. Sie besitzen eine zufällige, amorphe Struktur, sind löslich in Lauge und gut hydrolysierbar (vgl. Fengel und Wegener, 1984, Rowell et al., 2005). Hemicellulose ist im Wesentlichen aus den vier Polymeren Xylan, Arabinan, Mannan und Galactan aufgebaut, wobei die beiden Erstgenannten zum Großteil aus Zucker-Monomeren mit fünf Kohlenstoffatomen (Xylose bzw. Arabinose) und die beiden Letztgenannten

---

[4] *Degree of Polymerization*

hauptsächlich aus Zucker-Monomeren mit sechs Kohlenstoffatomen (Mannose bzw. Galactose) bestehen (vgl. Sheehan et al., 2004). Nach Rowell et al. (2005) sind in Laubhölzern hauptsächlich Xylan sowie zu geringeren Anteilen Mannan enthalten während in Nadelhölzern Xylan, Mannan und Galactan in vergleichbaren Größenordnungen enthalten sind. Anschaulich stellen Cellulose und Hemicellulose die Stütz- und Gerüstsubstanzen des Holzes und das Lignin die Kittsubstanz dar (vgl. Rowell et al., 2005). Lignin und Hemicellulose können Verbindungen in Form von Lignin-Kohlenhydrat-Komplexen eingehen, die sehr beständig und schwer hydrolysierbar sind (vgl. Rowell et al., 2005).

Lignine sind amorphe, unregelmäßig verzweigte aromatische Makromoleküle, aufgebaut aus Phenylpropanol-Einheiten. Vorläufersubstanzen von Lignin stellen p-Coumaryl-Alkohol, Coniferyl-Alkohol und Sinapyl-Alkohol dar. Lignin besitzt einen lipophilen Charakter und ist bei Zimmertemperatur unlöslich in neutralen Lösemitteln (bspw. Wasser). Die Grundbausteine von Lignin stellen substituierte Phenole dar, im Wesentlichen Guaiacol, Syringol und p-Hydroxyphenol, wobei eine Vielzahl weiterer aromatischer Strukturen auftreten und die Struktur von Lignin je nach Holzart stark variiert (vgl. Rowell et al., 2005). Die Eigenschaften von Lignin (bspw. das Molekulargewicht, die Art und die Anzahl funktioneller Gruppen) hängen neben dem Ausgangsmaterial insbesondere von der Art der Extraktionsmethode ab (vgl. Doherty et al., 2011). Nach Doherty et al. (2011) liegen typische Molmassen von Lignin in Bereichen zwischen 10.000 und 20.000 g/mol. Lignin stellt die größte Quelle natürlicher aromatischer Moleküle dar und birgt daher einen großen Nutzen für die chemische Industrie (vgl. Clark et al., 2006).

2.2.2 Plattformchemikalien auf Basis von Cellulose und Hemicellulose

In Erickson (2007) werden zwei grundsätzliche Möglichkeiten zur Herstellung biomassebasierter Plattformchemikalien genannt: die biochemische Transformation (im Wesentlichen die Umwandlung von Zuckern) und die thermochemische Transformation. Zur Herstellung zuckerbasierter Plattformchemikalien (vgl. Kapitel 2.1) durch biochemische Transformation, müssen die im Holz enthaltenen Zucker zunächst für eine chemische oder enzymatische Umwandlung zugänglich gemacht werden, bspw. durch Holzaufschluss und Komponententrennung (vgl. Kapitel 2.3.1). Durch thermochemische Transformation kann Holz, sowie Biomasse ganz allgemein, ebenso wie Kohle und andere kohlenstoffhaltige Rohstoffe, direkt zu Synthesegas, einer Mischung aus CO und H_2, umgewandelt werden. Das Synthesegas kann anschließend zur Herstellung von chemischen Grundstoffen, bspw. Ammoniak und Methanol oder von Fischer-Tropsch-Kraftstoffen verwendet werden (vgl. Erickson, 2007). Während bei der thermochemischen Herstellung von Synthesegas die in der Biomasse enthaltenen Strukturen vollständig gespalten werden, können bei der biochemischen Umwandlung von Kohlenhydraten zu sog. Plattformchemikalien die vorhandenen Strukturen und funktionellen Gruppen erhalten und genutzt werden. Auf diese Möglichkeit wird im Folgenden näher eingegangen.

Herstellung zuckerbasierter Plattformchemikalien

In Werpy et al. (2004) werden zwölf vielversprechende zuckerbasierte Grundchemikalien und deren mögliche fermentative bzw. chemische Weiterverarbeitung identifiziert, darunter Dicarbonsäuren (z.B. Bernsteinsäure, Apfelsäure, Itaconsäure), Aminosäuren (z.B. Glutaminsäure, Asparaginsäure) und Alkohole (Glycerin, Sorbit). Die Auswahl der Komponenten basiert dabei zum einen auf Einschätzungen zur technischen Machbarkeit für deren Herstellung und Weiterverarbeitung und zum anderen auf Untersuchungen zu potenziellen Absatzmärkten für die Komponenten und deren Folgeprodukte. In Kamm et al. (2006), Ragauskas et al. (2006), Clark et al. (2006) und Cherubini (2010) wird ebenfalls die Bedeutung der Kohlenhydrate als Ersatz petrochemisch gewonnener Kohlenwasserstoffe und für die Herstellung biomassebasierter Plattformchemikalien (bspw. Alkohole, Carbonsäuren, Ester) betont. In Patel et al. (2006) werden insgesamt 19 Plattformchemikalien, hergestellt aus Kohlenhydraten und Pflanzenölen, identifiziert, darunter Essigsäure, Milchsäure, Acrylsäure, Bernsteinsäure und Ethanol. Die sog. industrielle Biotechnologie (weiße Biotechnologie) stellt dabei nach Tacke (2008) mit dem Einsatz von Biokatalyse und Fermentation die Schlüsseltechnologie für die industrielle Nutzung nachwachsender Rohstoffe dar. In Abbildung 3 sind mögliche Produkte der biotechnologischen Umwandlung von Glukose und Xylose dargestellt. Die fünf unterschiedlichen Abschnitte (C_2–C_6) beziehen sich dabei auf die jeweilige Anzahl der im Molekül enthaltenen C-Atome. In Cherubini und Stromman (2011) werden ebenfalls mögliche Plattformchemikalien auf Basis von Kohlenhydraten vorgestellt. Dort werden insbesondere die organischen Säuren, bspw. Bernsteinsäure, Fumarsäure und Apfelsäure, aufgrund ihrer funktionellen Gruppen als geeignete Ausgangs- und Zwischenprodukte zur Herstellung von Feinchemikalien aber auch als Ersatz von Grundchemikalien, wie bspw. Maleinsäureanhydrid, identifiziert.

Prinzipiell stellen neben Cellulose und Hemicellulose aus Lignocellulose auch Stärke aus Getreide und Saccharose aus Zuckerpflanzen (bspw. Zuckerrübe, Zuckerrohr) Rohstoffe für die Gewinnung fermentierbarer Zucker dar. In Bezug auf die Herstellung von Ethanol hat sich die fermentative Herstellung auf Basis von Zucker- und Getreidepflanzen bereits etabliert. Nach Patel et al. (2006) werden derzeit weniger als 10 % des weltweit hergestellten Ethanols durch chemische Synthese aus Erdöl, Kohle oder Erdgas hergestellt und über 90 % durch Fermentation aus landwirtschaftlicher Biomasse. Bspw. wurden im Jahr 2007 in den USA ca. 24,4 Billionen Liter Ethanol auf Basis von Getreide und in Brasilien ca. 18,0 Billionen Liter auf Basis von Zuckerrohr hergestellt (vgl. Sims und Taylor, 2008). Im Vergleich dazu wurden in der EU im Jahr 2007 in etwa 2,3 Billionen Liter Ethanol, im Wesentlichen auf Basis von Getreide und Zuckerrüben, hergestellt (vgl. Coyle, 2007). Aufgrund der eingangs genannten Gründe (höhere Flächenpotenziale, Verwertung der gesamten Pflanze anstelle von Pflanzenteilen) wird in dieser Arbeit der Fokus auf die Umwandlung und die vollständige Nutzung lignocellulosehaltiger Biomasse gerichtet.

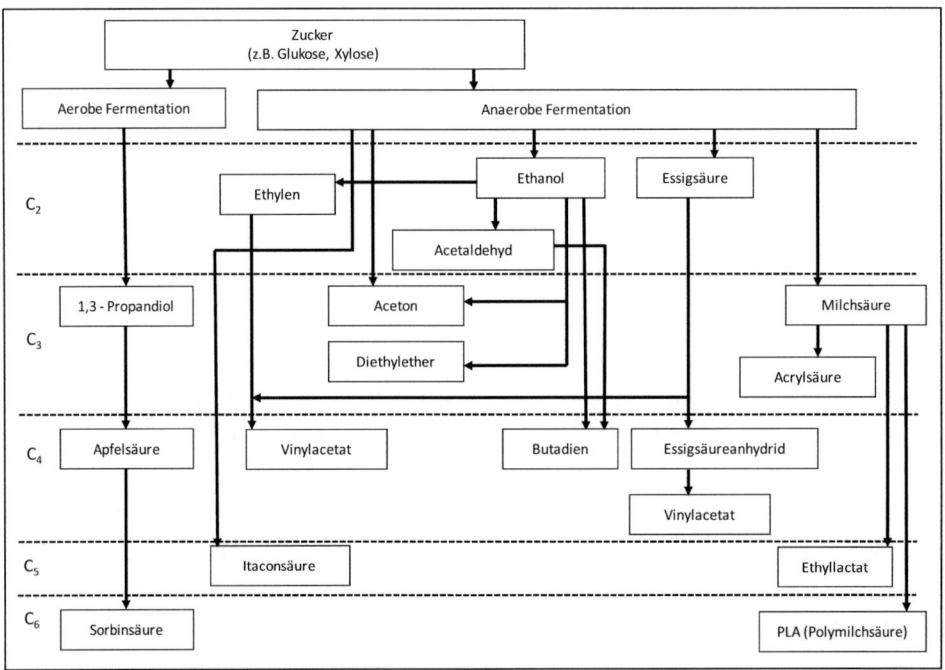

Abbildung 3: Beispiele für die biotechnologische Umwandlung von Zucker-Monomeren zu Basischemikalien (abgeändert nach Kamm et al., 2006)

Neben der Möglichkeit einer enzymatischen oder fermentativen Umwandlung können Zucker bzw. deren Fermentations- oder Abbauprodukte auch chemisch weiterverarbeitet werden. Beispiele hierfür stellen die Dehydrierung von Ethanol zu Ethylen (vgl. Arndt et al., 2007) oder die katalytische Reduktion von Xylose zu Xylit dar (vgl. Kadam et al., 2008). Ethylen ist einer der wichtigsten Bausteine der Petrochemie, und Xylit ist ein Zuckeraustausch-Stoff, der bspw. breite Anwendung bei der Herstellung von Mundwasser und Zahnpasta findet. In Kamm et al. (2006a) wird neben der Bedeutung der biotechnologischen Umwandlung der C_5- und C_6-Zucker (d.h. enzymatische Umwandlung und Fermentation) insbesondere die Möglichkeit der chemischen Umwandlung der in der Hemicellulose enthaltenen C_5-Zucker zu Furfural und Furan betont, welche wiederum zu einer Vielzahl chemischer Verbindungen weiterverarbeitet werden können, bspw. zu polymeren Materialien wie Nylon, Poly-

Alkoholen, Polyestern oder Furanharzen. Furfural kann gezielt aus Hemicellulose bzw. Xylose bspw. durch Dehydrierung hergestellt werden (vgl. Mamman et al., 2008). Furfural entsteht auch, neben Essigsäure und Ameisensäure, als Zucker-Abbauprodukt beim sog. Organosolv-Verfahren während des Holzaufschlusses. Essigsäure und Ameisensäure entstehen dabei durch Hydrolyse der Hemicellulose und Furfural durch Dehydrierung der gebildeten C_5-Zucker (vgl. Arato et al., 2005). Das Organosolv-Aufschlussverfahren wird in der vorliegenden Arbeit als Teil der untersuchten Prozesskette zur Umwandlung von Holz zu chemischen Ausgangs- und Zwischenprodukten bewertet. Nähere Informationen können Kapitel 2.3.1 sowie Kapitel 5 entnommen werden.

Produktionsmengen und Märkte für ausgewählte zuckerbasierte Plattformchemikalien

Nach Patel et al. (2006) beläuft sich die geschätzte Gesamtproduktionsmenge organischer Chemikalien in der EU-25 für das Jahr 2000 auf etwa 70 Mio. t und bei einer angenommenen mittleren Wachstumsrate der Chemieindustrie von 1,5 % pro Jahr im Jahr 2050 auf etwa 150 Mio. t. In Patel et al. (2006) wird ein zukünftiger Ersatz petrochemisch hergestellter organischer Chemikalien durch biobasierte Produkte (bspw. Ersatz von PET durch PLA oder von Maleinsäureanhydrid durch Bernsteinsäure) angenommen. Das Marktpotenzial bio-technologisch hergestellter Chemikalien in der EU-25 als Ersatz petrochemischer Produkte wird dort auf etwa 26 Mio. t im Jahr 2050 geschätzt, was in etwa 17,5 % der insgesamt produzierten Menge organischer Chemikalien entspricht. In Patel et al. (2006) werden auch Märkte und Marktpotenziale speziell für Fermentationsprodukte aus C_5- und C_6-Zuckern beschrieben: Ethanol, Glukose, 1-Butanol und Milchsäure gehören demnach zu den bereits heute in großem Maßstab biotechnologisch hergestellten Grundchemikalien mit einer geschätzten weltweiten Jahresproduktionsmenge von etwa 32 Mio. t (Ethanol), 5–20 Mio. t (Glukose), 1,2 Mio. t (1-Butanol) bzw. 0,15 Mio. t (Milchsäure). Größtenteils finden diese Grundstoffe nach Patel et al. (2006) bisher Anwendung in der Nahrungsmittel-, Futtermittel- und Kraftstoffindustrie und nur zu sehr geringen Anteilen in der Chemieindustrie. In van Maris et al. (2007) wird eine weltweite Produktionsmenge von ca. 40 Mio. t Ethanol angegeben, welches fermentativ auf Basis von C_6-Zuckern aus Stärke (Getreide) oder Saccharose (Zuckerrüben, Zuckerrohr) hergestellt wird. Ethanol bietet eine Reihe von Anwendungen zur Herstellung unterschiedlicher chemischer Produkte, die bislang petro-chemisch hergestellt werden (bspw. Acetaldehyd oder Ethylen). In Brasilien bspw. hat sich die Herstellung von Ethylen, einer der acht Basischemikalien der petrochemischen Industrie, auf Basis von fermentativ hergestelltem Ethanol bereits etabliert (vgl. Tokay, 2005). Nach Mamman et al., 2008 werden weltweit jährlich ca. 280.000 t Furfural produziert, der Großteil davon, ca. 200.000 t, wird in China auf Basis von Maiskolben hergestellt. Etwa 60 % des

Furfurals wird zu Furfuryl-Alkohol weiterverarbeitet und größtenteils zur Herstellung von Furanharzen eingesetzt.

2.2.3 Makromoleküle und aromatische Verbindungen auf Basis von Lignin

Lignin, das in großen Mengen als Nebenprodukt in Zellstoffwerken anfällt, wird dort größtenteils verbrannt und zur Wärme-, Dampf- und Stromerzeugung für die Zellstoff-herstellung sowie zur Rückgewinnung der Aufschlusschemikalien eingesetzt. Prinzipiell eignet sich Lignin, wie jede Art fester Biomasse, sowohl zur Synthesegaserzeugung und dessen nachfolgende Aufbereitung zu bspw. Methanol oder Dimethylether als auch zur Herstellung von Pyrolyseöl und dessen Aufbereitung zu bspw. Kraftstoffen oder Chemikalien (vgl. Holladay et al., 2007). Auch in Bezug auf das Lignin wird der Fokus in der vorliegenden Arbeit auf die stoffliche Nutzung bestehender Funktionalitäten, d.h. unter Erhalt der vorhandenen polymeren Struktur bzw. der aromatischen Einheiten, gerichtet. Beispiele hierfür stellen die Herstellung von Makromolekülen und aromatischen Monomeren auf Basis von Lignin dar.

Herstellung von Makromolekülen aus Lignin

Lignin wird bereits heute zur Herstellung des Geschmacksstoffs Vanillin und des Lösungsmittels DMSO[5] verwendet; weitere Einsatzgebiete unter Ausnutzung der polymeren Struktur des Lignins stellen die Herstellung von Emulgatoren, Dispergiermittel, Bindemittel und Komplexbildnern dar (vgl. Holladay et al., 2007). In Holladay et al. (2007) und Kadam et al. (2008) werden als weitere vielversprechende Beispiele für zukünftige Einsatzmöglich-keiten von Lignin als Makromolekül die Herstellung von Carbonfasern sowie von Additiven für Polymere und Harze genannt. Doherty et al. (2007) stellen neben weiteren Einsatz-möglichkeiten auch die Beimischung von Lignin zur Herstellung von Polyurethanen dar. In DECHEMA (2009) wird insbesondere der Einsatz von Lignin zur Herstellung von Phenolharz-Bindemitteln untersucht: Neben der Möglichkeit, Lignin als Bindemittel den Phenolharzen beizumischen, kann Lignin bei der Herstellung von Phenol-Formaldehyd-Harzen (Resole) auch als Phenolersatz zum Einsatz kommen. Hierfür muss das Lignin bestimmte Anforderungen bezüglich der Reinheit erfüllen (bspw. frei von störenden Begleitstoffen sein) und darf eine bestimmte Molekülgröße nicht überschreiten. Diese Anforderungen werden bspw. von Organosolv-Ligninen erfüllt, nicht jedoch von Ligninen aus dem Zellstoffbereich (Lignosulfonate, Kraft-Lignine) und allgemein aus Aufschluss-verfahren, bei denen Schwefelsäure als Aufschlusschemikalie eingesetzt wird (vgl. Doherty

---

[5] Dimethylsulfoxid

et al., 2011). Nach DECHEMA (2009) kann für die Herstellung von Phenolharzbindemitteln sowohl aus Sicht der Synthese als auch der Ergebnisse erster anwendungstechnischer Untersuchungen bis zu 30 % der Phenolmenge durch Organosolv-Lignin ersetzt werden. Einschränkungen für die Anwendung der ligninmodifizierten Harze könnten sich jedoch aufgrund der dunkelbraunen Färbung ergeben (vgl. DECHEMA, 2009). Resole kommen als Bindemittel bspw. im Holzwerkstoffbereich (Herstellung von MDF[6], Spanplatten, Sperrholz) zum Einsatz. Aufgrund der Wasserbeständigkeit kann Lignin insbesondere für die Herstellung holzbasierter Faserplatten für den Außenbereich eingesetzt werden (vgl. Kadam et al., 2008). Weitere Angaben zur Anwendung von Lignin als Phenolersatz bei der Herstellung von Phenol-Formaldehyd-Harzen (PF-Harze) sind in Hamelinck et al. (2005), Arato et al. (2005) und Kadam et al. (2008) zu finden. Nach Kadam et al. (2008) ist der Phenolersatz in PF-Harzen auf eine Menge von ca. 20–30 % limitiert. Neben den erwähnten Untersuchungen zum Einsatz von Lignin in sog. duroplastischen[7] Systemen wird in DECHEMA (2009) auch die thermoplastische[8] Verarbeitung von Lignin untersucht, d.h. der Einsatz von Lignin als Additiv für die Herstellung von Thermoplasten. Nähere Informationen zum Einsatz von Lignin bei der Herstellung von Verbundwerkstoffen sind bspw. in Doherty et al. (2011) zu finden.

Herstellung aromatischer Monomere aus Lignin

Lignin stellt die einzige Holzkomponente dar, die aus aromatischen Einheiten aufgebaut ist. Die Entwicklung einer effizienten Depolimerisierung des Lignins, d.h. die Spaltung des Makromoleküls in aromatische Einheiten, ist derzeit in der Entwicklung. Nach Holladay et al. (2007) könnten zukünftig Benzol, Toluol, Phenol und Xylol sowie kurzkettige aliphatische Verbindungen durch eine nicht-selektive Depolimerisierung, d.h. durch die Spaltung von C-C und C-O-Bindungen, erhalten werden. Da die genannten Spaltprodukte zu den wichtigsten Basischemikalien der organischen Chemie zählen (vgl. Kapitel 2.1), könnten diese direkt für eine Vielzahl bestehender petrochemischer Prozesse eingesetzt werden und erdölbasierte Produkte ersetzen. In Holladay et al. (2007) wird zusätzlich die prinzipielle Möglichkeit einer selektiven Depolimerisierung von Lignin in dessen monomere Bestandteile, d.h. zu komplexen aromatischen Verbindungen, beschrieben, welche über konventionelle Wege nur sehr schwer synthetisiert werden können. Die hierfür notwendigen selektiven Prozesse

---

[6] Mitteldichte Holzfaserplatten

[7] Duroplaste (z.B. Epoxidharze, Aminoplaste) sind nach ihrer Aushärtung, insbesondere aufgrund dreidimensionaler Vernetzung der Materialien, nicht mehr verformbar.

[8] Thermoplaste (z.B. Polypropylen, Polyvinylchlorid) weisen keine Vernetzungsstellen auf und sind aufschmelzbar.

befinden sich allerdings noch in einem frühen Entwicklungsstadium und folglich sind derzeit weder Anwendungen noch Märkte für diese Produkte vorhanden (vgl. Holladay et al., 2007, Cherubini und Stromman, 2011).

Produktionsmengen und Märkte für ausgewählte Lignine und Lignin-Folgeprodukte

Die schwefelhaltigen Lignosulfonate aus dem Sulfitaufschluss (Calciumbisulfit-Verfahren) stellen mit einer weltweiten Jahresproduktion von ca. 1 Mio. t den derzeit wichtigsten kommerzialisierten Lignintyp dar (vgl. Puls, 2009). Nach Puls (2009) liegen die Produktionsmengen der ebenfalls schwefelhaltigen sog. Kraft-Lignine (Sulfat-Lignine) aus dem Sulfatverfahren mit ca. 0,1 Mio. t deutlich darunter. Lignosulfonate werden bspw. für die Herstellung von Beton oder als Bindemittel für die Pelletierung und Kraft-Lignine werden bspw. zur Herstellung von Aktivkohle oder als Füllstoff für Reifen eingesetzt (vgl. Puls, 2009).

In Bezug auf die stoffliche Nutzung von Lignin sind insbesondere schwefelfreie Lignine zur Herstellung von Werkstoffen und als Phenolersatz geeignet. In Brand et al. (2007) werden Marktpotenziale neuer Werkstoffe, darunter Polymere und Verbundwerkstoffe, welche potenzielle Einsatzfelder für schwefelfreies Lignin darstellen, vorgestellt. Für den Großteil des Werkstoffsektors liegen die jährlichen Wachstumserwartungen zwischen 2 % und 6 %. Für den Leichtbausektor, zu welchem u. a. auch Faserverbundwerkstoffe zählen, wird mit Nachfrage- und Produktionssteigerungen von etwa 10 % gerechnet. In Kadam et al. (2008) wird der weltweite Ligninmarkt auf ca. 1,8 Mio. t pro Jahr geschätzt. Der Verbrauch von Harzen als Bindemittel für Holzwerkstoffe für das Jahr 2003 wird dort mit ca. 2 Mio. t angegeben. In Hesse (2005) wird für die USA für das Jahr 1994 eine Produktionsmenge von Phenolharzen von ca. 730.000 t/a angegeben und für Deutschland für das Jahr 1989 eine Produktionsmenge von ca. 230.000 t/a. Für die Herstellung von einer Tonne Phenolharz werden in etwa 0,931 t Phenol und ca. 0,149 t Formaldehyd benötigt (vgl. Althaus et al., 2007a).

In Weber et al. (2005) wird eine weltweite Nachfrage von Phenol zur Herstellung von Phenolharzen (Phenol-Formaldehyd-Harz) von ca. 2,7 Mio. t/a für das Jahr 2010 prognostiziert. Unter der Annahme eines möglichen Ersatzes des Phenols in der Rezeptur von bis zu 30 % durch Lignin, könnten jährlich ca. 800.000 t Phenol durch Lignin ersetzt werden.

2.3 Ausgewählte Verfahren zur Herstellung chemischer Ausgangs- und Zwischenprodukte aus Holz

Nachdem im vorangehenden Kapitel die Holzbestandteile sowie mögliche chemische Ausgangs- und Zwischenprodukte auf Basis dieser Bestandteile beschrieben wurden, werden in diesem Kapitel ausgewählte Verfahren für den Holzaufschluss und die Komponententrennung (vgl. Kapitel 2.3.1), die Hydrolyse und die Fermentation der Kohlenhydrate (vgl. Kapitel 2.3.2) sowie die Weiterverarbeitung des Lignins (vgl. Kapitel 2.3.3) dargestellt.

Überblick

In Wegener (1982) werden verschiedene Umwandlungsverfahren für Holz zur Nutzung als Chemierohstoff und Energieträger dargestellt. Neben der Verbrennung zur Erzeugung von Wärme zählen zu den thermischen Umwandlungsverfahren die Verkohlung, die Vergasung und die Verflüssigung. Ein weiteres direktes Umwandlungsverfahren stellt die sog. Holzverzuckerung (Holzhydrolyse) mit konzentrierter oder verdünnter Säure dar. Hauptprodukte der Holzverzuckerung stellen Glukose, Xylose und Furfural dar. Das Lignin fällt als Nebenprodukt an und kann energetisch genutzt werden. Ein solches Verfahren unter Verwendung von konzentrierter Schwefelsäure wurde bspw. von der Firma Arkenol entwickelt (vgl. Cuzens und Miller, 1997) und im Pilotmaßstab betrieben.

Bei den so genannten Vorhydrolyseverfahren wird lediglich die leichter zu hydrolysierende Hemicellulose aus dem Holzverbund entfernt, bevor die eigentliche Verzuckerung der Cellulose stattfindet. Ein solches Verfahren wird bspw. vom US-amerikanischen *National Renewable Energy Laboratory* (NREL) im halbtechnischen Maßstab betrieben. Die Vorhydrolyse der Lignocellulose wird dabei mittels verdünnter Schwefelsäure durchgeführt, gefolgt von einer enzymatischen Umsetzung der Cellulose zu Glukose (vgl. Aden et al., 2002). Auch bei diesem Verfahren wird das Lignin ausschließlich energetisch genutzt.

Von den genannten Verfahren zur Holzumwandlung werden in Wegener (1982) die Holzaufschlussverfahren unterschieden. Diese Verfahren zielen auf eine Abtrennung der Cellulose als Fasermaterial von den übrigen Holzinhaltsstoffen ab. Die konventionellen Holzaufschlussverfahren (insbesondere Sulfat-, Sulfitverfahren) sind ausschließlich auf die Gewinnung von Cellulose (Zellstoff) ausgerichtet, mit dem Ziel hohe Weißegrade und feste Cellulosefasern zu erhalten, und ermöglichen keine Auftrennung und Nutzung aller drei Holzkomponenten. Lignin und Hemicellulose fallen in einer für die anschließende Nutzung ungeeigneten Form an und werden häufig verbrannt zur Energiebereitstellung und zur Rückgewinnung der Prozesschemikalien (vgl. Ahonen und Lehner, 1997). In Wegener (1982) werden das Dampf-Druck-Extraktionsverfahren sowie insbesondere das Organosolv-Verfahren als besonders schonende und umweltfreundliche Verfahren zur Verwertung aller Holzkomponenten beschrieben. Die kanadische Firma Iogen Corporation betreibt in Ottawa eine Demonstrationsanlage (Verarbeitung von ca. 20-30 t Biomasse pro Tag) zur Herstellung von Ethanol aus landwirtschaftlichen Reststoffen mittels Dampfdruck-Verfahren (Dampfexplosionsverfahren) unter Zugabe von Säure, anschließender Hydrolyse der Cellulose zu Glukose sowie der Fermentation der Zucker-Monomere zu Ethanol (vgl. Tolan, 2002, Tolan, 2006 und Iogen, 2011).

Durch ein geeignetes chemisches oder physikalisches Verfahren zu Vorbehandlung des Holzes können alle drei Haupt-Holzbestandteile (Cellulose, Hemicellulose und Lignin) einer nachfolgenden chemischen oder biotechnologischen Weiterverarbeitung zugänglich gemacht werden. In Kapitel 2.3.1 werden hierfür geeignete Verfahren charakterisiert. Die Holz-Polysaccharide Cellulose und Hemicellulose können im Anschluss enzymatisch oder chemisch zu Einfachzuckern umgesetzt werden (vgl. Kapitel 2.3.2), das Lignin kann stofflich genutzt oder energetisch verwertet werden (vgl. Kapitel 2.3.3). Wie in Kapitel 2.2 dargestellt, stellen fermentierbare Zucker und Lignin für die Chemieindustrie vielfältig nutzbare Zwischenprodukte dar. In weiteren Prozessschritten können die Zucker-Monomere fermentativ zu höherwertigeren Produkten umgewandelt werden und das Lignin kann bspw. in seine Grundstrukturen aufgespalten werden oder als Phenolersatz dienen (vgl. Kapitel 2.3.3). Für die Herstellung chemischer Grundstoffe aus Holz stellt unter den genannten Prozessen insbesondere die Holzvorbehandlung einen kostenintensiven Schritt dar. Darüber hinaus ist das Vorbehandlungsverfahren ausschlaggebend für die Durchführung vor- und nachgelagerter Prozessschritte, d.h. ggf. Zerkleinerung des Holzes sowie Hydrolyse und Fermentation (vgl. Wooley et al., 1999 und Lynd, 1996). Während der dominierende Prozess der Erdölraffinerien die Destillation darstellt, liegt nach Ragauskas et al. (2006) bei der Herstellung von Chemikalien auf Basis von Lignocellulose der Fokus auf der Fraktionierung der Biomasse-Komponenten mittels Lösemittelextraktion. Daraus folgt, dass für die Entwicklung neuer Prozesse bzw. die Weiterentwicklung und Optimierung bestehender Verfahren insbesondere die Vorbehandlung der Biomasse und die Komponententrennung einer intensiven Betrachtung bedarf.

Es werden nachfolgend ausschließlich Prozesse zur Herstellung von Zucker-Monomeren (Einfachzucker) und Lignin für eine stoffliche Nutzung betrachtet. Die thermische Umwandlung von Holz, d.h. Verbrennung, Pyrolyse und Vergasung, wird in dieser Arbeit nicht weiter betrachtet.

2.3.1 Vorbehandlung des Holzes (Holzaufschluss)

Die Vorbehandlung (Vorhydrolyse) zielt auf die Fraktionierung des Holzes in dessen drei Hauptkomponenten Cellulose, Hemicellulose und Lignin ab und macht insbesondere die Holz-Polysaccharide für eine nachfolgende enzymatische und fermentative Umsetzung zugänglich (vgl. Himmel et al., 2007, Mosier et al., 2005, Lynd, 1996, Wyman, 1994, Grethlein, 1991, Chum et al., 1988). Die Vorbehandlung des Holzes kann auf chemischem oder physikalischem Weg erfolgen. Eine biologische Vorbehandlung, d.h. der Abbau von Lignin mit Hilfe von Mikroorganismen (Pilzen), wird in der vorliegenden Arbeit nicht betrachtet (vgl. Sun und Cheng, 2002). In den meisten Fällen werden die Hemicellulose und das Lignin durch die Vorbehandlung zu weiten Teilen gelöst, während die Cellulose als unlöslicher Rückstand zurückbleibt. Im Zuge der Vorbehandlung wird die Hemicellulose durch Hydrolyse zum Teil bereits in die Einfachzucker, insbesondere Xylose aber auch Mannose, Arabinose und Galctose, aufgespalten. Des Weiteren werden die Zucker der Hemicellulose zum Teil zu schwachen Säuren, Furanderivaten und Phenolen abgebaut. Da diese Nebenprodukte sowohl Inhibitoren für eine nachfolgende Fermentation als auch einen Verlust in der Zucker-Ausbeute darstellen, ist es wünschenswert, deren Bildung zu vermeiden (vgl. Hamelinck et al., 2005, Sun und Cheng, 2002).

Physikalische Aufschlussverfahren

Unter den physikalischen Aufschlussmethoden stellt das Dampfexplosionsverfahren (S*team Explosion*) die gebräuchlichste Alternative dar (vgl. Sun und Cheng, 2002). Dabei wird das Holz wenige Minuten bei hohem Druck mit Heißdampf erhitzt (20-50 bar, 160-260 °C) wobei die Hemicellulose und das Lignin zum Teil abgebaut und umgewandelt werden. Die Methode ist insbesondere für Laubhölzer geeignet, weniger für Nadelhölzer (vgl. Sun und Cheng, 2002, Hamelinck et al., 2005). Durch die Kombination physikalischer und chemischer Vorbehandlungsmethoden, bspw. durch säurekatalysierte Dampfexplosion kann die Ausbeute hydrolysierter Hemicellulose erhöht werden und die Bildung von Inhibitoren vermindert werden (vgl. Hamelinck et al., 2005, Mosier et al., 2005). Weitere Beispiele für physikalisch-chemische Vorbehandlungsmethoden stellen das Ammoniak-Faser-Explosionsverfahren (*Ammonia Fiber Explosion*) und das CO_2-Explosionsverfahren (*CO$_2$-Explosion*) dar (vgl. Sun und Cheng, 2002 und Teymouri et al., 2005).

Chemische Aufschlussverfahren

Bei einer chemischen Vorbehandlung kommen bspw. verdünnte oder konzentrierte Säuren, Laugen, organische Lösemittel oder Ammoniak zum Einsatz. Die gängigste Methode der chemischen Vorbehandlung von Lignocellulose stellt die Verwendung verdünnter Schwefel-säure (0,5–1,5 %) bei Temperaturen über 160 °C dar. (vgl. Hamelinck et al., 2005 und Mosier et al., 2005). Bei der Vorbehandlung unter Verwendung organischer Lösemittel (Organosolv-Verfahren) können bspw. Methanol, Ethanol oder Aceton mit oder ohne Einsatz anorganischer Katalysatoren (bspw. H_2SO_4) und ohne weitere chemische Zusätze verwendet werden. Das Organosolv-Verfahren führt zu einer Delignifizierung des Ausgangsmaterials bei hohen Xylose-Ausbeuten (vgl. Sun und Cheng, 2002) und weist im Vergleich zum Einsatz verdünnter Säuren einige Vorteile auf. In Zhao et al. (2009) werden insbesondere Verfahren unter Verwendung von Alkoholen mit niedrigem Siedepunkt (Methanol, Ethanol) als vielversprechend eingeschätzt, insbesondere aufgrund geringerer Kosten für die Aufschluss-chemikalien und deren relativ einfacher Rückgewinnung im Vergleich zu bspw. organischen Säuren oder Aceton. Vorteile des Organosolv-Verfahrens stellen auch die Herstellung eines qualitativ sehr hochwertigen Lignins sowie eine vollständige Trennung der drei Haupt-Holzkomponenten Cellulose, Hemicellulose und Lignin dar.

Die kanadische Firma *Lignol Innovations Corporation* betreibt eine Pilotanlage zum Holzaufschluss mittels Organosolv-Verfahren unter Verwendung eines Ethanol/Wasser-Gemisches und anschließender enzymatischer Umsetzung von Cellulose zu Glukose (vgl. Arato et al., 2005). Der Prozess umfasst des Weiteren sowohl die Gewinnung von Furfural, Essigsäure und Xylose aus der Aufschlusslösung als auch die Fermentation von Glukose zu Ethanol (vgl. Arato et al., 2005, Pan et al., 2005). Dieser Prozess wurde bereits in den Jahren 1987 bis 1997 kommerziell von der kanadischen Firma *Repap Enterprises* als sog. Alcell®-Prozess zur Herstellung von Holz-Zellstoff angewandt (vgl. Lignol, 2011) und gewinnt insbesondere mit der Anwendung zur Vorbehandlung von Lignocellulose und den Bestrebungen einer stofflichen Nutzung aller Holzkomponenten wieder an Bedeutung (vgl. Pan et al., 2005).

Das Organosolv-Verfahren ist insbesondere für die Fraktionierung von Laubhölzern und weniger für Nadelhölzer geeignet (vgl. Faix et al., 1984, McDonough, 1992).

Fazit

Nach Hamelinck et al. (2005) resultieren optimale Vorbehandlungsmethoden in einer für eine nachfolgende Hydrolyse leicht zugänglichen Cellulose, einer hohen Ausbeute an hydrolysierter Hemicellulose (C_5-Zucker) bei geringer Bildung von Inhibitoren für die Fermentation aus der Hemicellulose (bspw. Furfural). Zusätzlich anzustreben ist eine hohe Reinheit des Lignins im Hinblick auf dessen Weiterverarbeitung zu höherwertigeren Produkten (vgl. Kapitel 2.2.3). Des Weiteren sind Verfahren zu bevorzugen, die keine kostenintensive Zerkleinerung des Ausgangsmaterials erfordern. Der Einsatz verdünnter Säure stellt die am weitesten entwickelte Vorbehandlungsmethode dar: Die Ausbeute an Xylose (75–90 %) fällt bei diesem Verfahren deutlich höher aus als beim Dampfexplosionsverfahren (45–65 %) und die Bildung von Inhibitoren (insbesondere Furfural) fällt geringer aus. Der Säureverbrauch stellt allerdings einen bedeutenden Kostenfaktor dar und der gebildete Gips (Calciumsulfat) muss entsorgt werden. Zusätzlich weist das Lignin nach dem Aufschluss Verunreinigungen in Form von Schwefel auf.

Das Organosolv-Verfahren weist im Vergleich zu den übrigen chemischen Verfahren im Hinblick auf die qualitativen Eigenschaften des Lignins Vorteile auf (vgl. Doherty et al., 2010, Thring et al., 2000) und stellt deshalb insbesondere im Hinblick auf eine vollständige stoffliche Nutzung aller drei Haupt-Holzkomponenten (Cellulose, Hemicellulose, Lignin) eine vielversprechende Alternative dar. In Johansson et al. (1987), Faix et al. (1984) und McDonough (1992) werden die Charakteristika unterschiedlicher Organosolv-Verfahren, d.h. unterschiedlicher Lösemittel, vorgestellt und deren Eignung zum Aufschluss von insbesondere Laubholz dargestellt und in Zhao et al. (2009) wird zusätzlich auf die zukünftige

Bedeutung des Organosolv-Verfahrens im Hinblick auf die vollständige stoffliche Nutzung von Lignocellulose hingewiesen. In der vorliegenden Arbeit wird ein Organosolv-Verfahren unter Einsatz eines Ethanol-Wasser-Gemisches für den Aufschluss von Laubholz und die anschließende Trennung der Holzkomponenten Cellulose, Hemicellulose und Lignin betrachtet.

2.3.2 Weiterverarbeitung der Holz-Polysaccharide

Bei dem in der vorliegenden Arbeit betrachteten Organosolv-Verfahren zur Vorbehandlung des Holzes liegt die Cellulose nach dem Holzaufschluss als unlöslicher Rückstand vor, während die bereits während des Aufschlusses hydrolysierte Hemicellulose in der Aufschlusslösung in Form von Monomeren (insbesondere C_5-Zucker wie z.B. Xylose) und Oligomeren vorliegt (vgl. Kapitel 2.3.1). Die aus dem Holzverbund entfernte Cellulose kann anschließend mittels chemischer oder enzymatischer Hydrolyse zu Glukose umgewandelt bzw. aufgespalten werden. Dieser Prozess wird durch konzentrierte oder verdünnte Säure (chemische Hydrolyse) sowie durch Enzyme (enzymatische Hydrolyse) katalysiert. In diesem Abschnitt werden einige Charakteristika der chemischen und der enzymatischen Hydrolyse von Cellulose zu Glukose sowie der Fermentation der aus der Cellulose und der Hemicellulose gewonnenen Zucker-Monomere und -Oligomere zu höherwertigeren Produkten dargestellt.

Chemische Hydrolyse

Die chemische Hydrolyse von Cellulose zu Glukose-Monomeren kann mit Hilfe von verdünnter oder konzentrierter Säure erfolgen. Ohne Vorbehandlung des Holzes resultiert die Hydrolyse in Glukose-Ausbeuten kleiner 20 % während die Ausbeute nach Vorbehandlung des Holzes, d.h. nach Abtrennung der Cellulose aus dem Holzverbund, bis zu 90 % betragen kann. Typischerweise wird die chemische Hydrolyse nach einer Vorbehandlung mit verdünnter bzw. konzentrierter Säure durchgeführt. Nach der Vorbehandlung (Hydrolyse der Hemicellulose) mit verdünnter Säure (< 1 % H_2SO_4) werden die C_5-Zucker abgetrennt. Um die Bildung von Inhibitoren zu vermeiden wird die Vorbehandlung bei relativ geringer Temperatur (190 °C) durchgeführt. Im zweiten Schritt erfolgt die chemische Hydrolyse der Cellulose zu C_6-Zuckern (Glukose), die bei höheren Temperaturen (215 °C) durchgeführt wird. Die Verweilzeit beträgt dabei in etwa 3 min und die Ausbeute an Glukose ca. 50–70 % bei Einsatz von verdünnter Säure (vgl. Hamelinck et al., 2005). Bei Einsatz konzentrierter Säure (30–70 % H_2SO_4) können Ausbeuten von bis zu 90 % Glukose erhalten werden. Der Einsatz konzentrierter Säure ist jedoch nach Hamelinck et al. (2005) insbesondere im

Hinblick auf die Rückgewinnung der Säure und die kostenintensiven Anlagenbauteile aus ökonomischer Sicht weniger vorteilhaft.

Enzymatische Hydrolyse

Die enzymatische Hydrolyse wird vielfach als Schlüssel für eine wirtschaftliche Herstellung von Ethanol und anderen Basischemikalien aus Lignocellulose angesehen (vgl. Lynd, 1996). Sie hat den entscheidenden Vorteil, dass sie unter milderen Prozessbedingungen (Temperatur 45–50 °C) im Vergleich zur chemischen Hydrolyse durchgeführt werden kann, woraus geringere Instandhaltungskosten (weniger Korrosion) und geringere Prozesskosten (geringerer Energiebedarf) bei vergleichsweise hohen Ausbeuten (75–85 % Glukose) resultieren (vgl. Hamelinck et al., 2005).

Cellulase-Enzyme wandeln Cellulose zu Glukose um. Cellulasen (bspw. Trichoderma Cellulase) stellen typischerweise Gemische aus verschiedenen Enzymen dar, welche unterschiedliche Stufen des Cellulose-Abbaus katalysieren: Endoglucanasen bewirken das Entstehen freier Kettenenden, Exoglucanasen oder Cellobiohydrolasen entfernen Cellobiose-Einheiten aus dem Makromolekül und beta-Glucosidasen hydrolysieren die Cellobiose-Einheiten zu Glukose (vgl. Tolan, 2002). Cellulasen könne sowohl aus Bakterien (z.B. Clostridium) als auch aus Pilzen (z.B. Trichoderma) gewonnen werden. Die Ausbeute der enzymatischen Hydrolyse kann durch die Substratkonzentration sowie die Enzymmenge beeinflusst werden (vgl. Sun und Cheng, 2002).

Fermentation

Die anaerobe Fermentation von Kohlenhydraten (Zucker) zu Ethanol kann mit Hilfe von Bakterien oder Pilzen (Hefen) durchgeführt werden. Insbesondere die Umwandlung von C_6-Zuckern (z.B. Glukose) mittels Saccharomyces Hefen hat eine sehr lange Tradition. Die Umwandlung von C_5-Zuckern (z.B. Xylose) wird erst seit ca. 1980 durchgeführt (vgl. Hamelinck et al., 2005). Hierbei können z.B. modifizierte Saccharomyces oder Pichia Hefen sowie Zymomonas Bakterien zum Einsatz kommen (vgl. Tolan, 2002). Die o.g. Hydrolyse der Cellulose und die Fermentation von Glukose können sowohl nacheinander als auch simultan ablaufen. Vorteil der simultanen Durchführung stellt zum einen die geringere Anzahl benötigter Reaktoren und zum anderen das Ausbleiben einer Produkthemmung der enzymatischen Hydrolyse durch Glukose dar. Des Weiteren ist auch eine Co-Fermentation von C_6- und C_5-Zuckern denkbar, welche sich derzeit noch in der Entwicklung befindet (vgl. Tolan, 2002). Eine weitere zukünftige Möglichkeit im Hinblick auf die Herstellung von Ethanol aus Lignocellulose stellt die Entwicklung von Mikroorganismen dar, welche sowohl die Enzyme zur Umwandlung von Cellulose zu Glukose produzieren als auch Glukose zu Ethanol umsetzen (vgl. Hamelinck et al., 2005).

2.3.3 Weiterverarbeitung von Lignin

Im Großteil der in der Literatur beschriebenen Prozesse wird Lignin verbrannt oder vergast zur Produktion von elektrischer Energie und Wärme (vgl. z.B. Hamelinck et al., 2005). Nur bei schonenden Holzaufschlussverfahren, wie bspw. dem Organosolv-Verfahren oder dem Dampfexplosionsverfahren, liegt das Lignin in einer für die nachfolgende Nutzung geeigneten Form vor. Wie in Kapitel 2.2.3 erläutert, kann das sog. Organosolv-Lignin bspw. direkt für die Herstellung von Phenol-Formaldehyd-Harzen verwendet werden oder als Bindemittel verschiedenartige Anwendungen finden. Insbesondere sind Organosolv-Lignine im Gegensatz zu den Lignosulfonaten und Thio-Ligninen aus dem Sulfit- und dem Kraft-Zellstoffprozess schwefelfrei und besitzen niedrigere Molekulargewichte sowie eine höhere Anzahl verfügbarer funktioneller Gruppen (vgl. Arato et al., 2005, Thring et al., 2000). In Effendi et al. (2008) wird die Herstellung phenolischer Harze auf Basis von Organosolv-Lignin und Lignin aus dem Dampfdruck-Explosionsverfahren dargestellt. Es wird dort der mögliche direkte Einsatz von Lignin als Bindemittel und Phenolersatz beschrieben sowie die chemische Modifikation (Phenolyse) vor der Harz-Synthese zur Erhöhung der Reaktivität.

Lignin kann durch Hydrolyse, Pyrolyse oder Oxidation zu niedermolekularen phenolischen Verbindungen depolimerisiert werden. In Okuda et al. (2004) wird die Umwandlung von Lignin in einer Wasser-Phenol-Mischung bei 673 K untersucht. In Thring et al. (2000) wird die Umwandlung von Alcell-Lignin mittels Zeolith-Katalysator zu flüssigen aromatischen Kohlenwasserstoffen (Benzol, Toluol, Xylol) beschrieben, welche konventionell durch die Umwandlung von Naphtalen hergestellt werden. In Amen-Chen et al. (2001) wird die Möglichkeiten der thermochemischen Umwandlung von Lignin zu phenolischen Verbindungen vorgestellt. Dort wird auch auf die Möglichkeit des Einsatzes organischer Lösemittel zur Herstellung von schwefelfreiem Lignin hingewiesen, wodurch die thermochemische Herstellung von Chemikalien auf Basis von Lignin verbessert werden kann.

2.3.4 Zusammenfassung

In den vorangehenden Abschnitten werden Möglichkeiten für eine Nutzung fermentierbarer Zucker und von Lignin als chemische Ausgangs- und Zwischenprodukte aufgezeigt. Wenngleich verschiedene der genannten Prozesse bereits im Pilot- und Demonstrations-maßstab erprobt werden, gibt es aktuell in Deutschland keine industrielle Anlage zur Verarbeitung von Holz zu fermentierbaren Zuckern und Lignin für eine stoffliche Nutzung in der chemischen Industrie. Für den Fall, dass Ethanol als einziges Endprodukt für die stoffliche Nutzung produziert wird, zeigen die vorhandenen Anlagen im Pilotmaßstab eine überwiegend schlechte Wirtschaftlichkeit (vgl. Arato et al., 2005). In der vorliegenden Arbeit wird eine mögliche großtechnische Realisierung eines Organosolv-Aufschlussverfahrens mit anschließender enzymatischer Hydrolyse der Cellulose ökonomisch und ökologisch bewertet. Dieses Verfahren bietet sowohl die Möglichkeit einer vollständigen stofflichen Nutzung aller Haupt-Holzkomponenten als auch Vorteile in Bezug auf die Rückgewinnung der Aufschlusschemikalien. Ausgangspunkt für die Bewertung bilden aktuelle Ergebnisse aus dem Labor- und Technikumsmaßstab im Rahmen des BMELV[9]-Verbundvorhabens *Pilotprojekt Lignocellulose-Bioraffinerie* (vgl. DECHEMA, 2009). Als Grundlage für die Bewertung werden sowohl die Stoff- und Energieströme der Produktionsanlage als auch der Bereitstellung des Rohstoffes Holz modelliert. Im nachfolgenden Kapitel 3 werden bestehende Methoden zur Modellierung und Bewertung von Prozessen im Planungsstadium dargestellt und auf deren Eignung im Hinblick auf die in Kapitel 1.2 definierte Zielsetzung der vorliegenden Arbeit hin untersucht.

---

[9] Bundesministerium für Ernährung, Landwirtschaft und Verbraucherschutz

3 Methoden zur Modellierung und Bewertung von Prozessketten in einer frühen Phase der Entwicklung

Ziel der vorliegenden Arbeit stellt die ökonomische und ökologische Bewertung und Optimierung einer Prozesskette zur zukünftigen Herstellung chemischer Grundstoffe aus Lignocellulose auf Basis von Stoff- und Energieströmen dar. In diesem Kapitel werden daher bestehende Methoden zur Modellierung und Bewertung von Prozessketten im Planungsstadium dargestellt und auf deren Eignung für die in der vorliegenden Arbeit untersuchten Fragestellungen hin untersucht. Zunächst werden in Kapitel 3.1 die Anforderungen an eine Methode zur Modellierung der Stoff- und Energieströme definiert und verschiedene bestehende Ansätze aufgezeigt. In Kapitel 3.2 erfolgt ein Überblick über Methoden zur ökonomischen Bewertung von Prozessketten im Planungsstadium und in Kapitel 3.3 werden geeignete Methoden zur Wirkungsabschätzung für die ökologische Bewertung vorgestellt. In Kapitel 3.4 werden ausgewählte Methoden zur Berücksichtigung von Unsicherheiten und in Kapitel 3.5 Entscheidungsmodelle für Mehrzielentscheidungen vorgestellt.

3.1 Anforderungen an eine Methode zur Modellierung der Stoff- und Energieströme

In der vorliegenden Arbeit dient die Modellierung der Stoff- und Energieströme der Generierung einer Datenbasis als Grundlage für die Bewertung und Optimierung einer Prozesskette in einem frühen Entwicklungsstadium. Ausgehend von einem einfachen Blockfließbild und Ergebnissen zur Stoffumwandlung einzelner Prozessschritte aus Laborversuchen wird eine Datenbasis für die techno-ökonomische und die ökologische Bewertung für eine potenzielle großtechnische Realisierung der Prozesskette entwickelt. Diese Datenbasis dient der Schätzung der Investitionen der Produktionsanlage, der Bedarfe an Energie und Betriebsstoffen, der Produktmengen sowie der Emissionen und Ressourcenverbräuche, die wiederum die Grundlage für die techno-ökonomische Bewertung und Optimierung der Prozesskette darstellen (vgl. Kapitel 6).

In Bezug auf die Produktionsanlage ist eine Modellierung einzelner Verfahrensstufen insbesondere zur Abschätzung des Energiebedarfes und zur Auslegung einzelner Anlagenkomponenten notwendig. Zusätzlich sollen mittels der gewählten Methodik Auswirkungen der Variation von Prozessparametern auf den Energiebedarf, die Einsatzmengen von Betriebsstoffen und die Produktmengen untersucht und, soweit möglich, funktionale Zusammenhänge abgeleitet werden.

Zusammenfassend werden in Bezug auf die Modellierung der Produktionsanlage folgende Ziele verfolgt:

- Abschätzung des Energiebedarfes der Anlage

- Ermittlung einer geeigneten Auslegung einzelner Anlagenkomponenten

- Untersuchung des Einflusses unterschiedlicher Anlagenkonfigurationen

- Ermittlung von Rückführungsraten und Schließung von Massenbilanzen

Neben der Modellierung der Produktionsanlage werden auch die Stoff- und Energieströme der vorgelagerten land- und forstwirtschaftlichen Prozesse für die Produktion und den Transport des Rohstoffes Holz mit in die Betrachtungen einbezogen. Diese Untersuchungen geben insbesondere Aufschluss über Ressourcenverbräuche und Emissionen in Verbindung mit dem Anbau und dem Transport der nachwachsenden Ressource Holz. Während in Bezug auf die Abschätzung des Energiebedarfes und die Auslegung der Produktionsanlage die Stoff- und Energiebilanzen einzelner Anlagenaggregate benötigt werden, ist in Bezug auf die Schätzung der Kosten für Energie und Betriebsstoffe und in Bezug auf die Abschätzung der Umweltwirkungen eine Aggregation der Einzelprozesse wünschenswert. Über die o.g. Ziele der Prozesssimulation hinaus werden folgende Ziele mit der Modellierung der Stoff- und Energieströme verfolgt:

- Erstellung von Input-Output-Bilanzen auf unterschiedlichen Aggregationsebenen als Grundlage für die ökonomische und die ökologische Bewertung und Optimierung der Prozesskette

- Einbeziehung der Bereitstellungsketten für den Rohstoff Holz (Modellierung land- und forstwirtschaftlicher Produktionsprozesse, Modellierung des Holztransportes)

- Berechnung unterschiedlicher Szenarien mittels Parametervariation

Nachfolgend werden verschiedene Modellierungsansätze dargestellt und auf deren Eignung für den genannten Zweck hin untersucht. Ausgangspunkt der Untersuchungen stellt in der vorliegenden Arbeit eine vorgegebene Menge an Holz je Zeiteinheit dar, die in der verfahrenstechnischen Anlage zu den drei Produkten Glukose, C_5-Zucker und Lignin verarbeitet wird. Je nach Prozesskonfiguration werden diese Produkte unter Einsatz unterschiedlicher Mengen an Energie und Betriebsstoffen in unterschiedlichen Mengen produziert. Zur Ermittlung einer aus ökonomischen und ökologischen Gesichtspunkten optimalen Konfiguration der Prozesskette wird eine adäquate Abbildung der Stoff- und Energieströme für unterschiedliche Szenarien benötigt.

3.1.1 Wahl der Aggregationsebene

Die oberste Aggregationsebene stellen sog. Black-Box-Modelle dar, welche keine Betrachtung einzelner Prozessschritte erlaubt. Eine vollständige Disaggregation der Prozessschritte bis auf die Ebene der Elementarprozesse wird bei einer Modellierung mit sog. White-Box-Modellen durchgeführt. Liegt ein Modell in Bezug auf die Aggregationsebene zwischen diesen beiden Extremen, kann es als ein Grey-Box-Modell bezeichnet werden (vgl. Daenzer und Huber, 2002 und Penkuhn, 1997). Für die Beantwortung der o.g. Fragestellungen ist eine Modellierung einzelner Prozessschritte und Anlagenaggregate notwendig, eine Darstellung elementarer chemischer Prozesse jedoch zum einen für die frühe Planungsphase nicht notwendig und zum anderen nicht unter vertretbarem Aufwand zu bewerkstelligen. Dies liegt unter anderem an der Inhomogenität der Feststoffphase (Holz) und fehlenden Informationen zu den exakten chemischen Zusammensetzungen und folglich deren Stoffeigenschaften. Für die vorliegende Arbeit wird daher ein sog. Grey-Box-Modell erstellt, welches die notwendige Detailtiefe in Bezug auf die wichtigsten Anlagenkomponenten der verfahrenstechnischen Anlage und in Bezug auf die Prozessschritte der Holzbereitstellung besitzt aber in Bezug auf die ablaufenden Prozesse und die Zusammensetzung der Stoffströme Vereinfachungen zulässt.

3.1.2 Betriebswirtschaftliche Input-Output-Modelle zur Abbildung stationärer verfahrenstechnischer Prozesse

Die Struktur verfahrenstechnischer Systeme lässt sich alternativ zu Verfahrensfließbildern auch als Digraph darstellen. In Penkuhn (1997) wird die Disaggregierung des Originalsystems je nach Verwendungszweck in sog. Subsysteme beschrieben. Die Verschaltung der Subsysteme erfolgt über die Input- und Outputströme der jeweiligen Elemente. Die Abbildung der Produktionsstruktur in einem Strukturmodell erfolgt nach der Graphentheorie mittels einer Knotenmenge U und einer Kantenmenge K. Die Knoten stellen Beschaffungsstellen (Roh-, Betriebsstoffe), Produktionsstellen (Prozesseinheiten) oder Absatzstellen (Produkte, Emissionen, Abfälle aus der Produktion) dar und die Kanten die Material-, Energie oder Informationsflüsse. Nähere Informationen zur Theorie von Digraphen sind bspw. in Schulze und Hassan (1981) zu finden.

Betriebswirtschaftliche Input-Output-Modelle beruhen auf sog. Transformationsfunktionen, welche den Zusammenhang zwischen der einzusetzenden Gütermenge und der Produktmenge beschreiben. In der Literatur werden substitutionale (z.B. Cobb-Douglas-Funktion, ertragsgesetzliche Produktionsfunktion, CES[10]-Transformations-Funktion) und limitationale Produktionsfunktionen (z.B. Leontief-Funktion) unterschieden sowie Weiterentwicklungen im Hinblick auf die Einbeziehung technischer Zusammenhänge (bspw. Transformationsfunktion nach Gutenberg) sowie die Betrachtung einzelner Prozesselemente (Transformationsfunktion nach Heinen) (vgl. Kloock, 1969, Spengler, 1998, Schultmann, 2003). Diese Input-Output-Modelle sind nur sehr eingeschränkt für die Modellierung von Prozessen in der stoffumwandelnden Industrie geeignet, da insbesondere der Einfluss, den Prozessparameter, wie bspw. Druck und Temperatur sowie die Zusammensetzung der Eingangsstoffe und die Auslegung der Anlagenaggregate auf die Stoff- und Energieströme haben, nicht ausreichend abgebildet werden (vgl. Penkuhn, 1997, Spengler, 1998, Schleef, 1999, Schultmann, 2003). Mittels sog. EPF[11] ist die Einbeziehung technischer Einflussgrößen für einzelne Anlagenaggregate möglich und damit prinzipiell die Möglichkeit einer problemadäquaten Abbildung verfahrenstechnischer Systeme gegeben. Dennoch fehlen auch hier formale Ansätze zur Beschreibung der Stoffeigenschaften, bspw. durch die Beschreibung thermodynamischer Beziehungen. Die notwendigen Eingangsdaten für die Modellierung müssen deshalb unter hohem Aufwand aus Messwerten generiert werden (vgl. Penkuhn, 1997).

In der vorliegenden Arbeit soll ein Prozess, für welchen bislang keine technische Umsetzung vorliegt, auf Basis punktueller Ergebnisse aus Laborversuchen ökonomisch und ökologisch analysiert, optimiert und bewertet werden. Für diese Untersuchungen muss zunächst eine Datengrundlage geschaffen werden. Aus den genannten Gründen sind betriebswirtschaftliche Input-Output-Modelle für diesen Zweck nicht geeignet. Die Ermittlung von Input-Output-Relationen stoffumwandelnder Produktionsprozesse kann mittels verfahrenstechnischer Modellierung erfolgen (vgl. bspw. Penkuhn, 1997, Lange, 2000, Kerdoncuff, 2008). Auf diesen Ansatz wird im folgenden Kapitel näher eingegangen.

Mittels sog. aktivitätsanalytischer Stoffflussmodelle können Transformationsbeziehungen zwischen Inputs und Outputs ohne einen bestehenden formalen Produktionsfunktionstyp abgebildet werden und es können Kuppelproduktionsprozesse dargestellt werden. Im Gegensatz zu betriebswirtschaftlichen Input-Output-Modellen basieren die aktivitätsanalytischen Modelle auf empirisch ermittelten Input-Output-Bilanzen und können bspw. mit *Flowsheeting*-Modellen aus der verfahrenstechnischen Modellierung verknüpft werden (vgl. Spengler, 1998, Schultmann, 2003).

---

[10] *Constant Elasticity of Substitution Production Function*

[11] *Engineering Production Functions*

3.1.3 Verfahrenstechnische Modellierung

Ausgangspunkt der verfahrenstechnischen Modellierung stellt das verfahrenstechnische Fließ-bild dar. Darin werden die schematischen Elemente des Grundfließbildes anhand der Dar-stellung von Anlagenaggregaten (Apparate und Maschinen) aufgegliedert und die einzelnen Prozessschritte damit verdeutlicht (vgl. Blaß, 1989, Schleef, 1999). Mittels der verfahrens-technischen Modellierung werden für die einzelnen Aggregate der verfahrenstechnischen Anlage (*unit operations*) die Stoff- und Energiebilanzen modelliert. Diese Bilanzen beruhen auf den Gesetzen der Massen- und Energieerhaltung und sind immer gemeinsam zu berechnen (vgl. Penkuhn, 1997, Lange, 2000). In Penkuhn (1997) werden die nachfolgend aufgeführten vier Grundtypen von *unit operations* und zugehörige erforderliche Bilanzgleichungen unterschieden:

- Ohne chemische Reaktion und ohne Stoffverzweigung (z.B. Mischer)

- Ohne chemische Reaktion und mit Stoffverzweigung (z.B. Dekanter)

- Ohne chemische Reaktion, mit Stoffverzweigung und mit Phasenübergängen (z.B. Destillationskolonne)

- Mit chemischer Reaktion (z.B. Reaktor)

Für die Modellierung der *unit operations* ohne chemische Reaktion und ohne Stoffverzweigung werden die Gesamtmaterialbilanzen sowie die Enthalpiebilanzen erstellt. Tritt eine Stoffverzweigung auf, werden zusätzlich die Komponentenbilanzen benötigt. Für den Fall, dass zusätzlich Phasenübergänge stattfinden, ist eine Komponentenbilanz für jede Phase erforderlich sowie die Kenntnis der Phasengleichgewichtsbeziehungen. Für die Modellierung chemischer Reaktionen werden darüber hinaus die stöchiometrischen Gleichungen und die Beziehungen des chemischen Gleichgewichts berücksichtigt (vgl. Penkuhn, 1997). Die den *unit operations* zu Grunde liegenden physikalischen und chemischen Vorgänge basieren in der Regel auf Gleichgewichtsvorgängen. Diese Gleichgewichts-vorgänge, d.h. Phasengleichgewichte und chemische Reaktionen von Mehrstoffsystemen, werden mittels verfahrenstechnischer Modelle abgebildet. Die rechnergestützte Simulation verfahrenstechnischer Systeme mittels sog. *Flowsheeting*-Programme lässt sich in drei ver-schiedene mathematische Ansätze gliedern (vgl. Futterer und Munsch, 1990, Penkuhn, 1997):

- Sequentiell modularer Ansatz

- Simultaner Ansatz

- Zweistufiger Ansatz

Flowsheeting-Programme stellen, analog dem Verfahrensfließbild, das Netzwerk der verfahrenstechnischen Anlage dar, mit den Anlagenaggregaten (*unit operations*) als Netzwerk-Knoten und den Stoff- und Energieströmen als Netzwerk-Kanten. Den wichtigsten Vertreter stellen die sequentiell modularen Systeme dar, bei welchen die *unit operations* nacheinander und jeweils auf Basis der Outputströme der vorgeschalteten Einheiten berechnet werden. Die Berechnung von Rückführungen ist dabei dementsprechend nur iterativ möglich. Die *unit operations* stellen Unterprogramme dar, für deren Berechnung verschiedene Stoffdatenbanken (bspw. für Reinstoffe sowie für Mischungen) und thermodynamische Modelle hinterlegt sind. *Flowsheeting*-Systeme finden breite Anwendung in der Prozessindustrie zur Prozessentwicklung und zur Prozessoptimierung. Industriell eingesetzte Programme stellen bspw. ASPEN PLUS®, CHEMCAD oder DESIGN dar. Auf die Besonderheiten des in der vorliegenden Arbeit eingesetzten Programmes ASPEN PLUS® wird in Kapitel 5.2.1 näher eingegangen. In Penkuhn (1997) werden auf Basis der Modellierung mit ASPEN PLUS® sog. thermodynamische Transformationsfunktionen abgeleitet, welche in die betriebswirtschaftliche Input-Output-Analyse eingebunden werden und damit eine Weiterentwicklung bestehender Ansätze des Stoffstrommanagements verfahrenstechnischer Systeme am Beispiel der Herstellung von Ammoniak darstellen. In der vorliegenden Arbeit wird die Software ASPEN PLUS® insbesondere zur Abschätzung des Energiebedarfes, zur Modellierung der Lösemittelrückgewinnung und zur Auslegung einzelner Anlagenkomponenten eingesetzt (vgl. Kapitel 5.2).

3.1.4   Stoffstromnetze zur Modellierung von Prozessketten

Mittels sog. Stoffstromnetze können bei Kenntnis der Input-Output-Funktionen der einzelnen Teilprozesse Prozessketten auf beliebigen Aggregationsebenen dargestellt werden. Modelltechnische Grundlage der in dieser Arbeit betrachteten Stoffstromnetze stellen die sog. Petri-Netze dar. Petri-Netze sind gerichtete Graphen und ermöglichen die Darstellung von Materialflussprozessen als eine Abfolge von Ereignissen (vgl. Baumgarten, 1990, Arnold, 1998). Petri-Netze bestehen aus zwei Typen von Knoten: Ereignisse (Transitionen), die im Graph als Rechtecke dargestellt werden und Situationen (Stellen), die im Graph als Kreise erscheinen. Die funktionale Zuordnung (Kanten, Verbindungen) wird im Graph durch Pfeile gekennzeichnet, welche Stellen und Transitionen miteinander verbinden. Bei der Modellierung von Prozessketten mit Hilfe Petri-Netz-basierter Stoffstromnetze symbolisieren die Stellen die Bestände an Roh-, Betriebsstoffen, Produkten, Emissionen und Abfällen, und die Transitionen symbolisieren die Umwandlungsprozesse, welche wiederum durch Subnetze (Teilnetze) spezifiziert werden können. Die Abhängigkeiten der Input- und Outputströme können in den Transitionen durch beliebige lineare oder komplexe Funktionen spezifiziert werden (vgl. Möller, 2000, Schultmann, 2003). Als Grundlage für die Spezifikation der Transitionen können bspw. Informationen aus der verfahrenstechnischen Modellierung oder Literaturdaten verwendet werden. Die Möglichkeit der Kopplung von Prozesssimulation und Stoffstromanalysewerkzeugen wird bspw. in Hähre (2000) und Schultmann (2003) am Beispiel der Eisen- und Stahlindustrie vorgestellt. Auf die Einsatzmöglichkeiten von Stoffstrommodellen auf betrieblicher, regionaler, nationaler und internationaler Ebene wird in Karl (2003) eingegangen. In Möller und Rolf (1995) werden Grundlagen und prinzipielle Einsatzmöglichkeiten Petri-Netz-basierter Stoffstromnetze dargestellt, und in Häuslein und Hedemann (1995) sowie Möller (2000) wird die Software umberto® zur Modellierung von Stoffstromnetzen vorgestellt. In der vorliegenden Arbeit wird ein Stoffstrommodell mit der Software umberto® erstellt, welches neben der Anlage zur Herstellung von Glukose, C_5-Zuckern und Lignin aus Holz auch die Produktion und den Transport des Rohstoffes Holz abbildet (vgl. Kapitel 5.3).

3.1.5 Gewählter Ansatz für die Modellierung der Stoff- und Energieströme

In der vorliegenden Arbeit wird eine verfahrenstechnische Anlage zur Umwandlung von Holz zu Lignin, Glukose und C_5-Zucker, für welche es derzeit keine großtechnische Realisierung gibt, mit ASPEN PLUS® modelliert (vgl. Kapitel 5.2). Diese Modellierung dient insbesondere der Ermittlung der Rückführungsraten für das eingesetzte Lösemittel, der Schätzung des Energiebedarfes für Aufheizung, Verdichtung und Rückführung des Lösemittels sowie der Auslegung einzelner Anlagenaggregate. Die Informationen aus der verfahrenstechnischen Modellierung mit ASPEN PLUS® fließen in der vorliegenden Arbeit zum Teil in ein Stoffstrommodell ein, welches neben der Produktionsanlage auch die Bereitstellungskette für den Rohstoff Holz abbildet. In diesem Stoffstrommodell werden die Input-Output-Bilanzen der Holzproduktion, des Holztransportes und der Produktionsanlage für unterschiedliche Szenarien und auf unterschiedlichen Aggregationsebenen abgebildet. Dabei werden auf der Inputseite die Betriebsstoffe betrachtet und auf der Outputseite die Produktströme, die Emissionen sowie Abfall- und Abwasserströme (vgl. Kapitel 5.3). Mit Hilfe dieses mit der Software umberto® erstellten Stoffstrommodells werden unterschiedliche Szenarien im Hinblick auf die Konfiguration der Produktionsanlage (bspw. unterschiedliche Lösemittel zu Holz-Verhältnisse) und die Art der Holzbereitstellung (bspw. Bereitstellung von Holz aus Kurzumtriebsplantagen und von Waldrestholz) abgebildet. Die Stoffströme werden bis auf die Ebene einzelner Apparate und Maschinen verfeinert. Die eingesetzte Software umberto® stellt ein auf dem Prinzip der Petri-Netze basierendes Stoffflussanalysewerkzeug dar, das insbesondere zum Zweck der Ökobilanzierung von

Prozessketten entwickelt wurde. Die Modellierung der Produktionsanlage in umberto® erfolgt zum Teil auf Basis der Erkenntnisse der verfahrenstechnischen Modellierung mit ASPEN PLUS® und für die Modellierung der Holzproduktion und des Holztransportes in umberto® werden Prozessmodulen aus der LCA[12]-Datenbank ecoinvent v2.0 (vgl. ecoinvent Centre, 2007) eingebunden. Mit dieser Vorgehensweise wird für einen Prozess, für welchen bislang keine großtechnische Realisierung besteht, eine geschlossene Massenbilanz für unterschiedliche Konfigurationen erstellt. Darüber hinaus wird eine detaillierte Modellierung der Bereitstellungsketten für Waldrestholz und Holz aus Kurzumtriebsplantagen durchgeführt und in das Modell integriert. Die vorgestellten Modelle dienen in der vorliegenden Arbeit als Grundlage für eine umfassende ökonomische und ökologische Bewertung und Optimierung der Prozesskette.

3.2 Auswahl einer Methode für die ökonomische Bewertung der Prozesskette

Im Rahmen der ökonomischen Bewertung sollen auf Basis der modellierten Stoff- und Energieströme die Investitionen der Produktionsanlage sowie die Kosten und Erlöse für unterschiedliche Konfigurationen der Prozesskette geschätzt werden. Die ermittelten Investitionen sowie die Kosten und die Erlöse bilden die Grundlage für die Wirtschaftlichkeitsrechnung, d.h. sie dienen der Ermittlung ausgewählter ökonomischer Kennzahlen. Nachdem in Kapitel 3.2.1 die Methoden zur Schätzung des Kapitalbedarfes verfahrenstechnischer Anlagen vorgestellt und in Kapitel 3.2.2 Möglichkeiten zur Vorausbestimmung von Kosten und Erlösen erläutert werden, wird in Kapitel 3.2.3 die gewählte Vorgehensweise zur ökonomischen Bewertung in der vorliegenden Arbeit vorgestellt.

3.2.1 Schätzung des Kapitalbedarfes verfahrenstechnischer Anlagen

Im Rahmen der Ermittlung des Kapitalbedarfes sollen alle Ausgaben bis zur Inbetriebnahme der Produktionsanlage erfasst werden. Wie bspw. in Remmers (1991) und Rentz (1979) dargestellt, werden die unterschiedlichen Kapitalbedarfspositionen eines Investitionsvorhabens üblicherweise zu unterschiedlichen Gruppen zusammengefasst. In Remmers (1991) werden neben den Hauptkomponenten, direkte Nebenpositionen (bspw. Rohrleitungen und Armaturen), indirekte Nebenpositionen (bspw. Gebühren, Lizenzen), der gesamte Bauteil (bspw. Einhausung) und die Montage der Hauptkomponenten und direkten Nebenpositionen

---

[12] *Life Cycle Assessment* (Lebenszyklusanalyse, Ökobilanz)

unterschieden. In Peters et al. (2004) werden direkte Positionen (*direct costs*) von indirekten Positionen (*indirect costs*) unterschieden, welche zusammen das sog. gebundene Kapital (*fixed-capital investment*) ergeben. Zur Ermittlung des gesamten Kapitalbedarfes sind zusätzlich die zu erwartenden Änderungen im Umlaufvermögen, bspw. Vorräte an Roh- und Betriebsstoffen, des Unternehmens zu berücksichtigen (vgl. Remmers, 1991). In Peters et al. (2004) wird für das Umlaufvermögen (*working capital*) eine Größenordnung von ca. 10 bis 20 % des gesamten Kapitalbedarfes (*total capital investment*) angegeben und in Couper (2003) eine Größenordnung von 15 bis 25 %. Zur Schätzung des Kapitalbedarfes kann entweder eine sog. *green-field*-Schätzung durchgeführt werden, d.h. es wird der Kapitalbedarf inklusive Standortvorbereitung (bspw. Bau von Straßen, Gleisen, Hafenanlage, Gebäuden, Anlagen zur Energiebereitstellung und Abwasserentsorgung) geschätzt oder eine sog. *battery limits*-Schätzung, d.h. es wird der Kapitalbedarf ausschließlich für die betrachtete Anlage geschätzt unter der Annahme, dass bestehende Infrastruktureinrichtungen gegen entsprechendes Entgelt genutzt werden können (vgl. Couper, 2003). Für beide Alternativen sind die nachfolgend aufgeführten Methoden gleichermaßen geeignet.

Methoden zur Vorausbestimmung des Kapitalbedarfes

In der Literatur werden verschiedene Methoden zur Vorausbestimmung des Kapitalbedarfes verfahrenstechnischer Anlagen beschrieben, die sich insbesondere in Bezug auf deren Genauigkeit und den damit verbundenen Aufwand der Schätzung unterscheiden und im Allgemeinen einer der drei folgenden Gruppen zugeordnet werden können (vgl. Remmers, 1991):

- Summarische Verfahren

- Faktormethoden

- Detaillierte Einzelermittlung

Zur erstgenannten Gruppe, den sog. summarischen Verfahren, zählen bspw. die Ermittlung des Kapitalbedarfes mittels Umschlagskoeffizienten (*turn over ratio*[13]), Jahresumsatz sowie spezifischer Kapitalbedarfsziffern in Abhängigkeit der Kapazität. Aufgrund der hohen Ungenauigkeit von ca. -30 bis +50 % (vgl. Couper, 2003) finden diese Verfahren in der Praxis kaum Anwendung (vgl. Remmers, 1991).

Mittels der sog. Faktormethoden, zu denen sowohl die Methode der globalen und der differenzierten Zuschlagssätze als auch die Block- oder Modulmethoden gezählt werden können, kann eine vergleichsweise höhere Genauigkeit durch Einbeziehung technischer

---

[13] *turn over ratio = annual gross sales per fixed capital investment*

Gegebenheiten erreicht werden, wobei jeweils nur ein Teil der Kapitalbedarfspositionen, im Allgemeinen der Kapitalbedarf für Apparate und Maschinen, einer detaillierten Kalkulation unterzogen wird (vgl. Remmers, 1991).

Bei den Block- oder Modulmethoden wird die verfahrenstechnische Anlage anhand des Grundfließbildes in funktionelle Einheiten (sog. *unit operations*) untergliedert und der zugehörige Kapitalbedarf dieser Module wird in Abhängigkeit der jeweiligen Komplexität und Kapazität ermittelt. In Chauvel et al. (2003) werden die Modulmethoden in die sog. *notional operating unit methods*, die sog. *flow methods* und die sog. *significant steps methods* untergliedert. Bei den *notional operating unit methods*, wie bspw. der Methode von Zevnik und Buchanan, werden das Grundfließbild der Anlage und der Haupt-Stoffstrom (Produktstrom) als Grundlage für die Schätzung betrachtet, d.h. es werden keine spezifischen Informationen zu den Massen- und Energiebilanzen berücksichtigt. Bei den sog. *flow methods*, wie bspw. der Methode von Stallworthy, werden neben dem Haupt-Stoffstrom auch Nebenströme und Rückführungen betrachtet, was eine deutliche Verbesserung der Genauigkeit bei gleichzeitig erhöhtem Informationsbedarf bedeutet. Für die dritte Gruppen, die sog. *significant steps methods*, werden Informationen hinsichtlich der Haupt-Prozessschritte und den zugehörigen Betriebsbedingungen, d.h. insbesondere Massenbilanzen, Temperatur, Druck, Verweilzeit, Art der Konstruktion, benötigt. Zu diesen Methoden zählt bspw. die Methode von Taylor (vgl. Chauvel et al., 2003).

Bei einer Schätzung des Kapitalbedarfes mittels globaler Zuschlagsfaktoren werden alle Kapitalbedarfspositionen, mit Ausnahme der Apparate und Maschinen, über nur einen Zuschlagsfaktor geschätzt, wobei Unterscheidungen bezüglich der Art des Prozesses (z.B. Verarbeitung von Feststoffen oder Verarbeitung von Flüssigkeiten) oder der Art der Apparate (z.B. Kolonne, Reaktor) getroffen werden können. Beispiele für diese Vorgehensweise stellen die Methode von Lang und die Methode von Hand dar (vgl. Chauvel et al., 2003). Nach Couper (2003) kann mit diesen Methoden eine Genauigkeit von etwa -25 bis +30 % erreicht werden.

Bei den Methoden unter Einsatz differenzierter Zuschlagssätze wird der Kapitalbedarf der Apparate und Maschinen mit unterschiedlichen Zuschlagsfaktoren zur Berücksichtigung der einzelnen Kapitalbedarfspositionen beaufschlagt (vgl. Remmers, 1991). Bei der Ermittlung der differenzierten Zuschlagsfaktoren werden technische Spezifika, wie bspw. Aggregat-zustand von Roh- und Betriebsstoffen, Apparatebautyp und Kapazität der Anlage, berück-sichtigt (vgl. Remmers, 1991). Voraussetzung für die Anwendung der Methode der differen-zierten Zuschlagssätze ist das Vorhandensein geeigneter Zuschlagsfaktoren für den jeweiligen Anwendungsfall. Beispiele für diese Methoden stellen die Methode von Chilton und die Methode von Peters und Timmerhaus dar (vgl. Chauvel et al., 2003). Nach Couper (2003) kann mit diesen Methoden eine Genauigkeit von etwa -20 bis +25 % erreicht werden. Eine Verbesserung der Genauigkeit auf ca. -10 % bis +20 % unter Erhöhung des Informationsbedarfes kann nach Couper (2003) mit den Methoden von Gutrie und von Hirsch und Glazier erreicht werden, die ebenfalls den Methoden der differenzierten Zuschlagssätze zugeordnet werden können. Zur näheren Erläuterung dieser und weiterer Methoden wird an dieser Stelle auf Chauvel et al. (2003) und Couper (2003) verwiesen.

Bei der dritten und aufwändigsten der o.g. Methoden zur Vorausbestimmung des Kapitalbedarfes, der sog. detaillierten Einzelermittlung, werden alle Kapitalbedarfspositionen einzeln ermittelt (vgl. Remmers, 1991). Nach Couper (2003) kann mit derartigen Methoden eine Genauigkeit von etwa -5 bis +10 % erreicht werden.

Mit Ausnahme der summarischen Verfahren ist für alle genannten Methoden die Schätzung der Investitionen für die Apparate und Maschinen der verfahrenstechnischen Anlage notwendig. Nachfolgend werden Alternativen zur Durchführung dieser Schätzung erläutert.

Methoden zur Vorausbestimmung der Investitionen für Apparate und Maschinen

Analog der Vorausbestimmung des Kapitalbedarfes können je nach gewünschtem Detaillierungsgrad und damit verbundenem Aufwand sowie in Abhängigkeit der zur Verfügung stehenden Informationen unterschiedliche Methoden zur Vorausbestimmung der Investitionen für Apparate und Maschinen zum Einsatz kommen. In Remmers (1991) werden als erste grobe Anhaltspunkte das Heranziehen von Durchschnittspreisen von Apparaten und Maschinen sowie die Abschätzung über Gewichtspreisklassen genannt. Sofern vorhanden, können betriebseigene Preisdaten für eine schnelle Abschätzung herangezogen werden oder aber sog. Richtpreisfunktionen aus der Literatur, welche ein Schätzung der Investitionen anhand charakteristischer technischer Größen ermöglichen. Die sog. *Pré-Estime* Methode des IFP[14] ermöglicht bspw. die Abschätzung von Preisen für Anlagenaggregate auf Basis von Auslegungsdaten über Preiskurven und zugehörige Korrekturfaktoren, die bspw. je nach herrschenden Betriebsbedingungen, Bautyp und verwendeten Materialien unterschiedlich ausfallen können (vgl. Chauvel et al., 2003). Ebenso sind in Peters et al. (2004) umfangreiche Angaben zu Preisen von Anlagenkomponenten in Abhängigkeit der Kapazität und der jeweiligen Ausstattung zu finden. Darüber hinaus werden in Remmers (1991) die detaillierte Ermittlung des Investitionsbedarfes von Apparaten und Maschinen durch Berücksichtigung des Bedarfes an Einzelmaterial, der Materialpreise, der Materialgemeinkostensätze, Fertigungszeiten und Lohnsätze sowie die Anfrage bei Lieferanten als Möglichkeiten zur Vorausbestimmung der Investitionen für Apparate und Maschinen genannt. Für einen

---

[14] *Institut Français Du Pétrole Publications*

Großteil der dargestellten Methoden muss zunächst eine Auslegung der Anlagenaggregate auf Basis von Massen- und Energiebilanzen erfolgen (vgl. Couper, 2003).

Anpassung von Preisdaten aus der Literatur

Bei der Schätzung des Kapitalbedarfes verfahrenstechnischer Anlagen mittels der genannten Methoden können Zeit- Standort- und Größenabhängigkeiten berücksichtigt werden. Die Anpassung von Preisdaten aus der Literatur in Bezug auf unterschiedliche Kapazitäten kann mittels des sog. Größendegressionsansatzes erfolgen, wobei die zugehörigen Größen-degressionskoeffizienten der Literatur entnommen werden (vgl. bspw. Lüth, 1997). Die gesuchte Investition für das jeweilige Aggregat wird dabei aus der entsprechenden Basisinvestition und der zugehörigen Basiskapazität und einem (aggregatspezifischen) Größendegressionsexponenten ermittelt (vgl. bspw. Lüth, 1997). Nach Couper (2003) liegen die Größendegressionsexponenten für die meisten Anlagenaggregate zwischen 0,4 und 0,8 bei einem durchschnittlichen Wert von 0,6.

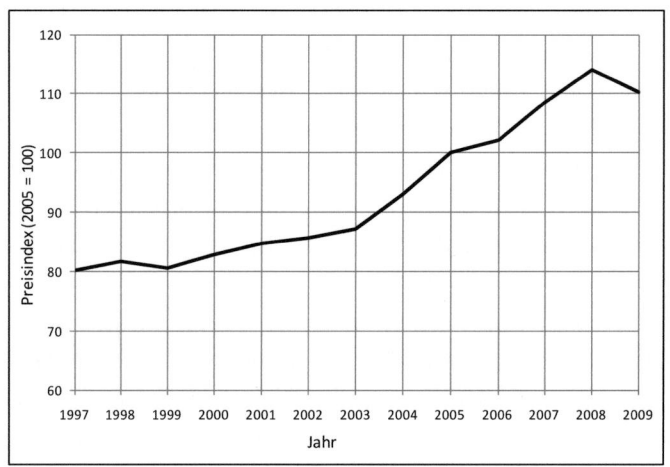

Abbildung 4: Langfristige Entwicklung des Preisindex für Apparate und Maschinen nach Kölbel/Schulze (vgl. VCI, 2010a)

Zur Anpassung von Preisdaten zurückliegender Jahre liegen eine Reihen von Preisindizes, bspw. der *Chemical Engineering's Plant Cost Index* (USA) oder der Preisindex chemischer Anlagen nach Kölbel/Schulze (Deutschland), vor. Letztgenannter Index setzt sich aus den Positionen Apparate und Maschinen, Rohrleitungen und Armaturen, Mess- und Regel-einrichtungen, Isolierung und Anstrich, elektrotechnische Ausrüstungen, Bauteile und Planungskosten zusammen (vgl. VCI, 2010a). In Abbildung 4 ist die langfristige Entwicklung des Preisindex für Apparate und Maschinen nach Kölbel/Schulze dargestellt. Eine Übersicht über unterschiedliche Preisindizes und deren Einsatzbereiche ist bspw. in Couper (2003) zu finden. Bei der Übertragung von Daten unterschiedlicher Währungen sind zusätzlich die entsprechenden Devisenkurse zu berücksichtigen. Eine Anpassung des Kapitalbedarfes in Bezug auf Standortspezifika kann bspw. im Hinblick auf den Kapitalbedarf für Materialien oder Grundstücke notwendig sein (vgl. bspw. Lüth, 1997).

3.2.2 Schätzung von Kosten und Erlösen

Neben der Vorausbestimmung der Investitionen wird in der vorliegenden Arbeit eine Vorausbestimmung der Kosten und Erlöse durchgeführt. In Anlehnung an Remmers (1991) können die Gesamtkosten für die Vorkalkulation verfahrenstechnischer Anlagen, die sog. Selbstkosten, nach der in Abbildung 5 dargestellten Art und Weise, in Herstellkosten, übrige Kosten und Folgekosten untergliedert werden. Als Methoden zur Vorkalkulation werden in Remmers (1991) sog. abgekürzte Methoden, die Vorkalkulation über einzelne Kostenpositionen sowie Sonderrechnungen beschrieben. Für bestehende Produktionsverfahren oder für Prozesse bekannter chemischer Reaktionen können zum Teil die sog. abgekürzten Verfahren zur Kostenschätzung zum Einsatz kommen. Dabei kann die Abschätzung der Gesamtkosten über die Rohstoffkosten oder mit Hilfe von Literaturdaten erfolgen (vgl. Remmers, 1991). Bei Vorhandensein der jeweiligen Verbrauchsdaten kann auch für neue Prozesse eine detaillierte Vorkalkulation aller Kostenarten erfolgen und der Einfluss unterschiedlicher Eingangsdaten mittels Sonderrechnungen, wie bspw. Sensitivitäts- oder Risikoanalysen, ermittelt werden (vgl. Remmers, 1991). Auf Möglichkeiten zur detaillierten Vorkalkulation der Kosten wird nachfolgend näher eingegangen.

Wie in Abbildung 5 dargestellt, können die Herstellkosten zur Vorkalkulation aus den investitionsabhängigen Kosten, den betriebsmittelverbrauchsabhängigen Kosten und den Personalkosten ermittelt werden (vgl. Remmers, 1991). In Peters et al. (2004) werden die Herstellkosten in ähnlicher Weise als Summe der variablen Kosten (u.a. Roh- und Betriebsstoffe, Energie, Entsorgung, Personal, Reparatur und Instandhaltung), der fixen Kosten (u.a. Abschreibungen, Steuern, Versicherungen, Kapitalkosten) und der sog. *overhead costs* (u.a. medizinische Versorgung, Kantine, Verwaltung für den Betrieb der Anlage, mess- und sicherheitstechnische Überwachung) definiert. Die variablen Kosten umfassen dabei nach Peters et al. (2004) überwiegend Kosten, die ausschließlich während des Betriebes der Anlage anfallen, während die fixen Kosten sowie die sog. *overhead costs* so gut wie unabhängig von der Auslastung der Anlage sind. Zur Ermittlung der Gesamtkosten werden in Peters et al. (2004) analog zur Ermittlung der sog. Selbstkosten nach Remmers (1991) als weitere Kostenpositionen die Verwaltungskosten, die Kosten für Vertrieb und Marketing sowie die Kosten für Forschung und Entwicklung zu den Herstellkosten addiert.

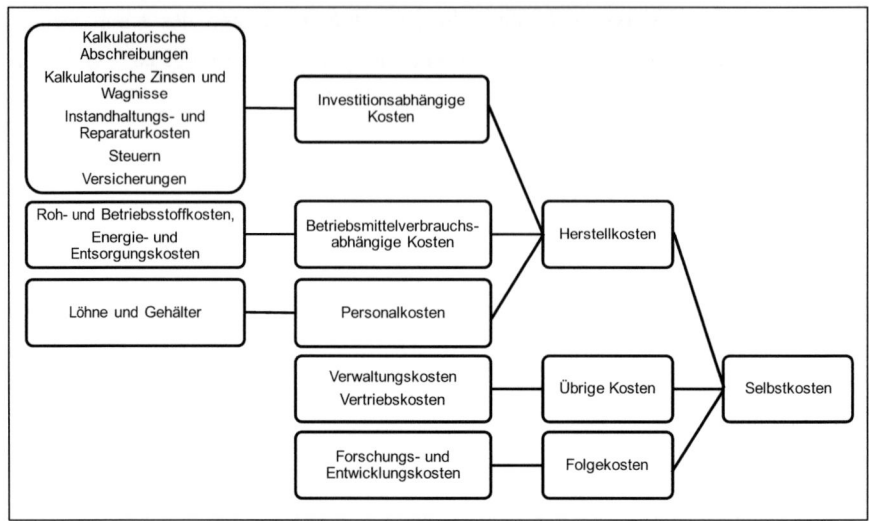

**Abbildung 5: Einteilung von Kostenpositionen im Rahmen der Vorkalkulation
(abgeändert nach Remmers, 1991)**

Die betriebsmittelverbrauchsabhängigen Kosten und ebenso die Erlöse für die Produkte können aus den Stoff- und Energiebilanzen des Produktionsprozesses in Verbindung mit den jeweiligen Preisen abgeleitet werden. Die investitionsabhängigen Kosten, d.h. kalkulatorische Abschreibungen, kalkulatorische Zinsen, Kosten für Reparatur und Instandhaltung und Kosten für Steuern und Versicherungen, können als prozentuale Anteile der Gesamt-investition geschätzt werden (vgl. Peters et al., 2004). In Couper (2003) sind unterschiedliche Methoden zur Ermittlung der jährlichen Abschreibung, bspw. lineare und degressive Abschreibung, aufgeführt. Nach Remmers (1991) ist für die Vorausberechnung der investitionsabhängigen Kosten eine lineare Abschreibung von 8 bis 15 Jahren ausreichend. Für die Ermittlung der durchschnittlichen kalkulatorischen Zinsen über die gesamte Nutzungsdauer kann nach Remmers (1991) die Hälfte der Gesamtinvestition mit einer Verzinsung von etwa 7 bis 9 % angesetzt werden. In Bezug auf die Abschreibungen werden nur die Teile der Gesamtinvestition berücksichtigt, die einer Wertminderung unterliegen, d.h. bspw. Grundstücke und das Umlaufvermögen werden nicht berücksichtigt (vgl. Remmers, 1991). Die Kosten für Reparatur und Instandhaltung werden in Remmers (1991) mit 4 bis 10 % der Investition für die Apparate und Maschinen angegeben und die Kosten für Steuern und Versicherungen werden dort mit ca. 2 % der Gesamtinvestition angegeben (vgl. Remmers, 1991). Soweit vorhanden, können zur Vorausbestimmung der betriebsmittel-verbrauchsabhängigen Kosten (Kosten für Roh- und Betriebsstoffe, Entsorgung von Abfällen und Abwasser) Preisangebote potenzieller Lieferanten herangezogen werden und für den Fall dass dies nicht möglich ist, muss auf veröffentlichte Daten oder Marktpreise zurückgegriffen werden (vgl. Peters et al., 2004). Nach Peters et al. (2004) können die Kosten für Rohstoffe für Chemieanlagen 10 bis 60 % der Gesamtkosten betragen und die Kosten für Betriebsstoffe (*utilities*) betragen in etwa 10 bis 20 %.

Zur Ermittlung der Personalkosten im Rahmen der Vorkalkulation wird in Remmers (1991) eine überschlägige Ermittlung über die Anwendung von Richtzahlen, bspw. der Umsatzerlöse je Beschäftigtem, vorgeschlagen, sowie die Anwendung sog. abgekürzter Verfahren, wobei die Anzahl der Verfahrensstufen und der Arbeitszeitbedarf je Produkteinheit und Verfahrensstufe als Grundlage dienen. Für den Fall, dass die einzelnen Apparate der Anlage bekannt sind, kann die Abschätzung der Personalkosten auf Basis der Richtzahl Arbeitskräftebedarf je Apparateeinheit erfolgen (vgl. Remmers, 1991). Nach Peters et al. (2004) ist eine Unterscheidung von Fachkräften und ungelernten Arbeitern und den zugehörigen Stundenlöhnen sinnvoll. Zur Darstellung der Beziehung zwischen Personalbedarf und Anlagenkapazität wird in Peters et al. (2004) ein Größendegressionsexponent von 0,2 bis 0,25 vorgeschlagen. Für Chemieanlagen beträgt der Anteil der Personalkosten an den Gesamtkosten in etwa 10 bis 20 % (vgl. Peters et al., 2004).

In Remmers (1991) wird eine Ermittlung der sonstigen Kosten, d.h. bspw. der Gemeinkostenanteile der Werksleitung oder des innerbetrieblichen Verkehrs, als prozentualer Anteil der Personalkosten vorgeschlagen und eine Ermittlung der Verwaltungs- und Vertriebsgemeinkosten als prozentualer Anteil der Herstellkosten. In Peters et al. (2004) wird für die sog. *overhead costs* für Chemieanlagen ein Prozentsatz von 50 bis 70 % der Kosten für Personal, Wartung und Leitung vorgeschlagen, für die Verwaltungskosten ein Prozentsatz von 15 bis 25 % der Personalkosten, für die Kosten für Vertrieb und Marketing ein Prozentsatz von 2 bis 20 % und für die Kosten für Forschung und Entwicklung von ca. 5 % der Gesamtkosten. In Bezug auf die Kosten für Vertrieb und Marketing bezieht sich der obere Prozentsatz vorwiegend auf neue Produkte oder Produkte, die in kleinen Mengen an eine große Anzahl von Kunden verkauft wird während sich der untere Prozentsatz vorwiegend auf den Verkauf von Massenchemikalien bezieht.

Aus den ermittelten Investitionen, den Kosten und den Erlösen können anschließend unterschiedliche Kennzahlen zur Bewertung der Wirtschaftlichkeit von Prozessen in einer frühen Phase der Prozessentwicklung abgeleitet werden. Im nachfolgenden Kapitel 3.2.3 werden die gewählte Vorgehensweise zur Schätzung der Investition, der Kosten und Erlöse sowie die gewählten Kennzahlen zur Einschätzung der Wirtschaftlichkeit der Herstellung chemischer Grundstoffe aus Lignocellulose präsentiert.

3.2.3 Gewählter Ansatz für die ökonomische Bewertung

Für die Ermittlung der Investitionen für die Apparate und Maschinen der verfahrenstechnischen Anlage sowie für die Ermittlung des gesamten Kapitalbedarfes wird in der vorliegenden Arbeit, in Anlehnung an die in Kapitel 3.2.1 vorgestellten Methoden, ein mittlerer Genauigkeitsgrad gewählt. Es werden zunächst charakteristische technische Größen (Kapazitäten) für die einzelnen Aggregate der verfahrenstechnischen Anlage auf Basis der modellierten Stoff- und Energieströme ermittelt (vgl. Kapitel 3.1.5). Ausgehend von den jeweiligen Kapazitäten werden die Basisinvestitionen für die Hauptkomponenten der Produktionsanlage (Apparate und Maschinen) mittels Preiskurven und entsprechenden Korrekturfaktoren, bspw. für die jeweilige technische Ausgestaltung und das verbaute Material, geschätzt. Die Preisdaten aus der Literatur werden anschließend mittels Preisindex für Apparate und Maschinen nach Kölbel/Schulze sowie mittels Währungsanpassung auf einen einheitlichen zeitlichen Bezugspunkt umgerechnet. Die Ermittlung der Investitionen unterschiedlicher Kapazitäten der Anlagenaggregate erfolgt mittels Größendegressionsansatz und den entsprechenden Größendegressionsexponenten (vgl. Kapitel 6.5.1). Ausgehend von der Investition für die Hauptkomponenten werden die übrigen Kapitalbedarfspositionen mittels differenzierter Zuschlagssätze, d.h. als Prozentsätze der Hauptkomponenten, nach Peters et al. (2004), ermittelt. Unter der Annahme, dass die untersuchte verfahrenstechnische Anlage an einem bestehenden Standort der Chemieindustrie angesiedelt wird, wird eine sog. *battery limits*-Schätzung der Investition durchgeführt. In Bezug auf die Schätzung der Kosten und Erlöse wird eine detaillierte Vorkalkulation auf Basis der Massen- und Energiebilanzen in Verbindung mit Preisdaten aus der Literatur vorgenommen (vgl. Kapitel 6.5.3). Unter der Annahme, dass es sich bei den hergestellten Produkten um Zwischenprodukte zur Weiterverarbeitung am jeweiligen Standort handelt, werden keine Kosten für Vertrieb und Marketing veranschlagt und die Kosten für Forschung und Entwicklung werden vernachlässigt.

Zu Einschätzung der Wirtschaftlichkeit werden statische und dynamische Verfahren der Investitionsrechnung eingesetzt (vgl. Wöhe, 1996, Kruschwitz, 2007). Als einperiodige statische Verfahren der Investitionsrechnung werden das Betriebsergebnis aus der Differenz von Kosten und Erlösen (Gewinnvergleichsrechnung) sowie die Rentabilität (Rentabilitäts-vergleichsrechnung) aus dem Verhältnis von pagatorischem Gewinn (Gewinn vor Abzug der kalkulatorischen Zinsen) und durchschnittlich gebundenem Kapital ermittelt, wobei die durchschnittliche Kapitalbindung als halbe Anschaffungsauszahlung angenommen wird. Die Rentabilitätsvergleichsrechnung dient insbesondere der Kapitaldifferenzierung (vgl. Wöhe, 1996) für den Fall, dass zwei unterschiedlich hohe Betriebsergebnisse mit zugehörigen unterschiedlich hohen Investitionen verbunden sind. Als mehrperiodiges statisches Verfahren wird mittels Amortisationsrechnung festgestellt, nach wie vielen Perioden sich die Anschaffungsauszahlung durch Kapitalrückflüsse amortisiert hat und als dynamisches Verfahren wird der Kapitalwert aus der Differenz der diskontierten Zahlungsströme und der Anschaffungsauszahlung ermittelt (vgl. Kapitel 6.5.4).

3.3 Auswahl einer Methode für die ökologische Bewertung der Prozesskette

Im Rahmen der ökologischen Bewertung sollen auf Basis der modellierten Stoff- und Energieströme die Umweltwirkungen der Prozesskette in einer frühen Phase der Prozessentwicklung für unterschiedliche Anlagenkonfigurationen abgeschätzt und mit Referenzprozessen verglichen werden. Hierfür eignet sich insbesondere die Methode der Öko-bilanzierung, deren Grundlagen in Kapitel 3.3.1 erläutert werden. Einen zentralen Punkt stellt im Rahmen der Ökobilanzierung die Umweltwirkungsabschätzung dar. Auf gängige Methoden zur Umweltwirkungsabschätzung im Rahmen von Ökobilanzen sowie deren Eignung für die Untersuchungen im Rahmen der vorliegenden Arbeit wird in Kapitel 3.3.2 eingegangen. Eine abschließende Auswahl der Vorgehensweise zur ökologischen Bewertung erfolgt in Kapitel 3.3.3.

3.3.1 Grundlagen der Ökobilanzierung

Die Ökobilanz stellt nach DIN (2006) eine von mehreren Umweltmanagement-Methoden (bspw. Umweltleistungsbewertung, Umweltverträglichkeitsprüfung) dar, welche insbesondere zur Abschätzung potenzieller Umweltwirkungen von Prozessketten eine breite Anwendung findet. Die Grundsätze und Rahmenbedingungen sowie die Anforderungen zur Durchführung von Ökobilanzen werden in DIN (2006) und DIN (2006a) ausführlich beschrieben. Demnach wird der Lebensweg eines Produktes als sog. Produkt-System modelliert, welches aus verschiedenen Prozessschritten entlang der Wertschöpfungskette besteht. Alle Inputs und Outputs des Produkt-Systems, d.h. Energie, Ressourcen und Emissionen werden im sog. Lebenszyklusinventar (Sachbilanz) von der Rohstoffgewinnung über die Materialerzeugung bis zur Abfallbehandlung und endgültigen Beseitigung quantifiziert und zusammengefasst. Das Lebenszyklusinventar bildet die Grundlage für die nachfolgende Umweltwirkungs-abschätzung.

Nach DIN (2006) wird die Ökobilanzierung in die folgenden vier Phasen untergliedert:

- Festlegung von Ziel und Untersuchungsrahmen

- Erstellung der Sachbilanz (Lebenszyklusinventar)

- Umweltwirkungsabschätzung

- Auswertung

Innerhalb des Ziel- und Untersuchungsrahmens wird zunächst der Zweck der Ökobilanzierung definiert. Darauf aufbauend werden die Systemgrenzen, die funktionelle Einheit und die Methode zur Wirkungsabschätzung festgelegt. Ziel der ökologischen Bewertung ist in der vorliegenden Arbeit die Quantifizierung der potenziellen Umweltwirkungen einer Prozesskette zur Herstellung von Glukose, C_5-Zuckern und Lignin aus Holz und deren Vergleich mit ausgewählten Referenzprozessen zur Herstellung alternativer Produkte mit vergleichbaren Eigenschaften. Die Ergebnisse fließen neben ökonomischen Kriterien in ein Modell zur ökonomischen und ökologischen Bewertung und Optimierung der genannten Prozesskette ein, welches als Instrument zur Entscheidungs-unterstützung für Investoren und politische Entscheidungträger entwickelt wird. Da es sich bei den genannten Produkten um Zwischenprodukte bzw. sog. Plattformchemikalien handelt, wird die Nutzungsphase und die Beseitigung der Produkte nicht mit in die Betrachtungen eingeschlossen und der Untersuchungsrahmen damit auf eine sog. *cradle-to-gate*-Analyse beschränkt. Dabei wird der gesamte Lebensweg zur Herstellung der Produkte bis zum Fabriktor betrachtet, d.h. alle Inputs und Outputs der Prozessschritte von der Holzproduktion über den Holztransport und die Produktionsanlage inklusive der Bereitstellung von Betriebsstoffen, Energie und notwendiger Infrastruktur. Die Erstellung der Sachbilanz der untersuchten Prozesskette erfolgt in der vorliegenden Arbeit auf Grundlage der Modellierung der Stoff- und Energieströme (vgl. Kapitel 3.1.5). Die Einbeziehung der Emissionen und Ressourcenverbräuche für die relevanten Vorketten (bspw. Bereitstellung von Betriebsstoffen und Energie für die Produktionsanlage) sowie Entsorgungsprozesse (bspw. Abwasser-behandlung) erfolgt mittels der Datenbank ecoinvent (vgl. ecoinvent Centre, 2007). Die betrachtete Prozesskette zur Umwandlung von Holz zu chemischen Grundstoffen bringt drei Produkte (Glukose, C_5-Zucker, Lignin) in vergleichbaren Produktionsmengen hervor, die jeweils in Abhängigkeit der gewählten Schlüsselgrößen (vgl. Kapitel 5.1.4) variieren. Die Sachbilanz wird aufgrund dessen für die Verarbeitung von 1 t TM[15] Holz erstellt und anschließend auf die Gesamtmenge an Produkt bezogen. Aufbauend auf den Ergebnissen der

---

[15] Trockenmasse

Sachbilanz erfolgt die Umweltwirkungsabschätzung. Hierfür stehen unterschiedliche Methoden (bspw. CML-2001, Eco-indicator 99) zur Verfügung, deren Charakteristika im folgenden Kapitel 3.3.2 erläutert werden.

3.3.2 Charakterisierung von Methoden zur Wirkungsabschätzung

Die Wirkungsabschätzung dient im Rahmen der Ökobilanzierung der Quantifizierung der Umweltwirkungen eines Produktsystems. Dazu werden die Ergebnisse der Sachbilanz den gewählten Umweltwirkungskategorien zugeordnet (Klassifizierung) und über sog. Charakterisierungsmodelle zu Wirkungsindikatoren umgerechnet (Charakterisierung). Optionale Bestandteile der Wirkungsabschätzung stellen die Ordnung, Normierung und die Gewichtung von Wirkungsindikatorwerten dar (vgl. DIN, 2006). Nach DIN (2006) handelt es sich bei den im Rahmen einer Ökobilanz erfassten Umweltwirkungen immer ausschließlich um potenzielle und nicht um absolute Umweltwirkungen, die bei Vergleich mit einem Referenzsystem lediglich relative Aussagen ermöglichen.

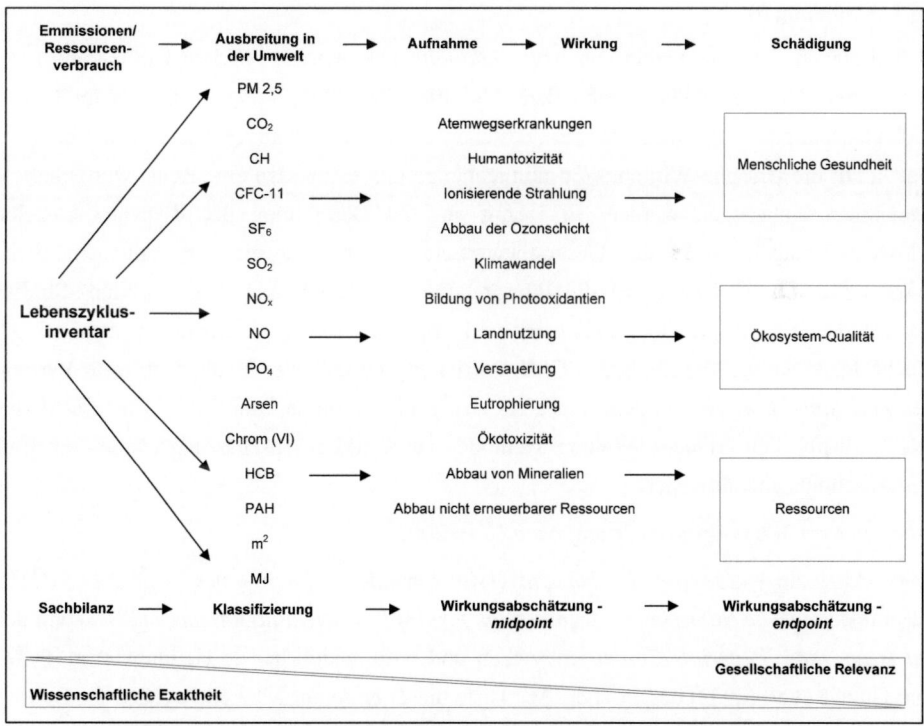

Abbildung 6: Schematische Darstellung der Bewertung von Umweltwirkungen auf Basis von Lebenszyklusinventaren (in Anlehnung an Jolliet et al., 2003 und Zah et al., 2007)

Für die Wirkungsabschätzung im Rahmen von Ökobilanzen stehen sog. problemorientierte Methoden (z.B. CML-2001) sowie sog. schadensorientierte Methoden (z.B. Eco-indicator 99) zur Verfügung. Mittels problemorientierter Ansätze (sog. *midpoint*-Methoden) werden die Beiträge zu ausgewählten Umweltproblemen, bspw. Klimawandel oder Versauerung, quantifiziert, während bei den schadensorientierten Ansätzen (sog. *endpoint*-Methoden) die resultierenden Schäden, bspw. in Bezug auf die menschliche Gesundheit, quantifiziert werden.

In Abbildung 6 ist ein Schema zur Abschätzung von Umweltwirkungen auf Basis von Lebenszyklusinventaren dargestellt. In den sog. Lebenszyklusinventaren werden die Emissionen sowie die Ressourcen- und Flächenverbräuche der untersuchten Prozessketten erfasst. Die in die Umwelt emittierten Substanzen breiten sich je nach Eigenschaften sowie je nach Umweltkompartiment (z.B. Luft, Wasser, Boden) unterschiedlich aus und können bspw. nach Aufnahme in einen Organismus (z.B. Humantoxizität) oder nach Deposition in der Umwelt (Versauerung) ihre Wirkung entfalten (vgl. Zah et al., 2007). Diese Wirkung kann dann wiederum zu Schäden für z.B. die menschliche Gesundheit oder für Ökosysteme führen (vgl. Abbildung 6).

Grundsätzlich ist die Ermittlung sog. *midpoint*-Indikatoren (Wirkungsindikatoren) mit geringeren Unsicherheiten verbunden als die Ermittlung sog. *endpoint*-Indikatoren (Schadensindikatoren). Beispielsweise bestehen für letztere relativ große Unsicherheiten in Bezug auf die Ursache-Wirkungs-Zusammenhänge und es müssen eine Reihe wertbehafteter Annahmen einbezogen werden. In Bezug auf die Beurteilung der Relevanz einzelner Umweltwirkungen und die Gesamtbewertung unter Einbeziehung unterschiedlicher Wirkungen, d.h. in Bezug auf die Interpretation der Ergebnisse von Ökobilanz-Studien, können die *endpoint*-Methoden allerdings sehr hilfreich sein (vgl. Goedkoop et al., 2000). Nachfolgend werden die Methoden CML-2001 und Eco-indicator 99 als wichtigste Vertreter des *midpoint*- bzw. des *endpoint*-Ansatzes sowie die Methode kumulierter Energieaufwand (KEA) ausführlich erläutert. Weitere Methoden zur Wirkungsabschätzung werden am Ende des Abschnitts charakterisiert.

Überblick zur Wirkungsabschätzung nach CML-2001

Diese Methode wurde vom *Leiden University Institute of Environmental Sciences* (CML) zusammen mit *The Netherlands Organisation for Applied Scientific Research* (TNO) und dem *Fuels and Raw Materials Bureau* entwickelt und wird ausführlich in Heijungs et al. (1992) und Guinée et al. (2002) beschrieben. Mit Hilfe dieser *midpoint*-Methode werden die Beiträge eines Produkt-Systems zu unterschiedlichen Umweltproblemen quantifiziert und die jeweiligen Umweltprobleme werden durch unterschiedliche Wirkungskategorien repräsentiert (vgl. Tabelle 1).

Tabelle 1: Umweltwirkungskategorien der Methode CML-2001 (vgl. Guinée et al., 2002)

Gruppe A (Basiskategorien)	Gruppe B (Studienspezifische Kategorien)	Gruppe C (Übrige Kategorien)
Landnutzung (Nutzungskonkurrenz)	Landnutzung (Verlust lebenserhaltender Funktionen)	Erschöpfung biotischer Ressourcen
Süßwasser-Ökotoxizität	Landnutzung (Verlust von Biodiversität)	Geruch (übelriechendes Wasser)
Meerwasser-Ökotoxizität	Ökotoxizität (Süßwasser-Sedimente)	Dürre
Boden-Ökotoxizität	Ökotoxizität (Meerwasser-Sedimente)	
Klimawandel	Ionisierende Strahlung	
Stratosphärischer Ozonabbau	Geruch (übelriechende Luft)	
Humantoxizität	Lärm	
Versauerung	Abwärme	
Eutrophierung	Unfälle (Verletzungen, Todesfälle)	
Erschöpfung abiotischer Ressourcen		
Bildung von Photooxidantien		

Im Rahmen der Umweltwirkungsabschätzung werden die Ergebnisse der Sachbilanz (Emissionen und Ressourcenverbräuche) den jeweiligen Wirkungskategorien zugeordnet und über die entsprechenden Charakterisierungsmodelle zu Wirkungsindikatorwerten umgerechnet. Nach Guinée et al. (2002) gibt es drei Arten von Wirkungskategorien (vgl. Tabelle 1): Basiskategorien (Gruppe A), welche die gebräuchlichsten Kategorien für Ökobilanz-Studien umfassen, studienspezifische Kategorien (Gruppe B), welche je nach Ziel und Untersuchungsrahmen sowie Datenverfügbarkeit zum Einsatz kommen können, sowie alle übrigen Wirkungskategorien (Gruppe C), welche für den Einsatz in Ökobilanz-Studien einer Weiterentwicklung bedürfen. Die Reduktionen klassischer Luftschadstoffe (z.B. CO_2, SO_X, NO_X), die einen Beitrag zu den Kategorien Klimawandel und Versauerung leisten, stellen mit dem Kyoto-Protokoll und der NEC[16]-Richtlinie (Richtlinie 2001/81/EG) aktuelle umweltpolitische Ziele der Bundesregierung dar. Die NEC-Richtlinie hat die Vermeidung von Versauerung, Eutrophierung und der Bildung von bodennahem Ozon zum Ziel und schreibt nationale Höchstmengen für die Emissionen von SO_2, NO_X, NH_3 und VOC[17] vor. Im Protokoll von Kyoto sind nationale Reduktionsverpflichtungen für die CO_2-Äquivalente der Treibhausgase CO_2, CH_4, N_2O, teilhalogenierte Fluorkohlenwasserstoffe (HFC[18]), per-

---

[16] *National Emission Ceilings*

[17] *Volatile Organic Compounds*

[18] *Hydrofluorocarbons*

fluorierte Kohlenwasserstoffe (PFC[19]) und Schwefelhexafluorid festgelegt. Im Rahmen der vorliegenden Arbeit werden aufgrund dessen die Kategorien Versauerung und Klimawandel nach CML-2001 mit den zugehörigen Charakterisierungsfaktoren Versauerungspotenzial (AP[20]) und Treibhauspotenzial (GWP[21]) ausgewählt. Außerdem sollen in der vorliegenden Arbeit die Wirkungen von Schwermetallen und persistenten organischen Verbindungen mit in die Betrachtungen einbezogen werden, weshalb zusätzlich die Kategorie Humantoxizität nach CML-2001 mit dem Charakterisierungsfaktor Humantoxizitätspotenzial (HTP[22]) betrachtet wird. Für die Schwermetalle Cadmium, Blei und Quecksilber sind im Rahmen des UNECE[23] Schwermetall-Protokolls Grenzwerte für stationäre Quellen einzuhalten (vgl. UNECE, 1998) und durch das UNECE POPs[24]-Protokoll (vgl. UNECE, 1998a) sowie das Stockholmer Übereinkommen über persistente organische Schadstoffe (vgl. UNEP, 2009) wird die Herstellung, die Einfuhr und die Verwendung von Pestiziden (bspw. Aldrin, Dieldrin) und Chemikalien (PCB[25], HCH[26]) untersagt bzw. begrenzt und eine Minderung von unbeabsichtigt gebildeten Nebenprodukten (z.B. PAH[27], PCDD/PCDF[28], HCB[29]) angestrebt.

In Tabelle 2 sind die Charakterisierungsfaktoren nach CML-2001 in der jeweiligen Einheit CO_2-, SO_2- und 1,4-DCB[30]-Äquivalente für ausgewählte Schadstoffe für die genannten Wirkungskategorien aufgeführt. Soweit nicht anders angegeben, beziehen sich die Angaben auf atmosphärische Emissionen.

Beim Vergleich unterschiedlicher Prozessketten oder unterschiedlicher Anlagenkonfigurationen können sich je nach Wirkungskategorie unterschiedliche Rangfolgen der betrachteten Alternativen ergeben. Zur Ermittlung der relativen Wichtigkeit der Wirkungsindikatorwerte können die nach CML-2001 ermittelten Wirkungsindikatorwerte geordnet und normalisiert

---

[19] Perfluorcarbone

[20] *Acidification Potential*

[21] *Global Warming Potential*

[22] *Human Toxicity Potential*

[23] *United Nations Economic Commission for Europe*

[24] *Persistent Organic Pollutants* (persistente organische Schadstoffe)

[25] Polychlorierte Biphenyle

[26] Hexachlorcyclohexan

[27] *Polycyclic Aromatic Hydrocarbons* (polyzyklische aromatische Kohlenwasserstoffe)

[28] Polychlorierte Dibenzo-p-dioxine und Dibenzofurane

[29] Hexachlorbenzol

[30] 1,4-Dichlorbenzol (1,4-$C_6H_4Cl_2$)

werden, was nach DIN (2006) dem optionalen Bestandteil der Wirkungsabschätzung entspricht. Eine Normalisierung der Werte kann bspw. in Bezug auf die Werte eines Referenzsystems erfolgen (bspw. Europa).

Tabelle 2: Charakterisierungsfaktoren nach CML-2001 für die Umweltwirkungen Klimawandel (GWP), Versauerung (AP) und Humantoxizität (HTP) als CO_2-, SO_2-, 1,4-DCB-Äquivalente für ausgewählte Schadstoffe

GWP, 100a, global[+]		AP, av. European, A&B[++]		HTP, infinite, global[+++]	
Vgl. Houghton et al. (2001)		Vgl. Huijbregts (1999) und Huijbregts et al.(2001)		Vgl. Huijbregts et al. (2000)	
Schadstoff	CO_2-Äq.	Schadstoff	SO_2-Äq.	Schadstoff	1, 4-DCB-Äq.
CO_2	1	SO_2	1,2	1,4-DCB	1
N_2O	296	NH_3	1,6	PAH	5,7E+5
CH_4	23	NO_X	0,5	Arsen	3,5E+5
SF_6	22.200			Chrom (VI)	3,4E+6
				PAH (Wasser)	2,8E+5
				HF^{31}	2,9E+3
				Aldrin (Boden)	4,7E+3
				Arsen (Boden)	3,2E+4
				Dioxin	1,9E+9
				HCB	3,2E+6
				Cadmium (II)	1,5E+5

[+]Treibhauspotenzial, betrachteter Zeithorizont 100 Jahre, räumlicher Maßstab global
[++]Versauerungspotenzial als Durchschnittswert für Europa, Szenario „above and below threshold"
[+++]Humantoxizitätspotenzial für einen unendlichen Zeithorizont und einen globalen Maßstab

In Guinée et al. (2002) werden für die Basiskategorien nach CML-2001 (Gruppe A) die jährlichen Wirkungsindikatorwerte für unterschiedliche Referenzsysteme angegeben (Niederlande, West-Europa, Welt). Um eine Vergleichbarkeit von Wirkungsindikatorwerten zu erreichen wird in Schmitz und Paulini (1999) die Methode des Umweltbundesamtes zur Priorisierung von Wirkungskategorien vorgestellt. Für die einzelnen Wirkungskategorien werden dabei die ökologische Gefährdung, die vorhandene Belastung (*Distance-to-Target*) sowie der relative spezifische Beitrag ermittelt, die jeweils mittels einer Ordinalskala von A (sehr groß) bis E (sehr gering) bewertet werden. Die beiden erstgenannten Kriterien sind dabei unabhängig vom jeweiligen untersuchten Prozess (bspw. wird für die Wirkungs-kategorie Treibhauseffekt die ökologische Gefährdung mit „A" und die vorhandene Belastung ebenfalls mit „A" bewertet) während der relative spezifische Beitrag dem normalisierten Wert des jeweiligen Wirkungsindikators, d.h. bezogen auf die jährliche Gesamtbelastung in Deutschland und ausgedrückt als prozentualer Wert in Bezug auf den größten spezifischen Beitrag, entspricht (vgl. Schmitz und Paulini, 1999).

---

[31] Fluorwasserstoff

Wirkungsabschätzung nach CML-2001 – Kategorie Versauerung

Schadstoffe mit versauernder Wirkung können negative Auswirkungen für Böden, Grund- und Oberflächengewässer, Organismen, Ökosysteme sowie Materialen (z.B. Gebäude) hervorrufen. Die wichtigsten Schadstoffe dieser Wirkungskategorie sind Schwefeloxide (SO_X), Stickoxide (NO_X) und Ammoniak (NH_3). Die versauernde Wirkung eines Schadstoffes wird als maximales Versauerungspotenzial (AP) angegeben, wobei die versauernde Wirkung von z.B. NO_X oder NH_3 je nach regionalen Gegebenheiten 0–100 % des maximalen Potenzials betragen kann, bspw. aufgrund von Mineralisierung und Denitrifizierung (vgl. Guinée et al., 2002).

Zur Einbeziehung lokaler Unterschiede bei der Modellierung des Versauerungspotenzials wurden verschiedene Methoden (vgl. bspw. Hogan et al., 1996, Tolle, 1997, Potting et al., 1998) entwickelt, wobei nach Guinée et al. (2002) die RAINS-LCA-Methode nach Huijbregts (1999) für die Wirkungsabschätzung in Ökobilanzen empfohlen wird (vgl. Formel 1).

Formel 1

$$VS = \sum_i \sum_r \underbrace{\frac{\sum_{j=1}^{k}\sum_{e=1}^{m} A_{e\in j} \cdot \frac{t_{r,i,j}}{CL_{e\in j}}}{\sum_{j=1}^{k}\sum_{e=1}^{m} A_{e\in j} \cdot \frac{t_{r,SO_2,j}}{CL_{e\in j}}}}_{AP_{i,r}} \cdot m_i$$

mit

VS	Wert des Wirkungsindikators der Kategorie Versauerung	(kg SO_2-Äq.)
$AP_{i,r}$	Versauerungspotenzial der Substanz i in Region r	(SO_2-Äq.)
m_i	Emittierte Masse der Substanz i	(kg)
A_e	Fläche Ökosystem e in Gitternetz-Zelle j	(km^2)
CL_e	Kritischer Belastungswert (*critical load*) für Ökosystem e in Gitternetz-Zelle j	(SO_2-Äq./(km^2·Jahr))
$t_{r,i,j}$	Transportfaktor: Anteil von $E_{i,r}$, der sich in j niederschlägt	(SO_2-Äq./(km^2·kg))
$E_{i,r}$	Emission von Schadstoff i in Region r	(kg/Jahr)

Bei der sog. RAINS-LCA-Methode handelt es sich um eine Anpassung des RAINS[32]-Modells (vgl. Alcamo et al., 1990) an die Bedürfnisse der Wirkungsabschätzung für die Kategorien Versauerung und terrestrische Eutrophierung im Rahmen von Ökobilanz-Studien. Insbesondere wird im Modell RAINS-LCA das relative Risiko durch das Verhältnis zwischen Deposition der Schadstoffe und zugehörigem kritischen Belastungswert betrachtet (vgl. Huijbregts, 1999 und Huijbregts et al., 2001). Dabei werden zum einen regionale Sensi-

---

[32] *Regional Acidification Information and Simulation*

tivitäten und zum anderen der Verbleib (*fate*) und die Hintergrundkonzentration der Schadstoffe berücksichtigt. Auf Basis der Modellierung regionaler Charakterisierungsfaktoren werden durchschnittliche Charakterisierungsfaktoren für Europa (*average european*) durch Gewichtung der regionalen Charakterisierungsfaktoren ermittelt. Bei Berechnung der Wirkungsindikatoren mittels RAINS-LCA nach Formel 1 wird das Versauerungspotenzial eines Schadstoffs auf die Emissionen von SO_2 (Luft) in der Schweiz als Referenz bezogen.

Wirkungsabschätzung nach CML-2001 – Kategorie Klimawandel

Als Klimawandel wird nach Guinée et al. (2002) die Verstärkung der Absorption von Wärmestrahlung in der Atmosphäre durch sog. Treibhausgase verstanden. Das Treibhauspotenzial (GWP) entspricht dem Verhältnis der Verstärkung der Absorption von Infrarot-Strahlung durch einen Schadstoffes i zur Verstärkung der Absorption von Infrarot-Strahlung durch dieselbe Menge an CO_2 über ein gegebenes Zeitintervall. Das GWP stellt ein Maß für den potenziellen Beitrag eines Schadstoffes zum sog. Klimawandel unter Berücksichtigung des jeweiligen Verbleibs (*fate*) dar. Wichtige Schadstoffe dieser Wirkungskategorie sind CO_2, N_2O und CH_4. Der Wirkungsindikator für den Klimawandel wird nach Formel 2 ermittelt (vgl. Guinée et al., 2002).

Das GWP hängt neben der Fähigkeit eines Schadstoffes zur Absorption von Wärme auch vom betrachteten Zeitraum ab (vgl. Formel 2).

Formel 2

$$KL = \sum_i \underbrace{\frac{\int_0^T a_i \cdot c_i(t)dt}{\int_0^T a_{CO_2} \cdot c_{CO_2}(t)dt}}_{GWP_i} \cdot m_i$$

mit

KL	Wert des Wirkungsindikators der Kategorie Klimawandel	(kg CO_2-Äq.)
T	Zeitintervall	(a)
GWP_i	Treibhauspotenzial der Substanz i	(CO_2-Äq.)
m_i	Emittierte Masse der Substanz i	(kg)
a_i	Verstärkung der Absorption von Wärmestrahlung je kg der Substanz i	(W/(m²·kg))
$c_i(t)$	Konzentration des Schadstoffes i zum Zeitpunkt der Freisetzung	(kg/m³)

Die Betrachtung längerer Zeiträume (d.h. 100 oder 500 Jahre) dient der Erfassung kumulierter Effekte, während mittels kürzerer Zeiträume (d.h. 20 oder 50 Jahre) Kurzzeiteffekte berücksichtigt werden können. Trotz der steigenden Unsicherheiten mit zunehmendem Zeitintervall wird in Guinée et al. (2002) für Ökobilanz-Studien eine Integration über einen Zeitraum von 100 Jahren empfohlen (GWP_{100}). Unsicherheiten in Bezug auf das GWP beziehen sich insbesondere auf die Hintergrund-Konzentration anderer Verbindungen in der Atmosphäre, die das GWP der Treibhausgase beeinflussen. In Houghton et al. (2001) sind die GWPs für eine Reihe von Substanzen und für unterschiedliche Zeit-Horizonte (20, 100 und 500 Jahre) aufgeführt. Für diese Substanzen, deren Lebensdauer bereits ausreichend charakterisiert wurde, wird eine Unsicherheit der GWPs von ca. +/- 35 % angegeben.

Wirkungsabschätzung nach CML-2001 – Kategorie Humantoxizität

Nach Guinée et al. (2002) werden durch diese Wirkungskategorie die Auswirkungen toxischer Substanzen in der Umwelt auf die menschliche Gesundheit abgebildet. Es wurden bereits eine Reihe von Charakterisierungsmodellen zur Ermittlung des Humantoxizitäts-potenzials (HTP) entwickelt, welche den Verbleib der Schadstoffe (*fate*), die Aufnahme der Schadstoffe durch den Menschen (*intake/exposure*) und die Wirkung (*effect*) der Schadstoffe auf den Menschen abbilden sowie teilweise zusätzlich den Übergang (*transfer*) der Schadstoffe vom jeweiligen Umweltkompartiment in die verschiedenen Aufnahme-Pfade (*exposure routes*), bspw. Trinkwasser, Pflanzen, den Abbau (*degradation*) und den Transport zwischen verschiedenen Umwelt-Kompartimenten (*intermedia transport*) berücksichtigen (vgl. Guinée et al., 2002). In Formel 3 ist die Modellierung des HTP auf Basis des USES[33]-LCA-Modells dargestellt (vgl. Huijbregts et al., 2000). Verbleib, Übergang und Aufnahme der Schadstoffe werden in diesem Modell über die sog. tägliche Aufnahme (PDI[34]) modelliert und mit einem Faktor zur Abbildung der toxischen Wirkung (E) sowie der Bevölkerungs-dichte (N) im jeweiligen räumlichen Maßstab s multipliziert. Als Referenz wird in diesem Modell das HTP von 1,4-DCB (atmosphärische Emissionen) betrachtet. Aufgrund der vielfältigen und schwer abbildbaren Zusammenhänge sind die Modelle zur Ermittlung des HTP generell mit vergleichsweise hohen Unsicherheiten behaftet. Nach Huijbregts et al., (2000a) bestehen Unsicherheiten insbesondere in Bezug auf die Annahmen zu den mensch-lichen Charakteristika (bspw. Annahmen zur täglichen Aufnahme von Trinkwasser, Fleisch, Fisch etc. und Körpergewicht), die Eigenschaften der Schadstoffe (bspw. Abbauraten, Verteilungskoeffizienten) oder die maximal tolerierbare Aufnahmemenge (ADI[35]).

Nach Guinée et al. (2002) wird zur Ermittlung der Wirkungsindikatorwerte für die Kategorie Humantoxizität die Betrachtung eines unendlichen (*infinite*) Zeithorizonts und eines globalen

---

[33] *Uniform System for the Evaluation of Substances*

[34] *Predicted Daily Intake*

[35] *Acceptable Daily Intake*

(*global*) räumlichen Maßstabs empfohlen (HTP$_{\text{inf,glo}}$). Der Einfluss unterschiedlicher Zeithorizonte und räumlicher Maßstäbe auf das HTP wird in Huijbregts et al. (2001a) näher erläutert.

Formel 3

$$HT = \sum_{i} \sum_{j} \underbrace{\frac{\int_0^T \sum_r \sum_s PDI_{i,j,r,s}(t) \cdot E_{i,r} \cdot N_s\,(dt)}{\int_0^T \sum_r \sum_s PDI_{1,4-DCB,air,r,s}(t) \cdot E_{1,4-DCB,r} \cdot N_s\,dt}}_{HTP_{i,j}} \cdot m_{i,j}$$

mit

HT	Wert des Wirkungsindikators der Kategorie Humantoxizität	(kg 1,4-DCB-Äq.)
$HTP_{i,j}$	Humantoxizitätspotenzial der Substanz i, emittiert in das Umwelt-Kompartiment j (Luft, Süßwasser, Meerwasser, landwirtschaftlicher Boden, industrieller Boden)	(1,4-DCB-Äq.)
$m_{i,j}$	Emittierte Masse der Substanz i in das Umwelt-Kompartiment j	(kg)
$E_{i,r}$	Faktor zur Abbildung der toxischen Wirkung von Schadstoff i, aufgenommen über Pfad r (Luft, Trinkwasser, Fisch, Pflanze, Fleisch, Milch), entspricht dem Kehrwert der maximal tolerierbaren Aufnahmemenge (ADI) für den Pfad r	(d/kg)
$PDI_{i,j,s}$	Angenommene tägliche Aufnahme (PDI) von Schadstoff i, emittiert in Umwelt-Kompartiment j, über den Pfad r, für den räumlichen Maßstab s (kontinental, global)	(kg/d)
N_s	Bevölkerungsdichte für den räumlichen Maßstab s	-

Eine ähnliche Vorgehensweise wird mit dem Modell CalTOX verfolgt, welches primär auf Basis US-amerikanischer Daten entwickelt wurde (vgl. Hertwich et al., 2001, Guinée et al., 2002). Mit dieser Methode werden sog. TEPs (*Toxicity Equivalent Potentials*) für ca. 330 Substanzen berechnet. Im Vergleich zu USES-LCA werden in CalTOX zusätzliche Aufnahme-Pfade (*exposure-routes*) berücksichtigt (bspw. Aufnahme über die Haut). Während das Modell USES-LCA Emissionen in die Luft, in Süßwasser, Meerwasser und Böden einbezieht, werden im Modell CalTOX ausschließlich Emissionen in die Luft und in Oberflächengewässer berücksichtigt. Außerdem wird in CalTOX zwischen krebsverursachenden Effekten (angegeben als Benzol-Äquivalente) und anderen Effekten (angegeben als Toluol-Äquivalente) unterschieden. Nähere Informationen zum Modell CalTOX können bspw. Hertwich et al. (2001) entnommen werden.

Wirkungsabschätzung mit der Methode Eco-indicator 99

Mit Hilfe der schadensorientierten Methode Eco-indicator 99 (EI 99) werden für verschiedene Umweltwirkungen die damit verbundenen Schäden für die menschliche Gesundheit (HH), Ökosysteme (EQ) und Ressourcen (R) abgeschätzt. Die Modellierung dieser Schäden erfolgt mittels sog. Schadensindikatoren. Im Rahmen der Wirkungsabschätzung mit EI 99 werden die Ergebnisse der Sachbilanz einer der insgesamt zehn Wirkungskategorien zugeordnet, die wiederum zu einer der drei o.g. Schadenskategorien gehören (vgl. Tabelle 3), und der jeweilige Schadensindikator-Wert wird ermittelt. Durch Normalisierung und Gewichtung der Schadensindikatoren wird schließlich ein aggregierter Wert als Ergebnis der Bewertung gebildet, der in der Einheit Eco-indicator 99 points (EI 99 points) ausgedrückt wird (vgl. Goedkoop und Spriensma, 2001).

Tabelle 3: Schadens- und Wirkungskategorien der Methode EI 99 (vgl. Goedkoop und Spriensma, 2001)

Menschliche Gesundheit (HH)	Ökosystem-Qualität (EQ)	Ressourcen (R)
Atemwegserkrankungen	Landnutzung	Abbau von Mineralien
Abbau der Ozonschicht	Versauerung und Eutrophierung	Abbau fossiler Brennstoffe
Ionisierende Strahlung	Ökotoxizität	
Klimawandel		
Kanzerogenese		

Zur Modellierung der Schäden müssen einige, zumeist subjektive, Annahmen getroffen werden, wie bspw. die Bewertung zukünftiger Schäden im Vergleich zu Schäden, die in der Gegenwart auftreten, die Bewertung von Gesundheitsproblemen bei jungen Menschen im Vergleich zu älteren Menschen, oder welcher Grad des wissenschaftlichen Nachweises ausreichend für die Berücksichtigung eines Ursache-Wirkungs-Zusammenhanges im Modell ist (vgl. Goedkoop und Spriensma, 2001). Um den mit diesen Entscheidungen verbundenen Unsicherheiten gerecht zu werden, sind für die Methode EI 99 drei verschiedene Schadens-modelle, in Anlehnung an unterschiedliche kulturelle Perspektiven (*individualist, egalitarian, hierarchist*), hinterlegt. Nach Goedkoop und Spriensma (2001) wird die *hierarchist*-Perspektive (H) als Standard verwendet, während die übrigen zwei Perspektiven zur Beurteilung der Robustheit der Ergebnisse eingesetzt werden können. Die *hierarchist*-Perspektive schließt bspw. alle Erkenntnisse mit ein, die einem wissenschaftlichen oder politischen Konsens entsprechen, wie bspw. die IPCC[36]-Richtlinien zum Klimawandel. Für die *egalitarian*-Perspektive (E) wird hingegen ein konsequentes Vorsorgeprinzip verfolgt, d.h. es werden bspw. auch Daten mit einbezogen, welche keinem wissenschaftlichen oder politischen Konsens entsprechen, während im Gegensatz dazu für die *individualist*-Version (I) bspw. ausschließlich erwiesene Ursache-Wirkungs-Zusammenhänge berücksichtigt werden

---

[36] *Intergovernmental Panel on Climate Change*

(vgl. Goedkoop und Spriensma, 2001). Je nach kultureller Perspektive werden folglich z.B. unterschiedliche Zeithorizonte oder unterschiedliche Schadstoffe in die Schadensmodellierung einbezogen.

Für die Modellierung des Verbleibs karzinogener Stoffe sowie von Schwermetallen und Stoffen mit ökotoxikologischer Wirkung in der Umwelt (*fate analysis*) wurde für die Methode EI 99 das EUSES[37]-Model entwickelt, das dem oben beschriebenen USES-LCA-Modell zur Modellierung des HTP nach CML-2001 sehr ähnlich ist (vgl. Guinée et al., 2002). Für die Abbildung des Verbleibs aller übrigen Substanzen wird in EI 99 auf bereits bestehende Modelle zurückgegriffen, bspw. auf das SMART[38]-Modell des niederländischen RIVM[39] zur Abbildung des Verbleibs von Substanzen mit versauernder und eutrophierender Wirkung. Nähere Informationen zur Modellierung von Schadstoff-Verbleib und Umweltwirkungen sowie den daraus abgeleiteten Schäden mit der Methode EI 99 können Goedkoop und Spriensma (2001) entnommen werden.

Als Schadensindikatoren werden für die Kategorie menschliche Gesundheit (HH) die Beeinträchtigung durch gesundheitliche Einschränkungen oder vorzeitigen Tod als DALY[40]/Jahr angegeben, für die Kategorie Ökosystem-Qualität der Verlust an Artenvielfalt, angegeben als PDF[41]$\cdot$m^2$\cdot$Jahr, und für die Kategorie Ressourcen die Schäden für zusätzlichen Aufwand für den Abbau von Ressourcen in MJ/kg abgebauter Ressource. Die Schadensfaktoren für die berücksichtigten Emissionen und Ressourcen können für die unterschiedlichen Wirkungskategorien Goedkoop und Spriensma (2001) entnommen werden. Für ausgewählte Schadstoffe und Wirkungskategorien sind die Schadensfaktoren (vor Normalisierung und Gewichtung) nach EI 99, Schadensmodell *hierarchist*, in Tabelle 4 aufgeführt. Soweit nicht anders angegeben, beziehen sich die Werte auf atmosphärische Emissionen.

Die Normalisierung der Schäden erfolgt in EI 99 in Bezug auf die zugehörigen Schäden für Europa (ermittelt mit dem zugehörigen Schadensmodell). Für die Gewichtung der drei Schadenskategorien sind in EI 99 vier Varianten verfügbar (*individualist, egalitarian, hierarchist, average*) wobei nach Goedkoop und Spriensma (2001) standardmäßig die

---

[37] *European Uniform System for the Evaluation of Substances*

[38] *Simulation Model for Acidification's Regional Trends*

[39] *Rijksinstituut voor Volksgezondheid en Milieu Nationale* (Institut für öffentliche Gesundheit und Umwelt)

[40] *Disability Adjusted Life Years*

[41] *Potentially Disappeared Fraction*

Gewichtungs-Variante *average* (A) mit einem Verhältnis von HH:EQ:R von 40:40:20 verwendet wird.

Tabelle 4: Schadensfaktoren nach EI 99 (H) für ausgewählte Schadstoffe der Kategorien Klimawandel, Kanzerogenese, Versauerung und Landnutzung (vgl. Goedkoop und Spriensma, 2001)

Menschliche Gesundheit				Ökosystem-Qualität			
Klimawandel		Kanzerogenese		Versauerung		Landnutzung	
Schadstoff	DALY/kg	Schadstoff	DALY/kg	Schadstoff	PDF·m^2·a/kg	Typ	PDF·m^2·a
CO_2	2,10E-07	PAH	1,7E-04	SO_2	1,041	Ackerland	1,15
CH_4	4,4E-06	Arsen	2,46E-02	NH_3	15,57	Forstliche Nutzfläche	0,11
N_2O	6,9E-05	Chrom (VI)	1,75	NO_X	5,71	Städtische Grünfläche	0,84
SF_6	5,3E-03	PAH (Wasser)	2,6E-03			Industrie-fläche	0,84
		Dioxin	1,79E+02			Weideland	1,13
		HCB	8,25E-02			Urbane Fläche	1,15
		Cadmium (II)	1,35E-01			Urbane Fläche, diskontinuierlich	0,96

DALY = *Disability Adjusted Life Years*
PDF = *Potentially Disappeared Fraction*
H = Schadensmodell *hierarchist*

Wie bereits eingangs erwähnt wurde, sind insbesondere mit der Modellierung der Schäden, d.h. mit der Abbildung der zu Grunde liegenden komplexen Zusammenhänge und den dazu notwendigen subjektiven Annahmen, relativ hohe Unsicherheiten verbunden. Zusätzlich ist eine Gewichtung der Schäden rein subjektiver Natur und nicht für alle Fragestellungen sinnvoll. Nach Goedkoop et al. (2000) kann die Methode EI 99 durch die Zusammenfassung der Ergebnisse zu nur einem Indikator im Gegensatz zu den sog. *midpoint*-Methoden, wie bspw. CML-2001, insbesondere auch zur Interpretation der Ergebnisse aus Ökobilanz-Studien eingesetzt werden. Diesem Mehrwert stehen eine erhöhte Intransparenz und eine erhöhte Unsicherheit der Ergebnisse im Vergleich zu jenen von *midpoint*-Methoden gegenüber.

Wirkungsabschätzung anhand des kumulierten Energieaufwandes

Der KEA[42] entspricht dem Primärenergiebedarf eines Produktsystems und bildet damit den direkten Energiebedarf, bspw. Prozessenergie, sowie den indirekten Energiebedarf, bspw. Ressourcen zur Herstellung von Betriebsstoffen, ab. Zur Ermittlung des Primärenergie-

---

[42] Kumulierter Energieaufwand

bedarfes aus den Ressourcenverbräuchen kann der obere oder der untere Heizwert als Umrechnungsfaktor verwendet werden. Zur Wirkungsabschätzung kann je nach Anwendungsfall der KEA aggregiert oder disaggregiert, d.h. für bestimmte Primärenergieträger, angegeben werden (vgl. VDI, 1997). Im Rahmen der vorliegenden Arbeit wird der fossile kumulierte Energieaufwand (KEA$_{fossil}$) nach Althaus et al. (2007) als Wirkungsindikator eingesetzt, d.h. es wird der Verbrauch von Steinkohle, Braunkohle, Erdgas, Grubengas, Brenntorf und Rohöl bilanziert und die Umrechnung erfolgt über die zugehörigen oberen Heizwerte (vgl. Tabelle 5). Torf wird, obwohl es sich dabei strenggenommen um Biomasse handelt, nach Althaus et al. (2007) mit zu den fossilen Energieträgern gezählt, da er in überschaubaren Zeitspannen nicht erneuerbar ist.

Tabelle 5: Obere Heizwerte zur Ermittlung des KEA$_{fossil}$ (vgl. Althaus et al., 2007)

Primärenergieträger	Oberer Heizwert	Einheit
Braunkohle	9,9	MJ/kg
Steinkohle	19,1	MJ/kg
Grubengas	39,8	MJ/m^3
Erdgas	38,3	MJ/m^3
Rohöl	45,8	MJ/kg
Brenntorf	9,9	MJ/kg

In Huijbregts et al. (2006) wird der KEA insbesondere zur Vorhersage der Umweltwirkungen von Prozessketten im Planungsstadium als geeigneter Indikator beschrieben. Dort wird außerdem auf die sehr gute Korrelation der Ergebnisse für den fossilen kumulierten Energieaufwand (KEA$_{fossil}$) mit den Ergebnissen der Wirkungskategorien Klimawandel und Abbau abiotischer Ressourcen und auf die zumindest näherungsweise vorhandene Korrelation mit anderen Umweltwirkungskategorien, darunter die Kategorien Versauerung und Humantoxizität, hingewiesen. Keine Korrelation besteht nach Huijbregts et al. (2006) zwischen dem KEA$_{fossil}$ und der Kategorie Landnutzung, weshalb für ausgewählte Fragestellungen die Landnutzung als eigenständiger Indikator betrachtet werden sollte (vgl. Huijbregts et al., 2006). Insbesondere für Prozesse, bei denen signifikante Emissionen nicht in Zusammenhang mit der Verbrennung fossiler Energieträger stehen, bspw. Emissionen aus dem Anbau landwirtschaftlicher Produkte (Dünger) oder Prozessemissionen bei der Herstellung chemischer Produkte, ist eine alleinige Betrachtung des KEA$_{fossil}$ nicht ausreichend zur Vorhersage der Umweltwirkungen. Dennoch bietet der KEA die Möglichkeit der Abschätzung von Umweltwirkungen mit einem im Vergleich zu anderen Wirkungsindikatoren (bspw. Humantoxizität, Versauerung) geringen Aufwand, d.h. mit vergleichsweise wenig erforderlichen Daten und ohne Zuhilfenahme von Annahmen zu Ursache-Wirkungszusammenhängen (vgl. Patel, 2003, Huijbregts et al., 2006).

Weitere Methoden zur Wirkungsabschätzung

Als weitere Methoden zur Wirkungsabschätzung, die sich prinzipiell zur ökologischen Bewertung von Prozessketten in einer frühen Entwicklungsphase eignen, werden nachfolgend einige Charakteristika der Methode der ökologischen Knappheit (vgl. Frischknecht et al., 2008), der Methode Impact 2002+ (vgl. Jolliet et al., 2003) und der Methode USEtox (vgl. Rosenbaum et al., 2008) erläutert.

Die Methode der ökologischen Knappheit wurde für die Bewertung in Ökobilanzen speziell für die Schweiz entwickelt und beruht auf sog. Ökofaktoren, welche für die jeweiligen Schadstoffe und Energiearten bzw. die jeweiligen Umweltwirkungen durch Normierung und Gewichtung ermittelt werden. Die Normierung erfolgt dabei mittels aktuellem jährlichen Fluss für das Referenzsystem, d.h. für den jeweiligen geographischen Bezugsraum (Normierungsfluss). Die Gewichtung ergibt sich aus der aktuellen Umweltsituation, dargestellt als aktueller Fluss des Referenzsystems (meist identisch mit dem Normierungsfluss[43]), dividiert durch den kritischen Fluss für das Referenzsystem, d.h. die umweltpolitische Zielsetzung. Durch das Quadrieren dieses Terms werden die Überschreitung eines Zielwertes überproportional und die Unterschreitung unterproportional gewichtet. Die Methode der ökologischen Knappheit basiert damit auf dem sog. *distance-to-Target*-Prinzip, d.h. der Distanz zur Umweltzielsetzung. Je nach Definition des Umweltziels werden einzelne Substanzen (bspw. Arsen), ganze Stoffgruppen (bspw. PAH) oder charakterisierte Umweltwirkungen (bspw. CO_2-Äquivalente) betrachtet. Die bilanzierten Stoff- und Energieflüsse werden mit den Ökofaktoren multipliziert und als Ergebnis ergeben sich für jede betrachtete Substanz sog. Umweltbelastungspunkte (UBP), die zu einer Gesamtkennzahl aufaddiert werden. In Frischknecht et al. (2008) sind die Ökofaktoren für das Jahr 2006 für die Schweiz aufgeführt.

Die Methode Impact 2002+ stellt eine Kombination problemorientierter und schadens-orientierter Ansätze zur Wirkungsabschätzung dar (vgl. Jolliet et al., 2003). Im Vergleich zu EI 99 (vgl. Tabelle 3) gibt es bei dieser Methode 4 zusätzliche Wirkungskategorien: Die Wirkungskategorie Versauerung und Eutrophierung wird in Impact 2002+ durch 3 Wirkungskategorien repräsentiert (aquatische Eutrophierung, aquatische Versauerung, terrestrische Versauerung und Eutrophierung), die Wirkungskategorie Ökotoxizität wird in Impact 2002+ durch 2 Wirkungskategorien repräsentiert (aquatische Ökotoxizität, terrestrische Ökotoxizität) und die Wirkungskategorie Atemwegserkrankungen wird ebenfalls in zwei Wirkungskategorien aufgeteilt (anorganische Substanzen, organische Substan-

---

[43] Abweichungen ergeben sich nur dann, wenn anstelle von Einzelsubstanzen charakterisierte Umweltwirkungen betrachtet werden.

zen/photochemische Oxidation). Außerdem wird der Klimawandel als zusätzliche Schadens-kategorie eingefügt, welche die Schäden für lebenserhaltende Systeme durch die globale Erwärmung abbildet. Im Gegensatz zu EI 99 werden die Werte der Schadensindikatoren ausgehend von den *midpoint*-Wirkungsindikatoren ermittelt und es wird keine Gewichtung und damit Aggregierung der Schadenskategorien zu einem Gesamtwert vorgenommen. Damit lässt diese Methode eine Auswertung auf *midpoint*-Niveau zu und bleibt insgesamt transparenter. Durch die Aufnahme der Kategorie Klimawandel als Schadenskategorie wird außerdem der aktuellen politischen Diskussion Rechnung getragen.

Die Methode USEtox ist eine von UNEP-SETAC[44] entwickelte Methode zur Abschätzung der Humantoxizität und der Ökotoxizität im Rahmen von Ökobilanz-Studien unter Vereinbarung unterschiedlicher bestehender Ansätze (bspw. USES-LCA, CalTOX und Impact 2002+). Ausgangspunkt für die Entwicklung von USEtox stellen der Vergleich der Ergebnisse und der Struktur unterschiedlicher bestehender Modelle (s.o.) sowie die Identifizierung deren wichtigster zu Grunde gelegten Prozesse und Einflussgrößen auf die jeweiligen Ergebnisse anhand einer Auswahl von 45 organischen Test-Substanzen dar (vgl. Rosenbaum et al., 2008). Zur Harmonisierung der Modelle wurde für die wichtigsten Aspekte in Bezug auf *fate*, *exposure* und *effect* eine Anpassung vorgenommen sowie neue Charakterisierungs-Faktoren abgeleitet, welche die Grundlage für die Entwicklung von USEtox darstellen. Das Modell USEtox berücksichtigt folglich nur die wichtigsten Einflussgrößen und ist damit durch eine Vereinfachung und eine Erhöhung der Transparenz charakterisiert (vgl. Rosenbaum et al., 2008). Die mit USEtox berechneten Charakterisierungs-Faktoren für die Humantoxizität werden für Emissionen in unterschiedliche Kompartimente als CTU^{45}_h (Anstieg der Krankheitsfälle je Masse emittierter Chemikalie) angegeben und ergeben sich aus der Modellierung des Verbleibs (*fate*) in Tagen ($kg \cdot kg^{-1} \cdot d$), der Aufnahme (*exposure/intake*) je Tag ($kg \cdot kg^{-1} \cdot d^{-1}$) durch Einatmen und Nahrung (Trinkwasser, Pflanzen etc.) sowie der Wirkung (*effect*) als Anzahl Krankheitsfälle je kg der aufgenommenen Substanz. Für die Ermittlung der Charakterisierungsfaktoren für die Süßwasser-Ökotoxizität (CTU_e) entspricht die Aufnahme (*exposure*) dem Anteil der chemischen Substanz, der im Wasser gelöst, d.h. bioverfügbar, vorliegt und die Wirkung (*effect*) wird als Anteil potenziell beeinträchtigter Organismen in einem bestimmten Volumen, in einem bestimmten Zeitintervall und je kg emittierter Substanz angegeben ($PAF^{46} \cdot m^3 \cdot d \cdot kg^{-1}$). Das Modell USEtox unterscheidet zwei räumliche Maßstäbe, einen globalen und einen kontinentalen Maßstab, sowie die Komparti-

---

[44] *United Nations Environment Programme - Society for Environmental Toxicology and Chemistry*

[45] *Comparative Toxic Units*

[46] *Potentially Affected Fraction of Species*

mente Luft (*air*), landwirtschaftlicher Boden (*agricultural soil*), natürlicher Boden (*natural soil*), Süßwasser (*freshwater*), Meerwasser (*coastal marine waters/ocean*) sowie für den kontinentalen Maßstab zusätzlich das Kompartiment städtische Luft (*urban air*). Die mittels USEtox berechneten Charakterisierungsfaktoren, welche für mehrere tausend chemische Substanzen verfügbar sind, werden nach UNEP-SETAC als Basis für Toxizitäts-Abschätzungen in Ökobilanz-Studien empfohlen (vgl. Rosenbaum et al., 2008). Nähere Informationen zur Methode USEtox können Rosenbaum et al. (2008) entnommen werden.

3.3.3 Gewählter Ansatz für die ökologische Bewertung

Im Rahmen der vorliegenden Arbeit sollen folgende Fragen im Rahmen der ökologischen Bewertung beantwortet werden:

- Bietet die untersuchte Prozesskette in Bezug auf die Verminderung von Treibhausgasemissionen und den Verbrauch fossiler Ressourcen einen Vorteil im Vergleich zu konventionellen Prozessen?

- Sind in Bezug auf die Kategorien Humantoxizität und Versauerung ebenfalls Vorteile der untersuchten Prozesskette zu erwarten?

- Sind die genannten Umweltwirkungen im Hinblick auf eine optimale Ausgestaltung der Prozesskette korreliert?

- Welchen Anteil an den Umweltwirkungen haben die Prozessschritte zur Bereitstellung des Rohstoffes Holz?

- Wie stark sind die Ergebnisse von den gewählten Referenzprozessen abhängig?

- Werden die erwarteten positiven Effekte für die Kategorien Klimawandel und fossilen Ressourcenverbrauch durch eine schadensorientierte Wirkungsabschätzung, bspw. mittels EI 99, bestätigt?

Zur Beantwortung dieser Fragen werden die Kategorien Versauerung, Klimawandel und Humantoxizität nach CML-2001 sowie die Methode des kumulierten fossilen Energieaufwands zur Wirkungsabschätzung herangezogen (vgl. Kapitel 7.3). Im Rahmen eines Exkurses wird zusätzlich eine integrierte Betrachtung unterschiedlicher Umweltwirkungen mit der *endpoint*-Methode EI 99 durchgeführt (vgl. Kapitel 7.3.5).

3.4 Darstellung von Unsicherheiten

In diesem Kapitel werden Möglichkeiten zur Darstellung von Unsicherheiten in der ökonomischen und der ökologischen Bewertung von Prozessen in einer frühen Planungsphase dargestellt. Sowohl bei der in der vorliegenden Arbeit durchgeführten Vorausbestimmung von Investitionen, Kosten und Erlösen als auch bei der Schätzung möglicher Einsparpotenziale von Umweltwirkungen bestehen große Unsicherheiten. Bei der Bewertung von Prozessen in einer frühen Planungsphase und ohne Erprobung in einem kommerziellen Maßstab, bestehen Unsicherheiten in Bezug auf technische Parameter und somit in Bezug auf die modellierten Stoff- und Energieströme und die Auslegung der Produktionsanlage. Des Weiteren bestehen Unsicherheiten in Bezug auf betriebswirtschaftliche (z.B. Preise für Betriebsstoffe) und ökologische (z.B. Emissionsfaktoren) Parameter, die in die Bewertung einfließen. Zur Darstellung des Einflusses unterschiedlicher unsicherer Parameter wird nachfolgend auf Grenzen und Möglichkeiten der Sensitivitäts- und Risikoanalyse eingegangen.

Sensitivitätsanalyse mittels graphischer Methoden

In Holland und Wilkinson (1997) sowie Couper (2003) werden Sensitivitätsanalysen im Rahmen der Vorausbestimmung von Kosten als Methode zur Untersuchung des Einflusses der Änderung einzelner Kostenpositionen auf die Ermittlung der Gesamtkosten dargestellt. In Couper (2003) werden unterschiedliche graphische Methoden für Sensitivitätsanalysen vorgestellt, welche prinzipiell auf die Darstellung der Unsicherheiten der ökologischen Bewertung übertragen werden können. Als Beispiele für graphische Verfahren werden dort *Break-Even-Analysis* (Gewinnschwellen-Analyse), *Strauss-Plot, Relative Profitability Plot* und *Tornado Plot* genannt. Mit der Gewinnschwellen-Analyse wird graphisch der Punkt ermittelt, in dem die Erlösfunktion die Kostenfunktion, bspw. in Abhängigkeit der Anlagenkapazität, schneidet (vgl. Couper, 2003). Die *Break-Even*-Analyse dient bspw. der Ermittlung des Einflusses unterschiedlicher Preise auf den Gewinn. Mit einem sog. *Strauss-Plot* werden die Ergebnisse einer Sensitivitätsanalyse durch Auftragen der Variation der Eingangsparameter (z.B. Preis für Heizdampf, Preis für Schwefelsäure) auf der x-Achse und der resultierenden untersuchten Größe (bspw. Betriebsergebnis) auf der y-Achse, dargestellt. Der Punkt, in dem sich alle Kurven schneiden, stellt den Basisfall dar und die Kurve mit der größten Steigung den Parameter, der den größten Einfluss auf das Ergebnis hat (vgl. Couper, 2003). Zur Darstellung von Sensitivitäten in einem sog. *Relative Profitability Plot* wird der Einfluss unterschiedlicher Parameter als relative Änderung des Basisfalls (z.B. Betriebs-ergebnis) ermittelt und dargestellt während beim sog. *Tornado Plot* das Ergebnis für den Basisfall als vertikale Linie dargestellt wird und der Einfluss der Variation der unterschied-lichen Parameter als Abweichung von dieser vertikalen Linie aufgetragen wird (vgl. Couper, 2003). Mittels graphischer Sensitivitätsanalysen können insbesondere die Parameter mit dem größten Einfluss auf das Ergebnis ermittelt und gegebenenfalls einer genaueren Recherche unterzogen werden. Neben der einschränkenden Betrachtung lediglich einer Einflussgröße auf das Ergebnis setzt die Sensitivitätsanalyse die Unabhängigkeit der Einflussgrößen voraus (vgl. Slaby und Krasselt, 1998).

In der vorliegenden Arbeit werden graphische Sensitivitätsanalysen unter Einsatz sog. *Strauss-Plots* eingesetzt, um den Einfluss unterschiedlicher Eingangsparameter der ökonomischen und der ökologischen Bewertung darzustellen sowie um geeignete Parameter für die Szenarioanalysen auszuwählen (vgl. Kapitel 7.2.2 und Kapitel 7.3.3).

Risikoanalyse

Im Gegensatz zur Sensitivitätsanalyse ermöglicht die Risikoanalyse die simultane Berücksichtigung mehrerer unsicherer Größen. Im Rahmen der Risikoanalyse wird die Wahrscheinlichkeit für das Eintreten eines bestimmten Ergebnisses ermittelt. Als Methoden zur Risikoanalyse bei der Vorausbestimmung von Investitionen, Kosten und Erlösen werden in Couper (2003) die Methoden *Best Guess*, *Range Approach* und *Monte Carlo*-Simulation genannt. Mit einer *Best Guess*-Schätzung werden nach Couper (2003) alle Elemente der Schätzung möglichst realistisch geschätzt. Dabei können allerdings keine Angaben zur Höhe der Unsicherheit bzw. dem Bereich, in dem sich das Ergebnis bewegen könnte, erhalten. Der sog. *Range Approach* bezieht für alle relevanten Größen den jeweils optimistischsten und den jeweils pessimistischsten Wert mit ein und resultiert somit in relativ weit gesteckten und häufig wenig informativen Bereichen. Um eine sog. *Monte Carlo*-Analyse durchzuführen, muss zunächst für jeden unsicheren Parameter ein minimaler, ein maximaler und ein wahrscheinlichster Wert sowie eine zugehörige Verteilungsfunktion (bspw. Normal-, Dreiecks-, Gleichverteilung) ermittelt werden. Im Rahmen der Simulationsrechnung wird dann mittels Zufallsgenerator für jede Berechnungsschleife und für jeden Parameter ein zufälliger Wert aus dieser Verteilung gezogen und das Ergebnis daraus ermittelt (vgl. Couper, 2003, Holland und Wilkinson, 1997, Kruschwitz, 2007). Bspw. werden in Remmers (1991) die Unsicherheiten der Vorausbestimmung von Investitionen und Kosten von Entschwefelungsanlagen und in Aden et al. (2002) die Unsicherheiten der Vorausbestimmung von Investitionen und Kosten der Herstellung von Ethanol aus Lignocellulose mittels *Monte Carlo*-Simulation untersucht. Neben dem Einsatz der Risikoanalyse zu Schätzung der Unsicherheiten im Rahmen der ökonomischen Bewertung kann diese gleichermaßen zur Schätzung der Unsicherheiten im Rahmen der ökologischen Bewertung zum Einsatz kommen. In der vorliegenden Arbeit werden möglichst realistische Annahme für alle Eingangsdaten getroffen (*Best Guess*-Ansatz) und deren Einfluss auf das Ergebnis wird im Rahmen graphischer Sensitivitätsanalysen untersucht (s.o.).

3.5   Mehrzielentscheidungen

Im Rahmen der vorliegenden Arbeit wird neben der Betrachtung einzelner ökonomischer sowie ökologischer Zielkriterien eine simultane Berücksichtigung mehrerer Zielkriterien durchgeführt. Hierfür werden in der Literatur allgemein sog. MCDM (*Multi Criteria Decision Making*)-Methoden beschrieben, welche nach der Anzahl der zur Verfügung stehenden Alternativen in MADM[47]-Methoden sowie MODM[48]-Methoden unterteilt werden können (vgl. Schultmann, 2003). Speziell zum Vergleich unterschiedlicher Prozesse oder Alternativen unter Berücksichtigung von Gesamtkosten und THG[49]-Emissionen kann darüber hinaus auch die Kennzahl der sog. CO_2-Vermeidungskosten herangezogen werden (vgl. Matthes, 1998). Als weitere spezielle Methoden zur Bewertung von Prozessen unter Einbeziehung ökonomischer sowie ökologischer Kriterien wird in diesem Kapitel die Ökoeffizienz-Analyse der BASF beschrieben.

MADM-Methoden

Bei Problemstellungen mit einer diskreten Anzahl an Alternativen können die sog. MADM-Verfahren angewendet werden. Nach Geldermann (1999) werden die klassischen MADM-Verfahren, sog. multiattributive Bewertungsverfahren (z.B. Nutzwertanalyse) und der analytische Hierarchie-Prozess (AHP), von den Outranking-Verfahren, d.h. der Verfahrens-gruppen ELECTRE (*Elimination Et Choice Translation Reality*) und PROMETHEE (*Preference Ranking Organisation Method for Enrichment Evaluations*), unterschieden. Während bei den klassischen MADM-Verfahren eine Aggregation der Kriterien zu einem einzigen Indikator, dem sog. Nutzwert, erfolgt, wird mittels der sog. Outranking-Verfahren insbesondere die Entscheidungssituation, d.h. der Zusammenhang zwischen den generierten Lösungen und den Präferenzen des Entscheidungsträgers, dargestellt, sowie die Unvergleichbarkeit und die Wertebeziehung von Planungsalternativen aufgezeigt (vgl. Geldermann, 1999, Harth, 2006). Im Rahmen der vorliegenden Arbeit werden im Rahmen der Gesamtbewertung Konfigurationen der Prozesskette ermittelt, die im Hinblick auf die gewählten ökonomischen und ökologischen Zielkriterien bestimmte Anforderungen erfüllen sollen. Hierfür wird auf ein sog. MODM-Verfahren zurückgegriffen (s.u.).

---

[47] *Multi Attribute Decision Making*

[48] *Multi Objective Decision Making*

[49] Treibhausgas

MODM-Methoden

Bei den MODM-Verfahren sind alle Alternativen, unter Einhaltung der Nebenbedingungen, zulässig (vgl. Geldermann, 1999). Je nachdem, ob die Präferenzen der Zielerreichung vor oder nach der Anwendung ausgewertet werden, können MODM-Verfahren in Verfahren mit *a posteriori Information*, d.h. Verfahren zur Bestimmung der vollständigen Lösung, in Verfahren mit *a priori Information*, z.B. Verfahren zur Zielprogrammierung (*Goal Programming*) oder Verfahren zur Maximierung des minimalen Zielerreichungsgrades, und in Verfahren mit *progressiver Information,* bei welchen die Information in einem iterativen Prozess während des Verfahrens erhalten wird, eingeteilt werden (vgl. Geldermann, 1999). In der vorliegenden Arbeit wird im Rahmen der Gesamtbewertung eine Optimierung der Prozesskette durch Variation von Schlüsselgrößen unter Einbeziehung ökonomischer und ökologischer Zielgrößen durchgeführt, wobei unterschiedliche Planziele für die Zielgrößen vorgegeben werden, die bestmöglich erreicht werden sollen (vgl. Kapitel 7.5). Diese Vorgehensweise kann dem sog. *Goal Programming* zugeordnet werden, womit nach Neumann und Morlock (2002) ein sog. optimaler Kompromiss ermittelt wird, d.h. mehrere Zielvorgaben möglichst gut erreicht werden.

CO₂-Vermeidungskosten

Mit Hilfe der sog. CO_2-Vermeidungskosten kann die Effizienz von THG-Emissions-minderungsmaßnahmen ermittelt werden und es besteht darüber hinaus die Möglichkeit, Biomasse-Nutzungspfade mit fossilen Referenzsystemen bzw. konventionellen Produktions-prozessen oder alternativen Biomasse-Nutzungspfaden im Hinblick auf klimapolitische Ziele zu bewerten (vgl. Zimmer et al., 2008). Nach Matthes (1998) ergeben sich die Emissions-Vermeidungskosten allgemein aus dem Quotient der Emissions- und der Kostendifferenz der untersuchten Alternativen (vgl. Formel 4).

Formel 4

$$EVK_i = \frac{K_i - K_{ref}}{E_{ref} - E_i}$$

mit

EVK_i	Emissionsvermeidungskosten der Alternative i	(€/kg)
K_i	Kosten der Alternative i	(€)
K_{ref}	Kosten des Referenzfalls	(€)
E_i	Emissionen der Alternative i	(kg)
E_{ref}	Emissionen des Referenzfalls	(kg)

Besonders hervorzuheben in Zusammenhang mit der Ermittlung der CO_2-Vermeidungskosten ist nach Matthes (1998) die Relevanz des gewählten Referenzprozesses sowie des gewählten Kostenkonzeptes (z.B. volkswirtschaftlicher oder einzelwirtschaftlicher Ansatz), welche das Ergebnis maßgeblich beeinflussen.

Im Rahmen der vorliegenden Arbeit werden die CO_2-Vermeidungskosten der Prozesskette aus der Differenz der Herstellkosten dividiert durch die Differenz der CO_2-Äquivalente der Prozesskette und einem gewählten Referenzprozess ermittelt. Zur Einordnung des Prozesses im Hinblick auf dessen klimapolitische Relevanz werden dessen CO_2-Vermeidungskosten mit denen alternativer Biomasse-Nutzungspfade verglichen (vgl. Kapitel 7.4).

Ökoeffizienz-Analyse

Die von der BASF als Beitrag zur Entwicklung nachhaltiger Produkte entwickelte Ökoeffizienz-Analyse dient der vergleichenden Bewertung von Produkten und Prozessen unter Einbeziehung ökonomischer sowie ökologischer Aspekte über deren gesamten Lebensweg (vgl. Saling und Kicherer, 2004). Für die ökologische Bewertung wird dabei nach den Vorgaben der Norm ISO 14040 (vgl. DIN, 2006) zur Ökobilanzierung vorgegangen, wobei zur Umweltwirkungsabschätzung die folgenden sechs Hauptkategorien betrachtet werden (vgl. Saling und Kicherer, 2004, BASF, 2011):

- Rohstoffverbrauch

- Energieverbrauch

- Emissionen in Luft, Wasser und Boden

- Toxizitätspotenzial eingesetzter und frei werdender Stoffe

- Risikopotenzial

- Flächenbedarf

Die in verschiedenen Unterkategorien ermittelten Umweltwirkungen der betrachteten Alternativen werden durch Normalisierung und Gewichtung zu einem Umwelt-Indikator zusammengefasst und den ebenfalls normierten Kosten entlang des Lebensweges der jeweiligen Alternative gleichwertig gegenübergestellt (vgl. Saling et al., 2002). Dazu wird ein sog. Ökoeffizienz-Portfolio erstellt, welches die Position der Alternativen in einem Koordinatensystem aus Gesamtkosten und Gesamt-Umweltbelastung darstellt. Die Gewichtung der Umweltwirkungen erfolgt dabei über zwei Arten der Gewichtung. Die sog. wissenschaftliche Gewichtung, welche anhand des jeweiligen Verhältnisses der Belastung und der aktuellen (Emissions-)Situation im Bezugsraum ermittelt wird sowie die sog. gesellschaftliche Gewichtung, welche anhand von Umfragen und Experten-Befragungen ermittelt wird und für alle Untersuchungen konstant ist (vgl. Saling et al., 2002). Bspw. werden im Rahmen der gesellschaftlichen Gewichtung die Emissionen in Luft, Wasser und Boden als eine der o.g. sechs Kategorien mit insgesamt 20 % gewichtet, darin wiederum werden die atmosphärischen Emissionen mit 50 %, die Emissionen in Gewässer mit 35 % und die Emissionen in Böden mit 15 % gewichtet und im Bereich der atmosphärischen Emissionen wird die Unterkategorie GWP mit 50 %, die Unterkategorien POCP[50] und ODP[51] mit jeweils 20 % und die Unterkategorie AP mit 10 % gewichtet (vgl. Saling et al., 2002). Im Rahmen einer Kooperation der Universitäten Karlsruhe und Jena sowie dem Öko-Institut e.V. wurde die Ökoeffizienzanalyse zur Methode SEEbalance (*Society*, *Economy*, *Ecology*) weiterentwickelt, welche zusätzlich zu den ökonomischen und ökologischen auch soziale Aspekte in die Bewertung mit einbezieht (vgl. Schmidt et al., 2004).

---

[50] *Photochemical Ozone Creation Potential*

[51] *Ozone Depletion Potential*

4 Stand der Forschung zur techno-ökonomischen und ökologischen Bewertung von Prozessketten zur Herstellung chemischer Grundstoffe aus Lignocellulose

In diesem Kapitel wird der Stand der Forschung zur Bewertung von Prozessketten zur Herstellung chemischer Grundstoffe aus Lignocellulose skizziert. Dabei wird der Fokus auf eine vollständige stoffliche Nutzung, d.h. auf Umwandlungsprozesse zur selektiven Vorbehandlung der Lignocellulose, die Fraktionierung in die drei Hauptkomponenten Cellulose, Hemicellulose und Lignin und die nachfolgende enzymatische Hydrolyse der Cellulose zu Glukose, sowie auf die Einbeziehung der Prozessschritte zur Bereitstellung der Biomasse, gerichtet. In Kapitel 4.1 werden Arbeiten zur ökonomischen und in Kapitel 4.2 zur ökologischen Bewertung vorgestellt. Dabei wird in Kapitel 4.2 der Schwerpunkt auf Arbeiten gelegt, in welchen der Ansatz der Ökobilanzierung zur Bewertung der Prozessketten eingesetzt wird, wobei auch auf Untersuchungen eingegangen wird, die sich ausschließlich mit der ökologischen Bewertung der Bereitstellung von Holz befassen. Arbeiten, in denen eine Modellierung der Stoff- und Energieströme als Grundlage für die Prozessoptimierung vorgestellt wird, sind mit in Kapitel 4.1 aufgeführt. In Kapitel 4.3 wird der Forschungsbedarf im Hinblick auf eine integrierte Betrachtung ökonomischer und ökologischer Kriterien zur Bewertung und Optimierung einer Prozesskette zur stofflichen Nutzung von Holz als Rohstoff für die chemische Industrie abgeleitet.

4.1 Stand der techno-ökonomischen Bewertung von Prozessketten zur Herstellung chemischer Grundstoffe aus Lignocellulose

In Galbe et al. (2007) und Gnansounou und Dauriat (2010) wird ein Überblick zum Stand der Forschung der techno-ökonomischen Bewertung der Herstellung von Ethanol auf Basis von Lignocellulose vorgestellt. Der Fokus liegt dabei auf dem Aufschluss von Holz mittels verdünnter Säure. Insbesondere werden in Gnansounou und Dauriat (2010) auch einige US-amerikanische Arbeiten aus dem Jahr 1987 vorgestellt, während in Galbe et al. (2007) Untersuchungen ab dem Jahr 1996 berücksichtigt werden. Als Schlussfolgerungen ergeben sich aus den genannten Arbeiten der entscheidende Einfluss der Kosten für die Biomasse, die relativ hohen Unsicherheiten der techno-ökonomischen Bewertung aufgrund des Fehlens einer kommerziell betriebenen Anlage und die damit verbundenen hohen Risiken für Investoren (vgl. Gnansounou und Dauriat, 2010) sowie die Schwierigkeit des Vergleichs der Ergebnisse unterschiedlicher Studien aufgrund der Vielzahl an zu Grunde liegenden

Annahmen (vgl. Galbe et al., 2007). In Galbe et al. (2007) wird zusätzlich die Prozess-simulation als sehr nützliches Werkzeug für die Verfahrensentwicklung und den Vergleich von Verfahrensalternativen beschrieben und es wird die Relevanz der Entwicklung effizienterer und kostengünstigerer Prozesse, insbesondere zur Vorbehandlung der Lignocellulose, hervorgehoben.

In Chum et al. (1985) werden neben den Eigenschaften lignocellulosehaltiger Biomasse insbesondere unterschiedliche Verfahren zur Vorbehandlung, darunter unterschiedliche Varianten des Organosolv-Verfahrens und des Dampfexplosionsverfahrens, technisch und ökonomisch charakterisiert. Als Kennzahl für die Wirtschaftlichkeit und um eine Vergleich-barkeit mit konventionellen Zellstoff-Prozessen zu ermöglichen, werden in Chum et al. (1985) die Herstellkosten für Cellulose ermittelt, wobei die Nebenprodukte (Lignin, Hemicellulose, Furfural) im Basisfall jeweils energetisch genutzt sowie in weiteren Alternativen aufbereitet und verkauft werden. Nach Chum et al. (1985) ergeben sich für die untersuchten Aufschlussverfahren geringere Herstellkosten für Cellulose im Vergleich zum konven-tionellen Sulfat (Kraft)-Verfahren, wobei das Dampfexplosionsverfahren die geringsten Kosten aufweist. Insbesondere für das Organosolv-Verfahren wird auf die Notwendigkeit verstärkter Forschung und Entwicklung und die damit verbundenen Möglichkeiten zur Verbesserung der Wirtschaftlichkeit sowie der Datenbasis für die Bewertung hingewiesen.

Nachfolgend wird insbesondere auf aktuelle Arbeiten (ab dem Jahr 2000) zur techno-ökonomischen Bewertung von Prozessketten zur Umwandlung von Lignocellulose zu chemischen Grundstoffen näher eingegangen, sowie auf die jeweiligen Besonderheiten, die im Kontext der vorliegenden Arbeit besonders hervorzuheben sind.

In Kaylen et al. (2000) wird eine ökonomische Bewertung der Herstellung von Ethanol aus lignocellulosehaltiger Biomasse (Energiepflanzen, Ernterückstände, Holz) durchgeführt. Datenbasis bildet eine Demonstrationsanlage der *Tennessee Valley Authority*. Die lignocellulosehaltige Biomasse wird zunächst mit verdünnter Schwefelsäure vorbehandelt, wobei die Hemicellulose zu Zucker-Monomeren aufgespalten wird. Im zweiten Schritt wird die Cellulose mit konzentrierter Säure zu Glukose hydrolysiert. Die C_5-Zucker werden zu Furfural umgewandelt und die C_6-Zucker werden zu Ethanol fermentiert. Das Lignin sowie die nicht umgesetzte Cellulose werden verbrannt und zur Stromerzeugung genutzt. In dieser Arbeit wird die optimale Anlagengröße sowie der optimale Anlagenstandort mit Hilfe eines GAMS[52]-Modells ermittelt. Zur Optimierung wird eine Maximierung des Kapitalwertes durchgeführt. Die alleinige Herstellung von Ethanol mit diesem Verfahren ist nach Kaylen

---

[52] *General Algebraic Modeling System*

et al. (2000) nicht wirtschaftlich weshalb dort die Herstellung von Furfural mit in die Betrachtungen einbezogen wird.

In Aden et al. (2002) wird, aufbauend auf der Arbeit von Wooley et al. (1999), eine ökonomische Analyse der Herstellung von Ethanol aus Lignocellulose (Maisstroh) durchgeführt. Die Lignocellulose wird mit verdünnter Schwefelsäure aufgeschlossen, und anschließend erfolgen eine enzymatische Hydrolyse der Cellulose und die Fermentation der Zucker-Monomere zu Ethanol. Die Feststoffe, darunter Lignin, werden verbrannt und zur Strom- und Wärmegewinnung verwendet. Der ökonomischen Bewertung liegt in Aden et al. (2002) eine Modellierung mit ASPEN PLUS® zu Grunde. Es werden die Investitionen sowie die variablen und die fixen Kosten der Ethanolherstellung geschätzt. Mit Hilfe der Methode des internen Zinsfußes wird der minimale Verkaufspreis für Ethanol ermittelt, der einen Kapitalwert von Null ergibt. Des Weiteren wird der Einfluss der Anlagengröße, unter Berücksichtigung der verfügbaren Ackerflächen bzw. der notwendigen Größe des Einzugsgebietes der Biomasse, der Transportentfernung und der Transportkosten, auf die Herstellkosten für Ethanol untersucht. In der Untersuchung von Aden et al. (2002) werden außerdem auch die Unsicherheiten der Ergebnisse mittels *Monte Carlo*-Simulation ermittelt. Dazu werden 5 Parameter (Enzympreis, Investition für den Aufschlussreaktor, Unsicherheiten der Projektierung, Strompreis, Rohstoffkosten) ausgewählt und deren Verteilung sowie die obere und untere Schranke definiert. Als Ergebnis wird ein unsicherer Bereich für den minimalen Ethanol-Verkaufspreis angegeben. Eine Fortschreibung und Aktualisierung der in Aden et al. (2002) entwickelten Modelle ist in den Veröffentlichungen von Aden (2008), Aden und Foust (2009), Humbird und Aden (2009) sowie Humbird et al. (2011) zu finden. Insbesondere werden in Humbird et al. (2011) neben den Herstellkosten für Ethanol auch die Herstellkosten der Zucker-Lösung, als Zwischenprodukte der Ethanolproduktion, ausgewiesen mit dem Hinweis, dass diese insbesondere für den Vergleich von Vorbehandlungs-Methoden für Lignocellulose sowie für den Vergleich mit anderen Fermentations-Rohstoffen von Bedeutung sind.

In Vila et al. (2003a) wird ein Acetosolv-Prozess (Holzaufschluss mit konzentrierter Essig-säure und Einsatz von Salzsäure als Katalysator) mit ASPEN PLUS® modelliert. Besonderes Augenmerk liegt dabei auf der Lösemittelrückgewinnung (Essigsäure, Salzsäure) sowie der Separation von Nebenprodukten (Furfural, schwefelfreies Lignin). Als Endprodukte werden Cellulose, Furfural und Xylose betrachtet.

In Wingren et al. (2003) wird eine techno-ökonomische Bewertung der Herstellung von Ethanol aus Nadelholz durchgeführt. Das Holz wird mittels Dampfexplosionsverfahren aufgeschlossen, die Cellulose wird anschließend enzymatisch hydrolysiert und die Zucker zu Ethanol fermentiert. In Wingren et al. (2003) liegt der Fokus auf dem Vergleich einer simultanen und einer separaten enzymatischen Hydrolyse und Fermentation. Das Lignin wird energetisch genutzt, d.h. es wird verbrannt und für die Erzeugung von Heizdampf genutzt. Der Prozess wird mit ASPEN PLUS® modelliert und die Auslegung der Anlagenkomponenten wird mit dem *Icarus Process Evaluator* der Firma AspenTech durchgeführt. Als Kenngröße für die Wirtschaftlichkeit werden die Herstellkosten für Ethanol ermittelt. Ausgehend von einem Basisfall wird der Einfluss der Enzymkosten, der Ethanol-Ausbeute, der Substrat-Konzentration und der Verweilzeit für die enzymatische Hydrolyse und die Fermentation untersucht. Außerdem wird eine Prozessoptimierung im Hinblick auf die Rückführung von Prozesswasser durchgeführt. In Wingren et al. (2008) wird darauf aufbauend eine Verminderung des Energiebedarfes der sog. *downstream*-Prozesse, d.h. der Prozessschritte nach der simultanen enzymatischen Hydrolyse und Fermentation zu Ethanol, angestrebt, um damit eine Reduktion der Herstellkosten für Ethanol zu erreichen.

In Hamelinck et al. (2005) wird eine techno-ökonomische Analyse der Herstellung von Ethanol aus Holz (Pappel) durchgeführt. Untersucht werden drei Verfahren zur Vorbehandlung in unterschiedlichen technologischen Entwicklungsstadien, darunter die Vorbehandlung mittels verdünnter Säure, mit überkritischem Wasser und durch Dampfexplosion. Das Lignin wird energetisch zur Erzeugung von elektrischer Energie und Wärme genutzt. Die ökonomische Bewertung basiert auf einer Modellierung der Prozesse mit MS Excel und ASPEN PLUS®. Die Herstellkosten für Ethanol werden geschätzt und mit Bioethanol aus Getreide und Zuckerrohr verglichen.

In Patel et al. (2006) wird eine ökonomische und eine ökologische Bewertung der Herstellung 21 zuckerbasierter Grundchemikalien vorgestellt. Die Umwandlung der Zucker zu Grundchemikalien erfolgt für den Großteil der untersuchten Prozesse fermentativ, zum Teil aber auch enzymatisch sowie chemisch. Als Grundlage für die Bewertung werden Fließbilder der Prozesse sowie die Massen- und Energiebilanzen erstellt und darauf aufbauend die Investitionen geschätzt. Die Eingangsdaten der Arbeit von Patel et al. (2006) stammen aus einer umfassenden Literaturrecherche sowie von Forschungs- und Industriepartnern. Zur Bewertung wird ein Excel-basiertes Werkzeug (*BREWtool*[53]) entwickelt. Die ökonomische Bewertung umfasst im Wesentlichen die Ermittlung der Herstellkosten. Als Rohstoffe werden fermentierbare Zucker, d.h. Saccharose aus Zuckerrohr, Glukose aus Maisstärke und C_5-/C_6-Zucker aus Maisstroh betrachtet, für die jeweils vier Preislevel (70, 135, 200 und 400 €/t) angenommen werden. Als Ergebnis der ökonomischen Bewertung werden die Herstellkosten der biobasierten Chemikalien in Abhängigkeit des Zuckerpreises dargestellt. In Bezug auf die

---

[53] *Business Resource Efficiency and Waste Programme*

Herstellung von biobasierten Grundchemikalien aus Zucker-Monomeren werden sowohl bereits bestehende als auch zukünftige Prozesse mit in die Betrachtungen einbezogen.

In Cardona Alzate und Sánchez Toro (2006) wird ein Prozessmodell für die Herstellung von Ethanol aus Laubholz mit ASPEN PLUS® erstellt. Für den Holzaufschluss wird verdünnte Säure eingesetzt. Die Cellulose wird enzymatisch zu Glukose umgesetzt und die C_5- und C_6-Zucker werden zu Ethanol fermentiert. Es werden unterschiedliche Prozesskonfigurationen, insbesondere im Hinblick auf die enzymatische Hydrolyse, die Fermentation und die Destillation, bzw. die Aufreinigung von Ethanol, untersucht. Die Varianten werden hinsichtlich des Energiebedarfs für die Herstellung von einem Liter Ethanol verglichen.

In Sassner et al. (2008) wird eine techno-ökonomische Bewertung der Herstellung von Ethanol auf Basis von Holz (Fichte, Weide) und Maisstroh durchgeführt. Die Biomasse wird mit Dampf und unter Zugabe von Säure vorbehandelt, danach wird die Cellulose enzymatisch hydrolysiert und die Zucker-Monomere werden zu Ethanol fermentiert. Als Grundlage für Ermittlung der Herstellkosten für Ethanol dienen Laborexperimente und die verfahrens-technischen Modellierung mit ASPEN PLUS®.

In Piccolo und Bezzo (2009) werden zwei Verfahren zur Herstellung von Ethanol auf Basis von Lignocellulose (Holz) miteinander verglichen. Der erste Prozess umfasst eine chemische Vorbehandlung mit verdünnter Schwefelsäure bei 190 °C und 10 bar (Dampfexplosions-verfahren mit verdünnter Säure) und eine anschließende enzymatische Hydrolyse von Cellulose zu Glukose sowie die Fermentation der Zucker zu Ethanol. Die Feststoffe (d.h. Lignin und nicht umgesetzte Cellulose) werden verbrannt und tragen zur Energie-bereitstellung des Prozesses bei. Datenbasis für das Prozessdesign stellt die Arbeit von Wooley et al. (1999) dar. Auf Basis der Modellierung mit ASPEN PLUS® und in Verbindung mit Literaturdaten werden die Hauptkomponenten der Produktionsanlage ausgelegt und die Investitionen, die jährlichen Kosten sowie die Herstellkosten für Ethanol geschätzt. Für die ökonomische Analyse werden der Kapitalwert (NPV[54]), die Rentabilität (ROI[55]) und der interne Zinsfuß (IRR[56]) ermittelt. Des Weiteren wird eine Sensitivitätsanalyse zur Ermittlung des Einflusses unterschiedlicher Parameter auf die Herstellkosten von Ethanol durchgeführt, wobei der Preis für Biomasse und Enzyme sowie die Umsatzraten für die Hydrolyse und die Fermentation als Schlüsselgrößen identifiziert werden. Die ermittelten Herstellkosten für Ethanol werden mit den Herstellkosten für Benzin verglichen. Mittels *Pinch*-Analyse wird

---

[54] *Net Present Value*

[55] *Return On Investment*

[56] *Internal Rate of Return*

eine Optimierung des Verfahrens im Hinblick auf eine Verminderung des Energiebedarfes durchgeführt. Des Weiteren werden Annahmen für mögliche Prozessverbesserungen im Hinblick auf die Erhöhung der Ausbeuten der Hydrolyse und der Fermentation getroffen. Das zweite in Piccolo und Bezzo (2009) untersuchte Verfahren umfasst die Vergasung der Biomasse, die anschließende Einleitung des Synthesegases in einen Fermenter und dessen Umwandlung zu Ethanol und Essigsäure. In der Arbeit von Piccolo und Bezzo (2009) wird das Prozessdesign für die Kombination von Vergasung und Fermentation sowie Möglichkeiten für die Optimierung auf Basis von Labordaten vorgestellt und es werden die o.g. Analysen bezüglich der Wirtschaftlichkeit durchgeführt.

In Huang et al. (2009a) wird ein Sulfat-Aufschluss mit Aspen-Holz mit der Software WinGEMS modelliert und mit einem ASPEN PLUS®-Prozessmodell gekoppelt. Mit ASPEN PLUS® wird die Extraktion der Hemicellulose, die Abtrennung der Festphase (im Wesentlichen Cellulose und Lignin) vor dem Sulfat-Aufschluss, die Hydrolyse der Hemicellulose mit verdünnter Säure und die Fermentation der Zucker-Monomere zu Ethanol modelliert. Als Endprodukte werden die Zellstoff-Fasern und Ethanol betrachtet. Nach Huang et al. (2009a) stellt dieser Ansatz eine geeignete Methode für die Prozessbewertung von Zellstoffwerken, insbesondere im Hinblick auf eine Weiterverarbeitung der bislang nicht genutzten Holzfraktionen, dar. Als Beispiel wird die Möglichkeit der Vergasung des Lignins in der Schwarzlauge (*black liquor*) und die anschließenden Aufbereitung des Synthesegases und dessen Umwandlung zu Kraftstoffen und Chemikalien genannt.

In Huang et al. (2009) wird eine Bewertung der Herstellung von Ethanol aus Lignocellulose durchgeführt und der Einfluss unterschiedlicher Biomassearten und Anlagengrößen auf die Herstellkosten von Ethanol wird untersucht. Zur Vorbehandlung wird verdünnte Schwefelsäure eingesetzt, die Prozessdaten stammen aus Untersuchungen des US-amerikanischen NREL[57] (vgl. Wooley et al., 1999 und Aden et al., 2002). Als Rohstoffe werden Holz (Pappel, Aspe), Getreidestroh und Präriegras untersucht. Die Massen- und Energiebilanzen basieren auf einer Modellierung mit ASPEN PLUS®, die Auslegung der Anlagenkomponenten sowie die Schätzung der Investitionen werden mit dem *Icarus Process Evaluator* der Firma AspenTech durchgeführt.

---

[57] *National Renewable Energy Laboratory*

4.2 Stand der ökologischen Bewertung von Prozessketten zur Herstellung chemischer Grundstoffe aus Lignocellulose

Veröffentlichungen zur ökologischen Bewertung von Prozessen zur Umwandlung von Lignocellulose in chemische Grundstoffe beziehen sich zum Großteil auf die Schätzung der Treibhausgasemissionen und des kumulierten Energieaufwands. Außerdem wird, analog zur ökonomischen Bewertung, im Großteil der Untersuchungen Ethanol als Endprodukt betrachtet.

In Sheehan et al. (2004) wird eine ökologische Bewertung der Herstellung von Ethanol (E85[58]) aus Lignocellulose (Getreidestroh) durchgeführt. Zur Vorbehandlung der Biomasse wird verdünnte Schwefelsäure eingesetzt. Es wird ein Lebenszyklusmodell vorgestellt, welches Aspekte zur Dynamik von Kohlenstoff im Boden und zur Bodenerosion sowie zur Bereitstellung, zum Transport und zur Umwandlung des Getreidestrohs zu Ethanol berücksichtigt. Die Modellierung der genannten Teilaspekte erfolgt mit der LCA-Software TEAM® und der zugehörigen Datenbank DEAM® auf Basis unterschiedlicher Literaturdaten und den zugehörigen Modellen. Die Prozessbewertung basiert auf der Arbeit von Aden et al. (2002) und der zugehörigen Prozessmodellierung mit ASPEN PLUS®. Zur Abschätzung der Umweltwirkungen werden der Verbrauch an fossilen Rohstoffen (Kohle, Erdöl, Erdgas) und die Emissionen klimarelevanter Schadstoffe (fossiles CO_2, N_2O, CH_4) je Transportkilometer ermittelt und mit konventionellem Benzin verglichen. Als funktionelle Einheit wird im Hinblick auf die Bewertung der Nachhaltigkeit der Landnutzung (ermittelt anhand des organisch gebundenen Kohlenstoffs im Boden) zusätzlich die Bewirtschaftung von einem Hektar Land herangezogen und mit der bestehenden Nutzung verglichen. Die Untersuchungen werden nach den Grundsätzen der Ökobilanzierung durchgeführt (vgl. DIN, 2006).

In Patel et al. (2006) wird neben der in Kapitel 4.1 vorgestellten ökonomischen Bewertung eine ökologische Bewertung der Herstellung von insgesamt 21 biobasierten Grund-chemikalien auf Basis fermentierbarer Zucker vorgestellt. Die Bewertung der Umwelt-wirkungen wird anhand der Richtlinien zur Ökobilanzierung (vgl. DIN, 2006) durchgeführt. Für die vergleichende ökologische Bewertung wird die Herstellung der biobasierten Chemikalien mit konventionellen Produkten im Rahmen einer sog. *cradle-to-gate*-Analyse, d.h. ohne eine Betrachtung der Nutzung und Entsorgung, verglichen. Als funktionelle Einheit wird die Herstellung von einer Tonne des jeweiligen Produktes betrachtet. Für die Umweltwirkungsabschätzung werden der fossile kumulierte Energieaufwand (KEA$_{fossil}$), der

---

[58] 85 % Ethanol im Benzingemisch

kumulierte Energieaufwand erneuerbarer Energien (KEA$_{erneuerbar}$), die Emission von Treibhausgasen und der landwirtschaftliche Flächenbedarf betrachtet.

In Reinhardt et al. (2007) wird neben den Bereichen Verkehr und Energie auch eine ökologische Betrachtung der Biomassenutzung in der chemischen Industrie durchgeführt. Dabei werden der Ressourcenverbrauch und die Treibhausgasemissionen im Vergleich zu fossilen Rohstoffen ermittelt. In Bezug auf die Umwandlung von Biomasse werden bereits etablierte Verfahren (bspw. Herstellung von Ethanol aus Mais, Weizen, Zuckerrüben) sowie innovative Prozesse (z.B. Herstellung von Ethanol aus Lignocellulose) bewertet. Als Rohstoffe werden sowohl verschiedene Anbaubiomassen (Mais, Weizen, Zuckerrübe, Pappel) als auch Reststoffe (Waldrestholz, Reststroh, Grüngut) und als Produkte bspw. Ethanol, Propandiol, Tenside und Phenol betrachtet. Die Arbeit von Reinhardt et al. (2007) basiert auf Angaben in der Literatur (bspw. Reinhardt et al., 2006, Patel et al., 2006, Hamelinck et al., 2005), Auswertungen auf Basis unterschiedlicher Datenbanken (bspw. PROBAS, ecoinvent v1.01, GEMIS) und der Erstellung von Stoffstrommodellen. In Bezug auf die Umwandlung von Lignocellulose zu Ethanol wird in Reinhardt et al. (2007) eine Vorbehandlung mittels verdünnter Säure, eine enzymatische Hydrolyse der Cellulose zu Glukose und eine Fermentation der Zucker-Monomere zu Ethanol betrachtet.

In Cherubini et al. (2007) wird eine Bewertung der Umweltwirkungen eines sog. Bioraffinerie-Konzeptes auf Basis unterschiedlicher Literaturquellen (bspw. Sun und Cheng, 2002, Hamelinck et al., 2005) durchgeführt. Das Holz wird mittels säure-katalysiertem Dampfexplosionsverfahren vorbehandelt, die Cellulose wird enzymatisch zu Glukose umgewandelt und Glukose sowie C_5-Zucker werden anschließend zu Ethanol fermentiert. Das Lignin wird teilweise zur Strom- und Wärmegewinnung verbrannt und teilweise pyrolysiert. Aus dem sog. Bioöl der Pyrolyse werden anschließend Phenole extrahiert. Dieses Bioraffinerie-Konzept wird mit verschiedenen (fossilen) Referenzsystemen verglichen. Die Abschätzung der Umweltwirkungen erfolgt mittels der Datenbank GEMIS. Als Wirkungsindikatoren werden das Treibhauspotenzial, der kumulierte Energieaufwand (KEA) und der fossile kumulierte Energieaufwand (KEA$_{fossil}$) ermittelt. Zusätzlich werden spezifische Kennzahlen zur ökologischen Bewertung abgeleitet, bspw. die spezifischen Treibhausgas-Reduktionen je Tonne Holz.

In Uihlein und Schebek (2009) wird eine ökologische Bewertung einer sog. Lignocellulose-Bioraffinerie nach DIN (2006) durchgeführt. Die Rohstoffbasis der betrachteten Bioraffinerie ist Stroh, die Biomasse wird mittels saurer Hydrolyse (Salzsäure) umgewandelt zu Glukose, Xylit und Lignin und die Glukose wird anschließend fermentativ zu Ethanol umgewandelt. Die ökologische Bewertung in Uihlein und Schebek (2009) wird auf Basis der Stoff- und Energiebilanzen der Firma Arkenol in Verbindung mit der Datenbank ecoinvent v1.01 und der LCA-Software umberto® durchgeführt. Zur Umweltwirkungsabschätzung wird die Methode Eco-indicator 99 eingesetzt und als funktionelle Einheit wird, mit der Begründung dass die Definition eines Hauptproduktes nicht möglich ist, die Verarbeitung von einer Tonne Stroh betrachtet. Die Bioraffinerie-Prozesskette wird mit der Herstellung von Bindemitteln auf Acrylbasis (Referenzprodukt für Lignin), der Herstellung von Zucker aus Zuckerrüben (Referenzprodukt für Xylit) und der Herstellung von Benzin (Referenzprodukt für Ethanol) als Referenzprozesse verglichen. Dabei werden sowohl unterschiedliche Varianten der Bioraffinerie-Prozesskette im Hinblick auf die Rückführung der Aufschlusslösung (Salzsäure) und die Wärmeintegration als auch der Nutzung von Lignin (Strom- und Wärmegewinnung) betrachtet.

In Cherubini und Jungmeier (2010) wird auf Basis der Arbeiten von Sun und Cheng (2002), Lynd (1996), Hamelinck et al. (2005) und Halleux et al. (2008) ein sog. Bioraffinerie-Konzept zur Bereitstellung von Ethanol, Energie (elektrische Energie und Wärme), Biogas (Bio-Methan) und Chemikalien (Ethanol, Phenol) aus Präriegras (*switchgrass*) ökologisch bewertet und mit entsprechenden fossilen Referenzprozessen verglichen. Zur Modellierung der Prozesse wird die LCA-Software SimaPro7 eingesetzt. Der Fokus dieser Ökobilanz-Studie liegt auf den Wirkungsindikatoren kumulierter Energieaufwand und Treibhauseffekt. Die Untersuchung von Cherubini und Jungmeier (2010) berücksichtigt den Anbau der Biomasse, die Ernte, die Vorbehandlung (Trocknung, Pelletierung) der Biomasse, den Transport der Biomasse zur Produktionsanlage, die Umwandlung zu den Endprodukten und die Nutzung sowie Entsorgung der Produkte und stellt damit eine sog. *cradle-to-grave*-Analyse dar. Für die Vorbehandlung der Biomasse wird das Dampfexplosionsverfahren betrachtet. Die Cellulose wird anschließend enzymatisch hydrolysiert und die Zucker werden zu Ethanol fermentiert. Das Lignin und die übrigen festen Rückstände werden nach dem Aufschluss abgetrennt und zum Teil pyrolysiert. Aus dem Pyrolyseöl wird anschließend Phenol abgetrennt. Die übrigen festen Rückstände sowie das übrige Pyrolyseöl werden verbrannt und zu elektrischer Energie und Wärme umgewandelt.

In Rödl (2010) wird eine Ökobilanzierung nach DIN (2006) und DIN (2006a) für die Bereitstellung von Holz aus Kurzumtriebsplantagen als Rohstoff für die Erzeugung von elektrischer Energie und Wärme sowie von Fischer-Tropsch-Kraftstoff durchgeführt. Zur Umweltwirkungsabschätzung werden die Kategorien Klimawandel, Versauerung, Bildung von Photooxidantien und Eutrophierung nach CML-2001 betrachtet, und als Referenzprozesse werden die Herstellung von konventionellem Diesel-Kraftstoff sowie die Stromproduktion nach dem Strommix in Deutschland herangezogen. Für die Holzbereitstellung werden alle Prozessschritte, von der Bodenvorbereitung bis zur Holzernte, sowie die Trocknung und der Transport zur Produktionsanlage, betrachtet. Als funktionelle

Einheit wird die Produktion von 1 t getrocknetem Holz betrachtet. Für die Modellierung und die Bewertung der Prozessketten werden die LCA-Software GaBi4 sowie die zugehörige Datenbank eingesetzt.

In Neupane et al. (2011) wird eine Ökobilanz-Studie nach DIN (2006) zur Bewertung der Holz-Produktion (Waldholz) und des Holztransportes im Hinblick auf die Herstellung von Ethanol aus Holz durchgeführt. Zur Erstellung des Lebenszyklusinventars kommen u.a. die Datenbanken ecoinvent v2.01 und die Datenbank der LCA-Software SimaPro7.1 zum Einsatz. Die Wirkungsabschätzung erfolgt mittels der Methode EI 99 (E/E), als funktionelle Einheit wird die Produktion von 4 m^3 Holz und als geographischer Bezugsraum wird der Nord-Westen der USA (Bundesstaat Maine) betrachtet. Die ökologische Bewertung in Neupane et al. (2011) schließt die Prozessschritte Pflanzung, Waldpflege, Fällen, Zerkleinerung und den Transport des Holzes zur Produktionsanlage bei gegebener Transportentfernung mit ein und stellt somit eine sog. *cradle-to-gate*-Analyse dar.

4.3 Schlussfolgerungen für den Forschungsbedarf

Die in den vorangehenden Kapiteln 4.1 und 4.2 genannten Veröffentlichungen beziehen sich zum Großteil auf die Vorbehandlung der Lignocellulose mittels verdünnter Schwefelsäure und mittels Dampfexplosionsverfahren sowie eine anschließende enzymatische Hydrolyse der Cellulose zu Glukose und eine Fermentation der Zucker-Monomere zu Ethanol. Das Lignin wird fast ausschließlich energetisch genutzt.

Der Großteil der Untersuchungen zur ökonomischen Bewertung basiert auf einer verfahrenstechnischen Modellierung mit ASPEN PLUS®. In den meisten Fällen werden die Herstellkosten als Kenngröße für die Wirtschaftlichkeit ermittelt, in einigen Fällen wird der Kapitalwert herangezogen. Nur in wenigen Fällen (z.B. in Kaylen et al., 2000) werden der Transport der Biomasse, der Einfluss der Anlagengröße und des Anlagenstandortes sowie der Flächennutzung im Umkreis möglicher Standorte in die Betrachtungen einbezogen. Eine Optimierung der Prozess-Konfiguration wird lediglich in Piccolo und Bezzo (2009) im Hinblick auf die Reduzierung des Energiebedarfes durchgeführt. Eine Ermittlung des Einflusses unterschiedlicher Eingangsdaten wird z.B. in Patel et al. (2006) im Hinblick auf unterschiedliche Rohstoffpreise (Zuckerpreise) untersucht und in Kaylen et al. (2000) im Hinblick auf die Rohstoffkosten, die Verkaufspreise für Ethanol und Furfural sowie den Größendegressionsexponenten der Investitionsschätzung. Mit Ausnahme der Arbeit von Patel et al. (2006) wird neben der ökonomischen Bewertung keine integrierte Betrachtung der Umweltwirkungen durchgeführt.

In Bezug auf die ökologische Bewertung liegen vorwiegend Untersuchungen zur Schätzung des kumulierten Energieaufwandes (KEA) und des Treibhauspotenzials vor. Teilweise werden weitere *midpoint*-Kategorien, bspw. Flächenbedarf und Versauerung, betrachtet und in einigen Fällen werden die Umweltwirkungen mittels der *endpoint*-Methode Eco-indicator 99 abgeschätzt. Die Veröffentlichungen zur ökologischen Bewertung basieren fast ausschließlich auf Literaturstudien unter Einbeziehung von Daten aus sog. LCA-Datenbanken wie bspw. GEMIS, PROBAS und ecoinvent. Im Großteil der Fälle werden die Prozesse zur Bereitstellung der Biomasse mit in die Untersuchungen zur ökologischen Bewertung einbezogen.

Fazit

Es liegen bislang keine Untersuchungen zur integrierten ökonomischen und ökologischen Bewertung und Optimierung der vollständigen stofflichen Nutzung von Holz als Rohstoff für die chemische Industrie auf Basis durchgängiger Massen- und Energiebilanzen vor. Insbesondere gibt es in diesem Zusammenhang keine Arbeiten zur techno-ökonomischen und ökologischen Bewertung des Organosolv-Verfahrens unter Einsatz eines Ethanol/Wasser-Gemisches. Die Notwendigkeit einer integrierten Betrachtung ökonomischer und ökologischer Zielkriterien für die Bewertung sog. Lignocellulose-Bioraffinerien auf Basis durchgängiger Massen- und Energiebilanzen wird bereits in Villegas und Gnansounou (2008) beschrieben.

Im Rahmen der vorliegenden Arbeit wird ein Modell entwickelt zur integrierten techno-ökonomischen und ökologischen Bewertung und Optimierung einer Prozesskette zur Umwandlung von Holz zu chemischen Ausgangs- und Zwischenprodukten. In dem in der vorliegenden Arbeit betrachteten Verfahren wird Holz mit einem Ethanol/Wasser-Gemisch (Organosolv-Verfahren) aufgeschlossen und die Cellulose wird anschließend enzymatisch zu Glukose hydrolysiert. Als Endprodukte werden fermentierbare C_5- und C_6-Zucker sowie schwefelfreies Lignin betrachtet. Die Modellierung und Bewertung des Verfahrens basiert im Wesentlichen auf aktuellen Versuchen im Labor- und Technikumsmaßstab, durchgeführt im Rahmen des BMELV-Verbundvorhabens *Pilotprojekt Lignocellulose-Bioraffinerie* (vgl. DECHEMA, 2009) und des BMELV-Verbundvorhabens *Lignocellulose-Bioraffinerie - Phase 2* (vgl. DECHEMA, 2011) sowie den zugehörigen Arbeiten im Arbeitspaket 4 zur ökonomischen und ökologischen Bewertung der Prozesskette (vgl. Haase et al., 2011). Die Modellierung der Stoff- und Energieströme als gemeinsame Datenbasis für die ökonomische und die ökologische Bewertung erfolgt dabei entlang der gesamten Wertschöpfungskette mittels Stoffstromanalyse und Prozesssimulation. Im Rahmen der ökonomischen Bewertung werden das Betriebsergebnis, der Kapitalwert, die Rentabilität und die Amortisationsdauer als Kenngrößen für die Wirtschaftlichkeit ermittelt. Im Rahmen der ökologischen Bewertung werden die Wirkungskategorien Klimawandel, Versauerung und Humantoxizität nach CML-2001 sowie der fossile kumulierte Energieaufwand ermittelt. Neben der Maximierung des Betriebsergebnisses werden im Rahmen der Optimierung der Prozesskette vier ökologische Zielkriterien betrachtet. Die Optimierung der Prozesskette erfolgt dabei in Bezug auf einzelne Prozessschritte (bspw. Anzahl der Waschschritte für die Ligninfraktion), Prozessparameter (bspw. Verweilzeit im Hydrolysereaktor) sowie die Wahl der Vorketten für die Bereitstellung von Energie und Betriebsstoffen (bspw. Bereitstellung von Ethanol). Zusätzlich erfolgt eine Gesamtbewertung unter Einbeziehung aller Zielkriterien für zwei unterschiedliche Holzarten und zwei unterschiedliche Standorte.

Durch die Kombination von Methoden der Stoffstromanalyse und der Prozesssimulation als Datenbasis für die integrierte ökonomische und ökologische Bewertung und Optimierung, stellt die vorliegende Arbeit eine methodische Weiterentwicklung dar. Mit der Anwendung dieser Methode auf das Organosolv-Verfahren zur Herstellung von Plattformchemikalien und neuen Materialien auf Basis aktueller Forschungsergebnisse (vgl. DECHEMA, 2009 und DECHEMA, 2011) werden zudem neue Erkenntnisse in Bezug auf die Wirtschaftlichkeit und die potenziellen Umweltwirkungen einer möglichen großtechnischen Umsetzung eines sog. Bioraffinerie-Konzeptes erlangt.

5 Aufbau einer Datengrundlage für die Bewertung der Herstellung chemischer Grundstoffe aus Lignocellulose

In diesem Kapitel wird die untersuchte Prozesskette zunächst charakterisiert (vgl. Kapitel 5.1) und darauf aufbauend wird in Kapitel 5.2 die verfahrenstechnische Modellierung der Produktionsanlage und in Kapitel 5.3 die Stoffstromsimulation unter Einbeziehung der Holzproduktion und des Holztransportes erläutert. Die Stoff- und Energieströme der Prozesskette dienen als Datengrundlage für die ökonomische sowie die ökologische Bewertung und Optimierung (vgl. Kapitel 7). Für die Modellierung werden die Software ASPEN PLUS®[59] sowie die Software umberto®[60] eingesetzt. Die verfahrenstechnische Modellierung mit ASPEN PLUS® dient der Ermittlung des Energiebedarfes der Produktionsanlage sowie der Ermittlung der Auslegung einzelner Anlagenkomponenten (bspw. Kompressor, Destillationskolonne) und der Quantifizierung einzelner Stoffströme (bspw. Rückgewinnungsraten von Ethanol und Wasser durch Entspannungsverdampfer und Destillation). Über die Stoffstromsimulation mit umberto® werden die Stoffströme entlang der gesamten Wertschöpfungskette, d.h. für die Holzproduktion, den Holztransport sowie die Produktionsanlage erfasst. Die Ergebnisse der Modellierung mit umberto® dienen zum einen der Auslegung einzelner Anlagenkomponenten (bspw. Behälter, Zentrifugen) und zum anderen der Erfassung der Edukt- und Produktströme der Produktionsanlage für unterschiedliche Szenarien. Darüber hinaus werden die benötigten Betriebsstoffe (bspw. Diesel-Kraftstoff für die Holzernte) und die Emissionen (bspw. aus der Kraftstoffverbrennung) der Holzproduktion und des Holztransportes in umberto® erfasst. Die Grundlage für die Modellierung der Stoff- und Energieströme stellen insbesondere die Ergebnisse des BMELV-Verbundvorhabens *Pilotprojekt Lignocellulose Bioraffinerie* (vgl. DECHEMA, 2009) sowie die Veröffentlichungen von Arato et al. (2005), Tolan (2006), Lora et al. (1988) und Rödl (2008) dar. In Kapitel 5.4 werden die Referenzprozesse charakterisiert, die insbesondere für die Ermittlung potenzieller Einsparungen von Emissionen und Ressourcen im Rahmen der ökologischen Bewertung (vgl. Kapitel 7.3) und zur Schätzung der CO_2-Vermeidungskosten (vgl. Kapitel 7.4) herangezogen werden.

---

[59] Kommerzielle Software zur Simulation von Stoffumwandlungs- und Aufbereitungsprozessen mit kontinuierlichen Stoff- und Energieströmen (*Advanced System for Process Engineering*).

[60] Kommerzielle Software zur Modellierung und Visualisierung von Stoff- und Energieflüssen mit dem Ziel der Analyse und Optimierung von Prozessketten.

5.1 Charakterisierung der Prozesskette zur Herstellung chemischer Grundstoffe aus Holz

In diesem Kapitel werden zunächst die Systemgrenzen der Prozesskette (vgl. Kapitel 5.1.1) vorgestellt und anschließend die Prozessschritte der Holzproduktion und des Holztransportes (vgl. Kapitel 5.1.2) sowie der Produktionsanlage (vgl. Kapitel 5.1.3) erläutert. Aufbauend auf diesen Informationen werden in Kapitel 5.1.4 die Schlüsselgrößen der Prozesskette definiert und in Kapitel 5.1.5 wird eine sinnvolle Anlagengröße für die nachfolgenden Betrachtungen abgeleitet.

5.1.1 Systemgrenzen der betrachteten Prozesskette

In Abbildung 7 sind die betrachteten drei Haupt-Prozessschritte *Produktion Holz*, *Transport Holz* und *Produktionsanlage* entlang der Wertschöpfungskette dargestellt. Als Rohstoff für die Produktionsanlage wird Laubholz mit einem Wassergehalt[61] von 50 % und einer Partikel-größenverteilung von P100[62] betrachtet. Endprodukte stellen fermentierbare Glukose und C_5-Zucker (jeweils in Lösung) sowie getrocknetes Lignin (10 % Feuchte[63]) dar. Unter dem Begriff C_5-Zucker werden nachfolgend gelöste C_5-Monomere (insbesondere Xylose) als auch -Oligomere zusammengefasst, wobei die Oligomere auch C_6-Bausteine enthalten können (vgl. Kapitel 2.2.1). Für die Produktion von Holz werden die zwei Varianten Waldrestholz (WRH) und Holz aus Kurzumtriebsplantagen (KUP) betrachtet.

Die Produktion von Waldrestholz und von Holz aus Kurzumtriebsplantagen umfasst die Holzproduktion inkl. Holzernte und Zerkleinerung vor Ort im Wald bzw. an der Anbaufläche. Im Fall von Waldrestholz fallen unter die Holzproduktion im Wesentlichen forstliche Prozesse zur Waldpflege und im Fall von Kurzumtriebsholz landwirtschaftliche Prozesse für die Anlage und die Bewirtschaftung der Kurzumtriebsplantagen (vgl. Abbildung 7).

Für die Holzbereitstellung werden die zwei Varianten einer regionalen (reg) und einer überregionalen (üreg) Bereitstellung betrachtet. Bei regionaler Bereitstellung von Holz aus dem Umkreis der Anlage wird der Holztransport ausschließlich per LKW bewerkstelligt und

---

[61] Der Wassergehalt entspricht dem Verhältnis von Wasser zu Frischmasse (vgl. Hartmann und Reisinger, 2007).

[62] Größenverteilung biogener Festbrennstoffe nach DIN CEN/TS 14961: Hauptfraktion (> 80 % Masse) 3,15 – 100 mm, Feinfraktion (< 5 % Masse) 1 mm, Grobfraktion (< 1%) > 200 mm (vgl. Hartmann und Reisinger, 2007).

[63] Die Feuchte entspricht dem Verhältnis von Wasser zu Trockensubstanz (vgl. Hartmann und Reisinger, 2007).

bei überregionaler Bereitstellung von Plantagenholz aus Süd-Amerika (Eukalyptus aus Brasilien) werden Transporte per LKW, Schiff und Zug berücksichtigt. Auf die Prozesse zur Bereitstellung von Waldrestholz und Kurzumtriebsholz wird in Kapital 5.1.2 näher eingegangen.

In der Produktionsanlage wird das Holz mit einem Lösemittel (LM) bestehend aus Ethanol und Wasser bei einer Temperatur von 180 °C und einem Druck von 18 bar aufgeschlossen (Organosolv-Aufschluss). Anschließend werden die Holzkomponenten Hemicellulose, Cellulose und Lignin voneinander getrennt und die Cellulose wird enzymatisch zu Glukose hydrolysiert (vgl. Abbildung 7). Die Hemicellulose wird zum Großteil während des Prozesses zu fermentierbaren C_5-Zuckern abgebaut. Die Endprodukte fermentierbare Glukose und C_5-Zucker sowie getrocknetes Lignin werden in drei Produktströmen angereichert. Die Produktionsanlage sowie die dort ablaufenden Prozesse werden in Kapitel 5.1.3 näher erläutert. Der untersuchte Umwandlungsprozess zeichnet sich insbesondere durch die weitgehend vollständige stoffliche Nutzung der genannten Holzkomponenten sowie fehlende Abfallströme und ein geringes Abwasseraufkommen aus. Das Lösemittel wird zudem fast vollständig zurückgewonnen.

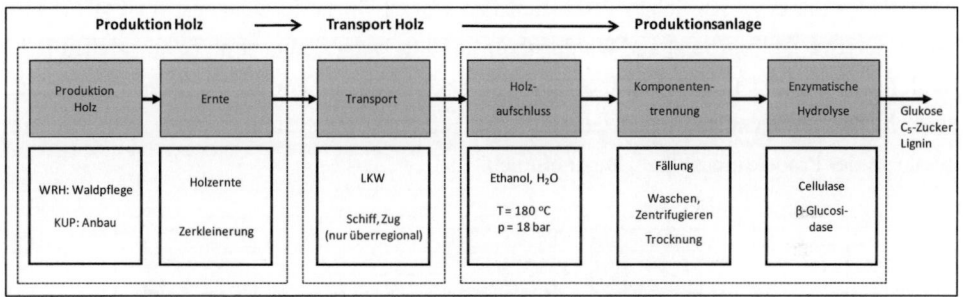

Abbildung 7: Prozessschritte der betrachteten Prozesskette zur Herstellung chemischer Grundstoffe aus Holz (eigene Darstellung)

5.1.2 Prozessschritte der Produktion und des Transportes von Holz

Im Folgenden werden die forstlichen und landwirtschaftlichen Produktionsprozesse zur Produktion von Laubholz-Hackschnitzeln aus Waldrestholz und aus Kurzumtriebsplantagen charakterisiert. Für die nachfolgenden Untersuchungen wird für beide Rohstoffvarianten eine mittlere Zusammensetzung von 44 % Cellulose (c^{Cell}), 26 % Hemicellulose (c^{Hemic}), 21 % Lignin (c^{Lignin}) und 9 % übrige Holzinhaltsstoffe ($c^{Übrige}$) angenommen sowie ein Wassergehalt von 50 % und eine Partikelgröße von P100 nach der Zerkleinerung (s.o.). Der Holztransport zur Produktionsanlage wird im Fall der regionalen Bereitstellung (reg), d.h. aus dem Umkreis der Anlage, ausschließlich per LKW bewerkstelligt. Für die Variante der überregionalen Bereitstellung von Holz aus Brasilien (üreg) erfolgt der Transport per LKW (vor Ort in Brasilien bis zum Hafen in Porto Alegre), per Schiff (vom Hafen in Porto Alegre bis zum Hafen Rotterdam) und Zug (vom Hafen Rotterdam bis zur Produktionsanlage). Die Variante der überregionalen Bereitstellung wird lediglich für Plantagenholz betrachtet.

Produktion von Waldrestholz

Nach Kaltschmitt und Hartmann (2001) entspricht das Waldrestholz dem sogenannten Schlagabraum, welcher nach der Entnahme von Stamm- und Industrieholz im Wald verbleibt und typischerweise einen Durchmesser kleiner 7 cm aufweist. Dazu gehören insbesondere das Kronenholz, das nicht zu Industrieholz aufgearbeitet wird, kurze Stammabschnitte und Reisholz. Nach Werner et al. (2007) beträgt der Anteil von Waldrestholz bei Laubholz in etwa 16 % der oberirdischen Holzmasse, während Industrieholz und Rundholz in etwa 33 und 51 % ausmachen. Wie in Abbildung 8 dargestellt, fallen für die Bereitstellung von Hackschnitzeln aus Waldrestholz forstliche Produktionsprozesse für die Pflanzung und die Pflege (Bestandesgründung, Waldpflege) und die Holzernte (Fällen, Zerkleinerung), an. Nach Polley und Kroiher (2006) beträgt der durchschnittliche Holzvorrat in Deutschland ca. 320 m^3/ha Waldfläche mit einer jährlichen Wachstumsrate von ca. 13 m^3/ha, bzw. ca. 6 t FM[64]/(ha·a), wobei in etwa 1 t FM/(ha·a) auf Waldrestholz entfällt. Nach Leible et al. (2007) stehen je ha Waldfläche ca. 1,3 t TM Waldrestholz pro Jahr zur Verfügung. Für die Variante Waldrestholz wird in der vorliegenden Arbeit lediglich eine regionale Bereitstellung (reg), d.h. aus dem Umkreis der Produktionsanlage, angenommen.

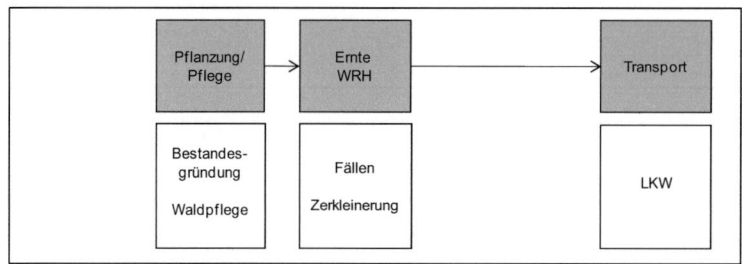

Abbildung 8: Prozessschritte zur Bereitstellung von Waldrestholz (Laubholz) (eigene Darstellung nach Werner et al., 2007)

Produktion von Holz in Kurzumtriebsplantagen

Pappeln und Weiden stellen typische schnellwachsende Hölzer für den Anbau in Kurzumtriebsplantagen in Mitteleuropa dar. Eine lockere Bodenstruktur und eine

---

[64] Feuchtmasse

ausreichende Wasserversorgung sind wichtige Standorteigenschaften für Kurzumtriebs-plantagen (KUP). Auch unter weniger günstigen Bedingungen (kühles, feuchtes Klima, weniger tiefgründige Böden) können insbesondere Pappeln hohe Erträge aufweisen. Für den Anbau von Pappeln und Weiden in Kurzumtriebsplantagen werden nach Lewandowski (2001) vergleichsweise geringe Mengen an Dünger und Herbiziden benötigt. Der Holzertrag in KUP hängt sehr stark vom Standort ab und wird maßgeblich von der Wasserversorgung der Pflanzen (Niederschläge, Wasserhaltekapazität des Bodens, Durchwurzelbarkeit des Bodens) beeinflusst. Das mittlere Ertragspotenzial liegt nach Lewandowski (2001) bei 7-9 t TM/(ha·a), die Umtriebszeit beträgt 3-4 Jahre und die maximale Nutzungsdauer liegt bei 25–30 Jahren. Nach Nutto (2007) betragen die mittleren Erträge von Eukalyptus-Plantagen in Brasilien ca. 20 bis 40 m^3/(ha·a), was in etwa einer Menge von 10-20 t TM/(ha·a) entspricht, und die Umtriebszeiten betragen ca. 5 bis 10 Jahre. Die in Abbildung 9 dargestellten Prozessschritte zur Produktion von Holz in Kurzumtriebsplantagen sowie die nachfolgend genannten Annahmen (Umtriebszeit, Ertrag und Nutzungsdauer) basieren auf Angaben in Rödl (2008). Vor dem Pflanzen der Stecklinge wird der Boden mittels Bodenbearbeitung (Grundbodenbearbeitung und Pflanzbettbereitung) sowie Herbizidbehandlung vorbereitet. Während der Anwuchsphase wird eine Pflege der Fläche mittels mechanischer Unkrautbekämpfung durchgeführt. Nach einer Umtriebszeit von 4 Jahren wird das Holz mit einem Ertrag von 8 t TM/(ha·a) geerntet und direkt zerkleinert. Nach einer Nutzungsdauer der Plantage von insgesamt 16 Jahren erfolgt eine Rekultivierung der Fläche (Rückführung in Ackerland), wobei die Wurzelstöcke komplett entfernt werden.

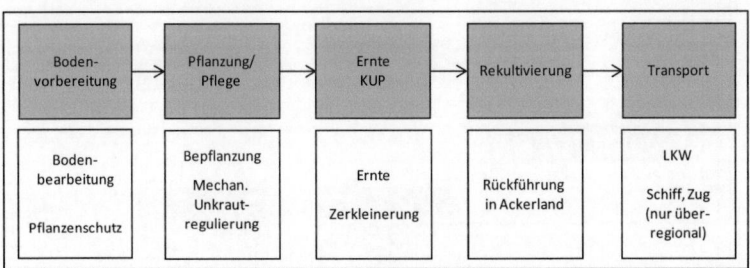

Abbildung 9: Prozessschritte zur Bereitstellung von Holz aus Kurzumtriebsplantagen (eigene Darstellung nach Rödl, 2008)

Für die Variante der überregionalen Bereitstellung von Holz wird in der vorliegenden Arbeit angenommen, dass das Holz im Süden von Brasilien, im Bundesstaat Rio Grande do Sul, angebaut wird. Dort befindet sich mit einer Größe von ca. 0,2 Mio. ha eines der bedeutendsten Eukalyptus-Anbaugebiete von Brasilien (vgl. Nutto, 2007). Während in Brasilien derzeit bereits auf ca. 3,4 Mio. ha Eukalyptus angebaut wird (vgl. Nutto, 2007) belaufen sich die

Anbauflächen für KUP in Deutschland derzeit auf Flächen von unter 1.000 ha (vgl. Mantau et al., 2010). In Nitsch et al. (2010) wird für Deutschland eine nachhaltig nutzbare Landfläche für den Anbau von Energiepflanzen von insgesamt maximal 4,2 Mio. ha angegeben, wovon 0,9 Mio. ha für einen möglichen Anbau von Holz in KUP zur Nutzung für die gekoppelte Strom- und Wärmeerzeugung in KWK-Anlagen ausgewiesen werden. Die beschriebenen Prozessschritte und Annahmen für den Anbau von Pappelholz in Kurzumtriebsplantagen aus Rödl (2008) werden in der vorliegenden Arbeit aus Gründen der Vereinfachung auf den Anbau von Plantagenholz (Eukalyptus) in Brasilien übertragen.

5.1.3 Prozessschritte der Produktionsanlage

Die Auswahl der Prozessschritte, die Angaben zu den Prozessbedingungen sowie die Annahmen zu den Produktausbeuten basieren, soweit nicht anders referenziert, auf DECHEMA (2009).

Edukt- und Produktströme, Prozessschritte

In Abbildung 10 sind die Prozessschritte, die Eduktströme (Inputströme), die Produktströme (Outputströme) sowie die Stoffströme in der verfahrenstechnischen Anlage dargestellt.

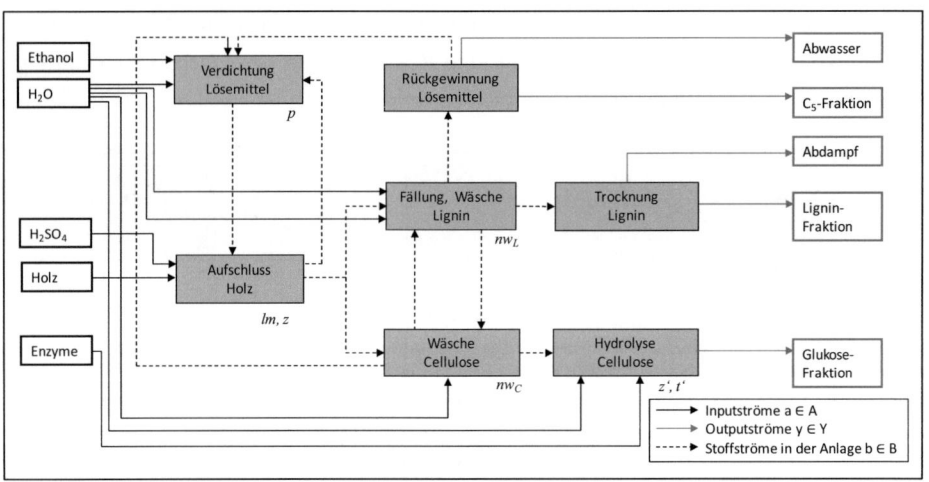

Abbildung 10: Grundfließbild der Produktionsanlage zur Herstellung chemischer Grundstoffe aus Holz (eigene Darstellung)

Auf der Inputseite wird Prozesswasser der Lösemittelverdichtung zur Deckung des Wasserbedarfes für den Holzaufschluss (H_2O_{Verd}), für die Fällung von Lignin ($H_2O_{Fällung}$), für die Wäsche von Lignin ($H_2O_{Wäsche\_L}$), für die Wäsche der Cellulosefraktion ($H_2O_{Wäsche\_C}$) und die Hydrolyse der Cellulose (H_2O_{Hydr}) zugeführt (vgl. Abbildung 10). Des Weiteren muss die aus dem Prozess mit den Abwasser-, Abdampf- und Produktströmen ausgetragene Ethanolmenge jeweils der Lösemittelverdichtung zur Deckung des Ethanolbedarfes für den Holzaufschluss neu zugeführt werden und es werden Enzyme für die Hydrolyse der Cellulose benötigt (vgl. Abbildung 10). Das Holz wird mit 50 % Wassergehalt in den Aufschlussreaktor gegeben. Für den Fall, dass Schwefelsäure als Katalysator für den Holzaufschluss eingesetzt wird, wird diese direkt der Aufschlusslösung zugeführt. Zur Abbildung der genannten Input-Ströme (Holz, H_2O_{Verd}, $H_2O_{Fällung}$, $H_2O_{Wäsche\_L}$, $H_2O_{Wäsche\_C}$, H_2O_{Hydr}, Ethanol, Enzyme, H_2SO_4) wird die Menge A definiert (vgl. Abbildung 10).

Auf der Outputseite treten die drei Produktströme C_5-Fraktion (C5_Frakt), Ligninfraktion (Lig_Frakt), Glukosefraktion (Gluk_Frakt), ein Abwasserstrom (Furf_Frakt) und der Abdampf der Lignin-Trocknung auf (Abdampf). Die Endprodukte Glukose und C_5-Zucker liegen jeweils als wässrige Lösungen und das Lignin als getrockneter Feststoff vor. Der Abwasserstrom enthält den Großteil des gebildeten Furfurals, welches in der Destillations-kolonne abgetrennt wird. Die genannten Outputströme werden als Elemente der Menge Y definiert (vgl. Abbildung 10). Zusätzlich sind in Abbildung 10 Möglichkeiten zur Prozessvariation an den entsprechenden Stellen und mit den zugehörigen Abkürzungen (lm, z, nw_L, nw_C, p, t', z') gekennzeichnet (vgl. Tabelle 6 in Kapitel 5.1.4).

In der Produktionsanlage wird das Holz zunächst aufgeschlossen. Als Aufschlussverfahren wird ein Organosolv-Verfahren angewandt mit einem Lösemittelgemisch aus Ethanol und Wasser im Verhältnis 1 zu 1. Für die Basis-Konfiguration beträgt das Verhältnis von Lösemittel zu Holz im Aufschlussreaktor 6 zu 1 ($lm = 6$) und es wird keine Schwefelsäure als Katalysator eingesetzt ($z = 0$). Nach dem Aufschluss werden die Flüssig- und die Festphase voneinander getrennt. Aus der Flüssigphase, welche den Großteil des Lignins und der Hemicellulose (bzw. der C_5-Zucker) enthält, wird das Lignin mit Wasser ausgefällt und anschließend abgetrennt, gewaschen und getrocknet. Aus der verbleibenden Lösung, welche die C_5-Zucker enthält, werden Ethanol sowie Furfural destillativ abgetrennt. Die Festphase, welche zum Großteil aus Cellulose besteht, wird gewaschen und anschließend zu Glukose hydrolysiert. Nachfolgend werden die genannten Prozessschritte und die Annahmen für die Basis-Konfiguration näher spezifiziert und es werden die Limitierungen der Produkt-ausbeuten, die Möglichkeiten zur Prozessvariation und der Bedarf an Energie und Betriebsstoffen näher erläutert.

Aufschluss Holz

Das auf 18 bar verdichtete Lösemittel wird zusammen mit dem Holz auf 180 °C aufgeheizt. Die Verweilzeit für den Holzaufschluss beträgt für die Basis-Konfiguration 4 h. Durch das Kochen des Holzes mit dem Ethanol/Wasser-Gemisch findet eine Vielzahl von Hydrolysereaktionen statt, wodurch das Lignin und die Hemicellulose aus dem Holzverbund gelöst werden. Die Cellulose wird während des Aufschlusses nur zu einem sehr geringen Anteil in kleinere Fragmente gespalten und bleibt weiterhin unlöslich. Die Hemicellulose wird zum Großteil in lösliche Komponenten aufgespalten, d.h. Oligosaccharide und Monosaccharide, aber auch umgewandelt zu bspw. Essigsäure, Ameisensäure und Furfural. Durch die gebildete Essig- und Ameisensäure bekommt die Aufschlusslösung einen sauren Charakter, wodurch die Bildung von Furfural aus den C_5-Zuckern begünstigt wird. Das im Holz enthaltene Lignin wird zum Großteil in niedermolekularere Fragmente gespalten, die in der Aufschlusslösung gelöst vorliegen. Die übrigen Holzinhaltsstoffe liegen nach dem Holzaufschluss gelöst in der Aufschlusslösung vor (vgl. Arato et al., 2005). In Abbildung 11 ist die auf Basis von DECHEMA (2009) erstellte Massenbilanz der Holzkomponenten für den Holzaufschluss bei einem Lösemittel zu Holz-Verhältnis von 6 zu 1 dargestellt.

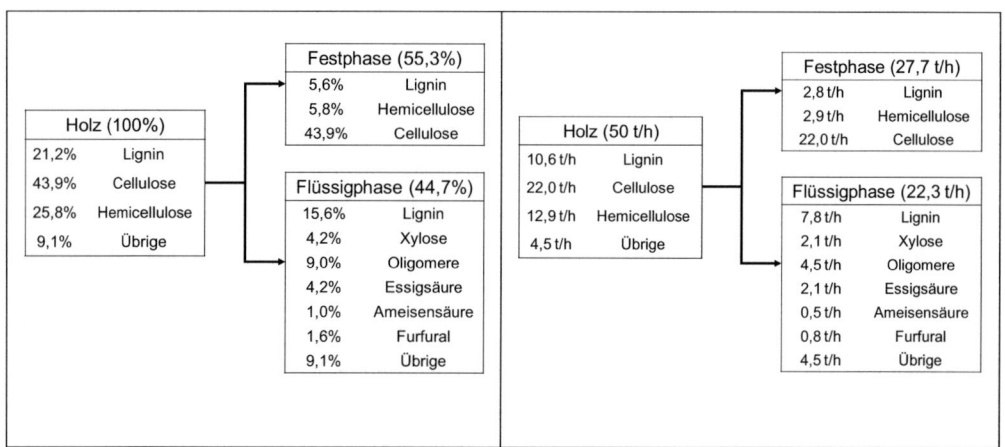

Abbildung 11: Massenbilanz der Holzkomponenten prozentual (links) und absolut (rechts) für den Holzaufschluss bei einem Lösemittel zu Holz-Verhältnis von 6 zu 1 (eigene Darstellung nach DECHEMA, 2009, Annahmen modifiziert)

Nach dem Holzaufschluss wird die Suspension aus Aufschlusslösung und Festphase heiß entspannt. Ein Teil des Lösemittels verdampft und kann dadurch rückgeführt werden. Aus der verbleibenden Suspension wird die unlösliche Festphase, die die gesamte Cellulose sowie ungelöste Teile von Lignin und Hemicellulose enthält, mittels Zentrifugieren abgetrennt. Diese Festphase, nachfolgend als Cellulosefraktion bezeichnet, wird mit einer Feuchte[65] von

---

[65] Umfasst Wasser, anteilige Mengen Ethanol sowie löslicher Holzkomponenten.

100 % abgetrennt. Die in der Cellulosefraktion enthaltenen ungelösten Anteile an Lignin und Hemicellulose stellen Verluste in der betrachteten Produktausbeute von C_5-Zuckern und Lignin dar. Die Möglichkeit einer enzymatischen Hydrolyse der in der Cellulosefraktion enthaltenen Hemicellulose bzw. eine Abtrennung der Feststoffe (Lignin und Hemicellulose) nach der Hydrolyse für eine anschließende thermische Verwertung werden in der vorliegenden Arbeit nicht betrachtet.

Wäsche Cellulosefraktion

Die Cellulosefraktion wird mit Frischwasser sowie mit Wasser aus der Rückführung der Ligninwäsche gewaschen. Es wird so viel Frischwasser zugegeben, dass die Flüssigphase insgesamt der fünffachen Menge der Feststoffmasse entspricht. Für die Basis-Konfiguration ist ein Waschschritt für die Cellulose-Wäsche vorgesehen ($nw_C = 1$). Die Wäsche dient der Entfernung von Ethanol aus der Cellulosefraktion. Nach der Wäsche wird die Cellulose-fraktion wiederum mit einer Feuchte von 100 % abgetrennt. Das Waschwasser aus der Cellulosewäsche wird rückgeführt in den Prozess und für den Holzaufschluss (nach Verdichtung und Aufheizung) sowie zur Ligninfällung verwendet (vgl. Abbildung 10).

Hydrolyse Cellulose

Nach der Wäsche wird die Cellulose enzymatisch zu Glukose hydrolysiert. Für die Hydrolyse wird jeweils so viel Wasser zur Cellulosefraktion gegeben, dass die Flüssigphase insgesamt der vierfachen Menge der Feststoffmasse entspricht (Konzentration des Faserstoffs in der Lösung beträgt ca. 20 %). Die Hydrolyse findet bei 50 °C statt (vgl. Tolan, 2002). Für die Basis-Konfiguration wird ein Umsatz von Cellulose zu Glukose von 65 % bei einer Verweilzeit von 48 h ($t' = 48$ h) und einer Enzymmenge von 0,0063 g/g Cellulose ($z' = 0,0063$) angenommen. Diese Annahmen wurden für die vorliegende Arbeit auf Grundlage der Ergebnisse in DECHEMA (2009) getroffen. Als Enzyme kommen Cellulase (*Celluclast*) und beta-Glucosidase (*Novozym 188*) in einem Masse-Verhältnis von 1 zu 10 zum Einsatz.

Fällung, Wäsche, Trocknung Lignin

Aus der Lösung nach dem Aufschluss wird zunächst das Lignin durch die Zugabe von Wasser ausgefällt. Für die Fällung von Lignin wird das überschüssige Waschwasser aus der Cellulose-Wäsche verwendet. Es wird so viel von diesem Waschwasser zugegeben, dass die Ethanol-Konzentration in der Lösung weniger als 20 % beträgt (vgl. Lora et al., 1988). Es wird angenommen, dass 90 % des Lignins auf diese Weise ausgefällt werden. Das ausgefällte Lignin wird mittels Zentrifugieren mit einer Feuchte von 100 % abgetrennt, anschließend mit Frischwasser gewaschen und wiederum mit einer Feuchte von 100 % abgetrennt. Die Frischwassermenge für die Wäsche entspricht der zweifachen Ligninmenge, abzüglich der Wassermenge und zuzüglich der Ethanolmenge, die sich in der Restfeuchte befinden. Das überschüssige Waschwasser aus der Ligninwäsche wird in den Prozess zurückgeführt und für die Wäsche der Cellulosefraktion verwendet (vgl. Abbildung 10). Für die Basis-Konfiguration ist ein Waschschritt für die Lignin-Wäsche (nw_L = 1) vorgesehen. Nach Wäsche und Abtrennung wird das Lignin auf eine Feuchte von 10 % getrocknet.

Rückgewinnung Lösemittel, Abtrennung von Furfural

Neben der Rückgewinnung des Lösemittels durch Flash-Verdampfung nach dem Holzaufschluss sowie durch Rückführung von Waschwasser aus der Wäsche der Cellulosefraktion, wird Ethanol zusammen mit einem Teil des Wassers destillativ aus der Lösung nach Fällung und Abtrennung des Lignins zurückgewonnen (vgl. Abbildung 10). Zusätzlich zur Rückgewinnung von Ethanol dient die Destillation auch der Abtrennung des Furfurals. Das Furfural, welches einen Störstoff für eine nachfolgende Fermentation der C_5-Zucker darstellt, wird in einem Seitenabzug der Destillationskolonne abgetrennt. Bezogen auf den Input der Destillationskolonne wird für Ethanol eine Rückführung größer 99 % und für das Furfural eine Abtrennung von größer 90 % angestrebt.

Verdichtung Lösemittel

Das Lösemittelgemisch aus der Flash-Verdampfung, der Waschwasser-Rückführung und aus der Destillationskolonne wird, zusammen mit der neu zugeführte Lösemittelmenge, auf einen Druck von 18 bar verdichtet und anschließend dem Holzaufschluss zugeführt (vgl. Abbildung 10).

Limitierung der Produktausbeute, Verlust von Lösemittel

An verschiedenen Stellen im Prozess tritt eine Limitierung der Produktausbeuten auf. Insbesondere zu nennen sind die unlöslichen Anteile an Lignin und Hemicellulose, die nach dem Holzaufschluss in der Cellulosefraktion verbleiben, die Umsetzung von Hemicellulose zu Essigsäure, Ameisensäure und Furfural während des Holzaufschlusses sowie die unvollständige Fällung des Lignins. Ethanol- und Wasserverluste treten mit den Flüssigphasen der drei Produktströme und dem Abwasserstrom (Furf_Frakt) auf.

Möglichkeiten zur Prozessvariation

In Abbildung 10 sind verschiedene Möglichkeiten zur Prozessvariation gekennzeichnet: Die Zugabe von H_2SO_4 (z) als Katalysator für den Holzaufschluss beeinflusst die Aufschlusszeit, die Höhe des Lösemitteleinsatz (lm) für den Holzaufschluss wirkt sich auf die Produktausbeute von Lignin aus, die Anzahl der Waschschritte für Lignin (nw_L) und Cellulosefraktion (nw_C) beeinflusst den Ethanol- und Wasserverlust, die Verweilzeit (t') und die Enzymmenge (z') für die enzymatische Hydrolyse bedingen die Ausbeute an Glukose und die Druckstufe des Kompressors (p) beeinflusst die Wärmeintegration bzw. den Bedarf an Heizdampf und elektrischer Energie. Diese nachfolgend als Schlüsselgrößen bezeichneten Prozessparameter werden in Kapitel 5.1.4 näher spezifiziert.

Bereitstellung von Betriebsstoffen und Energie

Für die Produktionsanlage kommen als Betriebsstoffe Ethanol, Wasser, Enzyme und ggf. Schwefelsäure zum Einsatz (vgl. Abbildung 10). Energie wird in Form von Heizdampf (bspw. Aufheizung des Lösemittels für den Holzaufschluss, Lösemittelrückgewinnung), in Form von elektrischer Energie (bspw. Betrieb von Zentrifugen zur Abtrennung der Festphasen) und von Kühlwasser (Lösemittelrückgewinnung) benötigt.

Auf Basis der Angaben in den Kapiteln 5.1.1, 5.1.2 und 5.1.3 werden die Schlüsselgrößen der Prozesskette abgeleitet (vgl. Kapitel 5.1.4).

5.1.4 Definition von Schlüsselgrößen zur Optimierung der Prozesskette

Aus den in den vorangehenden Kapiteln 5.1.1 bis 5.1.3 vorgestellten Informationen werden die Schlüsselgrößen der Prozesskette abgeleitet mit dem Ziel, optimale Konfigurationen der Prozesskette durch vollständige Enumeration aller Varianten der Schlüsselgrößen zu erreichen. Zielgrößen dieser Optimierung stellen dabei die Maximierung des Betriebsergebnisses sowie die Minimierung ausgewählter Umweltwirkungen (bzw. die Maximierung der Einsparung in ausgewählten Umweltwirkungskategorien) dar. In Tabelle 6 sind die Schlüsselgrößen s, die betrachteten Varianten und die Ausprägungen der Basis-Konfiguration aufgeführt. Neben den bereits in Kapitel 5.1.3 aufgeführten Größen zur Prozessvariation, werden unterschiedliche Arten der Dampfbereitstellung b_D (Holzfeuerung zur Dampferzeugung (HZ), Erdgasfeuerung zur Dampferzeugung (EG)) sowie unterschiedliche Bereitstellungsarten für Ethanol b_{Eth} (Ethanol aus Zuckerrohr (ZR), Ethanol aus Ethylen (EY) und Ethanol aus Mais (MS)) betrachtet. Für die Art der Einflussnahme der Schlüsselgrößen auf die Stoffströme, die Investitionen und den Energiebedarf der Produktionsanlage werden verschiedene Annahmen zu Grunde gelegt, die nachfolgend dargestellt werden.

Die Menge an Lösemittel für den Organosolv-Aufschluss (*lm*) wirkt sich auf die Ausbeute von Lignin in der Aufschlusslösung aus. Je mehr Lösemittel zugegeben wird, umso mehr Lignin geht in Lösung. Auf der linken Seite in Abbildung 12 ist der zu Grunde gelegte Einfluss, den das Lösemittel zu Holz Verhältnis auf die Ausbeute von Lignin in der Aufschlusslösung hat, dargestellt. Für alle ganzzahligen Lösemittel zu Holz Verhältnisse wird ein Anteil von Lignin in der Aufschlusslösung aus DECHEMA (2009) abgeleitet bzw. aus dort angegebenen Werten inter- bzw. extrapoliert. Für die dazwischenliegenden Werte können die Lignin-Anteile für die Zwecke der vorliegenden Arbeit ebenfalls interpoliert werden. Der höheren Lignin-Ausbeute mit steigendem Lösemitteleinsatz stehen höhere Ethanolverluste, Investitionen und Energiebedarfe gegenüber.

Tabelle 6: Schlüsselgrößen *s* für die Optimierung der Prozesskette

Schlüsselgröße *s*	Einheit	Varianten	Basis-Konfiguration
Verhältnis Lösemittel zu Holz *lm*	(-)	$lm \in LM = \{3; 4; ...; 10\}$	6
Zugabe H$_2$SO$_4$ *z*	(%)	$z \in Z = \{0; 0,2; ...; 1,2\}$	0
Anzahl Wäschen Ligninfraktion *nw$_L$*	(-)	$nw_L \in NW_L = \{1; 2; ...; 8\}$	1
Anzahl Wäschen Cellulosefraktion *nw$_C$*	(-)	$nw_C \in NW_C = \{1; 2; ...; 8\}$	1
Druckstufe des Kompressors *p*	(bar)	$p \in P = \{3; 4; ...; 18\}$	18
Verweilzeit Hydrolyse *t'*	(h)	$t' \in T' = \{20; 22; ...; 100\}$	48
Zugabe Enzyme* *z'*	(-)	$z' \in Z' = \{0,0063; 0,025\}$	0,0063
Bereitstellung Dampf *b$_D$*	(-)	$b_D \in B_D = \{EG; HZ\}$	EG
Bereitstellung Ethanol *b$_{Eth}$*	(-)	$b_{Eth} \in B_{Eth} = \{MS; EY; ZR\}$	ZR

MS = Mais, EY = Ethylen, ZR = Zuckerrohr, EG = Erdgas, HZ = Holz
*Angabe der Enzymmenge als g Enzym je g Cellulose

Durch die Zugabe von Schwefelsäure (*z*) als Katalysator für den Holzaufschluss kann die Verweilzeit im Aufschlussreaktor verringert werden. Es wird der in Abbildung 12 (rechts) dargestellte Zusammenhang zwischen der Verweilzeit im Aufschlussreaktor und dem Anteil an H$_2$SO$_4$ in der Aufschlusslösung (*z*) angenommen. Die Ausbeuten der Holzkomponenten werden dabei als konstant angenommen. Der steigenden Menge an H$_2$SO$_4$ steht ein kleineres Volumen für den Aufschlussreaktor gegenüber. Die Zugabe von H$_2$SO$_4$ wird als %-Angabe in Bezug auf die Aufschlusslösung ausgedrückt. Die in Abbildung 12 (rechts) dargestellte Kurven kann in drei Geraden mit den entsprechenden Geradengleichungen unterteilt werden.

Die Verweilzeit (*t'*) und die Enzymmenge (*z'*) für die enzymatische Hydrolyse der Cellulose beeinflussen den Umsatz der Cellulose zu Glukose. In Abbildung 13 ist der angenommene Verlauf des Umsatzes für die betrachteten zwei Enzymmengen dargestellt. Die dargestellten Kurven in Abbildung 3 können in jeweils fünf Geraden mit den entsprechenden Geraden-gleichungen unterteilt werden. Der höheren Ausbeute an Glukose stehen die höhere Enzymmenge und ein steigendes Volumen für den Hydrolysereaktor gegenüber.

Die Anzahl der Waschschritte und damit die Anzahl der benötigten Zentrifugen für die Wäsche der Cellulosefraktion (*nw$_C$*) und der Ligninfraktion (*nw$_L$*) wirkt sich insbesondere auf den Verlust von Ethanol mit den Outputströmen aus. Je mehr Waschschritte desto geringer fällt der Ethanolverlust aus. Demgegenüber wird je zusätzlichem Waschschritt eine zusätzliche Zentrifuge in der Anlage benötigt. Die in Kapitel 5.1.3 beschriebenen Frischwassermengen für die Wäsche der Cellulose- und der Ligninfraktion bleiben insgesamt konstant und werden lediglich je nach Anzahl der Waschschritte auf diese verteilt. Nach jedem Waschschritt werden die Festphasen mit einer Feuchte von 100 % abgetrennt bevor frisches Wasser hinzugegeben wird. Die Modellierung des Einflusses der Anzahl der Wasch-schritte auf die Stoffströme der Produktionsanlage erfolgt mit umberto® (vgl. Kapitel 5.3).

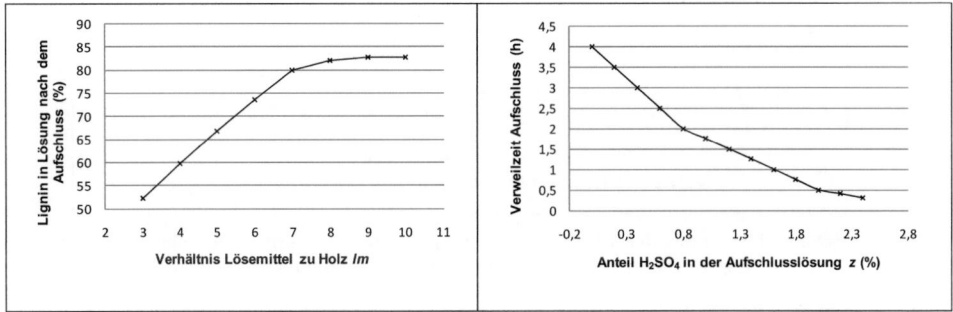

Abbildung 12: Einfluss der Schlüsselgröße *lm* auf den Ligninanteil in Lösung nach dem Holzaufschluss (links) und Einfluss der Schlüsselgröße *z* auf die Verweilzeit für den Holzaufschluss (rechts) (eigene Darstellung nach DECHEMA, 2009, Annahmen modifiziert)

Die Druckstufe (p) des Kompressors des aus der Destillation zurückgewonnenen Lösemittels wirkt sich auf die nachfolgende Wärmeintegration aus. Je höher die Druckstufe des Kompressors, umso höher die Temperatur des verdichteten Stromes. Für die anschließende Verflüssigung des Lösemittels muss eine Kühlung dieses Stromes vorgenommen werden. D.h. je höher die Druckstufe, umso mehr Wärme kann von diesem abzukühlenden Strom auf einen aufzuheizenden Strom übertragen werden. Der Einfluss der Verdichtungsstufe auf die Energieströme sowie die daraus abgeleitete Auslegung der Wärmetauscher wird mittels ASPEN PLUS® im Rahmen einer Sensitivitätsanalyse untersucht (vgl. Kapitel 5.2.4).

Für die Bereitstellung von Dampf (b_D) werden die Varianten Dampf aus Erdgas (EG) sowie Dampf aus Holz (HZ) betrachtet (s.o.). Je nach Variante werden unterschiedliche Preise für die ökonomische Bewertung und unterschiedliche Emissionsfaktoren sowie Ressourcenver-bräuche für die ökologische Bewertung berücksichtigt (vgl. Kapitel 7.1.4 und Kapitel 7.1.5).

Für die Bereitstellung von Ethanol (b_{Eth}) werden die Varianten Ethanol aus Zuckerrohr (ZR), Ethanol aus Mais (MS) und Ethanol aus Ethylen (EY) betrachtet (s.o.). Für diese Varianten wird ausschließlich in Bezug auf die Emissionsfaktoren und Ressourcenverbräuche, welche für die ökologische Bewertung zu Grunde gelegt werden, eine Unterscheidung getroffen.

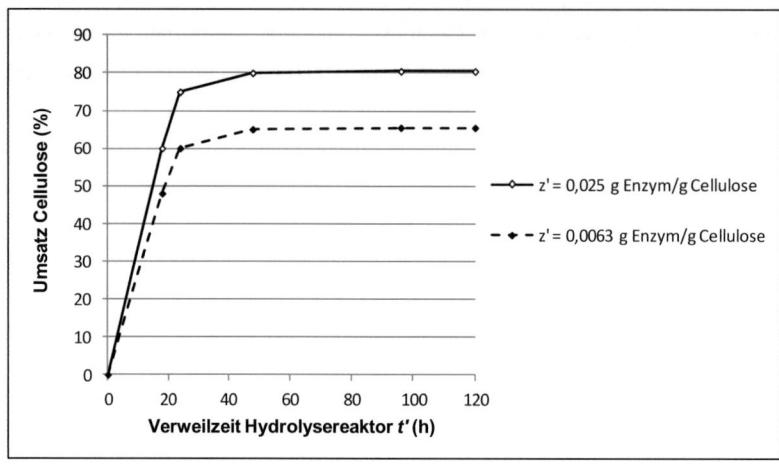

Abbildung 13: Einfluss der Schlüsselgrößen t' und z' auf den Umsatz von Cellulose zu Glukose (eigene Darstellung nach DECHEMA, 2009, Annahmen modifiziert)

Neben den genannten Schlüsselgrößen werden in der vorliegenden Arbeit Varianten für die Holzart h, den Standort st, den Rohstoffbezug re und die Anlagenkapazität C^{Anlage} betrachtet. Die Holzart (h) nimmt bei Bereitstellung aus regionalen Quellen über die (verfügbaren) Anteile der Waldflächen und der landwirtschaftlichen Flächen im Umkreis der Anlage Einfluss auf den jeweiligen Bereitstellungsradius am jeweiligen Standort bei einer gegebenen Anlagenkapazität C^{Anlage} (als verarbeitete Holzmenge pro Jahr). Dies schlägt sich in der Transportentfernung und den damit verbundenen Emissionen, Ressourcenverbräuchen und Kosten nieder. Des Weiteren fallen je nach Holzart unterschiedliche Prozessschritte für die Produktion (Anbau und Ernte) des Holzes an, die ebenfalls mit unterschiedlichen Emissionen, Ressourcenverbräuchen und Kosten verbunden sind. Als Varianten für die Holzbereitstellung werden Waldrestholz (WRH) und Holz aus Kurzumtriebsplantagen (KUP) betrachtet (vgl. Kapitel 5.1.2). Der Anlagenstandort (st) nimmt über die Art der Flächennutzung in dessen Umkreis Einfluss auf den Breitstellungsradius bei regionaler Bereitstellung des Holzes. Bei überregionaler Bereitstellung des Holzes nimmt der Anlagenstandort Einfluss auf die Transportdistanz per Zug vom Hafen Rotterdam. Für die Produktionsanlage wird eine Ansiedlung an einen bestehenden Standort der Chemieindustrie unterstellt, d.h. es wird angenommen, dass die Infrastruktur sowie Anlagen zur Bereitstellung von elektrischer Energie, Dampf und Kühlwasser am Anlagenstandort bereits vorhanden sind. Als mögliche Standorte werden die Chemiestandorte BASF in Rheinland-Pfalz (RP) und Leuna in Sachsen-Anhalt (SA) betrachtet. Für den Rohstoffbezug re werden ein regionaler Bezug (reg) aus dem Umkreis der Anlage sowie ein überregionaler Bezug (üreg) aus Süd-Amerika (Brasilien) betrachtet. Aufgrund der deutlich höheren Transportwege werden bei überregionaler

Bereitstellung neben dem Transport per LKW die Transportmittel Schiff und Zug eingesetzt, was sich in den spezifischen Emissionen des Transportes niederschlägt.

Die Kapazität der Anlage (C^{Anlage}) wirkt sich auf die Investitionen der Produktionsanlage sowie bei regionaler Bereitstellung auf den Bereitstellungsradius der Biomasse aus. In Bezug auf die Investitionen kommen Größendegressionseffekte zum Tragen während die Transportkosten überproportional ansteigen. Für die Modellierung der Prozesskette wird zunächst eine konstante Anlagengröße betrachtet. In Kapitel 5.1.5 wird die Ableitung einer sinnvollen Anlagengröße als Ausgangspunkt für die Modellierung und Bewertung der Prozesskette erläutert.

5.1.5 Ableitung einer sinnvollen Anlagengröße

Für die Modellierung der Prozesskette und die nachfolgende Bewertung und Optimierung im Hinblick auf ökologische und ökonomische Zielkriterien wird zunächst eine konstante Anlagengröße in Bezug auf die jährlich verarbeitete Holzmenge (C^{Anlage}) zu Grunde gelegt. In erster Näherung kann eine sinnvolle Anlagengröße sowohl aus der regionalen Verfügbarkeit für den Rohstoff Holz als auch den erzielbaren Absatzmengen für Glukose und C_5-Zucker abgeleitet werden.

Zur Abschätzung möglicher Absatzmengen für fermentierbare Zucker sowie für Ethanol als mögliches Fermentationsprodukt, werden typische Anlagenkapazitäten bestehender großtechnischer Anlagen zur Herstellung von Zucker aus Zuckerrüben und zur fermentativen Herstellung von Ethanol auf Basis stärkehaltiger Pflanzen (Getreide) betrachtet. Nach IWR (2011) werden im Jahr 2010 in Deutschland vier großtechnische Anlagen zur Herstellung von Ethanol aus Getreide betrieben. Die größte Anlage hat eine Produktionskapazität von 230.000 t Ethanol/a (VERBIO Ethanol Schwedt GmbH & CO. KG). Zwei weitere Anlagen haben eine mittlere Kapazität von 100.000 t Ethanol/a (VERBIO Ethanol Zörbig GmbH& CO. KG sowie PROKON Nord Energiesysteme GmbH) und eine Anlage hat eine etwas geringere Kapazität von 60.000 t Ethanol/a (Sasol Germany GmbH – Werk Herne). Für die fermentative Herstellung von 100.000 t Ethanol in einer Anlage mittlerer Kapazität werden ca. 200.000 t fermentierbare Zucker benötigt (Annahme: 95 % des theoretischen Umsatzes von Glukose zu Ethanol[66] werden bei der Fermentation erzielt).

Die mittleren Jahresproduktionsmengen von Zucker aus Zuckerrüben in Anlagen der Südzucker AG liegen im Jahr 2010 in ähnlichen Größenordnungen. Beispielsweise werden 200.000 t Zucker/a im Werk Zeitz, 240.000 t Zucker/a im Werk Ochsenfurth und 170.000 t Zucker/a im Werk Offenau produziert (vgl. Südzücker, 2011).

---

[66] Theoretischer Umsatz: 0,51 g Ethanol je g Glukose (vgl. Weiss et al., 2007).

Entsprechend der in Kapitel 5.1.3 getroffenen Annahmen wird für die Herstellung von 200.000 t fermentierbarer Zucker, mittels des in der vorliegenden Arbeit untersuchten Verfahrens, Holz in einer Größenordnung von etwa 450.000 t TM/a benötigt. In dieser Abschätzung wird ein Umsatz von Cellulose zu Glukose von 80 % angenommen und es werden, neben Glukose aus der Umsetzung von Cellulose, gelöste Xylose sowie gelöste C_5-Oligomere aus der Hemicellulose als fermentierbare Zucker berücksichtigt.

In DECHEMA (2009) wird als Ergebnis der Gegenüberstellung von Aufkommen und Verbrauch von Buchenholz aus dem Wald in verschiedenen Regionen Deutschlands im Jahr 2006 ein maximales regionales Potenzial von ca. 500.000 t TM (Waldrestholz inkl. Industrieholz und Sägenebenprodukte) pro Jahr ermittelt. Bei einer Rohstoffversorgung einer Anlage mit Holz aus dem Anbau von Kurzumtriebsplantagen (KUP) hängt die Anlagengröße auch von den verfügbaren Flächen für den Anbau der KUP ab. Unter der Annahme einer Anlagengröße von 450.000 t TM/a und eines mittleren Ertrags der KUP von 8 t TM/(ha·a) wird eine Fläche von ca. 60.000 ha für den Anbau benötigt, was bei einem Einzugsgebiet von bspw. 100 km in etwa 2 % der gesamten Fläche im Umkreis der Anlage entspricht und in etwa 7 % des in Nitsch et al. (2010) ausgewiesenen zukünftigen Flächenpotenzials für den Anbau von KUP in Deutschland von ca. 900.000 ha (vgl. Kapitel 5.1.2).

Aus den genannten Überlegungen wird als eine sinnvolle Anlagengröße für die nachfolgenden Betrachtungen eine Verarbeitung von 450.000 t TM Holz pro Jahr (ca. 56 t TM Holz/h bei einer Betriebsdauer von 8.000 h pro Jahr) betrachtet (C^{Anlage}). In einer Anlage dieser Größenordnung würden, neben ca. 200.000 t Zucker, ca. 60.000 t Lignin pro Jahr produziert werden.

5.2 Verfahrenstechnische Modellierung der Produktionsanlage

Die verfahrenstechnische Modellierung erlaubt die Simulation eines Prozesses auf Basis von Massen- und Energiebilanzen sowie Phasen- und chemischer Gleichgewichte. Im Rahmen der vorliegenden Arbeit dient die Prozesssimulation insbesondere der Modellierung der Lösemittelrückgewinnung aus dem Organosolv-Aufschluss mit Hilfe von Entspannungsverdampfern und einer Destillationskolonne sowie der Abschätzung des Energiebedarfes der Produktionsanlage. Des Weiteren wird auf Basis der verfahrenstechnischen Modellierung die Auslegung der Destillationskolonne sowie der Wärmetauscher in der Anlage vorgenommen, welche die Grundlage für die Schätzung der zugehörigen Investitionen bildet. In der vorliegenden Arbeit wird die Software ASPEN PLUS® für die Prozesssimulation eingesetzt, deren Grundlagen in Kapitel 5.2.1 erläutert werden. In Kapitel 5.2.2 wird die Modellierung des Lösemittelkreislaufs dargestellt und in den Kapiteln 5.2.3 und 5.2.4 die Sensitivitätsanalysen zur Auslegung der Destillationskolonne und zur Ermittlung geeigneter Konfigurationen für die Lösemittelverdichtung und -aufheizung. Abschließend wird in Kapitel 5.2.5 die Auslegung der Wärmetauscher und in Kapitel 5.2.6 die Abschätzung des Energiebedarfes der Produktionsanlage auf Basis der Modellierung mit ASPEN PLUS® erläutert.

5.2.1 Grundlagen der verfahrenstechnischen Modellierung mit ASPEN PLUS®

ASPEN PLUS® ist ein kommerziell verfügbares *Flowsheeting* System der Firma AspenTech zur verfahrenstechnischen Modellierung und ein verbreitetes Werkzeug u.a. in den Bereichen Petrochemie, Raffinierungsprozesse sowie Strom- und Wärmeerzeugung (vgl. Kapitel 3.1.3). Durch die Modellierung eines Prozesses mit ASPEN PLUS® lassen sich schon in einer frühen Phase seiner Entwicklung ökonomische und ökologische Schlüsselgrößen ermitteln. Ausgehend von einem Prozessmodell besteht die Möglichkeit, Sensitivitätsanalysen durchzuführen, um den Einfluss der Variation verschiedener Prozessparameter zu untersuchen. Dadurch lassen sich z.B. Möglichkeiten zur ökonomischen Optimierung eines Prozesses feststellen. Ausgangspunkt für die Modellierung ist die Definition einer Komponentenliste, welche die in der Simulation auftretenden chemischen Elemente und Verbindungen umfasst. ASPEN PLUS® besitzt eine umfangreiche Stoffdatenbank mit einer Vielzahl von Komponenten und deren physikalischen Eigenschaften. Des Weiteren besteht auch die Möglichkeit, benutzerdefinierte Komponenten hinzuzufügen. Physikalische Größen, die sich nicht oder nur schlecht durch thermodynamische Stoffdaten schätzen lassen, wie z.B. Ausbeute, Verweilzeit oder Zusammensetzung der Reaktionsprodukte, werden als Eingabeparameter in der Simulation benötigt.

In der Prozessbibliothek von ASPEN PLUS® sind ca. 60 verschiedene Grundoperationen (*unit operations*) hinterlegt, welche die einzelnen verfahrenstechnischen Vorgänge und deren Apparate, wie z.B. Wärmetauscher, Reaktoren, Destillationskolonnen und Turbinen, simulieren. Diese Module werden durch Vektoren miteinander verbunden, welche Betrag sowie Richtung der Massen- und Enthalpieströme darstellen. Bei einem sequenziell modular arbeitenden Simulationsprogramm werden die Module nacheinander berechnet und der Output des vorhergehenden stellt den Input des nachfolgenden Moduls dar. Sind im Modell Rückströme vorhanden, wird das Modell in mehreren Berechnungsschleifen iterativ bis zur jeweiligen Konvergenz berechnet. Dabei wird das sog. WEGSTEIN-Verfahren als Standardverfahren von ASPEN PLUS® zur iterativen Berechnung der Rückführungen verwendet (vgl. aspentech, 2003).

Zur Berechnung der thermodynamischen Phasengleichgewichte von Mehrkomponenten-systemen stehen in ASPEN PLUS® verschiedene Berechnungsmodelle (bspw. NRTL[67] und UNIQUAC[68]) zur Verfügung, welche je nach Problemstellung mehr oder weniger gut geeignet sind. Diese Modelle ermöglichen eine Berechnung der Verteilungskoeffizienten und Phasengleichgewichte der Stoffe in Abhängigkeit der Zusammensetzung der Stoffgemische, des Druckes und der Temperatur (vgl. Gmehling, 2002). Die Berechnungsmodelle können in ASPEN PLUS® global auf das gesamte Modell oder jeweils spezifisch auf einzelne Module angewendet werden. In der vorliegenden Arbeit werden insbesondere die Rückgewinnung von Ethanol mittels Flash-Verdampfer und Destillation sowie die Abtrennung von Furfural aus einer wässrigen Lösung mittels Destillation mit ASPEN PLUS® modelliert. Hierfür sind prinzipiell die auf Aktivitätskoeffizienten basierenden Modelle NRTL und UNIQUAC geeignet (vgl. Carlson, 1996, aspentech, 2003). Speziell zur Separation von Furfural mittels Rektifikation aus wässrigen Phasen eignet sich nach Fele und Grilc (2003), Vila et al. (2003) und Vila et al. (2003a) insbesondere das UNIQUAC-Berechnungsmodell, worauf aufgrund dessen auch in der vorliegenden Arbeit zurückgegriffen wird. Für weitere Details in Bezug auf die zu Grunde liegende Datenbank und die Darstellung der Aktivitätskoeffizienten in ASPEN PLUS® wird an dieser Stelle auf den ASPEN PLUS®-*User Guide* verwiesen (vgl. aspentech, 2003) und in Bezug auf die Auswahl und die Eigenschaften thermodynamischer Berechnungsmodelle auf Carlson (1996) sowie Gmehling (2002).

5.2.2 Modellierung des Lösemittelkreislaufs

Basierend auf dem in Abbildung 10 in Kapitel 5.1.3 dargestellten Blockfließbild wird ein Prozessmodell mit ASPEN PLUS® erstellt. Mit Hilfe der thermodynamischen Datenbank der Software, insbesondere der Flüssig-Dampf-Gleichgewichte für Reinstoffe und Stoffgemische, sowie den rigorosen Apparatemodellen (z.B. Destillationskolonne, Wärmetauscher) erfolgt anschließend eine Schätzung des Energiebedarfes für die Rückgewinnung, die Verdichtung und die Aufheizung des Lösemittels für den Holzaufschluss. Zusätzlich wird auf Grundlage dieser Modellierung die Auslegung verschiedener Anlagenkomponenten (Kompressor, Wärmetauscher, Heizaggregate, Kühlaggregate) vorgenommen, sowie die Rückgewinnungs-rate für das Ethanol-Wasser-Gemisch mittels Flash-Verdampfer und Destillationskolonne und die Abtrennung des Furfurals in einem Seitenabzug der Destillationskolonne quantifiziert. Für die genannten Ziele kann auf die Modellierung der Feststoffe, d.h. der Holzkomponenten Cellulose, Hemicellulose und Lignin, verzichtet werden. Für die thermodynamische

---

[67]*Non Random Two Liquid*

[68]*Universal Quasichemical*

Modellierung mit ASPEN PLUS® wird in der vorliegenden Arbeit ausschließlich die Flüssigphase, d.h. die wesentlichen Bestandteile des Lösemittelgemischs (Ethanol und Wasser), der Holzwassergehalt sowie die während des Holzaufschlusses gebildeten Verbindungen Furfural, Ameisensäure und Essigsäure berücksichtigt. Die Abschätzung des zusätzlichen Energiebedarfes für den Holzaufschluss, d.h. zur Aufheizung der Festphase, wird auf Basis einer durchschnittlichen Wärmekapazität von Holz (1,6 kJ·kg^{-1}·K^{-1}) durchgeführt. Dieser Durchschnittswert für Holz wird für einen Temperaturbereich von 20 bis 180 °C aus Angaben in Wooley und Putsche (1996) zur Ermittlung der Wärmekapazitäten von Cellulose, Hemicellulose und Lignin in Abhängigkeit der Temperatur abgeleitet.

Das ASPEN PLUS®-Fließbild der Produktionsanlage ist in Abbildung 14 dargestellt und kann in die 7 Bereiche des Blockfließbildes (Verdichtung Lösemittel, Aufschluss Holz, Rückgewinnung Lösemittel, Fällung und Wäsche Lignin, Wäsche Cellulosefraktion, Trocknung Lignin, Hydrolyse Cellulose) eingeteilt werden (vgl. Kapitel 5.1.3). In Tabelle 7 werden die Module, welche zur Modellierung der Produktionsanlage verwendet werden, näher erläutert. Für eine ausführlichere Beschreibung der Module wird auf aspentech (2003a) verwiesen.

Zur Untersuchung des Einflusses unterschiedlicher Anlagengrößen bzw. unterschiedlicher Lösemittel zu Holz-Verhältnisse, werden drei Lösemittelmengen für den Holzaufschluss mit ASPEN PLUS® modelliert (200, 300 und 400 t/h), welche bei einem Holzdurchsatz von ca. 50 t TM/h einem Verhältnis von Lösemittel zu Holz von 4, 6 und 8 entsprechen.

Zur Abschätzung einer möglichen Wärmeintegration in der verfahrenstechnischen Anlage und zur Ermittlung der Auslegungsdaten für die zugehörigen Wärmetauscher werden mit ASPEN PLUS® drei Wärmetauscher (WT) modelliert (vgl. Abbildung 14):

- *WT1* dient der Verflüssigung des Lösemittels für den Holzaufschluss und der Aufheizung des Lösemittels für die Destillationskolonne,

- *WT2* dient der Aufheizung der Ligninfraktion vor der Trocknung bei gleichzeitiger Abkühlung der Furfuralfraktion (Abwasserstrom),

- *WT3* dient der Aufheizung der Cellulosefraktion für die Hydrolyse bei gleichzeitiger Abkühlung der C_5-Fraktion.

Für die Input-Ströme (*LM1*, *H2O1*, *H2O2*, *H2O3*, *H2O4*) werden eine Temperatur von 20 °C und ein Druck von 1,013 bar angenommen. Beim Starten der Simulation werden die Module der einzelnen Prozesseinheiten in ASPEN PLUS® sequentiell aufeinanderfolgend gelöst. Aufgrund der Rückführungen im Prozessmodell berechnet ASPEN PLUS® das Ergebnis in mehreren Iterationsschleifen, wofür in der vorliegenden Arbeit das in ASPEN PLUS® standardmäßig hinterlegte WEGSTEIN-Verfahren mit maximal 250 Iterationen verwendet wird. Die Simulationsergebnisse aus ASPEN PLUS® in Bezug auf die Rückgewinnungsraten von Wasser, Ethanol, Ameisensäure, Essigsäure und Furfural aus Destillation und Entspannungsverdampfer sowie die Abtrennung von Furfural im Seitenabzug der Destillationskolonne fließen in die Stoffstromsimulation mit umberto® ein (vgl. Kapitel 5.3). Der Energiebedarf für den Holzaufschluss, die Lösemittelverdichtung, die Hydrolyse und die Destillation fließt direkt in die ökonomische und die ökologische Bewertung ein.

Neben der Modellierung des Lösemittelkreislaufs dient die Modellierung mit ASPEN PLUS® der Ermittlung einer geeigneten Auslegung der Destillationskolonne sowie geeigneter Konfigurationen für die Lösemittelverdichtung und -aufheizung. Dazu werden im Rahmen von Sensitivitätsanalysen bspw. der Einfluss einer unterschiedlichen Anzahl theoretischer Böden der Destillationskolonne (*DEST*) und der Einfluss unterschiedlicher Druckstufen des Kompressors (*COMPR*) untersucht (vgl. Kapitel 5.2.3 und Kapitel 5.2.4).

Tabelle 7: Auswahl verwendeter ASPEN PLUS® Grundoperationen (vgl. aspentech, 2003)

Symbol	Grundoperation	Beschreibung
▷	Stoff-/Energiestrommischer	Zusammenfassen von Stoff-/Energieströmen zu einem Strom
▯	Entspannungsverdampfer	Teilung eines Inputstroms in zwei Outputströme; Berechnung der gasförmigen und der flüssigen Phase sowie deren Zusammensetzung im Phasengleichgewicht
⊻	Pumpe	Pumpe oder hydraulische Turbine; Druckänderung des Stromes wenn Arbeit bekannt ist oder berechnet werden muss
⊠	Stoff-/Energiestromseparator	Komponentenweise Aufteilung von Inputströmen in mehrere Outputströme
▷	Kompressor	Änderungen des Druckes eines Stromes unter Zu- oder Abfuhr von Arbeit
▤	Wärmeübertrager	Berechnung des Wärmeaustausches zwischen zwei Strömen; Möglichkeit Geometriespezifikationen anzugeben
⊘	Heiz-/Kühlaggregat	Erhitzer, Kühler, Kondensator etc.; Bestimmung des thermischen Zustandes der Outputströme
⌸	Destillationskolonne	Gewöhnliche Destillation; extraktive und azeotrope Destillation; führt rigorose Berechnungen für einzelne Kolonnen und deren Spezifikationen durch
◁	Stoff/Energiestromteiler	Aufteilung eines Stoff-/Energiestroms in mehrere Ströme

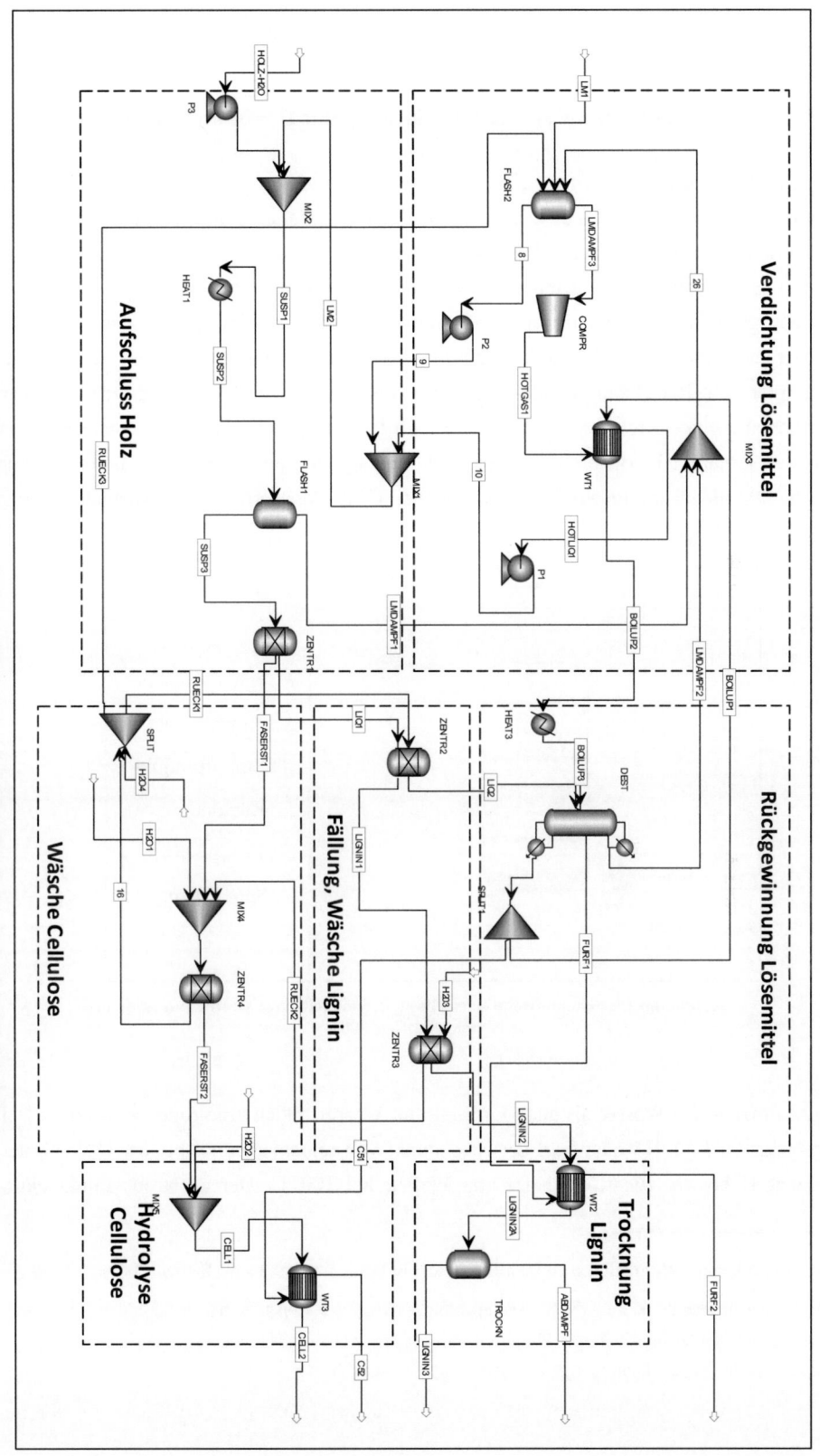

Abbildung 14: ASPEN PLUS®-Simulationsmodell der Produktionsanlage (eigene Darstellung)

5.2.3 Sensitivitätsanalyse zur Auslegung der Destillationskolonne

Die Destillationskolonne wird als Gegenstromdestillation (Rektifikation) in einer Bodenkolonne mit ASPEN PLUS® modelliert. Die Rektifikation gehört zu den thermischen Trennverfahren und stellt eine Hintereinanderschaltung mehrerer Destillationsschritte dar, wodurch die Trennung von Stoffen niedriger Siedepunktsdifferenzen möglich ist. Da Dampf und Flüssigkeit in der Kolonne im Gegenstrom in Kontakt stehen, spricht man von einer Gegenstromdestillation (vgl. Sattler, 2001). Die Rektifizieranlage besteht aus einem Verdampfer, der Rektifizierkolonne und dem Kondensator (vgl. Abbildung 15)[69]. In der modellierten Anlage erfolgt eine Abtrennung von Ethanol (Rückführung für einen erneuten Einsatz als Lösemittel) sowie von Furfural (Abtrennung aus dem Prozess aufgrund toxischer Wirkung für die nachfolgende Fermentation der C_5-Zucker) aus einer wässrigen Lösung mittels Rektifikation.

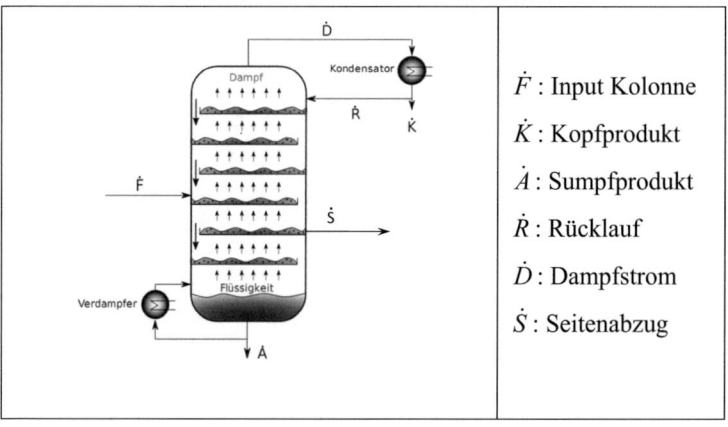

**Abbildung 15: Schematische Darstellung der modellierten Destillationskolonne
(nach Sattler, 2001)**

Sowohl Ethanol und Wasser als auch Furfural und Wasser bilden azeotrope Gemische[70]. Bei Umgebungsdruck (1,013 bar) liegt der Siedepunkt von reinem Ethanol bei ca. 78,3 °C, der von Furfural bei ca. 162 °C und der von Wasser bei 100 °C. Der azeotrope Punkt eines

---

[69] Für weiterführende Informationen zu Destillation und Rektifikation vgl. bspw. Sattler (2001).

[70] Am sog. azeotropen Punkt liegt die Siedetemperatur positiver azeotroper Gemische unter der Siedetemperatur der leichterflüchtigen Komponente. Azeotrope Gemische können mittels einfacher Destillation nicht vollständig aufgetrennt werden (vgl. Christen, 2004).

Ethanol-Wasser-Gemisches liegt bei ca. 78,15 °C und einer Ethanolkonzentration von ca. 95,6 Masse-% (vgl. Kosaric et al., 2007). Der azeotrope Punkt eines Furfural-Wasser-Gemisches liegt bei ca. 97,9 °C und einer Furfuralkonzentration von 35 Masse-% (vgl. Hoydonckx et al., 2007).

Zur Auswahl einer geeigneten Kolonne werden zunächst jene Kolonnen identifiziert, welche die gewünschte Trennleistung (s.o.) erbringen. Aus der Simulation mit ASPEN PLUS® wird für diese Kolonnen der Energiebedarf (Heiz- und Kühlbedarf) sowie der Dampfstrom, die Temperatur des Dampfstromes und die Anzahl theoretischer Böden abgeleitet. Als Grundlage für die Investitionsschätzung (vgl. Kapitel 7.1.1) werden die Höhe und der Durchmesser der geeigneten Kolonnen berechnet (vgl. Formel 5 und Formel 6). Für die Berechnung von Höhe und Durchmesser nach Formel 5 und Formel 6 wird ein Bodenwirkungsgrad η^{Boden} von 0,72 sowie eine Höhe je Boden h^{Boden} von 0,5 m unterstellt (vgl. Sattler, 2001). Für die maximal zulässige Strömungsgeschwindigkeit $w^{g,zul}$ ergibt sich unter der Annahme eines Bohrungsdurchmessers d^{B} von 7 mm ein Wert von 1,3 m/s (vgl. Sattler, 2001). Die genannten Auslegungsdaten nach Sattler (2001) beziehen sich auf eine Siebbodenkolonne unter Normaldruck.

Formel 5

$$h^{Kol} = \frac{n^{th} \cdot h^{Boden}}{\eta^{Boden}}$$

mit

h^{Kol}	Höhe der Kolonne	(m)	h^{Boden}	Höhe je Boden	(m)
n^{th}	Anzahl theoretischer Böden	(-)	η^{Boden}	Bodenwirkungsgrad	(-)

Die Ermittlung der Näherungsgleichung zur Berechnung des Durchmessers (vgl. Formel 6) erfolgt auf Basis der Querschnittsfläche der Kolonne und dem zugehörigen Volumenstrom. Dabei werden alle Konstanten, u.a. die universelle Gaskonstante sowie die Kreiszahl π, aus der Wurzel gezogen sowie die Einheiten entsprechend umgeformt und gekürzt (vgl. Sattler, 2001 und Christen, 2004).

Da im gewählten Betriebsbereich der Heiz- und der Kühlbedarf sowie die Investition der Kolonnen mit steigendem Rücklaufverhältnis ansteigen, wird unter den Kolonnen, die die gewünschte Trennleistung erzielen, schließlich jeweils jene mit dem kleinsten Rücklaufverhältnis gewählt[71]. In Tabelle 8 sind die Rücklaufverhältnisse, die Anzahl theoretischer Böden, die Höhe, der Durchmesser sowie der Heiz- und Kühlbedarf der gewählten Kolonnen für die drei o.g. Lösemitteldurchsätze aufgeführt. Die Lösemittelmengen werden in Bezug auf den gesamten Einsatz von Lösemittel (LM) für den Holzaufschluss (200, 300, 400 t/h) angegeben.

Formel 6

$$d^{Kol} = 0,0054 \cdot \sqrt{\frac{\dot{D} \cdot T^{\dot{D}}}{p \cdot w^{g,zul}}}$$

mit

d^{Kol}	Durchmesser der Kolonne	(m)	$T^{\dot{D}}$	Temperatur Dampfstrom	(K)
$\dot{D}$	Dampfstrom	(kmol/h)	p	Druck	(bar)
$w^{g,zul}$	Max. zulässige Dampfgeschwindigkeit	(m/s)			

Zusätzlich zur eigentlichen Kolonne werden an Kopf und Sumpf der Kolonne Wärmetauscher (WT) benötigt, die als Kondensator bzw. Verdampfer wirken (vgl. Abbildung 15). Die Fläche der Wärmetauscher steigt mit dem übertragenen Wärmestrom (vgl. Kapitel 5.2.5) und kann nach Formel 7 und Formel 8 geschätzt werden. In Tabelle 8 sind die berechneten Flächen der Wärmetauscher an Kopf (*WT Kopf*) und Sumpf (*WT Sumpf*) der Kolonne für die o.g. drei Lösemittelmengen angegeben. Als Wärmeübertragungskoeffizienten α werden 0,75 kW/(m²·K) für den Kondensator[72] und 3,5 kW/(m²·K) für den Verdampfer[73] gewählt (vgl. Tabelle 9). Diese Werte entsprechen Schätzwerten und stammen aus Peters et al. (2004). Die Angaben zum übertragenen Wärmestrom sowie die Temperaturen der abzukühlenden und aufzuheizenden Ströme am Kopf und am Sumpf der Kolonne werden direkt aus der Simulation mit ASPEN PLUS® entnommen. Den Daten in Tabelle 8 werden eine Aufheizung am Sumpf der Kolonne (WT Sumpf) mittels Heizdampf bei 16 bar (201,37 °C) und eine Abkühlung am Kopf der Kolonne (WT Kopf) mittels Kühlwasser, welches von 20 °C auf 30 °C aufgeheizt wird, zu Grunde gelegt. Im Rahmen der in Abbildung 14 dargestellten

---

[71] Zum Einfluss des Rücklaufverhältnisses auf Kosten und Investitionen von Kolonnen vgl. Weiss et al. (1993) und Christen (2004).

[72] *hot fluid*: light organics, *cold fluid*: water (vgl. Tabelle 14-5 in Peters et al., 2004)

[73] *hot fluid*: steam, *cold fluid*: water (vgl. Tabelle 14-5 in Peters et al., 2004)

Wärmeintegration (WI) wird ein Teil der benötigten Wärme für den Verdampfer durch aus dem Prozess frei werdende Wärme bereitgestellt (*WT1*) und nur für die zusätzliche Wärme, die für eine vollständige Verdampfung notwendig ist, wird der Einsatz von Heizdampf bei 16 bar unterstellt (*HEAT3*). Aufgrund dessen wird die Fläche des Wärmetauschers am Sumpf der Kolonne (*WT Sumpf* mit WI) durch die Wärmeintegration reduziert (vgl. Kapitel 5.2.4).

Tabelle 8: Ermittelte Auslegungsdaten der gewählten Kolonnen und zugehörigen Wärmetauscher bei unterschiedlichen Lösemittelmengen

		Lösemittel Holzaufschluss		
		[t/h]		
		200	300	400
Kopfstrom	[t/h]	47	71	95
Dampfstrom	[t/h]	112	170	228
Rücklaufverhältnis	[-]	1,4	1,4	1,4
Anzahl theoretische Böden	[-]	23	23	23
Höhe	[m]	16	16	16
Durchmesser	[m]	4,7	5,8	6,7
Heizbedarf	[MW]	41,6	64,5	87,6
Kühlbedarf	[MW]	30,7	46,9	62,8
WT Kopf	[m²]	769	1.175	1.575
WT Sumpf	[m²]	117	182	247
WT Sumpf mit WI (HEAT3)[74]		55	93	131

WI = Wärmeintegration

Formel 7

$$A^{WT} = \frac{\dot{Q}}{\alpha \cdot \Delta T^{\log}}$$

mit

A^{WT}	Fläche Wärmetauscher	(m²)		$\dot{Q}$	Übertragener Wärmestrom	(kJ/s)
α	Wärmeübertragungskoeffizient	(kJ/(s·m²·K))	$\Delta T^{\log}$		Logarithmische Mitteltemperatur	(vgl. Formel 8)

Die modellierten Destillationskolonnen erzielen eine Reinheit des Kopfproduktes von über 89,5 % Ethanol. Bezogen auf den Input-Strom der Destillationskolonnen befinden sich damit ca. 99,6 % des Ethanols, 3 % des Wassers und 0,6 % des Furfurals im Kopfprodukt der Destillationskolonnen. Die Abtrennung von Furfural aus der C_5-Zucker-Lösung beträgt über

---

[74] Verdichtung Strom *LMDAMPF3* auf 18 bar.

90 %, bezogen auf den Input-Strom der Destillationskolonnen, was in etwa einer Furfural-Konzentration im Seitenabzug (Abwasserstrom) von 5 % entspricht. Ca. 8 % des Furfurals, bezogen auf den Input der Destillationskolonnen, verbleiben in der C_5-Zucker-Lösung, was einer Furfural-Konzentration in dieser Lösung von unter 0,05 % entspricht.

Formel 8

$$\Delta T^{\log} = \frac{(T^{heiß,ein} - T^{kalt,aus}) - (T^{heiß,aus} - T^{kalt,ein})}{\ln\left(\dfrac{T^{heiß,ein} - T^{kalt,aus}}{T^{heiß,aus} - T^{kalt,ein}}\right)}$$

mit

$T^{heiß,ein}$	Temperatur eingehender heißer Strom	(K)	$T^{kalt,ein}$	Temperatur eingehender kalter Strom	(K)
$T^{heiß,aus}$	Temperatur ausgehender heißer Strom	(K)	$T^{kalt,aus}$	Temperatur ausgehender kalter Strom	(K)

5.2.4 Sensitivitätsanalyse zur Ermittlung geeigneter Konfigurationen für die Lösemittelverdichtung und -aufheizung

Die Lösemittelströme der Anlage aus der Lösemittelrückgewinnung (*LMDAMPF1* aus der Flash-Verdampfung nach dem Holzaufschluss, *RUECK3* aus der Waschwasser-Rückführung und *LMDAMPF2* aus der Destillationskolonne) und der Lösemittelstrom zum Ausgleich des Verlustes an Ethanol und Wasser (*LM1*) werden im Rahmen der Lösemittelverdichtung auf einen Druck von 18 bar für den Holzaufschluss verdichtet (vgl. Abbildung 14 in Kapitel 5.2.2). Die genannten Ströme werden zunächst vereinigt und einer Flash-Separation zugeführt (*FLASH2*). Nach Trennung der Gas- und Flüssigphase durch Flash-Separation erfolgt für die Basis-Konfiguration eine Verdichtung der Dampfphase auf 18 bar mittels Kompressor (*COMPR*) und eine anschließende Verflüssigung durch Kühlung des Dampfstromes. Die Kühlung wird mittels Wärmetauscher (*WT1*) simuliert. Die im Modell der Kühlung nachgeschaltete Pumpe (*P1*) kommt nur dann zum Einsatz, wenn die Druckstufe des Kompressors (*COMPR*) weniger als 18 bar beträgt und erst der verflüssigte Dampfstrom auf den notwendigen Druck von 18 bar verdichtet wird. Die Flüssigphase nach der Flash-Separation (*FLASH2*) wird über eine Pumpe (*P2*) auf 18 bar verdichtet. Nach Zusammenführung der Ströme (*MIX1*) wird das verdichtete Lösemittel mit dem Holz vereinigt. Mittels der in Abbildung 14 dargestellten Pumpe *P3* wird die Verdichtung des im Holz enthaltenen Wassers (*HOLZ-H2O*) auf 18 bar simuliert. Auch diese Ströme werden vereinigt (*MIX2*) und anschließend auf die für den Holzaufschluss benötigte Temperatur von 180 °C aufgeheizt (*HEAT1*).

Im Rahmen der Wärmeintegration wird die aus der Kühlung des Dampfstromes (*HOTGAS1*) frei werdende Wärmemenge mit zur Deckung des Heizbedarfes für die Destillationskolonne genutzt. Dies wird über den in Abbildung 14 dargestellten Wärmetauscher *WT1* simuliert (vgl. Kapitel 5.2.3). Da diese Wärmemenge nicht ausreicht, wird die zusätzlich für den Verdampfer der Destillationskolonne (*HEAT3*) benötigte Wärmemenge durch Heizdampf (16 bar) bereitgestellt (vgl. Kapitel 5.2.3).

Für die geschilderte Verdichtung, Verflüssigung und Aufheizung des Lösemittels auf einen Druck von 18 bar und eine Temperatur von 180 °C können unterschiedliche Konfigurationen gewählt werden. Zur Ermittlung geeigneter Konfigurationen für Kompressor, Pumpen und Wärmetauscher für die Verflüssigung des Lösemittels, dessen Verdichtung auf 18 bar und die Aufheizung auf 180 °C wird eine Sensitivitätsanalyse mit ASPEN PLUS® durchgeführt.

Im Rahmen der Sensitivitätsanalyse wird die Druckstufe *p* des Kompressors (*COMPR*) zur Verdichtung der Dampfphase (*LMDAMPF3*) aus der Lösemittelrückgewinnung von 3 bar bis 18 bar variiert. Die Variation erfolgt ausschließlich für ganzzahlige Druckstufen. Eine Verdichtung auf unter 3 bar ist bei der in Abbildung 14 dargestellten Konfiguration nicht möglich. Aus der Sensitivitätsanalyse können die in Abbildung 16 dargestellten funktionalen Zusammenhänge zwischen der Verdichtung *p* der Dampfphase (*LMDAMPF3*) und der Leistung der Komponenten *COMPR*, *HEAT3*, *WT1*, *HEAT1*, *P1* sowie der Durchflussrate der Pumpe *P1* für eine Lösemittelmenge von 300 t/h abgeleitet werden. Zusammenfassend lassen sich die folgenden Zusammenhänge mit steigender Druckstufe der Dampfphase feststellen. Je höher der Druck, auf den die Dampfphase (*LMDAMPF3*) verdichtet wird, umso höher die Temperatur der verdichteten Dampfphase (*HOTGAS1*), umso höher die Temperatur des Stromes nach der Verflüssigung (*HOTLIQ1*), umso geringer die übertragene Wärmemenge im Wärmetauscher *WT1*, umso geringer die notwendige Verdichtung der Flüssigphase mittels Pumpe *P1* und umso geringer der Heizbedarf für den Holzaufschluss (*HEAT1*). Somit sinkt die elektrische Leistung der Pumpe (*P1*) während das Durchflussvolumen der Pumpe *P1* und die elektrische Leistung des Kompressors (*COMPR*) ansteigen. Ebenso kommt es zu einem Anstieg der Leistung des Verdampfers (*HEAT3*), da bei höherer Druckstufe geringere Wärmemengen bei der Verflüssigung des heißen Stromes (*HOTGAS1*) übertragen werden (*WT1*). Die Leistung der Pumpe zur Verdichtung der Flüssigphase (*P2*) ist unabhängig von der Druckstufe auf welche die Dampfphase (*LMDAMPF3*) verdichtet wird.

In Abbildung A.1.1 und Abbildung A.1.2 in Anhang A.1 sind die entsprechenden funktionalen Zusammenhänge für 200 t LM/h und 400 t LM/h dargestellt. Insgesamt nimmt die Druckstufe des Kompressors Einfluss auf den Elektrizitäts-, den Heiz- und den

Kühlbedarf der Anlage und damit auch auf die Investitionen für Wärmetauscher und Pumpen. Die in Abbildung 16 dargestellten Zusammenhänge zwischen der Druckstufe des Kompressors *p* zur Verdichtung der Dampfphase (*LMDAMPF3*) und der Leistung verschiedener Anlagenkomponenten fließen mit in die Modellierung der Kapazitäten und Energiebedarfe der Anlagenkomponenten ein (vgl. Kapitel 6.3 und Kapitel 6.4).

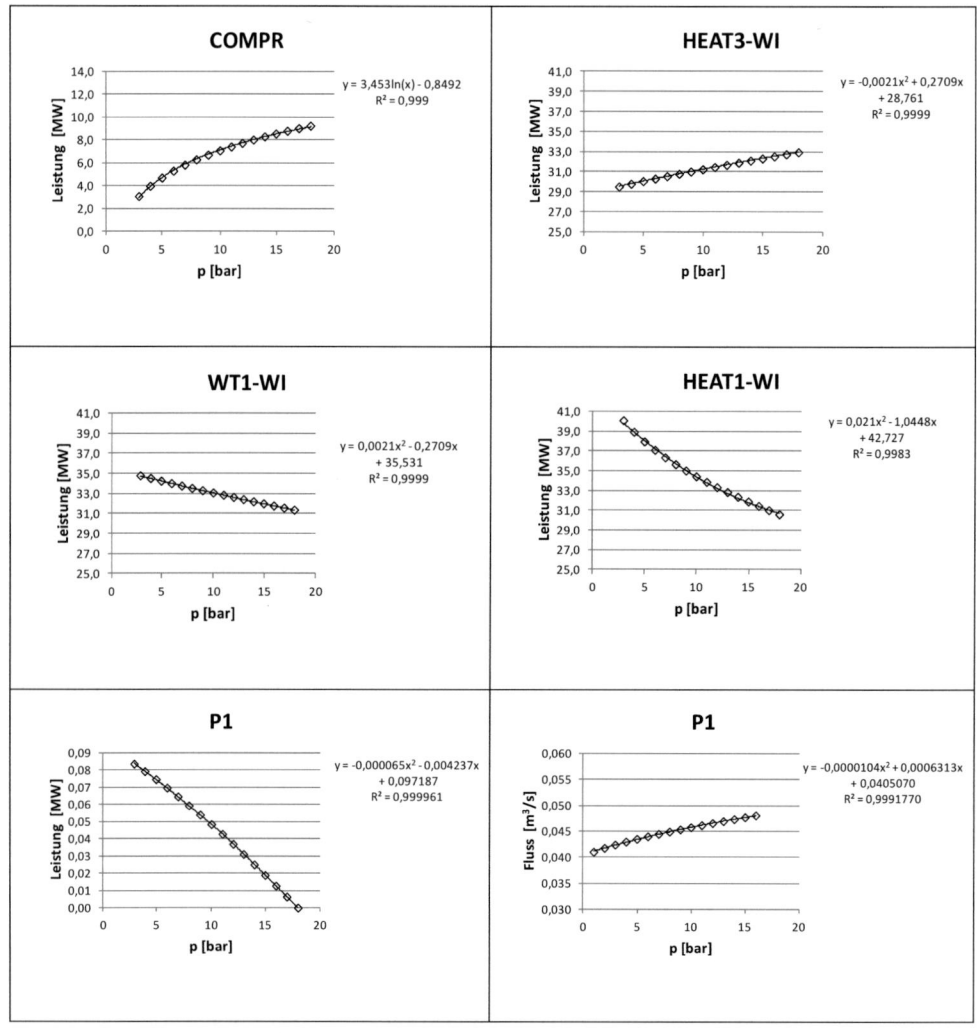

Abbildung 16: Einfluss der Druckstufe des Kompressors (*p*) auf die Leistung verschiedener Anlagenaggregate bei einer Lösemittelmenge von 300 t/h (eigene Darstellung)

5.2.5 Auslegung der Wärmetauscher auf Basis der verfahrenstechnischen Modellierung

Die Flächen der Wärmetauscher werden mittels der Temperaturen der ein- und ausgehenden Massenströme sowie dem übertragenen Wärmestrom abgeschätzt (vgl. Formel 7 und Formel 8). Die Temperaturen und die übertragenen Wärmemengen werden dazu aus der Prozesssimulation mit ASPEN PLUS® abgeleitet. Wie in Kapitel 5.2.4 dargestellt, ändern sich diese Größen für die Wärmetauscher *WT1*, *HEAT1* und *HEAT3* mit der Druckstufe (*p*) des Kompressors (*COMPR*) zur Verdichtung der Dampfphase (*LMDAMPF3*). Zusätzlich zu diesen Wärmetauschern werden zwei weitere Wärmetauscher (*WT2* und *WT3*) zur Wärmeintegration in der Anlage modelliert (vgl. Abbildung 14). Die Auslegung der Wärmetauscher *WT2* und *WT3* sowie des Wärmetauschers am Kopf der Destillationskolonne (*COOL1*) ist unabhängig von der Druckstufe des Kompressors (*COMPR*) zur Verdichtung der Dampfphase (*LMDAMPF3*). Die Zwischenkühlung in *COOL1* erfolgt mit Wasser (Erwärmung von 20 °C auf 30 °C), die Aufheizung in *HEAT1* und *HEAT3* mit Heizdampf (16 bar).

Die für die Flächenberechnung verwendeten Schätzwerte für die Wärmeübertragungskoeffizienten stammen aus Peters et al. (2004) und sind in Tabelle 9 aufgeführt. Des Weiteren wird vereinfachend angenommen, dass es sich jeweils um reine Wasser- bzw. Ethanol-Ströme handelt.

Tabelle 9: Wärmeübertragungskoeffizienten α (nach Peters et al., 2004)

	Heißes Medium	Kaltes Medium	α [kW·m^{-2}·K^{-1}]
WT1	Ethanol	Wasser	0,75
COOL1			
WT2	Wasser	Wasser	2,5
WT3			
HEAT1	Dampf	Wasser	3,5
HEAT3			

In Tabelle 10 sind die logarithmischen Mitteltemperaturen und die berechneten Flächen für die modellierten Wärmetauscher bei einer Lösemittelmenge von 300 t/h aufgeführt. Die jeweiligen Auslegungsdaten für 200 und 400 t LM/h sind in Tabelle A.1.1 und Tabelle A.1.2 in Anhang A.1 aufgeführt. Der größte Wärmetauscher wird jeweils für die Verflüssigung des Lösemittels benötigt (*WT1*), gefolgt vom Wärmetauscher am Kopf der Destillationskolonne (*COOL1*). Die Fläche von *WT1* nimmt mit zunehmender Druckstufe der Dampfphase (*LMDAMPF3*) deutlich ab. Ebenso, wenn auch weniger stark ausgeprägt, nimmt die Fläche von *HEAT1* ab. Die Fläche von *HEAT3* nimmt hingegen zu.

Tabelle 10: Ermittelte Auslegungsdaten (logarithmische Mitteltemperatur ΔT^{log} und Fläche A) der modellierten Wärmetauscher in Abhängigkeit der Druckstufe des Kompressors (p) bei einer Lösemittelmenge von 300 t/h

	WT1		HEAT1		HEAT3		WT2		WT3		COOL1	
p [bar]	ΔT^{log} [K]	A [m²]	ΔT^{log} [K]	A [m²]	ΔT^{log} [K]	A [m²]	ΔT^{log} [K]	A [m²]	ΔT^{log} [K]	A [m²]	ΔT^{log} [K]	A [m²]
3	22	2.132	57	201	101	83						
4	35	1.331	56	199	101	84						
5	45	1.023	55	197	101	85						
6	53	854	54	195	101	86						
7	60	746	54	193	101	86						
8	67	670	53	191	101	87						
9	72	613	53	190	101	88						
10	78	568	52	188	101	88	11	19	59	17	53	1.175
11	82	532	52	187	101	89						
12	87	501	51	186	101	89						
13	91	476	51	185	101	90						
14	95	453	50	183	101	91						
15	98	434	50	182	101	91						
16	102	417	50	181	101	92						
17	105	401	49	180	101	92						
18	108	387	49	179	101	93						

5.2.6 Abschätzung des Energiebedarfes der Produktionsanlage

In der Produktionsanlage wird an verschiedenen Stellen Energie in Form von Heizdampf, Kühlwasser und Elektrizität benötigt. Mit Hilfe der Prozesssimulation mit ASPEN PLUS® wird der Energiebedarf für drei Lösemittelmengen (200, 300, 400 t/h) abgeschätzt. Wie in Kapitel 5.2.2 erläutert, werden für die thermodynamische Modellierung mit ASPEN PLUS® ausschließlich das Lösemittelgemisch bestehend aus Ethanol und Wasser sowie die während des Holzaufschlusses gebildeten Verbindungen Furfural, Ameisensäure und Essigsäure berücksichtigt. Aufgrund dessen werden die Energiebedarfe, die in Verbindung mit den Feststoffen der Anlage stehen, auf Basis von Literaturdaten abgeschätzt. Die Abschätzung des Bedarfes an elektrischer Energie für die Abtrennung der Festphasen mittels Zentrifugen (*ZENTR1, ZENTR2, ZENTR3, ZENTR4*) basiert auf DECHEMA (2009) und die Abschätzung des Bedarfes an elektrischer Energie für die Aufgabe des Holzes mittels Förderband sowie für den Rührer des Hydrolysereaktors basiert auf Aden et al. (2002)[75]. Für die Abtrennung der Festphasen mittels Zentrifugen wird jeweils eine Feuchte von 100 % unterstellt. In Tabelle 11 ist der Energiebedarf der Produktionsanlage exemplarisch für die Basis-Konfiguration und einen Holzdurchsatz von 56,25 t TM/h aufgeführt. In Abbildung A.3.1 in Anhang A.3 ist die

---

[75] Weiterführende Informationen zu Typen und zugehörigen Leistungsbereichen von Zentrifugen sind beispielsweise in Trawinski (1982) zu finden.

Basis-Konfiguration der verfahrenstechnischen Anlage mit den resultierenden Energie-bedarfen sowie den Edukt-, Produkt- und Abwasserströmen dargestellt. Die dargestellten Edukt-, Produkt- und Abwasserströme der Anlage werden aus der Modellierung mit umberto® abgeleitet (vgl. Kapitel 5.3).

Nachfolgend wird die Schätzung des Energiebedarfes für die in Abbildung 10 und Abbildung 14 dargestellten Prozessschritte zusammengefasst.

Verdichtung Lösemittel

Für die Lösemittelverdichtung wird Elektrizität für den Kompressor (*COMPR*) sowie für die Pumpen (*P1, P2, P3*) benötigt. Wie in Kapitel 5.2.4 beschrieben, hängt der Energiebedarf der Pumpe *P1* und des Kompressors (*COMPR*), neben der Anlagenkapazität, von der Druckstufe, auf welche die Dampfphase verdichtet wird, ab (vgl. Abbildung 16). Der Energiebedarf für den Kompressor und die Pumpen wird aus ASPEN PLUS® abgeleitet.

Aufschluss Holz

Für den Holzaufschluss wird Heizdampf für die Aufheizung von Holz und Lösemittel sowie elektrische Energie für die Abtrennung der Cellulosefraktion mittels Zentrifuge (*ZENTR1*) benötigt. Der Heizbedarf für die Aufheizung der Aufschlusslösung (*HEAT1*) wird in Abhängigkeit der Druckstufe des Kompressors (*COMPR*) aus ASPEN PLUS® abgeleitet (vgl. Abbildung 16). Die Abschätzung des zusätzlichen Energiebedarfes zur Aufheizung der Festphase für den Holzaufschluss wird auf Basis einer durchschnittlichen Wärmekapazität von Holz (1,6 kJ/(kg·K)) abgeschätzt (vgl. Kapitel 5.2.2). Für die Abtrennung der Cellulosefraktion (Faserstoff) nach dem Holzaufschluss mittels Zentrifuge (*ZENTR1*) wird ein Energiebedarf von 15 kW/t TM Faserstoff angenommen. Zusätzlich wird elektrische Energie für das Förderband zur Holzaufgabe benötigt. Hierfür werden 0,8 kW/t TM Holz angesetzt (vgl. Aden et al., 2002).

Wäsche Cellulosefraktion

Nach der Abtrennung wird die Cellulosefraktion mit Wasser gewaschen und wiederum mittels Zentrifugen abgetrennt. Für die Basis-Konfiguration wird von einem Waschschritt und damit einer Zentrifuge (*ZENTR4*) ausgegangen. Je Waschschritt werden zusätzlich 15 kW elektrische Energie je t TM Faserstoff benötigt.

Fällung, Wäsche Lignin

Aus der Aufschlusslösung wird nach Abtrennung der Faserfraktion das Lignin durch Zugabe von Wasser ausgefällt und anschließend mittels Zentrifuge (*ZENTR2*) abgetrennt. Hierfür wird ein Bedarf an elektrischer Energie von 58 kW/t TM Lignin angenommen. Anschließend wird das Lignin mit Wasser gewaschen und wiederum mittels Zentrifuge (*ZENTR3*) abgetrennt. Analog zur Wäsche der Cellulosefraktion wird für die Basis-Konfiguration von einem Waschschritt für die Ligninfraktion ausgegangen, wobei je Waschschritt 15 kW elektrische Energie je t TM Lignin benötigt werden.

Hydrolyse Cellulose

Für die Hydrolyse der Cellulose wird Wasser zur Cellulosefraktion (*FASERST2*) hinzugefügt (*MIX5*) und die Suspension wird auf eine Temperatur von 50 °C aufgeheizt. Der Energiebedarf für diese Aufheizung wird mittels Wärmeintegration (*WT3*) im Prozess bereitgestellt. Im Prozessmodell (vgl. Abbildung 14) wird hierfür der heiße Strom aus dem Sumpf der Destillationskolonne (*C51*) mit dem kalten Strom für die Hydrolyse (*CELL1*) verschalten. Der zusätzliche Energiebedarf für die Aufheizung der Festphase kann an dieser Stelle vernachlässigt werden, da durch den heißen Strom aus der Destillationskolonne hierfür ausreichend Energie zur Verfügung steht. Zusätzlich wird für den Rührer des Hydrolysereaktors ein Bedarf von 20 W/m^3 elektrische Energie unterstellt (vgl. Aden et al., 2002)[76].

Rückgewinnung Lösemittel

Nach der Abtrennung des Lignins (*ZENTR2*) erfolgen die Rückgewinnung des Lösemittels sowie die Abtrennung des Furfurals mittels Destillation aus der verbleibenden Lösung (*LIQ2*). Für die Destillation wird Kühlwasser am Kopf der Kolonne benötigt sowie Heizdampf am Sumpf der Kolonne. Der Heizbedarf ist abhängig von der Druckstufe des Kompressors (*COMPR*) und wird teilweise mittels Wärmeintegration (*WT1*) bereitgestellt. Der verbleibende Heizbedarf (*HEAT3*) sowie der Kühlbedarf werden aus der Modellierung mit ASPEN PLUS® abgeschätzt.

Trocknung Lignin

Das gewaschene Lignin wird mit einer Feuchte von 100 % abgetrennt (*ZENTR3*) und anschließend auf eine Feuchte von 10 % getrocknet. Der Energiebedarf für die Trocknung (*TROCKN*) wird mittels ASPEN PLUS® abgeschätzt.

---

[76] Der Energiebedarf des Rührers wird in Abhängigkeit des Volumens des Hydrolysereaktors ermittelt.

Tabelle 11: Energiebedarf der Basis-Konfiguration der Produktionsanlage bei einem Holzdurchsatz von 56,25 t TM Holz/h

	Heizdampf	Kühlwasser	Elektrizität
	MW	MW	MW
Verdichtung Lösemittel			
Kompressor (*COMPR*)			10,27
Pumpe 1 (*P1*)			-
Pumpe 2 (*P2*)			0,12
Pumpe 3 (*P3*)			0,04
Holzaufschluss			
Förderband (*FOERDER*)			0,04
Aufheizung LM (*HEAT1*)	34,24		
Abtrennung Cellulosefraktion (*ZENTR1*)			0,47
Fällung, Wäsche Lignin			
Abtrennung nach Fällung (*ZENTR2*)			0,45
Abtrennung nach Wäsche (*ZENTR3*)			0,12
Trocknung Lignin			
Trockner (*TROCKN*)	4,16		
Rückgewinnung Lösemittel			
WT Kolonne Kopf (*COOL1*)		-52,73	
WT Kolonne Sumpf (*HEAT3*)	37,08[77]		
Wäsche Cellulose			
Abtrennung nach Wäsche (*ZENTR4*)			0,47
Hydrolyse Cellulose			
Rührer (*RUEHR*)			0,13

---

[77] Für die Bewertung der Prozesskette wird eine Optimierung der Wärmeintegration mittels Wärmetauscher-Netzwerk (*heat exchanger network*) in der Produktionsanlage nach DECHEMA (2009) unterstellt. Durch die Investition in zusätzliche Wärmetauscher kann der Heizbedarf für die Destillationskolonne ohne zusätzliche Wärmezufuhr bereitgestellt werden (vgl. Kap. 7.1.1).

5.3 Modellierung der Stoffströme entlang der gesamten Wertschöpfungskette

Die Modellierung der Stoffströme erfolgt mit Hilfe der Software umberto® für die Teilprozesse Holzproduktion, Holztransport und Produktionsanlage für unterschiedliche Szenarien. Die Modellierung mit der Software umberto® dient insbesondere der Berechnung der Stoffströme innerhalb der Produktionsanlage (inkl. der Feststoffe) sowie der Berechnung der Emissionen, die bspw. beim Maschineneinsatz für die Holzproduktion oder beim Holztransport anfallen In Abbildung 17 sind die Bilanzgrenzen der Modellierung mit der Software umberto® dargestellt.

In diesem Kapitel werden zunächst die Grundlagen der Modellierung mit der Software umberto® erläutert (vgl. Kapitel 5.3.1) und darauf aufbauend werden das übergeordnete Stoffstromnetz (vgl. Kapitel 5.3.2) sowie die modellierten Subnetze für die Holzproduktion, den Holztransport und die Produktionsanlage (vgl. Kapitel 5.3.3 und Kapitel 5.3.4) erläutert.

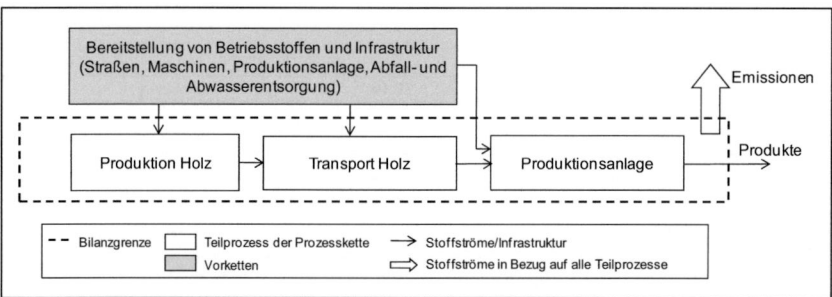

Abbildung 17: Bilanzgrenze der Stoffstromsimulation mit umberto® (eigene Darstellung)

Neben der Berechnung von Szenarien für unterschiedliche Anlagenkonfigurationen und Holzarten (WRH[78], Holz aus KUP[79]) wird in umberto® eine Visualisierung der Stoffströme mittels Sankey-Diagrammen[80] vorgenommen (vgl. Kapitel 5.3.2 und Kapitel 5.3.4). Auf Grundlage der Modellierung mit umberto® werden die Volumina und die Durchflussraten einzelner Anlagenkomponenten als Grundlage für die Schätzung der zugehörigen

---

[78] Waldrestholz

[79] Kurzumtriebsplantagen

[80] Stoffstromnetze, bei welchen die Breite der Flusspfeile proportional zur jeweiligen Menge ist (vgl. ifu, 2005).

Investitionen abgeleitet (vgl. Kapitel 6.3). Hierzu zählen die Volumina von Behältern (Flash-Behälter, Lagertanks für Edukte und Produkte) und Reaktoren (Aufschluss- und Hydrolyse-reaktor), die Durchflussraten für Zentrifugen (Abtrennung Cellulosefraktion, Wäsche Cellulosefraktion, Wäsche Ligninfraktion) und Trockner (Trocknung Lignin). Die in umberto® modellierten Input- und Outputströme der Produktionsanlage stellen außerdem die Basis für die Ermittlung der Kosten für Betriebsstoffe und der Erlöse dar und bilden zusammen mit den modellierten Kraftstoffverbräuchen und Emissionen der Holzproduktion und des Holztransportes die Grundlage für die ökologische Bewertung der Prozesskette (vgl. Kapitel 6.6). Im Rahmen der ökologischen Bewertung wird die in Abbildung 17 dargestellte Bilanzgrenze um die Prozesse zur Bereitstellung der Betriebs-, Hilfsstoffe und Infrastruktur sowie zur Bereitstellung von Prozessenergie erweitert (vgl. Abbildung 24 in Kapitel 6.6.1).

5.3.1 Grundlagen der Modellierung mit umberto®

Mit der Software umberto® können Stoff- und Energieströme einzelner Prozesse sowie gesamter Wertschöpfungsketten in sog. Stoffstromnetzen modelliert werden (vgl. Kapitel 3.1.4). Formal basiert die Software auf der Theorie der sog. Petri-Netze (Aktionsnetze). Petri-Netze dienen der Beschreibung und Analyse nebenläufiger Prozesse mittels der Grundelemente Stellen, Kanten und Transitionen. Dabei werden Stellen als Kreise und Transitionen (Schaltelemente) als Quadrate dargestellt. Die Kanten (Flussrelationen) stellen die Verbindungen zwischen den Knoten (Stellen, Transitionen) dar und werden als Pfeile dargestellt. Sie beschreiben die Wechselwirkungen zwischen Stellen und Transitionen. Das Schalten einer Transition stellt einen lokalen Vorgang dar, der eine Änderung der Objekte an den Stellen im direkten Umfeld bewirkt. Die Stellen übernehmen damit eine Art Pufferfunktion und können bei der Abbildung von Wertschöpfungsketten bspw. Zwischenlager darstellen (vgl. Möller, 2000, Arnold, 1998).

Die mit der Software umberto® werden sog. Input- und Output-Stellen, die die System-grenzen der Stoffstromnetze darstellen, von Verbindungen und Lagern unterschieden (vgl. Abbildung 18). Die Transitionen stellen in umberto® die Orte im Stoffstromnetz dar, an denen eine Stoffumwandlung stattfindet, und die Kanten bzw. Verbindungen zwischen Stellen und Transitionen stellen die Pfade der Stoff- und Energieströme dar (vgl. ifu, 2005). Während in ereignisorientierten Petri-Netzen eine Schaltung der aktivierten Transitionen als Einzelereignis stattfindet, werden in den periodenbezogenen Stoffstromnetzen für einen bestimmten Betrachtungszeitraum für gegebene Anfangsbestände die Stoff- und Energie-ströme eines Systems erfasst und die Endbestände ermittelt (vgl. Möller, 2000).

Die in umberto® modellierten Stoffstromnetze können durch Verfeinerung der Transitionen in sog. Subnetzen zu hierarchischen Gesamtstrukturen verknüpft werden. Die Verknüpfung der Subnetze mit dem übergeordneten Stoffstromnetz (Vergröberung) erfolgt dabei mittels sog. Port-Stellen, welche den Eingangs- und Ausgangsstellen der Subnetz-Transitionen entsprechen (vgl. Abbildung 18).

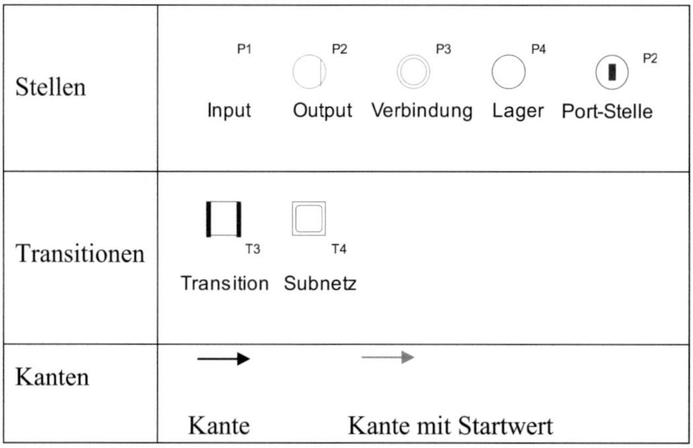

Abbildung 18: Symbole für Stellen, Transitionen und Kanten in umberto®
(nach ifu, 2005)

Im Rahmen der vorliegenden Arbeit werden die Teilprozesse Holzproduktion, Holztransport und Produktionsanlage in umberto® als Subnetze modelliert und in ein übergeordnetes Stoffstromnetz integriert. Sowohl die erstellten Subnetze als auch die einzelnen spezifizierten Transitionen, können in umberto® als Bibliotheksmodule abgespeichert und in verschiedene Modellvarianten importiert werden. Zur Spezifizierung der Transitionen können in umberto® lineare Produktionskoeffizienten (Verhältniszahlen) oder Berechnungsalgorithmen, auch unter Einsatz unterschiedlicher Script-Sprachen, verwendet werden. In der vorliegenden Arbeit werden die Berechnungsalgorithmen der einzelnen Transitionen der Produktionsanlage mit der Scriptsprache Python formuliert während die Transitionen für die Holzproduktion und den Holztransport durch lineare Produktionskoeffizienten spezifiziert werden. Als Startwert für die Berechnung des Stoffstromnetzes dient dabei die Angabe der Trockenmasse der Holzhackschnitzel aus der Holzproduktion. Die manuell spezifizierten Pfeile mit den Startwerten der Simulation werden in umberto® farblich gekennzeichnet (vgl. Abbildung 18).

Eine Auswertung der Stoffstromsimulation kann in umberto® auf Basis von Input-/Output-Bilanzen für jede Transition bzw. das gesamte Stoffstromnetz erfolgen wobei die Daten der Bilanzen zur Auswertung, bspw. in Form von Excel-Tabellen, exportiert werden können. Die

Software umberto® ermöglicht außerdem auch eine Auswertung der Input-/Output-Bilanzen mittels bestehender Kennzahlensysteme zur Umweltwirkungsabschätzung, wie bspw. nach CML-2001 (vgl. Kapitel 3.3.2).

Es ist des Weiteren möglich, für die Modellierung mit umberto® bereits vorhandene Bibliotheksmodule für die Spezifizierung von Transitionen und Subnetzen heranzuziehen. Bei diesen Modulen handelt es sich meist um standardisierte Datensätze aus Ökobilanzstudien, die in Form von Transitions-Spezifikationen in der Bibliothek hinterlegt sind. Zur Abbildung der Stoff- und Energieströme für die Produktion von Waldrestholz und von Holz aus Kurzumtriebsplantagen sowie des Transportes der Holzhackschnitzel zur Produktionsanlage wird in der vorliegenden Arbeit auf Bibliotheksmodule der LCA-Datenbank ecoinvent v2.0 (vgl. ecoinvent Centre, 2007) zurückgegriffen. Zur Abbildung der einzelnen land- und forstwirtschaftlichen Prozesse sowie des Transportes per LKW, Hochseefrachter und Zug wird dabei auf die sog. Einheitsprozess-Rohdaten (*unit process raw data*) der Datenbank ecoinvent v2.0 zurückgegriffen (vgl. Kapitel 5.3.3). Diese Module bilden im Wesentlichen den Betrieb unterschiedlicher Maschinen (z.B. Motorsäge) ab, mit den jeweiligen Betriebsstoffen (z.B. Diesel-Kraftstoff) auf der Inputseite und den jeweiligen Emissionen (z.B. CO_2) auf der Outputseite.

5.3.2 Übergeordnetes Stoffstromnetz

Die in Abbildung 7 (Kapitel 5.1.1) und Abbildung 17 dargestellten Teilprozesse der Wertschöpfungskette (Holzproduktion, Holztransport und Produktionsanlage) werden mit der Software umberto® in sog. Subnetzen spezifiziert und zu einem übergeordneten Stoffstrom-netz zusammengefügt (vgl. Abbildung 19, oben). Mittels Parametervariation werden in umberto® die Stoffströme für verschiedene Szenarien berechnet. Es werden Parameter für die Variation des Lösemittel zu Holz-Verhältnisses *lm*, die Anzahl der Lignin-Wäschen nw_L, die Anzahl der Cellulose-Wäschen nw_C, die Zugabe von Schwefelsäure *z*, die Zugabe von Enzymen *z'*, die Verweilzeit der enzymatischen Hydrolyse *t'*, die Holzart *h*, den Rohstoffbezug *re* und den Standort *st* hinterlegt[81].

Die Modellierung der forstlichen Produktion von Waldrestholz, der landwirtschaftlichen Produktion von Holz in Kurzumtriebsplantagen (KUP) und des Holztransportes erfolgt auf Basis von Literaturdaten und Bibliotheksmodulen der Datenbank ecoinvent v2.0 (vgl. ecoinvent Centre, 2007) und wird in Kapitel 5.3.3 näher erläutert. Die Modellierung der

---

[81] Zur Erläuterung der Parameter vgl. Kapitel 5.1.4.

Produktionsanlage basiert auf der Prozessbeschreibung in Kapitel 5.1.3 sowie den Ergebnissen der Prozesssimulation mit der Software ASPEN PLUS® (vgl. Kapitel 5.2.2).

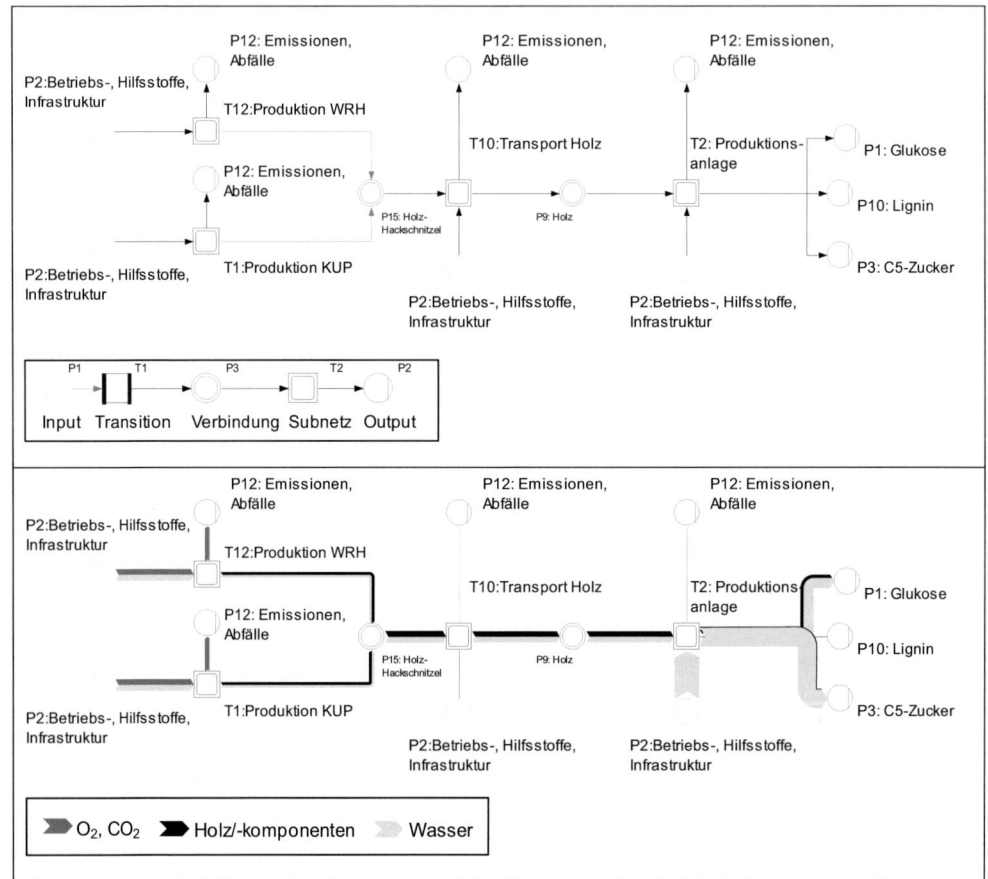

Abbildung 19: Übergeordnetes Stoffstromnetz (oben) und Sankey-Darstellung der Variante 50 % Waldrestholz, 50 % Holz aus KUP (unten) für die Basis-Konfiguration der Produktionsanlage (eigene Darstellung)

Als Startwert für das Stoffstromnetz wird die Trockenmasse der Holzhackschnitzel aus KUP und aus Waldrestholz vorgegeben. Abbildung 19 (unten) zeigt die Sankey-Darstellung der Stoffströme für das übergeordnete Stoffstromnetz (Einsatz von 50 % Waldrestholz und von 50 % Holz aus KUP, Basis-Konfiguration der Produktionsanlage). In dieser Darstellung werden die Stoffströme proportional zu ihrer Menge abgebildet. In Bezug auf das übergeordnete Stoffstromnetz stellen CO_2, Sauerstoff, Wasser und Holz bzw. Holzkomponenten die Stoffströme mit der größten Masse dar. Diese Stoffströme werden in Abbildung 19 (unten) dargestellt.

5.3.3 Modellierung der Bereitstellung von Waldrestholz und von Holz aus Kurzumtriebsplantagen

Sowohl zur Modellierung der in Abbildung 8 und Abbildung 9 in Kapitel 5.1.2 dargestellten Prozessschritte zur Produktion von Holz in KUP und von Waldrestholz als auch zur Modellierung des Holztransportes werden Bibliotheksmodulen der Datenbank ecoinvent v2.0 (vgl. ecoinvent Centre, 2007) eingesetzt. Neben der Modellierung der benötigten Betriebsstoffe (insbesondere Kraftstoffe bspw. für den Betrieb land- und forstwirtschaftlicher Maschinen) werden die zugehörigen Emissionen aus der Kraftstoffverbrennung abgebildet. Eine Beschreibung der verwendeten Datensätze für die Modellierung der land- und forstwirtschaftlichen Produktionsprozesse und des Transportes kann Nemecek und Kägi (2007), Werner et al. (2007) sowie Spielmann et al. (2007) entnommen werden.

Für die Schließung der Massenbilanzen werden neben den forstlichen und landwirtschaftlichen Arbeitsschritten die Stoffströme der biologischen Produktion von Waldrestholz und KUP-Holz aus CO_2 und H_2O unter Einwirkung von Sonnenenergie über eine modifizierte Photosynthesegleichung (vgl. Formel 9) abgeschätzt und in umberto® erfasst. Diese modifizierte Photosynthesegleichung spiegelt die Elementarzusammensetzung des Holzes aus den Elementen C, H und O wider und ermöglicht so die Berechnung der zugehörigen Mengen an Sauerstoff und Wasser über die Molmassen (vgl. Zimmer und Wegener, 1996). Im Fall von Waldrestholz wird zur Schließung der Massenbilanzen bei der Modellierung der biologischen Produktion eine Korrektur der ökonomischen Allokation (s.u.) vorgenommen (vgl. Werner et al., 2007 und Hischier et al., 2005).

Formel 9

$$8,4CO_2 + 12H_2O \longrightarrow C_{8,4}H_{12}O_{5,4} + 8,7O_2 + 6H_2O$$

Nachfolgend werden weitere Besonderheiten der Modellierung der Produktion von Holz in KUP und von WRH und die Modellierung des Holztransportes erläutert.

Modellierung der Produktion von Holz in KUP

Die Modellierung der Produktion von Holz in KUP erfolgt auf Basis der Angaben in Rödl (2008). Der Zuwachs beträgt nach Rödl (2008) 8 t TM/(ha·a). Nach einer Umtriebszeit von 4 Jahren wird das Holz geerntet und nach insgesamt 16 Jahren Nutzungsdauer wird die Fläche rekultiviert (vgl. Kapitel 5.1.2). Für den Anbau von Holz in KUP werden für die Bodenvorbereitung Arbeitsgänge zur Bodenbearbeitung (Grundbodenbearbeitung mittels Pflug und Pflanzbettbereitung mittels Egge) und zur Ausbringung von Pflanzenschutzmitteln (Herbizid) mittels Feldspritze modelliert (vgl. Kapitel 5.1.2). Für die Anlage und die Pflege der KUP erfolgen die Pflanzung mittels Pflanzmaschine und eine mechanische Unkrautregulierung durch Hacken. Da für einen für die Ernte einer KUP typischen sog. Feldhäcksler kein Datensatz in der Datenbank ecoinvent v2.0 vorhanden ist, werden für die Modellierung mit umberto® die Datensätze für einen Kartoffel-Vollernter sowie für einen mobilen Holz-Häcksler berücksichtigt, während letzterer als Betrieb einer Baumaschine in umberto® abgebildet wird (vgl. Tabelle A.2.2 in Anhang A.2). Für die Rekultivierung der Fläche nach 16 Jahren wird eine Bodenbearbeitung mittels Bodenfräse berücksichtigt. Während die Prozessschritte zur Bodenvorbereitung, Pflanzung, Pflege und Ernte der KUP alle 4 Jahre anfallen, erfolgt die Rekultivierung der Fläche erst am Ende der Nutzungsdauer. Die ermittelten Kraftstoffverbräuche je t TM Holz für die genannten Arbeitsgänge sind in Tabelle 12 aufgeführt. In Tabelle A.2.2 in Anhang A.2 sind die verwendeten Datensätze der Datenbank ecoinvent v2.0 näher spezifiziert. Das in umberto® modellierte Stoffstromnetz für die Produktion von Holz in KUP ist in Abbildung A.2.2 in Anhang A.2 dargestellt.

Modellierung der Produktion von Waldrestholz

Obwohl es sich bei Waldrestholz um ein Nebenprodukt der Stammholz- und Industrieholzproduktion handelt, werden für die Modellierung der Bereitstellung von Hackschnitzeln aus Waldrestholz forstliche Arbeitsgänge für die Bestandesgründung, die Waldpflege und für die Holzernte anteilig berücksichtigt (vgl. Kapitel 5.1.2). Nach Werner et al. (2007) fallen je m^3 Laubholz (ohne Rinde) 0,157 m^3 Waldrestholz an. Demnach wären für die Bereitstellung von 1 m^3 Waldrestholz ca. 6,37 m^3 Laubholz (ohne Rinde) notwendig. Es wird unterstellt, dass sowohl die Bestandesgründung als auch die Waldpflege und die Holzernte (ohne Zerkleinerung) vorrangig dem Zweck der Stamm- und Industrieholzproduktion dienen. Aufgrund dessen werden in der Datenbank ecoinvent v2.0 auf Basis einer ökonomischen Allokation die Prozesse zur Bestandesgründung, Waldpflege und Holzernte nur zu einem Anteil von 6 % dem Waldrestholz zugeordnet. Es folgt daraus, dass in der vorliegenden Arbeit lediglich Arbeitsgänge zur Produktion von 0,38 m^3 Laubholz (ohne Rinde) für die Bereitstellung von 1 m^3 Waldrestholz berücksichtigt werden (vgl. Werner et al., 2007). Für die Modellierung der Laubholz-Bestandesgründung wird der Betrieb von Baumaschinen, Sägen und Nutzfahrzeugen (3,5–16 t) berücksichtigt. Für die Holzernte wird der Betrieb von Baumaschinen und Sägen modelliert. Für die Zerkleinerung von Waldrestholz kommt, analog zum KUP-Holz, ein mobiler Holz-Häcksler zum Einsatz, welcher als Betrieb einer Baummaschine in umberto® modelliert wird. Die ermittelten Kraftstoffverbräuche je t TM Holz für die einzelnen Arbeitsgänge sind in Tabelle 12 aufgeführt. Die Modellierung der Produktion von Hackschnitzeln aus Waldrestholz in umberto® ist in Abbildung A.2.1 in Anhang A.2 dargestellt. In Tabelle A.2.1 in Anhang A.2 sind die verwendeten Datensätze der Datenbank ecoinvent v2.0 näher spezifiziert.

Modellierung des Transports zur Produktionsanlage

Für den Transport zur Produktionsanlage wird für die regionale Bereitstellung (reg) von Holz aus KUP sowie von Waldrestholz ausschließlich ein Transport per LKW angenommen. Die Daten für die Emissionen, den Bedarf an Betriebsstoffen und Infrastruktur für den Transport per LKW stammen aus der Datenbank ecoinvent v2.0 und beziehen sich auf einen LKW größer 28 t (Flottendurchschnitt, Schweiz). Dort wird eine durchschnittliche Beladung dieser LKW-Klasse von ca. 9,8 t sowie ein Kraftstoffverbrauch von 0,28 kg/km unterstellt, woraus sich ein Kraftstoffbedarf von ca. 0,029 kg/(t·km) ergibt (vgl. Tabelle 12). Diese Annahmen werden für die Variante der überregionalen Holzbereitstellung (üreg) aus Brasilien für den Transport vor Ort (von den Anbauflächen zum Hafen) übernommen. Für den Transport vom Hafen in Brasilien (Porto Alegre) zum Hafen in Europa (Rotterdam) wird ein Transport per Hochseefrachter und für den Transport vom Hafen Rotterdam zur Produktionsanlage wird ein Transport per Zug modelliert (vgl. Kapitel 5.1.2). Die Daten für die Emissionen, den Bedarf an Infrastruktur und Betriebsstoffen, insbesondere zum Verbrauch von Schweröl (Hochseefrachter), Dieselkraftstoff (Zug) sowie Elektrizität (Zug), stammen ebenfalls aus der Datenbank ecoinvent v2.0 (vgl. Tabelle 12). In Tabelle A.2.3 und Tabelle A.2.4 in Anhang A.2 sind die für die Modellierung des überregionalen und des regionalen Transportes verwendeten Datensätze der Datenbank ecoinvent v2.0 näher spezifiziert und in Abbildung A.2.3 in Anhang A.2 ist das mit der Software umberto® modellierte Subnetz dargestellt. Im Rahmen der Bewertung der Prozesskette wird die mittlere Transportentfernung bei regionalem Bezug von Holz in Abhängigkeit der Verfügbarkeit der Waldflächen und der landwirtschaftlichen Flächen im Umkreis der betrachteten Standorte in Rheinland Pfalz (RP) und Sachsen-Anhalt (SA) ermittelt (vgl. Kapitel 6.2.1 und Kapitel 7.1.1). Für die Basis-Kapazität (C^{Anlage} = 450.000 t TM Holz/a) beträgt die mittlere Transportentfernung für den Standort SA bei Einsatz von Holz aus KUP ca. 36 km und bei Einsatz von WRH ca. 89 km, für den Standort RP bei Einsatz von Holz aus KUP ca. 51 km und bei Einsatz von WRH ca. 65 km. Für die überregionale Bereitstellung von KUP-Holz aus Brasilien wird für den Transport per LKW von den Anbauflächen zum Hafen in Porto Alegre eine mittlere Entfernung von 100 km, für den Transport per Hochseefrachter zum Hafen Rotterdam eine Entfernung von 10.566 km und für den Transport per Zug vom Hafen Rotterdam zum Anlagenstandort eine Entfernung von 626 km (Standort SA) bzw. von 477 km (Standort RP) angenommen (vgl. Kapitel 6.2.2 und Kapitel 7.1.1).

Fazit

Mit Hilfe der Modellierung der Holzproduktion und des Holztransportes mit umberto® werden insbesondere die Bedarfe an Betriebs- und Hilfsstoffen sowie die Emissionen aus der Kraftstoffverbrennung ermittelt. Durch den ausschließlichen Einsatz von ecoinvent-Bibliotheksmodulen für die Abbildung der forst- und landwirtschaftlichen Prozesse und des Transportes wird zudem eine einheitliche Datenbasis für die Bewertung geschaffen.

Tabelle 12: Berücksichtigte Prozessschritte zur Bereitstellung von Holz aus Kurzumtriebsplantagen (KUP) und von Waldrestholz (WRH), ermittelte Kraftstoffverbräuche aus der Modellierung mit umberto®, Datensätzen der Datenbank ecoinvent

Prozessschritt	Kraftstoffart	Kraftstoff-Verbrauch		ID Datensatz ecoinvent
		KUP	**WRH**	
Bodenvorbereitung		kg/t TM Holz		
Pflug	Diesel	3,3		185
Egge	Diesel	0,6		183
Feldspritze	Diesel	0,2		152
Pflanzung/Pflege		kg/t TM Holz		
Pflanzmaschine	Diesel	2,1		172
Hackgerät	Diesel	0,4		164
Baumaschine	Diesel		0,07	559
Motorsäge	Benzin, Zweitakt		0,06	564
LKW 3,5–16 t	Diesel, schwefelarm		0,25	1915
Ernte		kg/t TM Holz		
Vollernter	Diesel	3,5		162
Baumaschine	Diesel	3,3	3,3	559
Motorsäge	Benzin, Zweitakt		0,16	564
Baumaschine	Diesel		0,56	559
Rekultivierung		kg/t TM Holz		
Bodenfräse	Diesel	0,4		187
Transport		kg/(t FM Holz·km)		
LKW > 28 t	Diesel, schwefelarm	0,029		1927
Hochseefrachter (nur bei überregionaler Bereitstellung)	Schweröl	0,0025		1961
Zug (nur bei überregionaler Bereitstellung)	Diesel	0,00226		1977
		kWh/(t FM Holz·km)		
	Elektrizität	0,0396		1977

5.3.4 Modellierung der Produktionsanlage

Aufbauend auf den Angaben in Kapitel 5.1.3 und Kapitel 5.1.4 sowie den Ergebnissen der Modellierung mit ASPEN PLUS® im Hinblick auf die Rückgewinnungs- und Abtrennungsraten mittels Destillation und Entspannungsverdampfer werden die Stoffströme der Produktionsanlage in umberto® für unterschiedliche Szenarien modelliert.

Überblick

In Abbildung 20 ist das Sankey-Diagramm der Materialflüsse für das Subnetz der Produktionsanlage (Basis-Konfiguration) dargestellt. In dieser Darstellung werden die mengenmäßig bedeutsamsten Stoffströme Ethanol, Wasser und Holz bzw. Holzkomponenten (inkl. deren Abbauprodukte) proportional zu deren Menge dargestellt. Ausgehend von einem Inputstrom (P32 nach T2), der die Holzkomponenten (Cellulose, Hemicellulose, Lignin und übrige Holzinhaltsstoffe) sowie das im Holz enthaltene Wasser umfasst, werden die einzelnen Prozessschritte über Berechnungsvorschriften in der Scriptsprache Python modelliert. Das Subnetz der Produktionsanlage beinhaltet zwei Rückführungsschleifen, weshalb das Subnetz mittels dynamischer Modellierung in 10 Iterationsschritten berechnet wird. Für die Modellierung der Stoffströme der Produktionsanlage werden Parameter für die Variation des Lösemitteleinsatzes lm (3;4;...;10), die Anzahl der Lignin-Wäschen nw_L (1;2;...;8), die Anzahl der Cellulose-Wäschen nw_C (1;2;...;8), die Zugabe von Enzymen z' (0,0063;0,025) und von Schwefelsäure z (0;0,2;...;1,2) sowie die Verweilzeit der enzymatischen Hydrolyse t' (20;22;...;100) hinterlegt. Die unterschiedlichen Druckstufen (p) des Kompressors wirken sich nicht auf die Stoffströme der Produktionsanlage aus und werden in umberto® nicht modelliert. In Bezug auf die Stoffstrommodellierung der Schwefelsäure wird lediglich deren Zugabe zur Aufschlusslösung in Abhängigkeit der Schlüsselgröße z im Modell abgebildet, während deren weiterer Verbleib aufgrund der relativ geringen Menge vernachlässigt wird.

Beschreibung einzelner Modellteile

Je nach Lösemitteleinsatz (Parameter lm) und Holzmenge (Startwert der Simulation) muss dem Holz eine bestimmte Menge an Ethanol und Wasser aus der Lösemittelverdichtung (T3) der Aufheizung (T2) bzw. dem Holzaufschluss (T12) zugeführt werden (vgl. Abbildung 20). Das Ethanol wird zum Großteil mittels Flash-Verdampfung und Destillation zurückgeführt. Aus den Rückführungsraten der Flash-Verdampfung (T11) und der Destillationskolonne (T15) zusammen mit dem Verlust an Ethanol und Wasser mit den Produktströmen (Output-Stellen P33, P10, P34), dem Abwasserstrom (Output-Stelle P12) und der Dampfphase der Trocknung (Output-Stelle P12) ergibt sich die jeweilige Menge an Ethanol und Wasser, die der Lösemittelverdichtung neu zugeführt werden muss (T3). Die Verlustmenge an Ethanol ist dabei außer vom Lösemittel zu Holz-Verhältnis (lm) auch von der Anzahl der Waschschritte der Cellulosefraktion (nw_C) und der Ligninfraktion (nw_L) abhängig. Mit steigender Anzahl der jeweiligen Waschschritte wird der Ethanolaustrag mit den Produktströmen und dem Abwasserstrom verringert (vgl. Abbildung 20).

Während dem Holzaufschluss (T12) wird ein Teil der Hemicellulose zu Ameisensäure, Essigsäure und Furfural umgewandelt bzw. geht als C_5-Oligomere und Xylose in Lösung (vgl. Abbildung 20). Die sog. übrigen Holzinhaltsstoffe gehen ebenfalls in Lösung (vgl. Abbildung 11 in Kapitel 5.1.3). Die Modellierung der Anteile an Hemicellulose in der Cellulosefraktion und die Bildung von Abbauprodukten aus der Hemicellulose wird unabhängig von *lm* modelliert. Ebenso wird, unabhängig von *lm*, jeweils die gesamte Cellulose als unlöslicher Rückstand von der Aufschlusslösung abgetrennt (vgl. Abbildung 11 in Kapitel 5.1.3). Die Menge an Lignin, die während dem Holzaufschluss aus dem Holzverbund gelöst wird und damit auch die Menge an Lignin, die mit im unlöslichen Rückstand (Cellulosefraktion) verbleibt, wird in Abhängigkeit von *lm* modelliert (vgl. Abbildung 12 in Kapitel 5.1.3).

Die notwendigen Informationen zur Modellierung der Flash-Verdampfung (T11) und der Destillation (T15) stammen aus der Modellierung mit ASPEN PLUS® (vgl. Kapitel 5.2). In Tabelle 13 sind die Input-/Output-Bilanzen der Transitionen T11 und T15 zur Abbildung der Flash-Verdampfung und der Destillation für die Basis-Konfiguration aufgeführt (vgl. Abbildung 20). Bei der Flash-Verdampfung werden ca. 57 % des Ethanols verdampft und rückgeführt und mittels Destillation werden ca. 99,6 % Ethanol zurückgeführt (in Bezug auf den jeweiligen Input an Ethanol). Die Abtrennung von Furfural im Abwasserstrom beträgt ca. 92 %.

Für die Modellierung der Abtrennung der Festphasen mittels Zentrifugen (nach dem Holzaufschluss, nach der Ligninfällung, nach der Ligninwäsche und nach der Cellulosewäsche) wird jeweils eine Feuchte von 100 % angenommen. Die Flüssigphase enthält dabei je nach Parametereinstellung unterschiedliche Anteile an Ameisensäure, Essigsäure, Ethanol, Furfural, Lignin, gelöstem Lignin (Ligsolv), übrigen Holzinhaltsstoffen, Wasser, C_5-Oligomeren und Xylose. Die Modellierung des Einflusses der unterschiedlichen Anzahl an Waschschritten für die Lignin- und die Cellulosefraktion (nw_C und nw_L) bei insgesamt konstanter Wassermenge erfolgt in den Transitionen T4 und T1 jeweils durch eine näherungsweise Abbildung der Verdünnung, d.h. der Abnahme des Gehaltes gelöster Verbindungen (bspw. Ethanol, Furfural) in der Flüssigphase, die nach der Wäsche mit in den Feststoff-Fraktionen verbleiben.

Der Wasserbedarf für die Ligninfällung (T8) wird zum Großteil durch das Wasser aus der Wäsche der Cellulosefraktion gedeckt (vgl. Abbildung 20). Zur Fällung des Lignins muss die Ethanol-Konzentration in der Lösung auf unter 20 % gesenkt werden (vgl. Kapitel 5.1.3). Der Wasserbedarf entspricht somit der fünffachen Menge an Ethanol in der Flüssigphase, abzüglich des Wassers, das sich bereits in der Flüssigphase befindet, und zuzüglich der Ethanolmenge, die sich im rückgeführten Waschwasser befindet. Für den Fall, dass das Waschwasser nicht für die Fällung ausreicht, wird eine entsprechende Menge Frischwasser zugeführt (T9). Für den Fall, dass zu viel Wasser vorhanden ist, wird der überschüssige Teil zurückgeführt zur Lösemittelverdichtung (T3).

Tabelle 13: Input-/Output-Bilanzen der Modellierung von Flash-Verdampfung und Destillation mit umberto® (Basis-Konfiguration mit 56,25 t TM Holz/h, 338 t LM/h für den Holzaufschluss)

	T11: Flash			T15: Destillation			
	Input	Output 1	Output 2	Input	Output 1	Output 2	Output 3
	Susp_2	Rück-führung	Susp_3	Flüssig_2	Rück-führung	Abwasser	C5-Fraktion
	t/h			t/h			
Ameisensäure	0,6	0,1	0,6	0,5			0,5
C$_5$-Oligomere	5,1		5,1	5,0			5,0
Cellulose	24,7		24,7				
Essigsäure	2,5	0,2	2,4	2,3		0,1	2,2
Ethanol	168,6	96,1	72,5	70,1	69,8	0,3	
Furfural	1,3	0,4	0,9	0,9	0,004	0,8	0,1
Hemicellulose	3,3		3,3				
Lignin	3,2		3,2				
Ligsolv	8,8		8,8	0,8			0,8
Übrige Holzinhaltsstoffe	5,1		5,1	4,9			4,9
Wasser	168,6	35,4	133,2	316,3	9,5	19,0	287,9
Xylose	2,4		2,4	2,3			2,3
SUMME	**394,2**	**132,2**	**262,2**	**403,1**	**79,3**	**20,2**	**303,7**

Der Wasserbedarf für die Wäsche der Cellulosefraktion (T14) wird zum Teil durch das Wasser aus der Lignin-Wäsche gedeckt. Der Frischwasserbedarf für die Wäsche entspricht der fünffachen Menge der Cellulosefraktion zuzüglich der Menge an Ethanol im rückgeführten Waschwasser und in der Cellulosefraktion und abzüglich des Wassers im Waschwasser und in der Cellulosefraktion.

Fazit

Aus der Modellierung mit umberto® und insbesondere der Sankey-Darstelllung in Abbildung 20 wird ersichtlich, dass sehr große Mengen an Ethanol und Wasser in der Anlage im Kreis geführt werden müssen, was relativ große Anlagenkomponenten erfordert und einen hohen Energiebedarf hervorruft. Des Weiteren liegen die Glukose und insbesondere die C$_5$-Zucker in stark verdünnten Lösungen vor, weshalb eine Weiterverarbeitung dieser Fraktionen zu höherwertigeren Produkten vor Ort sinnvoll ist. Für die Basis-Konfiguration enthält die

Glukosefraktion ca. 14 Masse-% Glukose, ca. 74 Masse-% Wasser und ca. 12 Masse-% übrige Substanzen (insbesondere Hemicellulose, Lignin, Ethanol) und die C_5-Fraktion ca. 2,5 Masse-% C_5-Zucker, ca. 95 Masse-% Wasser und ca. 2,5 Masse-% übrige Substanzen (insbesondere übrige Holzinhaltsstoffe, Essigsäure).

Die Modellierung der Stoffströme der Produktionsanlage in Abhängigkeit der Schlüsselgrößen *lm*, *nw_L*, *nw_C*, *z*, *z'*, *t'* mit umberto® dient insbesondere als Grundlage zur Ermittlung von Auslegungsdaten einzelner Anlagenkomponenten, wie Flash-Behälter, Lagertanks für Edukte und Produkte, Aufschluss- und Hydrolysereaktor, Zentrifugen und Trockner (vgl. Kapitel 7.1.3). Des Weiteren stellt sie die Basis für die Ermittlung der Bedarfe an Betriebsstoffen (Ethanol, Wasser, Enzyme, Schwefelsäure), der Produktausbeuten (Glukose, C_5-Zucker und Lignin) und des Abwasseraufkommens der Anlage dar. In Abbildung A.3.1 in Anhang A.3 ist die Basis-Konfiguration der Produktionsanlage mit den resultierenden Edukt-, Produkt- und Abwasserströmen dargestellt. Die dort aufgeführten Energiebedarfe werden aus der Modellierung mit ASPEN PLUS® bzw. in Verbindung mit Literaturdaten abgeleitet (vgl. Kapitel 5.2.6 und Kapitel 6.4).

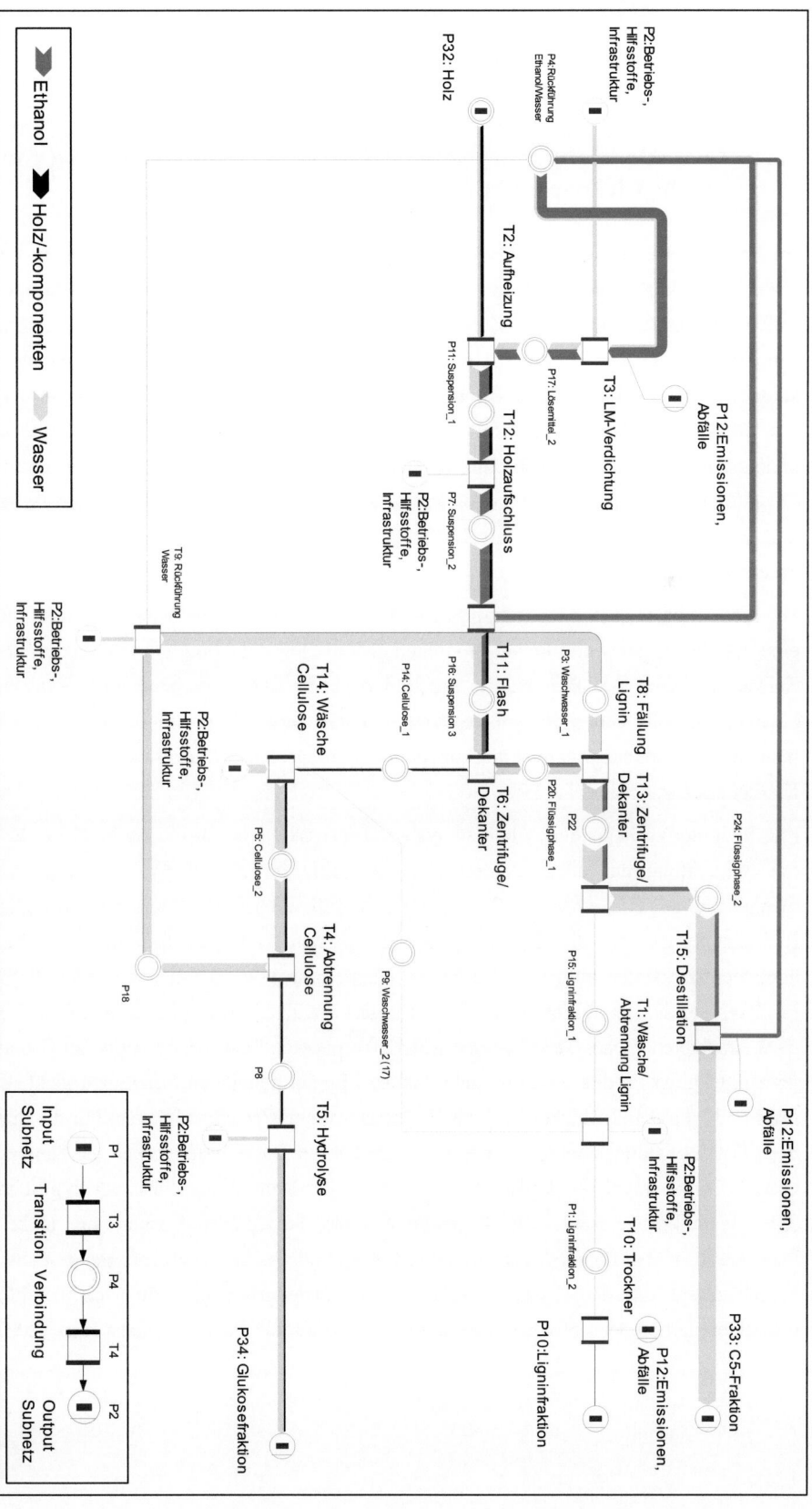

Abbildung 20: Stoffstromnetz (Sankey-Darstellung) der Produktionsanlage (eigene Darstellung)

5.4 Charakterisierung der Referenzprozesse für die Herstellung von Lignin, Glukose und C$_5$-Zuckern aus Holz

Im Rahmen der ökologischen Bewertung (vgl. Kapitel 7.3) und der Ermittlung der CO$_2$-Vermeidungskosten (vgl. Kapitel 7.4) wird die untersuchte Prozesskette mit möglichen Referenzprozessen verglichen. Zur ökologischen Optimierung wird eine Maximierung des Einsparpotenzials von Emissions- und Energieäquivalenten ausgewählter Umweltwirkungs- kategorien durchgeführt. Das Einsparpotenzial wird aus der Differenz der Umweltwirkungen der Herstellung von Lignin, Glukose und C$_5$-Zuckern aus Holz und der Herstellung der gleichen Menge an Referenzprodukten ermittelt (vgl. Kapitel 7.3). Bei der Ermittlung der CO$_2$-Vermeidungskosten wird die Differenz der Herstellkosten der untersuchten Prozesskette und eines Referenzprozesses zur Differenz der CO$_2$-Äquivalentemissionen in Beziehung gesetzt (vgl. Kapitel 7.4).

Die Auswahl geeigneter Referenzprozesse für die betrachtete Prozesskette erfolgt auf Basis einer möglichen Substitution von Produkten gleicher Funktion durch die Produkte Lignin, C$_5$-Zucker und Glukose. Wie bereits geschildert, kann Lignin in bestimmten Anwendungs- bereichen erdölbasiertes Phenol ersetzen und die Glukose- sowie die C$_5$-Zucker-Lösung können als Fermentationsrohstoff konventionell hergestellte Zuckerlösungen ersetzen (vgl. Kapitel 2.2.2 und Kapitel 2.2.3).

Für die in der vorliegenden Arbeit analysierte Prozesskette ist für die ökologische Bewertung die Betrachtung nur eines Referenzprozesses aufgrund der Kuppelproduktion von drei mengenmäßig gleichwertigen Produkten unterschiedlicher Funktion nicht möglich. Als Referenzprozesse für die Ermittlung des Einsparpotenzials von Emissions- und Energie- äquivalenten werden aufgrund dessen die Herstellung von Phenol aus Cumol (sog. Hock- Prozess) und die Herstellung von Zucker-Rohsaft aus Zuckerrüben betrachtet. Dem Vergleich der betrachteten Prozesskette mit den Referenzprozessen liegt die Annahme zu Grunde, dass jeweils 1 kg der Produkte Lignin und Glukose 1 kg der genannten Referenzprodukte ersetzen kann und 2 kg der C$_5$-Zucker 1 kg des Referenzproduktes ersetzen können. Für die Schätzung der CO$_2$-Vermeidungskosten werden aus Gründen der Datenverfügbarkeit die Herstellkosten und die CO$_2$-Äquivalente der Herstellung von Zucker-Rohsaft aus Zuckerrüben geschätzt und den Herstellkosten sowie CO$_2$-Äquivalenten für die Glukose-Lösung aus Holz gegen- übergestellt, wobei für die Nebenprodukte Lignin und C$_5$-Zucker entsprechende Gutschriften berücksichtigt werden (vgl. Kapitel 7.4). Datengrundlage für die nachfolgende Charakterisierung der Referenzprozesse stellen im Fall von Phenol Althaus et al. (2007a) und

Weber et al. (2005) dar und im Fall von Zucker-Rohsaft Jungbluth et al. (2007) und Nemecek und Kägi (2007).

Herstellung von Phenol aus Cumol

In Abbildung 21 sind die Haupt-Prozessschritte zur Herstellung von Phenol (Hydroxybenzol, C_6H_5OH) durch Oxidation von Cumol (Hock-Prozess) dargestellt. In etwa 95 % des weltweit produzierten Phenols (ca. 6,9 Mio. t/a im Jahr 2003) werden über diesen Weg hergestellt (vgl. Weber et al., 2005). Als Nebenprodukt werden in diesem Prozess je t Phenol ca. 0,62 t Aceton produziert. Der Ausgangsstoff für dieses Verfahren, Cumol (Isopropylbenzol), stellt einen erdölbasierten Rohstoff dar, der aus Benzol und Propen in Anwesenheit eines sauren Katalysators (Polyphosphorsäure) hergestellt wird (vgl. bspw. Griesbaum et al., 2005). Der Transport von Cumol zur Produktionsanlage erfolgt mit dem Zug und per LKW (vgl. Althaus et al., 2007a).

Zur Herstellung von Phenol wird das Cumol zunächst mit Sauerstoff bei einem Druck von 1-7 bar und einer Temperatur von 80 - 120 °C zu Cumol-Hydroperoxid oxidiert. Anschließend wird das Cumol-Hydroperoxid unter Einsatz starker mineralischer Säuren (bspw. H_2SO_4) in Phenol und Aceton gespalten. Beide Reaktionen sind stark exotherm (-117 kJ/mol für die Oxidation und -252 kJ/mol für die Spaltung). Das Spaltprodukt wird anschließend gekühlt und mit Natrium-Phenolat neutralisiert. Es erfolgt eine Aufreinigung der Produktströme mittels einer Reihe von Destillationskolonnen[82]. Weltweit stellt die Herstellung von Phenol-harzen nach der Herstellung von Bisphenol A mit 33 % der weltweiten Phenolproduktion die zweitgrößte Anwendung von Phenol dar. Phenolharze werden bspw. von der Automobil-industrie als Unterbodenschutz eingesetzt. Phenol liegt unterhalb des Schmelzpunktes (40,9 °C) als weißer, kristalliner Feststoff vor, oberhalb des Schmelzpunktes als farblose Flüssigkeit.

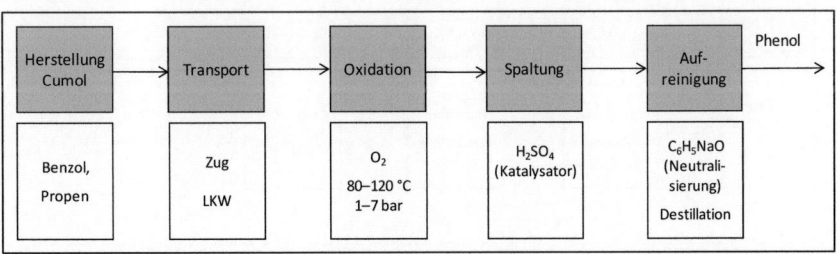

Abbildung 21: Prozessschritte zur Herstellung von Phenol aus Cumol (eigene Darstellung nach Althaus et al., 2007a)

---

[82] Nähere Informationen zur Herstellung von Phenol mittels Hock-Prozess finden sich bspw. in Weber et al. (2005).

Herstellung von Zucker-Rohsaft aus Zuckerrüben

In Abbildung 22 (oben) sind die Haupt-Prozessschritte zur Herstellung von Zucker-Rohsaft aus Zuckerrüben dargestellt. Die Zuckerrüben werden mittels Zug und LKW zur Zuckerraffinerie transportiert. Die Zuckerrüben werden dort zunächst grob gereinigt (Entfernen von Steinen, Erde, Blättern) und gewaschen und anschließend in lange dünne Streifen geschnitten. Anschließend werden die Zuckerrüben in einen sog. Diffuser gegeben. Dort wird der Zucker mit heißem Wasser im Gegenstrom extrahiert. Der sog. Zucker-Rohsaft und die extrahierten Rüben werden an entgegengesetzten Enden des Diffusers entnommen. Die Rüben enthalten nach der Extraktion noch ca. 2 % des ursprünglichen Zuckergehaltes. Der erhaltene Zucker-Rohsaft enthält ca. 84 Masse-% Wasser, 14,5 Masse-% Zucker (Saccharose) und 1,5 Masse-% sonstige Extraktstoffe (vgl. Jungbluth et al., 2007) und liegt damit in ähnlicher Zusammensetzung wie die Glukosefraktion der untersuchten Prozesskette für die Basis-Konfiguration vor (14 Masse-% Glukose, 74 Masse-% Wasser, 12 Masse-% sonstige Substanzen).

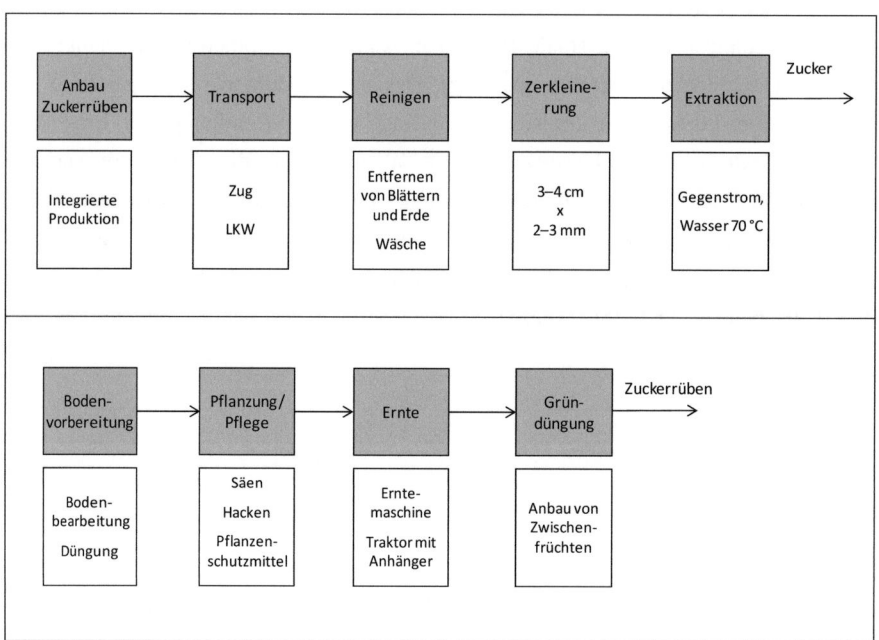

Abbildung 22: Prozessschritte zur Herstellung von Zuckerrohsaft aus Zuckerrüben (oben) und für den Anbau von Zuckerrüben (unten) (eigene Darstellung nach Jungbluth et al., 2007 und Nemecek und Kägi, 2007)

Der Anbau der Zuckerrüben (vgl. Abbildung 22, unten) umfasst die landwirtschaftlichen Produktionsschritte zur Bodenvorbereitung (Bodenbearbeitung, Düngen), Pflanzung und

Kulturpflege (Säen, Hacken, Ausbringen von Pflanzenschutzmitteln), Ernte inkl. Transport der Zuckerrüben vom Feld zum Hof mit dem Traktor und zum Anbau von Zwischenfrüchten (Gründünger) von Oktober bis Februar (vgl. Nemecek und Kägi, 2007). Der Anbau von Zwischenfrüchten (z.B. Senf, Ölrettich) dient dabei der Vermeidung von Nährstoffauswaschung und Bodenerosion[83].

5.5 Zusammenfassung

In diesem Kapitel wird als Grundlage für die ökonomische und die ökologische Bewertung und Optimierung eine detaillierte Charakterisierung der Prozesskette und der betrachteten Referenzprozesse durchgeführt. Als Ergebnis der Charakterisierung der Prozesskette werden zunächst die Schlüsselgrößen (vgl. Tabelle 6 in Kapitel 5.1.4) definiert und anhand einer umfassenden Modellierung der Stoff- und Energieströme unter Einsatz von Werkzeugen zur verfahrenstechnischen Modellierung und zur Stoffstromsimulation werden geschlossene Massen- und Energiebilanzen für die Herstellung von Glukose, C_5-Zuckern und Lignin in Abhängigkeit dieser Schlüsselgrößen erstellt, welche neben der Produktionsanlage auch die Prozessschritte der Holzproduktion und des Holztransportes umfassen. Zusätzlich werden aus der Modellierung mit ASPEN PLUS® technische Auslegungsdaten, bspw. für die Destillationskolonne und den Kompressor, sowie Stoffstromeigenschaften, bspw. Temperaturen von Massenströmen oder übertragene Wärmemengen, als Grundlage für die Schätzung der Investitionen abgeleitet. Ausgehend von den Modellierungen in umberto® und ASPEN PLUS® in Verbindung mit unterschiedlichen Eingangsdaten aus der Literatur (bspw. Preise, Emissionsfaktoren) wird das im nachfolgenden Kapitel 6 vorgestellte Modell zur Bewertung und Optimierung der Prozesskette entwickelt, welches in MS Excel und VBA implementiert wird. In Abbildung A.3.1 in Anhang A.3 ist als Ergebnis der in diesem Kapitel vorgestellten Charakterisierung und Modellierung die Basis-Konfiguration der Produktionsanlage mit dem zugehörigen Gesamtbedarf an Energie und Betriebsstoffen sowie den zugehörigen Produkt- und Abwasserströmen dargestellt.

---

[83] Nähere Informationen zu Anbau, Ernte und Vorbereitung der Zuckerrüben sowie zur Herstellung von Zucker-Rohsaft sind bspw. in Lewandowski (2001) und Schiweck et al. (2007) zu finden.

6 Modellgrundlagen zur techno-ökonomischen und ökologischen Bewertung und Optimierung der Prozesskette

In diesem Kapitel wird das Modell zur techno-ökonomischen und ökologischen Bewertung und Optimierung der Prozesskette vorgestellt. Das Modell wird auf Grundlage der in Kapitel 5 dargestellten Zusammenhänge entwickelt. Zunächst wird in Kapitel 6.1 die übergeordnete Modellstruktur vorgestellt. Das Modell besteht aus den Modulen *Stoffstromsimulation*, *verfahrenstechnische Modellierung*, *Transport*, *Kapazität*, *Energie*, *ökonomische Bewertung*, *ökologische Bewertung* und *vollständige Enumeration*. Die Module *verfahrenstechnische Modellierung* und *Stoffstromsimulation* werden in Kapitel 5.2 und Kapitel 5.3 näher erläutert. Zur Veranschaulichung ist in Abbildung A.3.1 in Anhang A.3 die Basis-Konfiguration der Produktionsanlage mit den zugehörigen Stoff- und Energieströmen als Ergebnis der verfahrenstechnischen Modellierung und der Stoffstromsimulation dargestellt. Die Funktion und der Aufbau der Module *Transport*, *Kapazität*, *Energie*, *ökonomische Bewertung* und *ökologische Bewertung* werden in den entsprechenden Kapiteln 6.2 bis 6.6 näher erläutert.

6.1 Erläuterung der Modellstruktur

In Abbildung 23 ist die Modellstruktur, d.h. der Zusammenhang zwischen den Modulen, den Eingangsdaten und den Datenflüssen dargestellt. Die Eingangsdaten für das Modell stellen Literaturdaten, wie bspw. Preisdaten, Zinssätze, Größendegressionsexponenten, Emissionsfaktoren, Ressourcenverbräuche sowie Informationen zur Landnutzung im Umkreis der gewählten Standorte dar. Im Modul *Transport* wird die Transportentfernung in Abhängigkeit des Standortes *st* (RP bzw. SA), der Holzart *h* (KUP bzw. WRH) sowie im Fall von Holz aus KUP der Bereitstellungsart *re* (regional bzw. überregional) berechnet. Die ermittelten Entfernungen fließen in das Modul *Stoffstromsimulation* mit ein (vgl. Kapitel 5.3.3). Eingangsdaten zur Schätzung der mittleren Transportentfernung stellen bspw. die regionale Verfügbarkeit von Flächen im Umkreis der Standorte und die betrachtete Gesamtkapazität der Anlage (C^{Anlage}) dar (vgl. Kapitel 6.2). Wie in Abbildung 23 dargestellt, werden die Kapazitäten und die Energiebedarfe der Anlagenaggregate auf Basis der Modellierung mit ASPEN PLUS® und umberto® abgeschätzt (vgl. Kapitel 5.2 und Kapitel 5.3). Im Modul *Kapazität* werden in Abhängigkeit der in Kapitel 5.1.4 definierten Schlüsselgrößen (Verhältnis Lösemittel zu Holz *lm*, Zugabe H_2SO_4 *z*, Anzahl Wäschen Ligninfraktion nw_L, Anzahl Wäschen Cellulosefraktion nw_C, Druckstufe Kompressor *p*, Verweilzeit Hydrolyse *t'*, Zugabemenge Enzyme *z'*, Bereitstellung Dampf b_D, Bereitstellung Ethanol b_{Eth}) die

Kapazitäten der Anlagenaggregate auf Basis der Stoffstromsimulation, der verfahrens-technischen Modellierung sowie zusätzlichen Daten aus der Literatur abgebildet (vgl. Kapitel 6.3). Im Modul *Energie* wird, ebenfalls in Abhängigkeit der o.g. Schlüsselgrößen, der Bedarf an elektrischer Energie sowie der Heiz- und Kühlbedarf der Produktionsanlage auf Basis der verfahrenstechnischen Modellierung, der Stoffstromsimulation und Eingangsdaten aus der Literatur modelliert (vgl. Kapitel 6.4). Die modellierten Kapazitäten der einzelnen Anlagen-aggregate fließen in das Modul zur *ökonomischen Bewertung* ein, die modellierten Energiebedarfe und Transportentfernungen in die Module zur ökonomischen und zur *ökologischen Bewertung* (vgl. Abbildung 23).

Im Modul *ökonomische Bewertung* (vgl. Kapitel 6.5) werden die Investitionen, die Kosten und das Betriebsergebnis in Abhängigkeit der Schlüsselgrößen geschätzt und im Modul *ökologische Bewertung* (vgl. Kapitel 6.6) die Einsparpotenziale in den gewählten Umweltwirkungskategorien.

Die in den nachfolgenden Kapiteln 6.2, 6.3, 6.4, 6.5 und 6.6 dargestellten Zusammenhänge werden in MS Excel und VBA als Planungsmodell für die techno-ökonomische und ökologische Bewertung und Optimierung der Prozesskette implementiert. Die Daten der Modellierung der Stoff- und Energieströme werden aus ASPEN PLUS® und umberto® in Excel importiert und in das Modell eingebunden.

Mit dem entwickelten Modell werden für verschiedene Anlagenkonfigurationen ökonomische (z.B. Betriebsergebnis, Kapitalwert, Amortisationsdauer) und ökologische (Einsparung von CO_2-, SO_2-, 1,4-DCB-, MJ-Äquivalenten) Kennzahlen als Grundlage für die Bewertung der Prozesskette in einer frühen Phase der Entwicklung ermittelt (vgl. Kapitel 7). Für die Auswahl derjenigen Anlagenkonfiguration, die im Hinblick auf die genannten Kennzahlen eine optimale Kombination der Schlüsselgrößen darstellt, wird in der vorliegenden Arbeit eine *vollständige Enumeration* durchgeführt. Als Ergebnis wird jeweils die Kombination der Schlüsselgrößen s ermittelt, welche das optimale Ergebnis für die jeweilige Zielgröße zg darstellt (vgl. Abbildung 23). Als ökonomische Zielgröße wird das Betriebsergebnis (BE) maximiert und als ökologische Zielgrößen werden die Einsparpotenziale (ES) für die betrachteten Umweltwirkungskategorien Klimawandel (KL), Versauerung (VS), Humantoxizität (HT) und kumulierter fossiler Energieaufwand (KEA_{fossil}) maximiert. Es ergeben sich damit die fünf Zielgrößen BE, ES_{KL}, ES_{VS}, ES_{HT}, ES_{KEA}. Im Rahmen der vollständigen Enumeration werden die Schlüsselgrößen s (lm, z, nw_L, nw_C, p, t', z', b_D, b_{Eth}) variiert (vgl. Kapitel 5.1.4) und die für die jeweilige Zielgröße optimale Kombination ermittelt (vgl. Abbildung 23). Neben der Berücksichtigung von jeweils nur einer der genannten Zielgrößen wird darüber hinaus im Rahmen der Gesamtbewertung eine

Optimierung der Prozesskette unter Einbeziehung aller Zielgrößen durch die Definition unterschiedlicher Zielvorgaben für die einzelnen Zielgrößen durchgeführt (vgl. Kapitel 7).

Im Rahmen der Auswertungen werden Sensitivitäts- und Szenarioanalysen zur Ermittlung des Einflusses ausgewählter Eingangsgrößen auf das Ergebnis und die optimale Konfiguration der jeweiligen Zielgröße durchgeführt und es werden die CO_2-Vermeidungskosten der Prozesskette ermittelt (vgl. Abbildung 23). Die Darstellung der Ergebnisse erfolgt dabei für die unterschiedlichen Holzarten h (WRH, KUP), Standorte st (SA, RP) und Varianten des Holzbezugs re (reg, üreg).

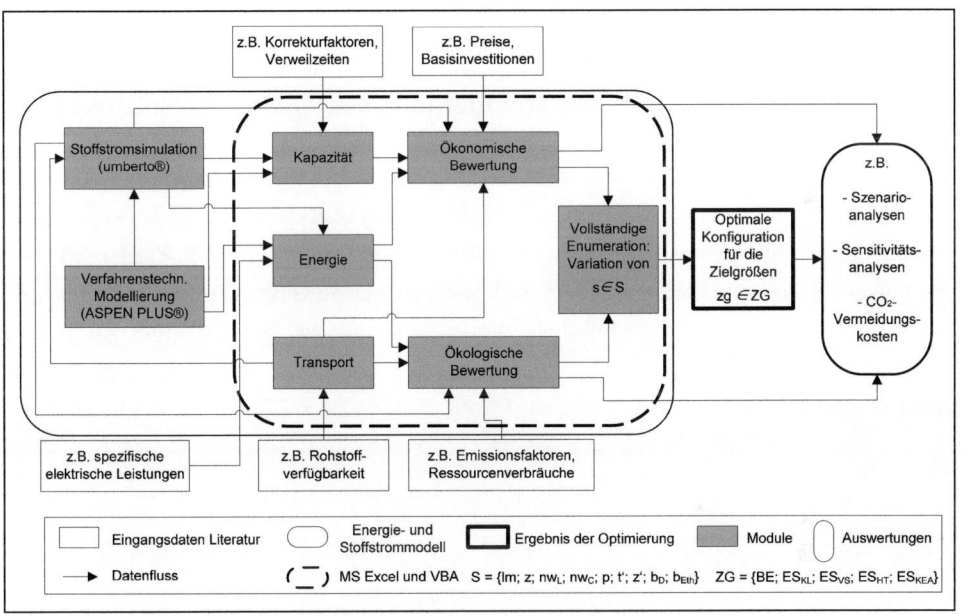

Abbildung 23: Eingangsdaten, Modellteile und Datenflüsse des entwickelten Energie- und Stoffstrommodells (eigene Darstellung)

6.2 Modellierung des Holztransportes

Für die Bereitstellung von Holz wird sowohl ein regionaler als auch ein überregionaler Bezug unterstellt. Bei Bezug von Waldrestholz (WRH) und Holz aus Kurzumtriebsplantagen (KUP) aus regionalen Quellen, d.h. aus dem Umkreis der Anlage, wird in der vorliegenden Arbeit ein Transport der Holzhackschnitzel per LKW von der Waldstraße (Variante WRH) bzw. von der Anbaufläche (Variante KUP) zur Anlage unterstellt (vgl. Kapitel 5.1.2). Neben der Anlagengröße wirkt sich der Standort st der Produktionsanlage sowie die Holzart h auf den Bereitstellungsradius und damit die Bereitstellungskosten und Emissionen aus den

Transporten aus (vgl. Kapitel 6.2.1). Während bei steigender Anlagengröße aufgrund von Größendegressionseffekten die spezifischen Investitionen sinken, steigen die spezifischen Kosten für den Holztransport mit steigender Anlagengröße. Als mögliche Standorte für die Produktionsanlage werden die Chemiestandorte Leuna in Sachsen-Anhalt (Standort SA) und BASF in Ludwigshafen (Standort RP) betrachtet. Als Alternative zur regionalen Holzbereitstellung wird in der vorliegenden Arbeit der Bezug von Holz aus Süd-Amerika (Brasilien) betrachtet. Hierfür wird eine näherungsweise Abschätzung der Transporte in Brasilien sowie der Transporte von Brasilien zu den Standorten SA und RP durchgeführt (vgl. Kapitel 6.2.2). Für die Variante der überregionalen Holzbereitstellung wird ausschließlich Holz aus KUP betrachtet (vgl. Kapitel 5.1.2).

6.2.1 Abbildung der Transportentfernung bei regionalem Holzbezug

Je nach Anlagengröße und Standort muss das Holz aus unterschiedlich großen Entfernungen zur Anlage transportiert werden. Für die regionale Bereitstellung von Holz wird vereinfachend angenommen, dass die Anlage im Mittelpunkt einer kreisförmigen Fläche steht und die maximale Transportentfernung dem Radius dieser Fläche entspricht. Des Weiteren wird angenommen, dass die durchschnittliche Entfernung, aus welcher das Holz zur Anlage transportiert wird, 2/3 des maximalen Radius entspricht (vgl. bspw. Wright und Brown, 2007 und Huang et al., 2009).

Formel 10

$$TE_{st,h,ez}^{reg} = \frac{2}{3} \cdot f^{Straße} \cdot \underbrace{\sqrt{C^{Anlage} \cdot \left(\pi \cdot f_{st,h,ez}^{Nutzung} \cdot f_{st,h}^{Verfüg} \cdot eg_h^{Holz} \right)^{-1}}}_{r^{max}} \quad \forall st \in ST, \forall h \in H, \forall ez \in EZ$$

mit

TE^{reg}	Transportentfernung regional	(km)		$f^{Nutzung}$	Faktor Landnutzung regional	(%)
C^{Anlage}	Kapazität Produktionsanlage (Input Trockenmasse Holz)	(t/a)		$f^{Verfüg}$	Faktor Verfügbarkeit von Flächen regional	(%)
$f^{Straße}$	Faktor Straße	(-)		eg^{Holz}	Ertrag Holz (Trockenmasse)	(t/(km²·a))

$EZ = \{20; 25; ...; 150\}$, $ST = \{SA, RP\}$, $H = \{WRH, KUP\}$

Für eine gegebene Anlagenkapazität (C^{Anlage}) können die maximale Transportentfernung (r^{max}) und die mittlere Transportentfernung (TE^{reg}) für den jeweiligen Standort der

Produktionsanlage (*st*), die jeweilige Holzart (*h*) und das jeweilige Einzugsgebiet (*ez*) über den in Formel 10 dargestellten Zusammenhang ermittelt werden.

Zur Abschätzung der mittleren Transportentfernung nach Formel 10 müssen Annahmen zu den Flächenerträgen (eg^{Holz}) in Abhängigkeit der Holzarten (*h*), zu den Anteilen der Waldflächen und der landwirtschaftlichen Flächen im Umkreis der Anlage ($f^{Nutzung}$) in Abhängigkeit des Standortes (*st*), der Holzart (*h*) und des Einzugsgebiet (*ez*) sowie zur Verfügbarkeit der Flächen, die für eine Nutzung am jeweiligen Standort *st* für die jeweilige Holzart *h* zur Verfügung stehen ($f^{Verfüg}$), getroffen werden (vgl. Kapitel 7.1.1). Die Anteile der Waldflächen und landwirtschaftlichen Flächen im Umkreis des jeweiligen Standortes ($f^{Nutzung}$) werden jeweils für Einzugsgebiete (*ez*) von 20 bis 150 km in 5 km-Intervallen ermittelt (vgl. Kapitel 7.1.1).

Zur Berücksichtigung der Straßenkrümmung wird r^{max} zusätzlich mit einem Faktor $f^{Straße}$ multipliziert (vgl. Kapitel 7.1.1).

6.2.2 Abbildung der Transportentfernung bei überregionalem Holzbezug

Für die Variante der Bereitstellung von Holzhackschnitzeln aus Brasilien wird eine Abschätzung der Transportentfernung mangels spezifischer Informationen ohne die Betrachtung regionaler Gegebenheiten zu Verfügbarkeit und Flächennutzung durchgeführt. Die gesamte Transportstrecke wird nach Formel 11 aus der Transportentfernung für den Transport per LKW in Brasilien, d.h. von der Anbaufläche zum Hafen in Porto Alegre (te^{LKW}), für den Transport per Schiff vom Hafen in Porto Alegre zum Hafen in Rotterdam (te^{Schiff}) und für den Transport per Zug vom Hafen Rotterdam zu den betrachteten Standorten SA und RP in Deutschland (te^{Zug}) berechnet. Mit Ausnahme des Transportes per Zug vom Hafen Rotterdam zum jeweiligen Standort wird für die überregionale Bereitstellung keine Unterscheidung der Standorte SA und RP getroffen.

Formel 11

$$TE_{st}^{üreg} = te^{LKW} + te^{Schiff} + te_{st}^{Zug} \quad \forall st \in ST$$

mit

$TE^{üreg}$	Transportentfernung überregional	(km)	te^{LKW}	Transportentfernung LKW	(km)
te^{Schiff}	Transportentfernung Schiff	(km)	te^{Zug}	Transportentfernung Zug	(km)

6.3   Modellierung der Kapazitäten der Anlagenaggregate

Als Grundlage für die Schätzung der Investitionen der Produktionsanlage werden die Kapazitäten für die einzelnen Aggregate in Abhängigkeit der Schlüsselgrößen modelliert (vgl. Kapitel 5.1.4). Grundlage für die Ermittlung der Kapazitäten stellen die Massen- und Energieströme aus der Modellierung der Produktionsanlage mit ASPEN PLUS® und umberto® dar (vgl. Kapitel 5.2 und Kapitel 5.3). Je nach Aggregat werden die Kapazitäten als Volumina, Summe der Massenströme, elektrische Leistungen oder Flächen in Abhängigkeit der Schlüsselgrößen angegeben. Für die Ermittlung der Volumina und Summen der Massenströme wird die Menge B' zur Abbildung der modellierten Stoffströme Cellulose, Hemicellulose, Lignin, übrige Holzinhaltsstoffe, Schwefelsäure, Ethanol, Wasser und Enzyme definiert. Die Umwandlungs- und Abbauprodukte der Cellulose (d.h. Glukose), der Hemicellulose (d.h. Essigsäure, Ameisensäure, Furfural, C_5-Oligomere, Xylose) und des Lignins (d.h. Lignin in Lösung) werden dabei den Stoffströmen Cellulose, Hemicellulose bzw. Lignin zugerechnet (vgl. Kapitel 5.1.3). In den folgenden Unterkapiteln 6.3.1, 6.3.2, 6.3.3 und 6.3.4 wird die Abbildung der Kapazitäten im Modell und deren Abhängigkeit von den Schlüsselgrößen vorgestellt. In Tabelle A.3.1 in Anhang A.3 ist eine Übersicht der Aggregate g der Anlage aufgeführt. Zusätzlich ist in Tabelle A.3.1 in Anhang A.3 die Datengrundlage für die Ermittlung der jeweiligen Kapazität (U = umberto®, A = ASPEN PLUS®) sowie die Abhängigkeit von den in Kapitel 5.1.4 definieren Schlüsselgrößen s (lm, z, nw_L, nw_C, p, t', z', b_D, b_{Eth}) aufgeführt. In Abbildung A.3.1 in Anhang A.3 ist zur Veranschaulichung die Basis-Konfiguration der Produktionsanlage mit den zugehörigen Stoff- und Energieströmen als Ergebnis der verfahrenstechnischen Modellierung und der Stoffstromsimulation (vgl. Kapitel 5) dargestellt.

6.3.1   Volumina der Behälter und Reaktoren

Die Berechnung der Kapazitäten der Flash-Verdampfer (*FLASH1*, *FLASH2*), Reaktoren (*REAKT1*, *REAKT2*) sowie der Lagertanks für Produkte (*TANK1*, *TANK2*, *TANK3*) und Edukte (*TANK4*, *TANK5*, *TANK6*) erfolgt auf Basis der Stoffstromsimulation mit umberto® (vgl. Kapitel 5.3). Die Volumina der genannten Aggregate werden auf Basis der Massenströme und der Dichte der einzelnen Stoffe der Menge B' (Cellulose, Hemicellulose, Lignin, übrige Holzinhaltsstoffe, Schwefelsäure, Ethanol, Wasser und Enzyme) und der jeweiligen Verweilzeit berechnet (vgl. Tabelle A.4.5 in Anhang A.1 zu den Dichteangaben). Die Volumina der Reaktoren und Flash-Verdampfer werden zusätzlich mit einem Korrekturfaktor f^{Reakt} beaufschlagt (vgl. Aden et al., 2002). Die Berechnung der Volumina

134

der genannten Aggregate erfolgt nach Formel 12[84]. Die jeweiligen Besonderheiten der Ermittlung der Kapazitäten, bspw. Einflussnahme der unterschiedlichen Schlüsselgrößen, werden für die unterschiedlichen Aggregate nachfolgend erläutert.

Formel 12

$$Kap_{g1,lm,z,nw_L,nw_C,t',z'} = f_{g1}^{Reakt} \cdot t_{g1,z,t'}^{Verw} \cdot \sum_{b' \in B'} \dot{m}_{g1,b',lm,z,nw_L,nw_C,t',z'}^{in} \cdot \rho_{b'}^{-1} \quad \forall g1 \in G1, \forall lm \in LM, \forall z \in Z,$$

$$\forall nw_L \in NW_L, \forall nw_C \in NW_C, \forall t' \in T', \forall z' \in Z'$$

mit

Kap_{g1} Kapazität Aggregat g1   (m³)

$\dot{m}^{in}$ Massestrom Input   (t/h) ρ Dichte   (t/m³)

t^{Verw} Verweilzeit   (h) f^{Reakt} Faktor Volumenkorrektur   (-)

$$G1 = \left\{ \begin{array}{l} REAKT1; REAKT2; FLASH1; FLASH2; TANK1; TANK2; \\ TANK3; TANK4; TANK5; TANK6 \end{array} \right\}$$

$$LM = \{3; 4; ...; 10\}, \ Z = \{0; 0,2; ...; 1,2\}, \ NW_L = \{1; 2; ...; 8\}, \ NW_C = \{1; 2; ...; 8\}$$

$$Z' = \{0,025; 0,00639\}, \ T' = \{20; 22; ...; 100\}$$

$$B' = \{Cellulose; Hemicellulose; Lignin; Übrige; Schwefelsäure; Ethanol; Wasser; Enzyme\}$$

Aufschlussreaktor, Flash-Verdampfer

Die Verweilzeit im Aufschlussreaktor (*REAKT1*) hängt von der Zugabemenge an Schwefelsäure (*z*) ab: Je höher die Zugabe an Schwefelsäure, umso kürzer die Verweilzeit bei gleichem Aufschluss-Ergebnis (vgl. Kapitel 5.1.4). Die Verweilzeiten in den Flash-Verdampfern (*FLASH1* und *FLASH2*) entsprechen der Verweilzeit im Aufschlussreaktor. Die jeweiligen Massenströme $\dot{m}^{in}$ hängen vom Lösemittel zu Holz-Verhältnis (*lm*) ab.

Hydrolysereaktor

Die Verweilzeit im Hydrolysereaktor (*REAKT2*) wird in Abhängigkeit der gewählten Verweilzeit (*t'*) zwischen 20 und 100 Stunden variiert (vgl. Kapitel 5.1.4). Die jeweiligen Massenströme $\dot{m}^{in}$ des Hydrolysereaktors hängen außer vom Lösemittel zu Holz-Verhältnis (*lm*) von der Zugabemenge an Enzymen (*z'*) sowie der Anzahl der Waschschritte für die Ligninfraktion (*nw_L*) und für die Cellulosefraktion (*nw_C*) ab. Die Investitionsschätzung für

---

[84] Aufgrund der relativ geringen Menge wird der Massestrom der Schwefelsäure ausschließlich zur Berechnung des Volumens des zugehörigen Lagertanks (TANK5) berücksichtigt und für die Volumina der übrigen Aggregate vernachlässigt.

den Rührer (*RUEHR*) des Hydrolysereaktors wird auf Basis der Kapazität des Hydrolysereaktors durchgeführt.

Lagertanks für Produkte

Die Verweilzeit in den Lagertanks (*TANK1, TANK2, TANK3*) für die Produktfraktionen, d.h. Ligninfraktion, C_5-Fraktion und Glukosefraktion, ist unabhängig von den Schlüsselgrößen. Für die Basis-Konfiguration wird eine Verweilzeit von 48 h angenommen. Die jeweiligen Massenströme $\dot{m}^{in}$ der Lagertanks für die Produkte hängen außer vom Lösemittel zu Holz-Verhältnis (*lm*) von der Anzahl der Waschschritte für die Ligninfraktion (nw_L) und für die Cellulosefraktion (nw_C) ab. Für den Lagertank für die Glukosefraktion (*TANK2*) hängen die Massenströme $\dot{m}^{in}$ zusätzlich von der Zugabemenge an Enzymen (z') und der Verweilzeit im Hydrolyse-Reaktor (t') ab.

Lagertanks für Edukte

Die Verweilzeit in den Lagertanks für die Edukte Ethanol, Schwefelsäure und Enzyme (*TANK4, TANK5, TANK6*) ist, analog zur Verweilzeit in den Lagertanks für die Produkte, unabhängig von den Schlüsselgrößen. Für die Basis-Konfiguration wird eine Verweilzeit von 168 h angenommen. Die jeweiligen Massenströme $\dot{m}^{in}$ der Lagertanks für die Edukte Ethanol und Schwefelsäure hängen vom Lösemittel zu Holz-Verhältnis (*lm*) ab. Zusätzlich hängt die Kapazität des Lagertanks für Ethanol von der Anzahl der Waschschritte für die Ligninfraktion (nw_L) und für die Cellulosefraktion (nw_C) ab und die Kapazität des Lagertanks für Schwefelsäure von der Zugabemenge an Schwefelsäure (z). Die Kapazität des Lagertanks für die Enzyme hängt ausschließlich von der Zugabemenge an Enzymen (z') ab.

6.3.2 Massenströme der Zentrifugen, der Pumpen, des Trockners, der Kolonne und des Förderbandes

Für die Zentrifugen, die Pumpen, den Trockner, die Destillationskolonne und das Förderband werden die Kapazitäten als Summe unterschiedlicher Output-Massenströme ($\dot{m}^{out}$) der Stoffe der Menge B' (Cellulose, Hemicellulose, Lignin, übrige Holzinhaltsstoffe, Schwefelsäure, Ethanol, Wasser und Enzyme) je Zeiteinheit abgeschätzt. Im Fall der Zentrifugen (*ZENTR*) werden die Output-Massenströme $\dot{m}^{out}$ der abgetrennten Festphasen betrachtet, im Fall des Trockners (*TROCKN*) und der Destillationskolonne (*DEST*) die Output-Massenströme der Dampfphasen. Bei den Pumpen (*P1, P2, P3*) und dem Förderband (*FOERDER*) tritt jeweils nur ein Output-Massestrom auf. Im Fall der Pumpen *P1, P2* und *P3* handelt es sich um eine Flüssigphase (Lösemittelgemisch bzw. Wassergehalt Holz), im Fall des Förderbandes (*FOERDER*) um eine Festphase (Holzhackschnitzel). Datengrundlage für die Ermittlung der genannten Kapazitäten stellt für das Förderband, den Trockner und die Zentrifugen die

Modellierung mit umberto® dar und für die Pumpen und die Destillationskolonne die Modellierung mit ASPEN PLUS® (vgl. Kapitel 5.2 und Kapitel 5.3). Die Berechnung der Kapazitäten der genannten Aggregate erfolgt nach Formel 13. Auf die jeweiligen Besonderheiten, bspw. die Einflussnahme der unterschiedlichen Schlüsselgrößen, wird nachfolgend eingegangen.

Förderband, Zentrifugen

Die Kapazität des Förderbandes (*FOERDER*) ist unabhängig von den Schlüsselgrößen. Die Kapazitäten der Zentrifugen (*ZENTR1, ZENTR2, ZENTR3, ZENTR4*) hängen vom Lösemittel zu Holz-Verhältnis (*lm*) ab. Die je nach Anzahl an Waschschritten zusätzlich benötigten Zentrifugen für die Wäsche der Ligninfraktion (*ZENTR3_A, ZENTR3_B, ZENTR3_C, ZENTR3_D, ZENTR3_E, ZENTR3_F, ZENTR3_G*) bzw. der Cellulosefraktion (*ZENTR4_A, ZENTR4_B, ZENTR4_C, ZENTR4_D, ZENTR4_E, ZENTR4_F, ZENTR4_G*), kommen in Abhängigkeit der Schlüsselgrößen nw_L und nw_C zum Einsatz. Deren Kapazität entspricht jeweils der Kapazität von *ZENTR3* bzw. *ZENTR4*. Die Kapazitäten des Förderbandes und der Zentrifugen sind unabhängig von der Druckstufe (*p*) des Kompressors.

Formel 13

$$Kap_{g2,lm,nw_L,nw_C} = \sum_{b' \in B'} \dot{m}^{out}_{g2,b',lm,nw_L,nw_C} \quad \forall g2 \in G2, \forall lm \in LM, nw_L \in NW_L, nw_C \in NW_C$$

mit

Kap_{g2} Kapazität Aggregat g2   (kg/s) $\dot{m}^{out}$ Massestrom Output   (kg/s)

$$G2 = \left\{ \begin{array}{l} FOERDER; ZENTR1; ZENTR2; ZENTR3; ZENTR3_A; ZENTR3_B; ZENTR3_C; ZENTR3_D; \\ ZENTR3_E; ZENTR3_F; ZENTR3_G; ZENTR4; ZENTR4_A; ZENTR4_B; ZENTR4_C; ZENTR4_D; \\ ZENTR4_E; ZENTR4_F; ZENTR4_G; TROCKN; DEST; P1; P2; P3 \end{array} \right\}$$

Trockner, Destillationskolonne

Die Kapazitäten des Trockners (*TROCKN*) und der Destillationskolonne (*DEST*) hängen vom Lösemittel zu Holz-Verhältnis (*lm*) ab. Für die Destillationskolonne entspricht der Output-Massestrom der Dampfphase dem Dampfstrom $\dot{D}$ am Kopf der Kolonne (vgl. Abbildung 15 in Kapitel 5.2.3), welcher als Grundlage für die Berechnung des Durchmessers der Kolonne dient.

Pumpen

Die Pumpe 1 (*P1*) dient, ebenso wie die Pumpe 2 (*P2*) der Lösemittelverdichtung auf den für den Holzaufschluss benötigten Druck von 18 bar. Der Output-Massestrom der Pumpe 1 ist vom Lösemittel zu Holz-Verhältnis (*lm*) abhängig[85]. Für den Fall, dass mit dem Kompressor bereits auf 18 bar (*p* = 18) verdichtet wird, wird *P1* nicht benötigt. Der Output-Massestrom der Pumpe 2 ist ebenfalls vom Lösemittel zu Holz-Verhältnis (*lm*) abhängig und der Output-Massestrom der Pumpe 3 (*P3*) ist unabhängig von den Schlüsselgrößen.

6.3.3 Elektrische Leistung des Kompressors und der Pumpen

Die Kapazitäten für den Kompressor (*COMPR*) und die Pumpen-Motoren (*P1-Motor*, *P2-Motor*, *P3-Motor*) werden als deren elektrische Leistung (vgl. Formel 14) abgebildet und aus der Modellierung mit ASPEN PLUS® abgeleitet (vgl. Kapitel 5.2.4).

Formel 14

$$Kap_{g3,lm,p} = L_{g3,lm,p} \quad \forall g3 \in G3, \forall lm \in LM, \forall p \in P$$

mit

Kap_{g3} Kapazität Aggregat g3   (kW) L Elektrische Leistung   (kW)

$$G3 = \{COMPR; P1 - Motor; P2 - Motor; P3 - Motor\}, \ P = \{3; 4; ...; 18\}$$

Mit steigendem Lösemitteldurchsatz (*lm*) in der Anlage steigt die elektrische Leistung der Pumpe 1 (*P1-Motor*), der Pumpe 2 (*P2-Motor*) und des Kompressors (*COMPR*) aufgrund der größeren Menge an Lösemittel, die verdichtet werden muss, an. Die elektrische Leistung des Kompressors und der Pumpe 1 hängt zusätzlich von der gewählten Druckstufe (*p*) des Kompressors für die Verdichtung der Dampfphase des Lösemittels ab. Je höher die Dampfphase durch den Kompressor (*COMPR*) verdichtet wird, umso geringer fällt die Leistung der Pumpe 1 aus. Die Abhängigkeit der Leistung des Kompressors und des Motors der Pumpe 1 von der Schlüsselgröße *p* ist in Abbildung 16 in Kapitel 5.2.4 für ein gegebenes Lösemittel zu Holz-Verhältnis dargestellt. Mit der Pumpe 2, deren Leistung lediglich vom Lösemittel zu Holz-Verhältnis (*lm*) abhängt, wird die Flüssigphase des Lösemittels verdichtet (vgl. Abbildung 14 in Kapitel 5.2.2). Die elektrische Leistung des Motors der Pumpe 3 (*P3-*

---

[85] Der Volumenstrom der Pumpe P1 ist zusätzlich von der Druckstufe des Kompressors (*p*) abhängig (vgl. Kapitel 5.2.4).

Motor) ist unabhängig von p und *lm*. Mit der Pumpe 3 wird die Verdichtung des Holzwasser-gehaltes vor dem Holzaufschluss abgebildet.

6.3.4 Flächen der Wärmetauscher

Die Kapazität der Wärmetauscher wird als Grundlage für die Investitionsschätzung als deren Fläche im Modell abgebildet. Die Berechnung der Fläche erfolgt auf Basis der Modellierung mit ASPEN PLUS® jeweils aus dem übertragenen Wärmestrom ($\dot{Q}$), den Temperaturen der eingehenden und ausgehenden Massenströme (bzw. der logarithmischen Mitteltemperatur ΔT^{log}) sowie dem Wärmeübertragunskoeffizient α (vgl. Formel 7 und Formel 8 in Kapitel 5.2.3 sowie Tabelle 9 in Kapitel 5.2.5). Die Kapazität der Wärmetauscher wird in Abhängigkeit der Druckstufe des Kompressors (p) und dem Lösemittel zu Holz-Verhältnis (*lm*) nach Formel 15 im Modell abgebildet. Die Kapazität aller modellierten Wärmetauscher steigt mit steigendem Lösemitteleinsatz (*lm*). Auf die Besonderheiten der einzelnen Wärme-tauscher wird nachfolgend eingegangen.

Formel 15

$$Kap_{g4,lm,p} = \dot{Q}_{g4,lm,p} \cdot \frac{1}{\alpha_{g4} \cdot \Delta T^{log}_{g4,lm,p}} \quad \forall g4 \in G4, \forall lm \in LM, \forall p \in P$$

mit

Kap_{g4}	Kapazität Aggregat g4	(m²)	$\dot{Q}$	Übertragener Wärmestrom	(kJ/s)
α	Wärmeübertragungskoeffizient	(kJ/(s·m²·K))	ΔT^{log}	Logarithmische Mitteltemperatur	(K)

$G4 = \{HEAT1; COOL1; HEAT3; WT1; WT2; WT3\}$

Aufheizung des Lösemittels

Die Fläche des Wärmetauschers zur Aufheizung des Lösemittels auf eine Temperatur von 180 °C (*HEAT1*) hängt sowohl vom Durchsatz an Lösemittel, d.h. vom Lösemittel zu Holz-Verhältnis (*lm*), als auch von der Druckstufe des Kompressors (*p*) ab. Je höher die Verdichtung der Dampfphase durch den Kompressor ist, desto höher ist die Temperatur des Lösemittels und desto geringer ist die notwendige Aufheizung durch den Wärmetauscher *HEAT1* (vgl. Kapitel 5.2.4).

Rückgewinnung Lösemittel

Die Kapazität des Wärmetauschers am Kopf der Destillationskolonne (*COOL1*) ist abhängig vom Durchsatz der Kolonne, d.h. vom Lösemittel zu Holz-Verhältnis (*lm*) und unabhängig von der Druckstufe des Kompressors (p). Die Kapazität des Wärmetauschers zur Deckung des zusätzlichen Heizbedarfes für die Destillationskolonne (*HEAT3*) hängt sowohl vom Durchsatz an Lösemittel, d.h. vom Lösemittel zu Holz-Verhältnis (*lm*), als auch von der Druckstufe des Kompressors (p) ab. Je höher die Verdichtung der Dampfphase durch den Kompressor, desto höher ist die notwendige Aufheizung durch den Wärmetauscher *HEAT3* und desto größer fällt dessen Fläche aus (vgl. Kapitel 5.2.4).

Verdichtung Lösemittel

Die Fläche des Wärmetauschers zur Verflüssigung des Lösemittels nach der Verdichtung (*WT1*) hängt, analog zu *HEAT1* und *HEAT3*, sowohl vom Durchsatz an Lösemittel, d.h. vom Lösemittel zu Holz-Verhältnis (*lm*), als auch von der Druckstufe des Kompressors (p) ab (vgl. Kapitel 5.2.4). Die Fläche des Wärmetauschers *WT1* sinkt mit steigender Druckstufe des Kompressors (p).

Aufheizung Lignin- und Cellulosefraktion

Die Auslegung der Wärmetauscher zur Aufheizung der Ligninfraktion vor der Trocknung (*WT2*) und zur Aufheizung der Cellulosefraktion vor der Hydrolyse (*WT3*) hängt ausschließlich vom Lösemittel zu Holz-Verhältnis (*lm*) ab.

6.4 Modellierung der Energiebedarfe der Anlagenaggregate

In der Produktionsanlage wird Energie in Form von elektrischer Energie, Heizdampf und Kühlwasser benötigt. Die Modellierung des Bedarfes an elektrischer Energie für Zentrifugen, Förderband, Pumpen, Kompressor und Rührer wird in Kapitel 6.4.1 erläutert, die Modellierung des Heizbedarfes für den Trockner und die Heizaggregate sowie die Modellierung des Kühlbedarfes für das Kühlaggregat in Kapitel 6.4.2.

6.4.1 Bedarf an elektrischer Energie

In der Produktionsanlage wird elektrische Energie für die Zentrifugen zur Abtrennung der Festphasen, für das Förderband zur Aufgabe der Holzhackschnitzel in den Aufschlussreaktor sowie für die Pumpen und den Kompressor zur Verdichtung des Lösemittels benötigt. Der Gesamtbedarf an elektrischer Energie ($\dot{E}^{Elektr\_gesamt}$) ergibt sich aus der Summe der Bedarfe der genannten Aggregate in Abhängigkeit des Lösemittel zu Holz-Verhältnisses (*lm*), der gewählten Verweilzeit im Hydrolysereaktor (t'), der Zugabemenge an Enzymen (z') und der Druckstufe des Kompressors (p). Nachfolgend wird auf die Ermittlung des Bedarfes an elektrischer Energie für die genannten Aggregate näher eingegangen.

Zentrifugen und Förderband

Wie in Kapitel 5.2.6 erläutert, erfolgt die Modellierung des Bedarfes an elektrischer Energie ($\dot{E}^{Elektr}$) für die Zentrifugen zur Abtrennung der Feststoff-Fraktionen und für das Förderband zur Aufgabe der Holzhackschnitzel auf Basis der jeweiligen Massenströme der Feststoff-Fraktionen ($\dot{m}^{out}$) und somit auf Basis von Kap_{g2} (vgl. Formel 13) in Verbindung mit Leistungsangaben aus der Literatur (f^{Elektr_Masse}). Die Berechnung des elektrischen Energie-bedarfes der Zentrifugen und des Förderbandes erfolgt nach Formel 16 und ist abhängig vom Lösemittel zu Holz-Verhältnis (lm), der Anzahl der Waschschritte für die Ligninfraktion (nw_L) und die Cellulosefraktion (nw_C) sowie von der betrachteten Durchflusszeit (t^{Fluss}).

Formel 16

$$\dot{E}^{Elektr}_{g2,lm,nw_L,nw_C} = f^{Elektr\_Masse}_{g2} \cdot Kap_{g2,lm,nw_L,nw_C} \cdot t^{Fluss}_{g2} \quad \forall g2 \in G2 \setminus \{TROCKN; DEST; P1; P2; P3\},$$

$$\forall lm \in LM, \forall nw_L \in NW_L, \forall nw_C \in NW_C$$

mit

$\dot{E}^{Elektr}$	Bedarf elektrische Energie	(kJ/s)	f^{Elektr_Masse}	Faktor Energiebedarf, bezogen auf die Feststoffmasse	(kJ/(kg·s))
t^{Fluss}	Durchflusszeit	(s)			

Rührer Hydrolysereaktor

Die Modellierung des Bedarfes an elektrischer Energie ($\dot{E}^{Elektr}$) für den Rührer des Hydrolysereaktors erfolgt auf Basis des Reaktorvolumens (vgl. Kapitel 6.3.1) in Verbindung mit Leistungsangaben aus der Literatur (f^{Elektr_Vol}) und ist damit neben dem Lösemittel zu Holz-Verhältnis (lm) von der Zugabemenge an Enzymen (z'), der Verweilzeit im Hydrolyse-reaktor (t'), der Anzahl der Waschschritte für die Ligninfraktion (nw_L) und die Cellulose-fraktion (nw_C) abhängig (vgl. Formel 17).

Formel 17

$$\dot{E}^{Elektr}_{RUEHR,lm,nw_L,nw_C,t'z'} = f^{Elektr\_Vol}_{RUEHR} \cdot Kap_{REAKT2,lm,nw_L,nw_C,t',z'} \quad \forall lm \in LM, \forall nw_L \in NW_L, \forall nw_C \in NW_C,$$

$$\forall t' \in T', \forall z' \in Z'$$

mit

f^{Elektr_Vol} Faktor Energiebedarf, bezogen auf das Reaktorvolumen   (kJ/(s·m^3))

Kompressor und Pumpen

Der Bedarf an elektrischer Energie für den Kompressor (*COMPR*) und die Pumpen-Motoren (*P1-Motor*, *P2-Motor*, *P3-Motor*) wird direkt aus der Modellierung mit ASPEN PLUS® abgeleitet (vgl. Kapitel 6.3.3) und hängt vom Lösemittel zu Holz-Verhältnis (*lm*) sowie von der Druckstufe des Kompressors (*p*) ab. In Formel 18 ist die Ermittlung des Gesamtbedarfes an elektrischer Energie ($\dot{E}^{Elektr\_gesamt}$) zusammenfassend dargestellt.

Formel 18

$$\dot{E}^{Elektr\_gesamt}_{lm,nw_L,nw_C,p,t'z'} = \dot{E}^{Elektr}_{g2,lm,nw_L,nw_C} + \dot{E}^{Elektr}_{RUEHR,lm,nw_L,nw_C,t'z'} + \dot{E}^{Elektr}_{COMPR,lm,p} + E^{Elektr}_{P1-Motor,lm,p} + E^{Elektr}_{P2-Motor,lm} + E^{Elektr}_{P3-Motor}$$

$$\forall g2 \in G2 \setminus \{TROCKN; DEST; P1; P2; P3\}, \forall lm \in LM, \forall nw_L \in NW_L, \forall nw_C \in NW_C, \forall p \in P,$$

$$\forall t' \in T', \forall z' \in Z'$$

6.4.2 Heiz- und Kühlbedarf

In der Produktionsanlage wird Energie zur Aufheizung des Lösemittels für den Holzaufschluss (*HEAT1*) sowie zur Kühlung des Dampfstromes der Destillationskolonne zur Lösemittelrückgewinnung (*COOL1*) benötigt. Der Heiz- und Kühlbedarf entspricht dem übertragenen Wärmestrom ($\dot{Q}$) der zugehörigen Wärmetauscher und wird mittels Heizdampf bzw. Kühlwasser gedeckt.

Heizbedarf

Der Heizbedarf ($\dot{E}^{W\"arme}$) für den Wärmetauscher *HEAT1* wird in Abhängigkeit vom Lösemittel zu Holz-Verhältnis (*lm*) und der Druckstufe (*p*) des Kompressors (*COMPR*) direkt aus der Modellierung mit ASPEN PLUS® abgeleitet (vgl. Kapitel 5.2.6). Für die Bewertung der Prozesskette wird eine Optimierung der Wärmeintegration analog zu DECHEMA (2009) angenommen, wonach der Wärmebedarf für den Verdampfer der Destillationskolonne (*HEAT3*) durch den Einsatz zusätzlicher Wärmetauscher (*HEN*[86]) eingespart werden kann (vgl. Kapitel 5.2.6 und Kapitel 7.1.1).

Kühlbedarf

Der Kühlbedarf ($\dot{E}^{K\"uhl}$) für den Wärmetauscher *COOL1* wird in Abhängigkeit vom Lösemittel zu Holz-Verhältnis (*lm*) ebenfalls aus der Modellierung mit ASPEN PLUS® abgeleitet (vgl. Kapitel 5.2.6).

---

[86] *Heat Exchanger Network*

6.5 Ökonomische Bewertung und Optimierung der Prozesskette

In diesem Kapitel werden zunächst die Schätzung der Investitionen der Produktionsanlage (vgl. Kapitel 6.5.1) und die Schätzung der Bereitstellungskosten für Holz (vgl. Kapitel 6.5.2) erläutert und anschließend wird die Schätzung der variablen Kosten und Erlöse (vgl. Kapitel 6.5.3) vorgestellt. Darauf aufbauend werden die Herstellkosten für die Produkte Lignin, C_5-Zucker und Glukose, das Betriebsergebnis, der Kapitalwert, die Rentabilität und die Amortisationsdauer der Anlage als Kenngrößen für die Wirtschaftlichkeit geschätzt (vgl. Kapitel 6.5.4).

6.5.1 Schätzung der Investitionen der Produktionsanlage

Die Gesamtinvestition I^{Gesamt} der Produktionsanlage wird über die Methode der differenzierten Zuschlagssätze nach Formel 19 geschätzt. Die Investitionen der Hauptkomponenten (Apparate und Maschinen) I^{HK_Gesamt} werden mit einem Zuschlagsfaktor $f^{Zuschlag}$ für die direkten und die indirekten Nebenpositionen multipliziert, welcher der Summe der differenzierten Zuschlagsfaktoren für die direkten (bspw. Installierung der Hauptkomponenten, Rohrleitungen) und die indirekten (bspw. Engineering und Überwachung, Konstruktion) Nebenpositionen entspricht (vgl. Kapitel 7.1.4). Zusätzlich werden zur Ermittlung der Gesamtinvestition die Auszahlungen für die Erstbefüllung der Anlage mit Lösemittel $I^{Lösem}$ berücksichtigt (vgl. Formel 19).

Als Grundlage für die Schätzung der Investitionen der Hauptkomponenten der Produktionsanlage werden die Kapazitäten der Anlagenaggregate g in Abhängigkeit der Schlüsselgrößen s ermittelt. Mittels Größendegressionsexponenten κ, abhängig vom Anlagenaggregat g, werden mit der jeweiligen Basiskapazität Kap^0 und der jeweiligen Basisinvestition I^0 die zugehörigen Investitionen I^{HK_Gesamt} der Anlagenaggregate (Hauptkomponenten) geschätzt (vgl. Formel 19).

Die Basisinvestitionen werden, ausgehend von den ermittelten Basiskapazitäten der einzelnen Anlagenaggregate g, mit Hilfe von Literaturdaten geschätzt. Die Preisdaten aus der Literatur werden mittels Preisindizes chemischer Anlagen und ggf. Währungsumrechnung in Euro, Bezugsjahr 2009, umgerechnet (vgl. Tabelle A.4.1 in Anhang A.4). Die Basisinvestitionen der Hauptkomponenten und die Vorgehensweise für deren Ermittlung werden in Kapitel 7.1.1 ausführlich dargestellt. Die berücksichtigten direkten und indirekten Nebenpositionen und die zugehörigen Faktoren zur Ermittlung der Gesamtinvestition sind in Kapitel 7.1.4 aufgeführt.

Formel 19

$$I^{Gesamt}_{lm,z,nw_L,nw_C,p,t',z'} = I^{Lösem}_{lm} + f^{Zuschlag} \cdot \underbrace{\sum_{g \in G} I^0_g \cdot \left(\frac{Kap_{g,lm,z,nw_L,nw_C,p,t',z'}}{Kap^0_g} \right)^{\kappa_g}}_{I^{HK\_Gesamt}} \quad \forall lm \in LM, \forall z \in Z, \forall nw_L \in NW_L,$$

$\forall nw_C \in NW_C, \forall p \in P, \forall t' \in T', \forall z' \in Z'$
mit

I^{HK_Gesamt}	Investition Hauptkomponenten	(€)
I^0_g	Basisinvestition Aggregat g	(€)
$I^{Lösem}$	Erstbefüllung der Anlage mit Lösemittel	(€)
$f^{Zuschlag}$	Zuschlagsfaktor Gesamtinvestition	(-)
κ_g	Größendegressionsexponent Aggregat g	(-)
Kap^0_g	Basiskapazität Aggregat g	vgl. Kapitel 7.1.3
Kap_g	Kapazität Aggregat g	vgl. Kapitel 6.3
I^{Gesamt}	Gesamtinvestition	(€)

$G = G1 \cup G2 \cup G3 \cup G4$

6.5.2 Schätzung der Kosten für die Holzbereitstellung

Die jährlichen Kosten für die Bereitstellung von Holz (K^{Holz}) aus regionalen Quellen (reg) werden aus den Kosten für die Produktion von Holz (K^{Anbau}), den variablen Transportkosten (K^{Transp_var}) und den fixen Transportkosten (K^{Transp_fix}) nach Formel 20 ermittelt. Nachfolgend werden die einzelnen Kostenpositionen näher erläutert. Mangels belastbarer Daten zu den Kosten für die überregionale Bereitstellung von Holz aus Brasilien (üreg) wird diese Variante lediglich im Rahmen der ökologischen Bewertung (zusätzliche Emissionen und Ressourcenverbräuche durch größere Transportentfernung) näher betrachtet (vgl. Kapitel 6.6.2).

Variable Transportkosten bei regionaler Holzbereitstellung

Die variablen (entfernungsabhängigen) Transportkosten (K^{Transp_var}) werden aus der mittleren Transportentfernung (TE^{reg}), den spezifischen variablen Transportkosten ($k^{TranspVar}$), der transportierten Menge an Holz und der Betriebsdauer der Anlage ($t^{Betrieb}$) berechnet (vgl. Formel 20). Die Berechnung der mittlere Transportentfernung (TE^{reg}) für die regionale Bereitstellung des Holzes erfolgt nach Formel 10. Die spezifischen variablen Transportkosten ($k^{TranspVar}$) werden aus der Literatur abgeleitet (vgl. Kapitel 7.1.4) und die transportierte Menge an Holz setzt sich aus der Holz-Trockenmasse ($\dot{m}^{Holz}$) und dem Wassergehalt des Holzes zusammen. Zur Berücksichtigung des Wassergehaltes (f^{Wasser}) des Holzes wird die

Trockenmasse durch den Anteil der Trockenmasse an der Gesamtmasse $(1 - f^{Wasser})$ dividiert (vgl. Huang et al., 2009).

Formel 20

$$K_{st,h,ez}^{Holz} = \underbrace{TE_{st,h,ez}^{reg} \cdot \frac{\dot{m}^{Holz}}{(1 - f^{Wasser})} \cdot k^{TranspVar} \cdot t^{Betrieb}}_{K^{Transp\_var}} + \underbrace{\frac{\dot{m}^{Holz}}{(1 - f^{Wasser})} \cdot k^{TranspFix} \cdot t^{Betrieb}}_{K^{Transp\_fix}} + \underbrace{\dot{m}^{Holz} \cdot k_h^{Anbau} \cdot t^{Betrieb}}_{K^{Anbau}}$$

$$\forall st \in ST, \forall h \in H, \forall ez \in EZ$$

mit

K^{Holz}	Kosten für die Bereitstellung von Holz	(€/a)	$\dot{m}^{Holz}$	Massestrom Trockenmasse Holz Input	(t/h)
K^{Transp_fix}	Fixe Transportkosten	(€/a)	$k^{TranspVar}$	Spezifische variable Transportkosten	(€/(t·km))
K^{Transp_var}	Variable Transportkosten	(€/a)	$k^{TranspFix}$	Spez. fixe Transportkosten	(€/t)
K^{Anbau}	Kosten Anbau und Ernte von Holz	(€/a)	k^{Anbau}	Spez. Kosten für Anbau und Ernte je Trockenmasse Holz	(€/t)
f^{Wasser}	Faktor Wassergehalt Holz	(%)	$t^{Betrieb}$	Betriebsstunden der Anlage	(h/a)

Fixe Transportkosten bei regionaler Holzbereitstellung

Die fixen (entfernungsunabhängigen) Transportkosten (K^{Transp_fix}) werden aus den spezifischen fixen Transportkosten ($k^{TranspFix}$), der transportierten Menge an Holz und der Betriebsdauer der Anlage ($t^{Betrieb}$) berechnet (vgl. Formel 20). Die spezifischen fixen Transportkosten ($k^{TranspFix}$) setzen sich aus den Kosten für das Be- und Entladen und das Aufschichten des Holzes an der Anlage zusammen und werden aus der Literatur abgeleitet (vgl. Kapitel 7.1.4).

Kosten für Anbau und Ernte bei regionaler Holzbereitstellung

Die Kosten für den Anbau und die Ernte des Holzes (K^{Anbau}) werden aus den spezifischen Kosten für Anbau und Ernte (k^{Anbau}), der Holz-Trockenmasse ($\dot{m}^{Holz}$) und der Betriebsdauer der Anlage ($t^{Betrieb}$) berechnet (vgl. Formel 20). Die spezifischen Kosten für den Anbau und die Ernte werden in Abhängigkeit der Holzart aus der Literatur abgeleitet (vgl. Kapitel 7.1.4).

6.5.3 Schätzung der jährlichen Gesamtkosten und Erlöse

Als Grundlage für die Ermittlung des Betriebsergebnisses (vgl. Kapitel 6.5.4) wird in diesem Kapitel die Berechnung der jährlichen Kosten und Erlöse erläutert. Es werden in Anlehnung an Remmers (1991) und Peters et al. (2004) folgende Kosten berücksichtigt (vgl. Kapitel 3.2.2): betriebsmittelverbrauchsabhängige Kosten, investitionsabhängige Kosten, Kosten für Personal und übrige Kosten (Kosten für Verwaltung und sonstige Kosten). In Bezug auf die Erlöse werden die Erlöse für Glukose, die Erlöse für Lignin und die Erlöse für C_5-Zucker ermittelt.

Betriebsmittelverbrauchsabhängige Kosten

Die betriebsmittelverbrauchsabhängigen Kosten (K^{Betr}) werden auf Basis der modellierten Stoff- und Energieströme (vgl. Kapitel 5.2 und Kapitel 5.3) in Abhängigkeit der Schlüsselgrößen nach Formel 21 berechnet. Sie umfassen die Kosten für Betriebsstoffe, die Kosten für Energie, die Rohstoffkosten und die Kosten für die Abwasserentsorgung.

Die Kosten für Betriebsstoffe (K^{Stoff}) setzen sich aus den Kosten für Ethanol (K^{Eth}), für Prozesswasser (K^{H2O}), für Schwefelsäure (K^{H2SO4}) und für Enzyme (K^{Enz}) zusammen (vgl. Formel 21). Die zugehörigen Massenströme werden aus der Modellierung mit umberto® abgeleitet (vgl. Kapitel 5.3). Die Kosten für Ethanol ergeben sich aus den Ethanolverlusten mit den Output-Strömen der Anlage, multipliziert mit dem Preis für Ethanol (pr^{Eth}) und der Betriebsdauer der Anlage ($t^{Betrieb}$). Die Output-Ströme (vgl. Abbildung 10 in Kapitel 5.1.2) umfassen die drei Produktfraktionen (Ligninfraktion, C_5-Fraktion, Glukosefraktion), den Abwasserstrom (Furfuralfraktion) und die Dampfphase des Trockners (Abdampf). Zur Abbildung der genannten Output-Ströme wird in Formel 21 die Menge Y definiert. Die Ethanolverluste hängen vom Lösemittel zu Holz-Verhältnis (*lm*), der Anzahl der Lignin-Wäschen (*nw_L*) und der Anzahl der Cellulose-Wäschen (*nw_C*) ab (vgl. Formel 21).

Die Kosten für Prozesswasser ergeben sich aus den Wasserbedarfen für die Fällung des Lignins (*$H2O_{Fällung}$*), für die Wäsche der Ligninfraktion (*$H2O_{Wäsche\_L}$*), für die Wäsche der Cellulosefraktion (*$H2O_{Wäsche\_C}$*), für die Hydrolyse der Cellulose (*$H2O_{Hydr}$*) und für den Holzaufschluss (*$H2O_{Verd}$*), multipliziert mit dem Preis für Prozesswasser (pr^{H2O}) und der Betriebsdauer der Anlage ($t^{Betrieb}$). Zur Abbildung der genannten Input-Ströme (vgl. Abbildung 10 in Kapitel 5.1.2) wird in Formel 21 die Menge A' definiert. Analog den Ethanolverlusten hängen die Wasserbedarfe vom Lösemittel zu Holz-Verhältnis (*lm*), der Anzahl der Lignin-Wäschen (*nw_L*) und der Anzahl der Cellulose-Wäschen (*nw_C*) ab (vgl. Formel 21).

Formel 21

$$K_{st,h,ez,re,lm,z,nw_L,nw_C,p,t',z',b_D}^{Betr} = \underbrace{\sum_{y\in Y} \dot{m}_{y,lm,nw_L,nw_C}^{Eth} \cdot pr^{Eth} \cdot t^{Betrieb}}_{K^{Eth}} + \underbrace{\sum_{a'\in A'} \dot{m}_{a',lm,nw_L,nw_C}^{H2O} \cdot pr^{H2O} \cdot t^{Betrieb}}_{K^{H2O}}$$

$$+ \underbrace{\dot{m}_{lm}^{Lsg} \cdot c_z^{H2SO4} \cdot pr^{H2SO4} \cdot t^{Betrieb}}_{K^{H2SO4}} + \underbrace{\dot{m}^{Holz} \cdot c^{Cell} \cdot f_{z'}^{Enz} \cdot pr^{Enz} \cdot t^{Betrieb}}_{K^{Enz}}$$

$$+ \underbrace{\dot{E}_{lm,p}^{W\ddot{a}rme} \cdot 3,6 \cdot \frac{1}{V^{Dampf}} \cdot pr_{b_D}^{Dampf} \cdot t^{Betrieb}}_{K^{Heiz}} + \underbrace{\dot{E}_{lm,p}^{K\ddot{u}hl} \cdot 3,6 \cdot \frac{1}{\omega^{Wasser} \cdot \Delta T^{K\ddot{u}hl}} \cdot pr^{K\ddot{u}hl} \cdot t^{Betrieb}}_{K^{K\ddot{u}hl}}$$

$$+ \underbrace{\dot{E}_{lm,nw_L,nw_C,p,t',z'}^{Elektr\_gesamt} \cdot pr^{Elektr} \cdot t^{Betrieb}}_{K^{Elektr}} + \underbrace{\dot{m}_{lm}^{Furf\_Frakt} \cdot pr^{Abw} \cdot t^{Betrieb}}_{K^{Abw}} + K_{st,h,ez}^{Holz} \quad \forall st \in ST, \forall h \in H, \forall ez \in EZ,$$

$$\forall lm \in LM, \forall z \in Z, \forall nw_L \in NW_L, \forall nw_C \in NW_C, \forall p \in P, \forall t' \in T', \forall z' \in Z', \forall b_D \in B_D$$

mit

K^{Betr}	Betriebsmittelverbrauchsabhängige Kosten	(€/a)	$\dot{E}^{K\ddot{u}hl}$	Kühlbedarf	(kJ/s)
K^{Eth}	Kosten Ethanol	(€/a)	$\dot{E}^{W\ddot{a}rme}$	Heizbedarf	(kJ/s)
K^{H2O}	Kosten Prozesswasser	(€/a)	$\dot{E}^{Elektr\_gesamt}$	Bedarf elektrische Energie	(kJ/s)
K^{H2SO4}	Kosten Schwefelsäure	(€/a)	pr^{H2O}	Preis Prozesswasser	(€/t)
K^{Enz}	Kosten Enzyme	(€/a)	pr^{H2SO4}	Preis Schwefelsäure	(€/t)
K^{Heiz}	Kosten Heizdampf	(€/a)	pr^{Elektr}	Preis Elektrizität	(€/kWh)
$K^{K\ddot{u}hl}$	Kosten Kühlwasser	(€/a)	pr^{Dampf}	Preis Heizdampf	(€/t)
K^{Elektr}	Kosten Elektrizität	(€/a)	$pr^{K\ddot{u}hl}$	Preis Kühlwasser	(€/t)
K^{Abw}	Kosten Abwasserentsorgung	(€/a)	pr^{Abw}	Preis Abwasser	(€/t)
ω^{Wasser}	Spez. Wärmekapazität Wasser	(MJ/(t·K))	pr^{Enz}	Preis Enzyme	(€/t)
$\Delta T^{K\ddot{u}hl}$	Temperaturdiff. Kühlwasser	(K)	pr^{Eth}	Preis Ethanol	(€/t)
c^{H2SO4}	Anteil H_2SO_4 in der Aufschlusslösung	(%)	$\dot{m}^{H2O}$	Massestrom Wasser	(t/h)
c^{Cell}	Anteil Cellulose im Holz	(%)	$\dot{m}^{Lsg}$	Massestr. Aufschlusslösung	(t/h)
f^{Enz}	Faktor Zugabemenge von Enzym bezogen auf Cellulose	(t/t)	$\dot{m}^{Furf\_Frakt}$	Massestrom Seitenabzug Destillationskolonne	(t/h)
V^{Dampf}	Verdampfungswärme Heizdampf	(MJ/t)	$\dot{m}^{Holz}$	Massestrom Trockenmasse Holz	(t/h)
			$\dot{m}^{Eth}$	Massestrom Ethanol	(t/h)

$$A' = \{H2O_{Verd}; H2O_{F\ddot{a}llung}; H2O_{W\ddot{a}sche\_L}; H2O_{W\ddot{a}sche\_C}; H2O_{Hydr}\}, B_D = \{EG; HZ\}$$

$$Y = \{Furf\_Frakt; C5\_Frakt; Abdampf; Lig\_Frakt; Gluk\_Frakt\}$$

Die Kosten für Schwefelsäure ergeben sich aus dem Massestrom der Aufschlusslösung ($\dot{m}^{Lsg}$) multipliziert mit dem Anteil der Schwefelsäure in der Aufschlusslösung (c^{H2SO4}), dem Preis für Schwefelsäure (pr^{H2SO4}) und der Betriebsdauer der Anlage ($t^{Betrieb}$). Der Massestrom der Aufschlusslösung hängt vom Lösemittel zu Holz-Verhältnis (lm) und der Anteil der Schwefelsäure von der Zugabemenge (z) ab (vgl. Formel 21).

Die Kosten für Enzyme entsprechen dem Produkt aus dem Massestrom für Cellulose, einem Faktor (f^{Enz}) in Abhängigkeit der Zugabemenge an Enzymen (z'), dem Enzympreis (pr^{Enz}) und der Betriebsdauer der Anlage ($t^{Betrieb}$). Der Massestrom für Cellulose wird aus der Trockenmasse Holz ($\dot{m}^{Holz}$), multipliziert mit dem Anteil von Cellulose im Ausgangsmaterial (c^{Cell}) berechnet.

Die Kosten für Energie ($K^{Energie}$) setzen sich aus den Kosten für Heizdampf (K^{Heiz}), für Kühlwasser ($K^{Kühl}$) und für Elektrizität (K^{Elektr}) zusammen (vgl. Formel 21). Die zugehörigen Energieströme werden aus der Modellierung mit umberto® und ASPEN PLUS® abgeleitet (vgl. Kapitel 6.4). Zur Ermittlung der Kosten für Heizdampf wird die erforderliche Dampfmenge mit dem Preis für Dampf (pr^{Dampf}) und der Betriebsdauer der Produktionsanlage ($t^{Betrieb}$) multipliziert. Der Preis für Heizdampf ist abhängig von der Art Bereitstellung des Dampfes (b_D). Es werden hierfür die Alternativen einer Erdgasfeuerung (EG) und einer Holzfeuerung (HZ) betrachtet. Die Dampfmenge ergibt sich aus dem Heizbedarf ($\dot{E}^{Wärme}$) multipliziert mit dem Kehrwert der Verdampfungswärme des Heizdampfes (V^{Dampf}) bei gegebenem Dampfdruck und zugehöriger Dampftemperatur. Für die vorliegende Arbeit wird Heizdampf mit einem absoluten Druck von 16 bar und eine Temperatur von 201,37 °C unterstellt (vgl. Kapitel 7.1.4). Für eine Umrechnung des Heizbedarfes von kJ/s in MJ/h wird eine Multiplikation mit 3,6 vorgenommen (vgl. Formel 21).

Zur Ermittlung der jährlichen Kosten für die Kühlung wird die erforderliche Kühlwassermenge mit dem Preis für Kühlwasser ($pr^{Kühl}$) und der Betriebsdauer der Produktionsanlage ($t^{Betrieb}$) multipliziert (vgl. Formel 21). Die Kühlwassermenge entspricht dem Produkt aus Kühlbedarf ($\dot{E}^{Kühl}$), dem Kehrwert der spezifischen Wärmekapazität von Wasser (ω^{Wasser}) sowie der Temperaturdifferenz, um die das Kühlwasser erwärmt wird ($\Delta T^{Kühl}$). Für die vorliegende Arbeit wird eine Temperaturdifferenz von 10 K angenommen (vgl. Kapitel 7.1.4).

Die Kosten für Elektrizität ergeben sich, wie in Formel 21 dargestellt, aus dem Bedarf an elektrischer Energie ($\dot{E}^{Elektr\_gesamt}$) multipliziert mit dem Preis für elektrischen Strom (pr^{Elektr}) und der Betriebsdauer der Anlage ($t^{Betrieb}$).

Die Kosten für die Abwasserentsorgung (K^{Abw}) werden aus dem Massestrom des Seitenabzugs der Destillationskolonne, d.h. der Furfuralfraktion ($\dot{m}^{Furf\_Frakt}$), dem Preis für die Abwasserentsorgung (pr^{Abw}) und der Betriebsdauer der Produktionsanlage ($t^{Betrieb}$) berechnet (vgl. Formel 21). Der Massestrom der Furfuralfraktion (Abwasserstrom) hängt vom Lösemittel zu Holz-Verhältnis (*lm*) ab und wird aus der Modellierung mit umberto® abgeleitet.

Zur Berechnung der jährlichen betriebsmittelverbrauchsabhängigen Kosten (K^{Betr}) werden zu den genannten Kostenpositionen die Kosten für die Bereitstellung von Holz (K^{Holz}) addiert (vgl. Formel 21). Die Berechnung der Kosten für die Bereitstellung von Holz wird in Kapitel 6.5.2 näher erläutert.

Investitionsabhängige Kosten

Die investitionsabhängigen Kosten (K^{Inv}) umfassen die jährlichen linearen Abschreibungen (K^{Abschr}), die Kosten für Steuern und Versicherungen (K^{St_Vers}), die Kosten für Reparatur und Instandhaltung (K^{Rep_Inst}) sowie die Kapitalkosten ($K^{Kapital}$) und werden nach Formel 22 als prozentuale Anteile der Gesamtinvestition (I^{Gesamt}), der Investition für die Hauptkomponenten (I^{HK_Gesamt}) bzw. der Gesamtinvestition ergänzt um das Umlaufvermögen ($I^{Umlauf} = I^{Gesamt} \cdot f^{Umlauf}$) in Abhängigkeit der Schlüsselgrößen geschätzt. Die Abschreibungen werden dabei aus der Gesamtinvestition dividiert durch die Nutzungsdauer (n) ermittelt (vgl. Formel 22).

Formel 22

$$K^{Inv}_{lm,z,nw_L,nw_C,p,t'z'} = \underbrace{I^{Gesamt}_{lm,z,nw_L,nw_C,p,t',z'} \cdot \frac{1}{n}}_{K^{Abschr}} + \underbrace{I^{Gesamt}_{lm,z,nw_L,nw_C,p,t',z'} \cdot f^{St\_Vers}}_{K^{St\_Vers}}$$

$$+ \underbrace{I^{HK\_Gesamt}_{lm,z,nw_L,nw_C,p,t',z'} \cdot f^{Rep\_Inst}}_{K^{Rep\_Inst}} + \underbrace{I^{Gesamt}_{lm,z,nw_L,nw_C,p,t',z'} \cdot (1 + f^{Umlauf}) \cdot \frac{i}{2}}_{K^{Kapital}} \quad \forall lm \in LM, \forall z \in Z,$$

$$\forall nw_L \in NW_L, \forall nw_C \in NW_C, \forall p \in P, \forall t' \in T', \forall z' \in Z'$$

mit

K^{Inv}	Investitionsabhängige Kosten	(€/a)	f^{St_Vers}	Faktor Steuern und Versicherungen	(%)
K^{Abschr}	Abschreibungen	(€/a)	f^{Rep_Inst}	Faktor Reparatur und Instandhaltung	(%)
K^{St_Vers}	Kosten für Steuern und Versicherungen	(€/a)	n	Nutzungsdauer der Anlage	(a)
K^{Rep_Inst}	Kosten für Reparatur und Instandhaltung	(€/a)	f^{Umlauf}	Faktor Umlaufvermögen	(%)
$K^{Kapital}$	Kapitalkosten	(€/a)	i	Marktzins	(%)

Die Kosten für Steuern und Versicherungen werden mittels Faktor f^{St_Vers} als Anteil der Gesamtinvestition, die Kosten für Reparatur und Instandhaltung werden mittels Faktor f^{Rep_Inst} als Anteil der Investition für die Hauptkomponenten geschätzt (vgl. Formel 22).

Für die Ermittlung der Kapitalkosten (kalkulatorische Zinsen) wird die Gesamtinvestitionen um das Umlaufvermögen ergänzt und unter der Annahme, dass das Kapital durchschnittlich die Hälfte der Nutzungsdauer gebunden ist, mit dem halben Marktzins (i) multipliziert (vgl. Remmers, 1991). Das Umlaufvermögen I^{Umlauf} (bspw. Bestände an verkaufsfähigen Produkten) wird mittels Faktor f^{Umlauf} als Anteil der Gesamtinvestition berechnet (s.o.).

Kosten für Personal, übrige Kosten

Die Personalkosten (K^{Pers}) setzen sich aus einem direkten und einem indirekten Anteil zusammen und werden mittels Größendegressionsexponent (γ^{Pers}) in Abhängigkeit des Inputs an Holz, d.h. der Anlagenkapazität C^{Anlage}, geschätzt (vgl. Formel 23).

Formel 23

$$K^{Pers} = \left(\frac{C^{Anlage}}{C^{Anlage0}} \right)^{\gamma^{Pers}} \cdot k^{Pers\_dir} \cdot f^{Pers\_Bedarf} \cdot t^{Betrieb} \cdot (1 + f^{Pers\_ind})$$

mit

K^{Pers}	Personalkosten	(€/a)	f^{Pers_Bedarf}	Faktor Personalbedarf (Personen je Schicht)	(-)
k^{Pers_dir}	Spezifische direkte Personalkosten pro Person	(€/h)	f^{Pers_ind}	Faktor indirekte Personalkosten	(%)
$C^{Anlage0}$	Basiskapazität der Produktionsanlage (Input Trockenmasse Holz)	(t/a)	γ^{Pers}	Größendegressionsexponent Personalkosten	(-)
C^{Anlage}	Kapazität der Produktionsanlage (Input Trockenmasse Holz)	(t/a)			

Die direkten Personalkosten werden über einen durchschnittlichen Stundenlohn (k^{Pers_dir}), einen Faktor für den Personalbedarf (f^{Pers_Bedarf}) und die Betriebsdauer der Anlage ($t^{Betrieb}$) berechnet. Die indirekten Personalkosten werden als prozentualer Anteil der direkten Personalkosten über den Faktor (f^{Pers_ind}) abgebildet (vgl. Formel 23).

Die sonstigen Kosten (K^{Sonst}) und die Verwaltungskosten (K^{Verw}) werden als übrige Kosten ($K^{Übr}$) nach Formel 24 zusammengefasst. Die sonstigen Kosten (sog. *overhead costs*) werden als prozentuale Anteile der Kosten für Reparatur und Instandhaltung (K^{Rep_Inst}) und der Personalkosten (K^{Pers}) mittels der Faktoren $f^{Sonst\_Rep\_Inst}$ und f^{Sonst_Pers} berechnet und umfassen bspw. Kosten für mess- und sicherheitstechnische Überwachungen. Die Kosten für Verwaltung werden als prozentualer Anteil der Personalkosten mittels Faktor f^{Verw}

berechnet. Wie in Kapitel 3.2.3 erläutert, werden keine Kosten für Vertrieb und Marketing sowie für Forschung und Entwicklung berücksichtigt.

Formel 24

$$K^{\ddot{U}br}_{lm,z,nw_L,nw_C,p,t',z'} = \underbrace{f^{Sonst\_Rep\_Inst} \cdot K^{Rep\_Inst}_{lm,z,nw_L,nw_C,p,t',z'} + f^{Sonst\_Pers} \cdot K^{Pers}}_{K^{Sonst}} + \underbrace{f^{Verw} \cdot K^{Pers}}_{K^{Verw}} \quad \forall lm \in LM,$$

$$\forall z \in Z, \forall nw_L \in NW_L, \forall nw_C \in NW_C, \forall p \in P, \forall t' \in T', \forall z' \in Z'$$

mit

$K^{\ddot{U}br}$	Übrige Kosten	(€/a)	$f^{Sonst\_Rep\_Inst}$	Faktor sonstige Kosten – Reparatur und Instandhaltung (%)
K^{Sonst}	Sonstige Kosten	(€/a)	f^{Sonst_Pers}	Faktor sonstige Kosten – Personal (%)
K^{Verw}	Verwaltungskosten	(€/a)	f^{Verw}	Faktor Verwaltungskosten (%)

Erlöse für Glukose, Lignin und C₅-Zucker

Die Erlöse werden in Abhängigkeit der Schlüsselgrößen (s) auf Basis der Stoffstrommodellierung mit umberto® geschätzt (vgl. Formel 25). Der jährliche Gesamterlös (EL^{Gesamt}) ergibt sich aus der Summe der Erlöse für Lignin (EL^{Lig}), für C₅-Zucker (EL^{C5}) und für Glukose (EL^{Gluk}).

Der Produktmassestrom an gefälltem Lignin ($\dot{m}^{Lig\_Prod}$) in der Ligninfraktion wird in Abhängigkeit des Anteils von Lignin im Ausgangsmaterial (c^{Lig}) abzüglich der Mengen an gefälltem Lignin ($\dot{m}^{Lig}$) in den übrigen Outputströmen der Menge Y' (Glukosefraktion, C₅-Fraktion, Furfuralfraktion, Abdampf) und abzüglich der Mengen an nicht gefälltem Lignin ($\dot{m}^{Ligsolv}$) in allen Outputströmen der Menge Y (Ligninfraktion, C₅-Fraktion, Glukosefraktion, Furfuralfraktion, Abdampf), berechnet (vgl. Formel 25). Die Verluste an Lignin umfassen dabei insbesondere den während des Holzaufschlusses nicht aus dem Holz gelösten Anteil an Lignin, der in der Glukosefraktion verbleibt, sowie nicht ausgefällte Anteile gelösten Lignins ($\dot{m}^{Ligsolv}$), die vorwiegend in der C₅-Fraktion aber auch der Glukosefraktion zu finden sind. Zur Abbildung der genannten Output-Ströme wird in Formel 25 neben der Menge Y, welche alle Outputströme der Anlage abbildet, die Menge Y' definiert, die alle Outputströme außer der Ligninfraktion enthält (vgl. Abbildung 10 in Kapitel 5.1.3). Die Lignin-Verluste hängen vom Lösemittel zu Holz-Verhältnis (lm), der Anzahl der Lignin-Wäschen (nw_L) und der Anzahl der Cellulose-Wäschen (nw_C) ab (vgl. Formel 25).

Formel 25

$$EL_{lm,nw_L,nw_C,t',z'}^{Gesamt} = \underbrace{\left(\underbrace{\dot{m}^{Holz} \cdot c^{Lig} - \sum_{y' \in Y'} \dot{m}_{y',lm,nw_L,nw_C}^{Lig} - \sum_{y \in Y} \dot{m}_{y,lm,nw_L,nw_C}^{Ligsolv}}_{\dot{m}^{Lig\_Prod}} \right) \cdot pr^{Lig} \cdot t^{Betrieb}}_{EL^{Lig}}$$

$$+ \underbrace{\left(\underbrace{\dot{m}^{Holz} \cdot c^{Hemic} - \sum_{y'' \in Y''} \dot{m}_{y'',lm,nw_L,nw_C}^{C5} - \sum_{y \in Y} (\dot{m}_{y,lm,nw_L,nw_C}^{Hemic} + \dot{m}_{y,lm,nw_L,nw_C}^{Furf} + \dot{m}_{y,lm,nw_L,nw_C}^{Essigs} + \dot{m}_{y,lm,nw_L,nw_C}^{Ameisens})}_{\dot{m}^{C5\_Prod}} \right) \cdot pr^{C5} \cdot t^{Betrieb}}_{EL^{C5}}$$

$$+ \underbrace{\underbrace{\dot{m}^{Holz} \cdot c^{Cell} \cdot f_{t',z'}^{Cell}}_{\dot{m}^{Gluk\_Prod}} \cdot pr^{Gluk} \cdot t^{Betrieb}}_{EL^{Gluk}} \quad \forall lm \in LM, \forall nw_L \in NW_L, \forall nw_C \in NW_C, \forall t' \in T', \forall z' \in Z'$$

mit

EL^{Gesamt}	Erlöse gesamt	(€/a)			
EL^{Lig}	Erlöse Lignin	(€/a)	$\dot{m}^{Essigs}$	Massestrom Essigsäure	(t/h)
EL^{C5}	Erlöse C$_5$-Zucker	(€/a)	$\dot{m}^{Ameisens}$	Massestrom Ameisensäure	(t/h)
EL^{Gluk}	Erlöse Glukose	(€/a)	f^{Cell}	Faktor Umsatz Cellulose zu Glukose	(%)
$\dot{m}^{Lig}$	Massestrom Lignin ausgefällt	(t/h)	pr^{Gluk}	Preis Glukose	(€/t)
$\dot{m}^{C5}$	Massestrom C$_5$-Zucker	(t/h)	pr^{Lig}	Preis Lignin	(€/t)
$\dot{m}^{Hemic}$	Massestrom Hemicellulose	(t/h)	pr^{C5}	Preis C$_5$-Zucker	(€/t)
$\dot{m}^{Ligsolv}$	Massestrom Lignin nicht ausgefällt	(t/h)	c^{Lig}	Anteil Lignin im Ausgangsmaterial	(%)
$\dot{m}^{Furf}$	Massestrom Furfural	(t/h)	c^{Hemic}	Anteil Hemicellulose im Ausgangsmaterial	(%)

$Y' = Y \setminus \{Lig\_Frakt\}, \; Y'' = Y \setminus \{C5\_Frakt\}$

Der Produktmassestrom der C$_5$-Zucker ($\dot{m}^{C5\_Prod}$) in der C$_5$-Fraktion wird in Abhängigkeit des Anteils der Hemicellulose im Ausgangsmaterial (c^{Hemic}) abzüglich der Massenströme der während des Aufschlussprozesses aus der Hemicellulose gebildeten Essigsäure ($\dot{m}^{Essigs}$), Ameisensäure ($\dot{m}^{Ameisens}$), Furfural ($\dot{m}^{Furf}$) und der unlöslichen Hemicellulose ($\dot{m}^{Hemic}$) jeweils in den Outputströmen der Menge Y (Ligninfraktion, C$_5$-Fraktion, Glukosefraktion, Furfuralfraktion, Abdampf) und abzüglich der Massenströme der löslichen C$_5$-Zucker ($\dot{m}^{C5}$) in den übrigen Outputströmen der Menge Y'' (Ligninfraktion, Glukosefraktion, Furfuralfraktion, Abdampf) berechnet (vgl. Formel 25). Die genannten Massenströme der

Hemicellulose und deren Abbauprodukte hängen vom Lösemittel zu Holz-Verhältnis (*lm*), der Anzahl der Lignin-Wäschen (nw_L) und der Anzahl der Cellulose-Wäschen (nw_C) ab (vgl. Formel 25).

Der Produktmassestrom der Glukose ($\dot{m}^{Gluk\_Prod}$) in der Glukosefraktion wird aus dem Anteil der Cellulose (c^{Cell}) im Ausgangsmaterial, multipliziert mit dem Umsatz von Cellulose zu Glukose (f^{Cell}) ermittelt (vgl. Formel 25). Der Umsatz f^{Cell} ist dabei abhängig von der Verweilzeit im Hydrolysereaktor (t') und der Zugabemenge an Enzymen (z').

Die Erlöse der Produkte ergeben sich schließlich jeweils aus den o.g. Produkt-Massenströmen in den zugehörigen Produktfraktionen, multipliziert mit den zugehörigen Preisen und der Betriebsdauer der Anlage (vgl. Formel 25).

6.5.4 Ermittlung von Herstellkosten, Betriebsergebnis, Kapitalwert, Rentabilität und Amortisationsdauer

Im Rahmen der ökonomischen Optimierung der Prozesskette wird mittels vollständiger Enumeration die Kombination der Schlüsselgrößen (*s*) ermittelt, für welche das Betriebsergebnis maximal ist. Neben dem Betriebsergebnis werden als weitere Kennzahlen der Wirtschaftlichkeit im Rahmen der ökonomischen Bewertung die Herstellkosten, der Kapitalwert, die Amortisationsdauer und die Rentabilität ermittelt. Die Berechnung der genannten Größen im Modell wird nachfolgend erläutert.

Herstellkosten

Die Herstellkosten (K^{Herst}) werden nach Formel 26 aus der Summe der betriebsmittel-verbrauchsabhängigen Kosten (K^{Betr}), der investitionsabhängigen Kosten (K^{Inv}), der Personalkosten (K^{Pers}) und der sonstigen Kosten (K^{Sonst}) berechnet.

Formel 26

$$K^{Herst}_{st,h,ez,lm,z,nw_L,nw_C,p,t',z',b_D} = K^{Betr}_{st,h,ez,re,lm,z,nw_L,nw_C,p,t',z',b_D} + K^{Inv}_{lm,z,nw_L,nw_C,p,t',z'} + K^{Pers} + K^{Sonst}_{lm,z,nw_L,nw_C,p,t',z'}$$

$$\forall st \in ST, \forall h \in H, \forall ez \in EZ, \forall lm \in LM, \forall z \in Z, \forall nw_L \in NW_L, \forall nw_C \in NW_C, \forall p \in P,$$

$$\forall t' \in T', \forall z' \in Z', \forall b_D \in B_D$$

mit

K^{Herst}	Herstellkosten	(€/a)

Die Ermittlung der betriebsmittelverbrauchsabhängigen Kosten (K^{Betr}), der investitions-abhängigen Kosten (K^{Inv}), der Personalkosten (K^{Pers}), und der sonstigen Kosten (K^{Sonst}) in Abhängigkeit der Schlüsselgrößen wird in Kapitel 6.5.3 erläutert.

Betriebsergebnis

Das Betriebsergebnis (BE) wird aus den Erlösen (EL^{Gesamt}) abzüglich der Herstellkosten (K^{Herst}) und abzüglich der Verwaltungskosten (K^{Verw}) nach Formel 27 ermittelt. Die Ermittlung der Erlöse (EL^{Gesamt}) und der Verwaltungskosten (K^{Verw}) in Abhängigkeit der Schlüsselgrößen wird in Kapitel 6.5.3 näher erläutert.

Formel 27

$$BE_{st,h,ez,lm,z,nw_L,nw_C,p,t',z',b_D} = EL^{Gesamt}_{lm,nw_L,nw_C,t',z'} - K^{Herst}_{st,h,ez,lm,z,nw_L,nw_C,p,t',z',b_D} - K^{Verw}$$

$$\forall st \in ST, \forall h \in H, \forall ez \in EZ, \forall lm \in LM, \forall z \in Z, \forall nw_L \in NW_{L,}$$

$$\forall nw_C \in NW_C, \forall p \in P, \forall t' \in T', \forall z' \in Z', \forall b_D \in B_D$$

mit

BE Betriebsergebnis   (€/a)

Kapitalwert

Um eine Aussage über die Vorteilhaftigkeit der Investition treffen zu können, wird zusätzlich zum Betriebsergebnis der Kapitalwert der Investition ermittelt. Der Kapitalwert ergibt sich bei einer Nutzungsdauer n aus der Anschaffungsauszahlung A^0 zum Zeitpunkt $t''=0$, den diskontierten Einzahlungsüberschüssen ($EÜ^{Disk}$), d.h. den Einzahlungen minus den Auszahlungen der Perioden $t''=1$ bis $t''=n$, und dem Restwert (RW), d.h. dem Liquiditätserlös, in $t''=n$ (vgl. Formel 28).

Die Summe aus der Gesamtinvestition (I^{Gesamt}) und dem Umlaufvermögen (I^{Umlauf}) ergibt die Anschaffungsauszahlung A^0 zum Zeitpunkt $t''=0$ (vgl. Formel 28). Die Zahlungsströme je Periode ($EÜ$) werden mit einem Zinssatz i' (Marktzins i nach Abzug von Steuern) diskontiert. Die Zahlungsströme ($EÜ^{Disk}$) der Jahre $t''=1$ bis $t''=n$ werden aus dem Gewinn vor Steuern (BE zuzüglich $K^{Kapital}$), abzüglich der Ertragssteuern und zuzüglich den Abschreibungen (K^{Abschr}) berechnet (vgl. Formel 28). Für die Periode $t''=n$ wird zusätzlich zum diskontierten Zahlungsstrom der Restwert (Liquiditätserlös) berücksichtig, der in der vorliegenden Arbeit dem Umlaufvermögen entspricht[87].

---

[87]Zur Schätzung von Gesamtinvestition und Umlaufvermögen vgl. Kapitel 6.5.1 und Kapitel 6.5.3

Formel 28

$$KW_{st,h,ez,lm,z,nw_L,nw_C,p,t',z',b_D} = -\underbrace{I^{Gesamt}_{lm,z,nw_L,nw_C,p,t',z'} \cdot (1 + f^{Umlauf})}_{A^0} +$$

$$\sum_{t''=1}^{n} \underbrace{((\underbrace{BE_{st,h,ez,lm,z,nw_L,nw_C,p,t',z',b_D} + K^{Kapital}_{lm,z,nw_L,nw_C,p,t',z'}) \cdot (1 - f^{Ertr\_St}) + K^{Abschr}_{lm,z,nw_L,nw_C,p,t',z'})}_{E\ddot{U}} \cdot (1 + i')^{-t''}}_{E\ddot{U}^{Disk}}$$

$$+ \underbrace{I^{Gesamt}_{lm,z,nw_L,nw_C,p,t',z'} \cdot f^{Umlauf} \cdot (1 + i')^{-n}}_{RW} \quad \forall st \in ST, \forall h \in H, \forall ez \in EZ, \forall lm \in LM,$$

$$\forall z \in Z, \forall nw_L \in NW_{L,} \ \forall nw_C \in NW_{C,} \ \forall p \in P, \forall t' \in T', \forall z' \in Z', \forall b_D \in B_D$$

mit

KW	Kapitalwert	(€)	f^{Ertr_St}	Faktor Ertragssteuern	(%)
i'	Marktzins nach Abzug von Steuern	(%)	A^0	Anschaffungsauszahlung	(€)
$E\ddot{U}^{Disk}$	Summe der diskontierten Zahlungsströme pro Jahr	(€)	t''	Periode	(-)
RW	Restwert in $t'' = n$	(€)			

Rentabilität

Die Rentabilitätskennziffer (R) wird in der vorliegenden Arbeit nach Formel 29 aus dem Verhältnis von pagatorischem Gewinn, d.h. dem Gewinn vor Abzug der Kapitalkosten, und dem durchschnittlich gebundenen Kapital ermittelt (vgl. Wöhe, 1996)[88]. Es wird angenommen, dass die durchschnittliche Kapitalbindung der halben Anschaffungsauszahlung entspricht (vgl. Remmers, 1991).

Amortisationsdauer

Die Amortisationsdauer (AD) entspricht der Anzahl an Perioden, nach der sich die Anschaffungsauszahlung A^0 aus den Einzahlungsüberschüssen $E\ddot{U}$ je Periode amortisiert hat und wird nach Formel 30 berechnet.

---

[88]Die Gesamtkapitalrentabilität hingegen wird in Bezug auf das eingesetzte Gesamtkapital ermittelt.

Formel 29

$$R_{st,h,ez,lm,z,nw_L,nw_C,p,t',z',b_D} = \frac{(BE_{st,h,ez,lm,z,nw_L,nw_C,p,t',z',b_D} + K^{Kapital}_{lm,z,nw_L,nw_C,p,t',z'})}{I^{Gesamt}_{lm,z,nw_L,nw_C,p,t',z} \cdot 0,5} \cdot 100$$

$\forall st \in ST, \forall h \in H, \forall ez \in EZ, \forall lm \in LM, \forall z \in Z, \forall nw_L \in NW_L,$

$\forall nw_C \in NW_C, \forall p \in P, \forall t' \in T', \forall z' \in Z', \forall b_D \in B_D$

mit

R	Rentabilität	(%)

Formel 30

$$AD_{st,h,ez,lm,z,nw_L,nw_C,p,t',z',b_D} = \frac{A^0_{lm,z,nw_L,nw_C,p,t',z'}}{E\ddot{U}_{st,h,ez,lm,z,nw_L,nw_C,p,t',z',b_D}} \quad \forall st \in ST, \forall h \in H, \forall ez \in EZ,$$

$\forall lm \in LM, \forall z \in Z, \forall nw_L \in NW_L, \forall nw_C \in NW_C, \forall p \in P, \forall t' \in T', \forall z' \in Z', \forall b_D \in B_D$

mit

AD	Amortisationsdauer	(a)	$E\ddot{U}$	Einzahlungsüberschüsse je Periode	(€/a)

6.6 Ökologische Bewertung und Optimierung der Prozesskette

Für die ökologische Bewertung wird in der vorliegenden Arbeit eine Ökobilanzierung gemäß DIN (2006) und DIN (2006a) durchgeführt. Dabei werden Emissionen und Ressourcenverbräuche entlang der gesamten Prozesskette (Produktion Holz, Transport Holz, Produktionsanlage) ermittelt, wobei die Prozesse zur Bereitstellung von Energie, Betriebsstoffen und Infrastruktur in die Betrachtungen einbezogen werden (vgl. Kapitel 6.6.1). In Kapitel 6.6.2 wird die Ermittlung der Emissions- und Energieäquivalente der Prozesskette für ausgewählte Umweltwirkungskategorien (Klimawandel, Versauerung, Humantoxizität, kumulierter fossiler Energieaufwand) erläutert. Zur Schätzung möglicher Einsparpotenziale werden die Emissions- bzw. Energieäquivalente für unterschiedliche Konfigurationen der Prozesskette ermittelt und den Emissions- bzw. Energieäquivalenten der Referenzprozesse gegenübergestellt (vgl. Kapitel 6.6.3). Während im Rahmen der ökonomischen Optimierung der Prozesskette das Betriebsergebnis maximiert wird, wird im Rahmen der ökologischen

Optimierung die Kombinationen der Schlüsselgrößen ermittelt, für welche die potenziellen Einsparungen in den genannten Umweltwirkungskategorien maximal sind.

6.6.1 Ziel und Untersuchungsrahmen

In Abbildung 24 ist der Untersuchungsrahmen der ökologischen Bewertung dargestellt. Neben den Prozessschritten zur Produktion von Holz, dem Transport des Holzes und der Produktionsanlage werden die Emissionen und die Ressourcenverbräuche der Bereitstellung von Prozessenergie (Heizdampf, elektrische Energie, Kühlwasser), der Bereitstellung von Betriebsstoffen (bspw. Kraftstoffe für Anbau, Ernte, Transport von Holz, Betriebsstoffe für die Produktionsanlage) und Infrastruktur (bspw. Maschinen, Straßen, verfahrenstechnische Anlage) berücksichtigt.

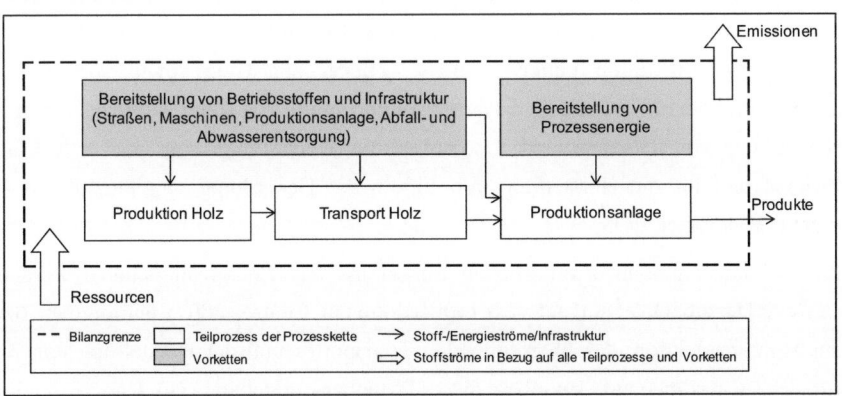

Abbildung 24: Untersuchungsrahmen der ökologischen Bewertung (eigene Darstellung)

Im Rahmen der Umweltwirkungsabschätzung werden die Umweltwirkungskategorien (u) Klimawandel (KL), Versauerung (VS), Humantoxizität (HT) und kumulierter fossiler Energieaufwand (KEA_{fossil}) betrachtet (vgl. Kapitel 3.3.3). Dabei werden die jeweiligen Emissionen mittels Charakterisierungsfaktoren nach CML zu den entsprechenden Wirkungsindikatorwerten (CO_2, SO_2-, 1,4-DCB-Emissionsäquivalente) umgerechnet und die jeweiligen fossilen Ressourcenverbräuche werden über den oberen Heizwert in Energieäquivalente (MJ-Äquivalente)[89] umgerechnet. In Tabelle 14 sind die betrachteten Umweltwirkungskategorien, die Wirkungsindikatoren und die zugehörigen Einheiten aufgeführt.

---

[89] Alle nachfolgend aufgeführten MJ-Äquivalente in Bezug auf Eingangsdaten als auch Ergebnisse für die Kategorie KEA_{fossil} beziehen sich ausschließlich auf fossile Ressourcen.

Tabelle 14: Betrachtete Wirkungskategorien und zugehörige Wirkungsindikatoren für die ökologische Bewertung der Prozesskette

Wirkungskategorie (u)	Wirkungsindikator		
	Bezeichnung	Formelzeichen	Einheit
Klimawandel (KL)	CO_2-Emissionsäquivalente	UW_{KL}	kg CO_2-Äq./a
Versauerung (VS)	SO_2-Emissionsäquivalente	UW_{VS}	kg SO_2-Äq./a
Humantoxizität (HT)	1,4-DCB-Emissionsäquivalente	UW_{HT}	kg 1,4-DCB-Äq./a
Kumulierter fossiler Energie-aufwand (KEA_{fossil})	MJ-Äquivalente fossiler Energieträger	UW_{KEA}	MJ-Äq./a

Ziel der Untersuchung ist die Maximierung der potenziellen Einsparungen in den gewählten Umweltwirkungskategorien bei einem Vergleich der Prozesskette mit konventionellen Referenzprozessen, d.h. bei Ersatz von konventionell hergestelltem Zucker (Saccharose) als Fermentationsrohstoff durch Glukose und C_5-Zucker aus Holz sowie von Phenol zur Herstellung von Phenol-Formaldehyd-Harzen durch Lignin. Als Referenzprozesse werden für die Herstellung von Glukose und C_5-Zucker die Herstellung von Zucker-Rohsaft aus Zuckerrüben und für die Herstellung von Lignin die Herstellung von Phenol aus Cumol betrachtet (vgl. Kapitel 5.4).

Die für die Berechnungen erforderlichen Emissions- und Energieäquivalente werden zum Großteil der Datenbank ecoinvent v2.0 (vgl. ecoinvent Centre, 2007) entnommen bzw. im Fall der Holz-Produktion, des überregionalen Transportes und der Herstellung von Zucker-Rohsaft aus Zuckerrüben auf Grundlage dieser Datenbank abgeleitet (vgl. Kapitel 7.1.5).

6.6.2 Modellierung ausgewählter Emissions- und Energieäquivalente der Prozesskette und der Referenzprozesse

Die Berechnung der Umweltwirkungen, d.h. der Wirkungsindikatorwerte (CO_2-, SO_2-, 1,4-DCB- und MJ-Äquivalente) für die o.g. Umweltwirkungskategorien erfolgt für die Holzproduktion (UW^{Holz}), den Holztransport (UW^{Transp}) und die Produktionsanlage (UW^{Anlage}) inklusive der Bereitstellungsketten für Prozessenergie, Betriebsstoffe und Infrastruktur (vgl. Abbildung 24). In diesem Kapitel wird die Modellierung der Umweltwirkungen in Abhängigkeit der Schlüsselgrößen vorgestellt. Die Summe der genannten Umweltwirkungen ($UW^{Gesamt} = UW^{Holz} + UW^{Transp} + UW^{Anlage}$) dient der Ermittlung der Einsparpotenziale in den betrachteten Umweltwirkungskategorien (vgl. Kapitel 6.6.3). Die Einheiten der in den nachfolgenden Formeln dargestellten Emissionsfaktoren, spezifischen Ressourcenverbräuche sowie Umweltwirkungen ändern sich je nach betrachteter

Wirkungskategorie u (Klimawandel, Versauerung, Humantoxizität, kumulierter fossiler Energieaufwand), d.h. in Abhängigkeit von $u \in U$ (vgl. Tabelle 14).

Umweltwirkungen Produktion von Holz

Für die Holzproduktion werden die Umweltwirkungen (UW^{Holz}) aus dem Massestrom für Holz, multipliziert mit der Betriebsdauer der Anlage ($t^{Betrieb}$) und dem jeweiligen Emissionsfaktor bzw. spezifischen Ressourcenverbrauch für die Produktion von Holz (ef^{Holz}) ermittelt (vgl. Formel 31).

Zur Anpassung der Einheit des Massestromes für Holz an die Bezugseinheit der Emissionsfaktoren und spezifischen Ressourcenverbräuche (vgl. Tabelle A.4.8 in Anhang A.4) wird dieser in Formel 31 mit dem Faktor 1.000 multipliziert. Die Emissionsfaktoren bzw. spezifischen Ressourcenverbräuche für die Holzproduktion (ef^{Holz}) sind jeweils abhängig von der Holzart (h) und umfassen alle Prozessschritte zur Bereitstellung von Holz aus Kurzumtriebsplantagen (KUP) bzw. von Waldrestholz (WRH), d.h. die Prozessschritte zur Bodenvorbereitung, Pflanzung und Pflege, Ernte und Rekultivierung sowie die Emissionen und Ressourcenverbräuche der Bereitstellung der jeweiligen Betriebsstoffe (bspw. Diesel- und Benzinkraftstoff, Schmieröl) und Infrastruktur (bspw. Bereitstellung von Maschinen, Entsorgung von Abfällen).

Formel 31

$$UW_{u,h}^{Holz} = t^{Betrieb} \cdot \dot{m}^{Holz} \cdot 1000 \cdot ef_{u,h}^{Holz} \quad \forall u \in U, \forall h \in H$$

mit

UW_u^{Holz}	Umweltwirkung u (Emissions- bzw. Energieäquivalente) der Produktion von Holz	(vgl. Tabelle 14)
ef_u^{Holz}	Emissionsfaktor bzw. spezifischer Ressourcenverbrauch für die Umweltwirkung u (Emissions- bzw. Energieäquivalente) der Holzproduktion	(vgl. Tabelle A.4.8 in Anhang A.4)

$$U = \left\{ KL; VS; HT; KEA_{fossil} \right\}$$

Die Charakterisierung der Holzproduktion und die Modellierung der Stoff und Energieströme in umberto® zur Ermittlung der Emissions- und Energieäquivalente auf Basis von Bibliotheksmodulen der Datenbank ecoinvent v2.0 (vgl. ecoinvent Centre, 2007) werden in Kapitel 5.1.2. und Kapitel 5.3.3 erläutert.

Umweltwirkungen Transport von Holz

Für den Holztransport werden die Umweltwirkungen (UW^{Transp}) aus der transportierten Menge an Holz, multipliziert mit der mittleren Transportentfernung (TE^{reg} bzw. $TE^{üreg}$) und der Betriebsdauer der Anlage ($t^{Betrieb}$) sowie dem zugehörigen Emissionsfaktor bzw. spezifischen Ressourcenverbrauch (ef^{Transp}) ermittelt (vgl. Formel 32).

Die Emissionsfaktoren für die Ermittlung der Emissions- bzw. Energieäquivalente des Holztransportes (ef^{Transp}) umfassen dabei neben den direkten Emissionen auch die Prozessschritte zur Bereitstellung von Kraftstoff (Transport per LKW oder Schiff) bzw. von elektrischer Energie (Schienentransport) sowie die Infrastruktur des Transportes (Bau, Wartung, Entsorgung). Die Emissionsfaktoren für den Transport (ef^{Transp}) sind abhängig von der Wahl des Transportmittels, d.h. in der vorliegenden Arbeit vom jeweiligen Bereitstellungs-Szenario (regional oder überregional). Bei überregionalem Bezug ist ef^{Transp} zusätzlich vom Anlagenstandort (st) abhängig (vgl. Kapitel 7.1.5). Die Ermittlung der mittleren Transportentfernung wird in Kapitel 6.2. erläutert und die Ableitung der zugehörigen Emissionsfaktoren aus der Datenbank ecoinvent v2.0 (vgl. ecoinvent Centre, 2007) in Kapitel 7.1.5.

Formel 32

$$UW^{Transp}_{u,st,h,ez,re} = \begin{cases} \dot{m}^{Holz} \cdot (1 - f^{Wasser})^{-1} \cdot TE^{reg}_{st,h,ez} \cdot ef^{Transp}_{u,re} \cdot t^{Betrieb} & falls\ re = reg \\ \dot{m}^{Holz} \cdot (1 - f^{Wasser})^{-1} \cdot TE^{üreg}_{st} \cdot ef^{Transp}_{u,re,st} \cdot t^{Betrieb} & falls\ re = üreg \end{cases}$$

$$\forall u \in U, \forall st \in ST, \forall h \in H, \forall ez \in EZ, \forall re \in RE$$

mit

UW^{Transp}_{u}	Umweltwirkung u (Emissions- bzw. Energieäquivalente) des Holztransportes	(vgl. Tabelle 14)
ef^{Transp}_{u}	Emissionsfaktor bzw. spezifischer Ressourcenverbrauch für die Umweltwirkung u (Emissions- bzw. Energieäquivalente) des Holztransportes	(vgl. Tabelle A.4.8 in Anhang A.4)

$$RE = \{reg; üreg\}$$

Umweltwirkungen Produktionsanlage

Für die Produktionsanlage werden die jährlichen Umweltwirkungen (UW^{Anlage}) nach Formel 33 in Abhängigkeit der Schlüsselgrößen (vgl. Kapitel 5.1.4) geschätzt. Die Schätzung erfolgt auf Basis der in umberto® und ASPEN PLUS® modellierten Stoff- und Energieströme (vgl. Kapitel 5.2 und Kapitel 5.3) in Verbindung mit den jeweiligen Emissions- und Energieäquivalenten aus der Literatur. Zur Anpassung der Einheit der Massenströme an die Bezugseinheit der Emissionsfaktoren und spezifischen Ressourcenverbräuche (vgl. Tabelle

A.4.8 in Anhang A.4) werden die entsprechenden Massenströme in Formel 33 mit dem Faktor 1.000 multipliziert. Zu den Emissions- und Energieäquivalenten, die der Produktionsanlage zugeordnet werden (UW^j), zählen die Emissionen und Ressourcenverbräuche aus der Bereitstellung von Prozessenergie in Form von Heizdampf (UW^{Heiz}) und elektrischer Energie (UW^{Elektr}), aus der Bereitstellung von Betriebsstoffen, d.h. Ethanol (UW^{Eth}), Schwefelsäure (UW^{H2SO4}), Enzyme (UW^{Enz}), sowie aus der Bereitstellung der Infrastruktur der Produktionsanlage, d.h. der Abwasserbehandlung (UW^{Abw}), dem Bau der Anlage (UW^{Bau}) und der Erstbefüllung der Anlage mit Ethanol (UW^{LM}). Die Umweltwirkungen der Bereitstellung von Kühl- und Prozesswasser können für die gewählten Wirkungskategorien vernachlässigt werden und sind deshalb in Formel 33 nicht mit aufgeführt. Die für die Berechnung in Formel 33 verwendeten Emissionsfaktoren bzw. spezifischen Ressourcen-verbräuche (ef^j) werden in Tabelle A.4.8 in Anhang A.4 näher erläutert.

Formel 33

$$
UW^{Anlage}_{u,lm,z,nw_L,nw_C,p,t',z',b_D,b_{Eth}} = \underbrace{\sum_{y \in Y} \dot{m}^{Eth}_{y,lm,nw_L,nw_C} \cdot 1000 \cdot ef^{Eth}_{u,b_{Eth}} \cdot t^{Betrieb}}_{UW^{Eth}_u} + \underbrace{\dot{m}^{Lsg}_{lm} \cdot 1000 \cdot c^{H2SO4}_z \cdot ef^{H2SO4}_u \cdot t^{Betrieb}}_{UW^{H2SO4}_u}
$$

$$
+ \underbrace{\dot{m}^{Holz} \cdot 1000 \cdot c^{Cell} \cdot f^{Enz}_{z'} \cdot ef^{Enz}_u \cdot t^{Betrieb}}_{UW^{Enz}_u} + \underbrace{\dot{E}^{Wärme}_{lm,p} \cdot 3{,}6 \cdot ef^{Dampf}_{u,b_D} \cdot t^{Betrieb}}_{UW^{Dampf}_u} + \underbrace{\dot{E}^{Elektr\_gesamt}_{lm,nw_L,nw_C,p,t',z'} \cdot ef^{Elektr}_u \cdot t^{Betrieb}}_{UW^{Elektr}_u}
$$

$$
+ \underbrace{\dot{m}^{Furf\_Frakt}_{lm} \cdot ef^{Abw}_u \cdot t^{Betrieb}}_{UW^{Abw}_u} + \underbrace{ef^{Bau}_u \cdot \frac{1}{n}}_{UW^{Bau}_u} + \underbrace{\dot{m}^{in}_{REAKT1,Ethanol,lm} \cdot 1000 \cdot t^{Verw}_{REAKT1,z} \cdot ef^{Eth}_{u,b_{Eth}} \cdot \frac{1}{n}}_{UW^{LM}_u} \quad \forall u \in U, \forall lm \in LM,
$$

$$
\forall z \in Z, \forall nw_L \in NW_L, \forall nw_C \in NW_C, \forall p \in P, \forall t' \in T', \forall z' \in Z', \forall b_D \in B_D, \forall b_{Eth} \in B_{Eth}
$$

mit

UW^j_u	Umweltwirkungen u (Emissions- bzw. Energieäquivalente) der Prozesse $j \in J$ (Bereitstellung von Energie, Betriebsstoffen und Infrastruktur für die Produktionsanlage)	(vgl. Tabelle 14)
ef^j_u	Emissionsfaktoren bzw. spezifische Ressourcenverbräuche für die Umweltwirkungen u (Emissions-bzw. Energieäquivalente) der Prozesse $j \in J$ (Bereitstellung von Energie, Betriebsstoffen und Infrastruktur für die Produktionsanlage)	(vgl. Tabelle A.4.8 in Anhang A.4)

$$B_{Eth} = \{MS; EY; ZR\}$$
$$J = \{Dampf; Elektr; Eth; H2SO4; Enz; Bau; LM; Abw\}$$

Die Ermittlung der Umweltwirkungen der Bereitstellung von Energie und Betriebsstoffen sowie der Entsorgung von Abwasser auf Basis der modellierten Stoff- und Energieströme (vgl. Kapitel 5.2 und Kapitel 5.3) wird nachfolgend näher erläutert.

Die Umweltwirkungen aus der Bereitstellung von Ethanol (UW^{Eth}) werden aus den Ethanolverlusten mit den Output-Strömen der Produktionsanlage, multipliziert mit dem Emissionsfaktor bzw. dem spezifischen Ressourcenverbrauch je kg Ethanol (ef^{Eth}) und der Betriebsdauer der Anlage ($t^{Betrieb}$) ermittelt (vgl. Formel 33). Für die Bereitstellung von Ethanol (b_{Eth}) werden drei Varianten betrachtet: Ethanol aus Mais (MS), Ethanol aus Zuckerrohr (ZR) und Ethanol aus Ethylen (EY). Der Emissionsfaktor bzw. spezifische Ressourcenverbrauch für die Bereitstellung von Ethanol (ef^{Eth}) hängt von der gewählten Variante ab. Die Ermittlung der Ethanolverluste mit den Output-Strömen der Produktionsanlage in Abhängigkeit der Schlüsselgrößen lm (Verhältnis Lösemittel zu Holz), nw_L (Anzahl Wäschen Lignin) , nw_C (Anzahl Wäschen Cellulose) wird in Kapitel 6.5.3 im Abschnitt *betriebsmittelverbrauchsabhängige Kosten* näher erläutert.

Die Umweltwirkungen aus der Bereitstellung von Schwefelsäure (UW^{H2SO4}) werden aus dem Massestrom der Aufschlusslösung ($\dot{m}^{Lsg}$), multipliziert mit dem Anteil der Schwefelsäure in der Aufschlusslösung (c^{H2SO4}) und der Betriebsdauer der Anlage ($t^{Betrieb}$) sowie dem Emissionsfaktor bzw. dem spezifischen Ressourcenverbrauch je kg Schwefelsäure (ef^{H2SO4}) ermittelt (vgl. Formel 33). Auf die Ermittlung des Bedarfes an Schwefelsäure in Abhängigkeit der Schlüsselgrößen lm (Verhältnis Lösemittel zu Holz) und z (Zugabemenge Schwefelsäure) wird in Kapitel 6.5.3 im Abschnitt *betriebsmittelverbrauchsabhängige Kosten* näher eingegangen.

Für die Bereitstellung der Enzyme werden die Umweltwirkungen (UW^{Enz}) aus dem Massestrom für Cellulose, multipliziert mit der spezifischen Zugabe an Enzymen (f^{Enz}), der Betriebsdauer der Anlage ($t^{Betrieb}$) sowie dem Emissionsfaktor bzw. dem spezifischen Ressourcenverbrauch je kg Enzym (ef^{Enz}) ermittelt (vgl. Formel 33)[90].

Zur Ermittlung der Umweltwirkungen der Bereitstellung von Heizdampf (UW^{Dampf}) wird der Energiebedarf ($\dot{E}^{Wärme}$) mit dem Faktor 3,6 von der Einheit kJ/s in die Einheit MJ/h umgerechnet und mit der Betriebsdauer der Anlage ($t^{Betrieb}$) und dem Emissionsfaktor bzw. dem spezifischen Ressourcenverbrauch je MJ Heizdampf (ef^{Dampf}) multipliziert (vgl. Formel 33)[91]. Für die Bereitstellung von Heizdampf (b_D) werden die Varianten Holzfeuerung (HZ) und Erdgasfeuerung (EG) für die Dampferzeugung betrachtet wobei der Emissionsfaktor bzw.

---

[90] Zur Ermittlung der Enzymmenge in Abhängigkeit der Schlüsselgröße z' (Zugabemenge an Enzymen) vgl. Kapitel 6.5.3, Abschnitt *betriebsmittelverbrauchsabhängige Kosten*.

[91] Zur Ermittlung des Heizbedarfes in Abhängigkeit der Schlüsselgrößen lm und p vgl. Kapitel 6.4.2.

spezifische Ressourcenverbrauch für die Bereitstellung von Heizdampf (ef^{Dampf}) von der gewählten Variante abhängt.

Die Umweltwirkungen der Bereitstellung von elektrischer Energie (UW^{Elektr}) werden aus dem Bedarf an elektrischer Energie ($\dot{E}^{Elektr\_gesamt}$) multipliziert mit der Betriebsdauer der Anlage ($t^{Betrieb}$) und dem Emissionsfaktor bzw. dem spezifischen Ressourcenverbrauch je kWh elektrischer Energie (ef^{Elektr}) ermittelt (vgl. Formel 33)[92].

Für die Ermittlung der durchschnittlichen Umweltwirkungen für den Bau der Anlage (UW^{Bau}) werden die Emissionen bzw. Ressourcenverbräuche für den Bau der Anlage (ef^{Bau}) durch die Nutzungsdauer (n) dividiert. Für die Berücksichtigung der Umweltwirkungen der Erstbefüllung der Anlage mit Ethanol (UW^{LM}) wird der Input-Strom von Ethanol in den Aufschlussreaktor ($REAKT1$) mit dem Emissionsfaktor bzw. spezifischen Ressourcenverbrauch für die Bereitstellung von Ethanol (ef^{Eth}) und mit der Betriebsdauer der Anlage ($t^{Betrieb}$) multipliziert und ebenfalls durch die Nutzungsdauer (n) dividiert. Für die Ermittlung der Emissionen bzw. Ressourcenverbräuche der Entsorgung des Abwassers (UW^{Abw}) wird der Massestrom der Furfuralfraktion ($\dot{m}^{Furf\_Frakt}$) in Abhängigkeit der Schlüsselgröße lm (Verhältnis Lösemittel zu Holz) mit dem entsprechenden Emissionsfaktor bzw. spezifischen Ressourcenverbrauch und der Betriebsdauer der Anlage ($t^{Betrieb}$) multipliziert (vgl. Formel 33).

6.6.3 Ermittlung der Einsparpotenziale in den Kategorien Klimawandel, Versauerung, Humantoxizität und kumulierter fossiler Energieaufwand

Im Rahmen der ökologischen Optimierung wird jeweils diejenige Kombination der Schlüsselgrößen ermittelt, für welche die potenzielle Einsparung (ES) in den Umweltwirkungskategorien Klimawandel (KL), Versauerung (VS), Humantoxizität (HT) und kumulierter fossiler Energieaufwand (KEA$_{fossil}$) maximal ist. Zur Ermittlung der potenziellen Einsparung werden die Umweltwirkungen der Prozesskette (UW^{Gesamt}) von den Umweltwirkungen der Herstellung der Referenzprodukte Phenol (UW^{Phenol}) und Zucker-Rohsaft aus Zuckerrüben (UW^{Zucker_ZR}) subtrahiert (vgl. Formel 34). Die Umweltwirkungen für die Herstellung von Zucker-Rohsaft aus Zuckerrüben setzen sich aus einem Term in Abhängigkeit der Produktionsmenge von Glukose ($UW^{Zucker\_ZR\_Gluk}$) und einem Term in

---

[92] Die Ermittlung des Bedarfes an elektrischer Energie wird in Kapitel 6.4.1 näher erläutert.

Abhängigkeit der Produktionsmenge von C_5-Zuckern zusammen ($UW^{Zucker\_ZR\_C5}$)[93]. Zur Anpassung der Einheiten der Produkt-Massenströme $\dot{m}^{Lig\_Prod}$ (Lignin), $\dot{m}^{Gluk\_Prod}$ (Glukose) und $\dot{m}^{C5\_Prod}$ (C_5-Zucker) an die Bezugseinheit der Emissionsfaktoren und spezifischen Ressourcenverbräuche (vgl. Tabelle A.4.8 in Anhang A.4) werden diese in Formel 34 mit dem Faktor 1.000 multipliziert.

Zur Ermittlung der Umweltwirkungen aus der Herstellung des Referenzproduktes Phenol aus Cumol (UW^{Phenol}) wird die Produktmenge an Lignin ($\dot{m}^{Lig\_Prod}$) mit dem Emissionsfaktor bzw. dem spezifischen Ressourcenverbrauch für die Herstellung von Phenol (ef^{Phenol}) und der Betriebsdauer der Anlage ($t^{Betrieb}$) multipliziert (vgl. Formel 34).

Formel 34

$$
ES_{u,st,h,ez,re,lm,z,nw_L,nw_C,p,t',z',b_D,b_{Eth}} = \underbrace{\dot{m}^{Lig\_Prod}_{lm,nw_L,nw_C} \cdot 1000 \cdot ef^{Phenol}_u \cdot t^{Betrieb}}_{UW^{Phenol}}
$$

$$
+ \underbrace{\underbrace{2 \cdot \dot{m}^{C5\_Prod}_{lm,nw_L,nw_C} \cdot 1000 \cdot ef^{Zucker\_ZR}_u \cdot t^{Betrieb}}_{UW^{Zucker\_ZR\_C5}} + \underbrace{\dot{m}^{Gluk\_Prod}_{t',z'} \cdot 1000 \cdot ef^{Zucker\_ZR}_u \cdot t^{Betrieb}}_{UW^{Zucker\_ZR\_Gluk}}}_{UW^{Zucker\_ZR}} - UW^{Gesamt}_{u,st,h,ez,re,lm,z,nw_L,nw_C,p,t',z',b_D,b_{Eth}}
$$

$\forall u \in U, \forall st \in ST, \forall h \in H, \forall ez \in EZ, \forall re \in RE, \forall lm \in LM, \forall z \in Z, \forall nw_L \in NW_L, \forall nw_C \in NW_C, \forall p \in P,$
$\forall t' \in T', \forall z' \in Z', \forall b_D \in B_D, \forall b_{Eth} \in B_{Eth}$

mit

ES_u	Potenzielle Einsparung der Umweltwirkung u (Emissions- bzw. Energieäquivalente)	(vgl. Tabelle 14)
$\dot{m}^{Lig\_Prod}$	Massestrom Lignin im Produktstrom Lig_Frakt	(t/h)
$\dot{m}^{Gluk\_Prod}$	Massestrom Glukose im Produktstrom Gluk_Frakt	(t/h)
$\dot{m}^{C5\_Prod}$	Massestrom C_5-Zucker im Produktstrom C5_Frakt	(t/h)
ef_u^{Phenol}	Emissionsfaktor bzw. spezifischer Ressourcenverbrauch für die Umweltwirkung u (Emissions- bzw. Energieäquivalente) der Herstellung von Phenol	(vgl. Tabelle A.4.8 in Anhang A.4)
$ef_u^{Zucker\_ZR}$	Emissionsfaktor bzw. spezifischer Ressourcenverbrauch für die Umweltwirkung u (Emissions- bzw. Energieäquivalente) der Herstellung von Zucker aus Zuckerrüben	(vgl. Tabelle A.4.8 in Anhang A.4)

---

[93] Zur Charakterisierung der Referenzprozesse vgl. Kapitel 5.4, zur Ermittlung der Umweltwirkungen der Prozesskette (UW^{Gesamt}) in Abhängigkeit der Schlüsselgrößen vgl. Kapitel 6.6.2 und zur Ableitung der Emissionsfaktoren und spezifischen Ressourcenverbräuche der Referenzprozesse vgl. Kapitel 7.1.5.

Für die Ermittlung der Umweltwirkungen aus der Herstellung des Referenzproduktes Zucker-Rohsaft aus Zuckerrüben (UW^{Zucker_ZR}) werden die Produktmengen von C_5-Zuckern ($\dot{m}^{C5\_Prod}$) und Glukose ($\dot{m}^{Gluk\_Prod}$) mit dem Emissionsfaktor bzw. spezifischen Ressourcenverbrauch für die Herstellung von Zucker aus Zuckerrüben (ef^{Zucker_ZR}) und der Betriebsdauer der Anlage ($t^{Betrieb}$) multipliziert (vgl. Formel 34).

Während für Lignin und Glukose die Substitution der jeweils gleichen Menge der Referenzprodukte unterstellt wird, wird für die C_5-Zucker, analog der ökonomischen Bewertung (vgl. Kapitel 7.1.4), eine verminderte Fermentierbarkeit unterstellt (vgl. DECHEMA, 2011). Um die Äquivalentmenge der C_5-Zucker für das Referenzprodukt Saccharose abzubilden, wird der Massestrom der C_5-Zucker in Formel 34 mit dem Faktor 2 multipliziert (vgl. Kapitel 7.1.5). Die Ermittlung der genannten Produkt-Masseströme in Abhängigkeit der Schlüsselgrößen *lm* (Verhältnis Lösemittel zu Holz), nw_L (Anzahl Wäschen Lignin), nw_C (Anzahl Wäschen Cellulose), *t'* (Verweilzeit enzymatische Hydrolyse) und *z'* (Zugabemenge Enzyme) wird in Kapitel 6.5.3 im Abschnitt *Erlöse für Glukose, Lignin und C5-Zucker* näher erläutert.

6.7 Zusammenfassung

In diesem Kapitel werden die Berechnungsvorschriften des in MS Excel und VBA implementierten Energie- und Stoffstrommodells zur ökonomischen und ökologischen Bewertung und Optimierung der Prozesskette vorgestellt. Als ökonomische Kennzahlen werden die Herstellkosten (HK), das Betriebsergebnis (BE), der Kapitalwert (KW), die Rentabilität (R) und die Amortisationsdauer (AD) und als ökologische Kennzahlen die potenziellen Einsparungen (ES) von Emissions- bzw. Energieäquivalenten in Bezug auf die Wirkungskategorien Klimawandel (KL), Versauerung (VS), Humantoxizität (HT) und kumulierter fossiler Energieaufwand (KEA$_{fossil}$) im Modell berechnet. Die ökonomischen sowie die ökologischen Kennzahlen werden dabei in Abhängigkeit der Schlüsselgrößen *lm* (Verhältnis Lösemittel zu Holz), *z* (Zugabe H_2SO_4), nw_L (Anzahl Wäschen Ligninfraktion), nw_C (Anzahl Wäschen Cellulosefraktion), *p* (Verdichtung Dampfphase Lösemittel), *t'* (Verweilzeit Hydrolyse), *z'* (Zugabemenge Enzyme), b_D (Bereitstellung Dampf), b_{Eth} (Bereitstellung Ethanol) sowie in Abhängigkeit des Standortes (*st*), der Holzart (*h*) und der Bereitstellungsart für Holz (*re*) dargestellt und können somit für alle zulässigen Varianten dieser Größen berechnet werden. Darüber hinaus können über die in VBA implementierte vollständige Enumeration die für die unterschiedlichen Kennzahlen optimalen Konfigurationen der Prozesskette (d.h. Kombinationen der Schlüsselgrößen) ermittelt werden, wobei eine Maximierung des Betriebsergebnisses sowie eine Maximierung der Einsparungen in den genannten Umweltwirkungskategorien als Zielgrößen definiert werden können. Eine Einbeziehung mehrerer Zielgrößen ist darüber hinaus durch die Definition unterschiedlicher Zielvorgaben ebenfalls möglich.

Im folgenden Kapitel 7 wird das entwickelte Energie- und Stoffstrommodell für die ökonomische und die ökologische Bewertung und Optimierung der Prozesskette eingesetzt. Dazu werden zunächst die Eingangsdaten (bspw. Flächennutzung im Umkreis der betrachteten Standorte, Basisinvestitionen, Preise, Emissionsfaktoren) für das Modell näher spezifiziert, bevor die Ergebnisse exemplarisch für zwei Standorte und unterschiedliche Varianten für den Holzbezug dargestellt und analysiert werden.

7 Anwendung des entwickelten Modells zur ökonomischen und ökologischen Bewertung und Optimierung der Prozesskette

In diesem Kapitel wird auf Grundlage der Modellierung mit ASPEN PLUS® und umberto® (vgl. Kapitel 5.2 und Kapitel 5.3) das in Kapitel 6 beschriebene Energie- und Stoffstrommodell zur Bewertung und Optimierung der betrachteten Prozesskette (vgl. Kapitel 5.1) eingesetzt. In Kapitel 7.1 werden zunächst die Eingangsdaten aus der Literatur näher erläutert. In Kapitel 7.2 werden die Ergebnisse der ökonomischen Bewertung und Optimierung (Maximierung des Betriebsergebnisses) der Prozesskette vorgestellt. In Kapitel 7.3 wird die Prozesskette im Hinblick auf die Maximierung der Einsparung ausgewählter Umweltwirkungen bewertet und optimiert. Dazu werden insbesondere für die jeweilige Umweltwirkungskategorie die Emissionen der Prozesskette und der Referenzprozesse und die resultierenden Einsparungen für unterschiedliche Anlagenkonfigurationen ermittelt. In Kapitel 7.4 werden auf Basis der Ergebnisse der ökonomischen Bewertung sowie der Ergebnisse der ökologischen Bewertung die CO_2-Vermeidungskosten der Prozesskette ermittelt und in Kapitel 7.5 wird eine Gesamtbewertung der Prozesskette unter Berücksichtigung der betrachteten ökonomischen und ökologischen Zielgrößen vorgenommen. Dabei werden Anlagenkonfigurationen identifiziert, welche unter Einbeziehung aller Zielgrößen und für unterschiedliche Zielvorgaben optimal sind.

7.1 Eingangsdaten für das Energie- und Stoffstrommodell

In diesem Kapitel werden die Eingangsdaten für das Energie- und Stoffstrommodell aus der Literatur ermittelt. In Kapitel 7.1.1 werden die betrachteten Standorte und die Annahmen zur Rohstoffverfügbarkeit für eine regionale Bereitstellung des Holzes sowie die Annahmen zur Ermittlung der Transportentfernungen für die regionale und die überregionale Bereitstellung des Holzes definiert. In Kapitel 7.1.2 werden die Eingangsdaten zur Ermittlung der Kapazitäten und Energiebedarfe der Anlagenaggregate und in Kapitel 7.1.3 die Grundlagen für die Investitionsschätzung erläutert und die Größendegressionsexponenten angegeben. In Kapitel 7.1.4 werden weitere Eingangsdaten für die ökonomische Bewertung vorgestellt und in Kapitel 7.1.5 die Eingangsdaten für die ökologische Bewertung.

7.1.1 Eingangsdaten zur Ermittlung der mittleren Transportentfernung

Für die Variante der regionalen Bereitstellung von Holz müssen für die Schätzung der mittleren Transportentfernung (TE^{reg}) Annahmen zur Landnutzung ($f^{Nutzung}$), zur Flächenverfügbarkeit ($f^{Verfüg}$) und zum Flächenertrag (eg^{Holz}) getroffen werden (vgl. Kapitel 6.2.1). Zusätzlich wird für Holz aus KUP eine überregionale Bereitstellung aus Süd-Amerika (Brasilien) untersucht. Für diese Variante werden für die Schätzung der mittleren Transportentfernung ($TE^{üreg}$) keine regionalen Gegebenheiten am Ort des Anbaus mit einbezogen (vgl. Kapitel 6.2.2). Nachfolgend werden die Annahmen zur Ermittlung der regionalen (TE^{reg}) und der überregionalen ($TE^{üreg}$) Transportentfernung nach Formel 10 (Kapitel 6.2.1) und Formel 11 (Kapitel 6.2.2) erläutert. In Tabelle A.4.2 und Tabelle A.4.3 in Anhang A.4 werden diese Annahmen zusammengefasst. Für die in den Kapiteln 7.2 und 7.3 vorgestellten Ergebnisse wird angenommen, dass entweder Waldrestholz oder Holz aus KUP in der Produktionsanlage eingesetzt wird, welches vollständig aus regionalen Quellen bzw. vollständig aus überregionalen Quellen bereitgestellt wird. Prinzipiell können mit dem entwickelten Modell auch unterschiedliche Kombinationen der Holz- und Bereitstellungsarten analysiert werden.

Regionale Bereitstellung von Holz

Zur Ermittlung der bestehenden Landnutzung im Umkreis der betrachteten Standorte SA (Chemiestandort Leuna in Sachsen-Anhalt) und RP (Chemiepark BASF in Rheinland Pfalz) werden in der vorliegenden Arbeit Daten des statistischen Bundesamtes (vgl. StatisDe, 2008) zu den Anteilen der Wald- und landwirtschaftlichen Flächen auf Landkreisebene ausgewertet. Die Flächenanteile ($f^{Nutzung}$) werden für Einzugsgebiete (ez) von 20 bis 150 km in 5 km-Intervallen ermittelt. Dabei werden jeweils alle Anteile der innerhalb der Einzugsgebiete liegenden Landkreise gemittelt und angenommen, dass die Flächen innerhalb eines definierten Einzugsgebietes gleichmäßig verteilt sind. In Tabelle A.4.3 in Anhang A.4 sind für ausgewählte $ez \in EZ$ die Werte für $f^{Nutzung}$ aufgeführt. Für den Standort RP wird das Holz je nach Anlagenkapazität (C^{Anlage}) aus den Bundesländern Baden-Württemberg (BW), Bayern (BY), Hessen (HE), Nordrhein-Westfahlen (NW), Rheinland-Pfalz (RP) und Saarland (SL) bezogen. Für den Standort SA erfolgt die Bereitstellung aus den Bundesländern Thüringen (TH), Hessen (HE), Niedersachsen (NI), Sachsen (SN), Sachsen-Anhalt (SA) und Brandenburg (BB).

In Abbildung 25 sind die Anteile der Wald- und landwirtschaftlichen Flächen der Landkreise in Deutschland in jeweils 4 Intervallen dargestellt. Des Weiteren sind in Abbildung 25 die betrachteten Standorte sowie das maximale Einzugsgebiet (150 km) für die regionale Bereitstellung von Holz dargestellt. Aus dieser Darstellung ist ersichtlich, dass sich im Umkreis des

Standortes SA im Vergleich zum Standort RP mehr landwirtschaftliche Flächen und weniger Waldflächen befinden. Zur Ermittlung der regionalen Transportentfernung wird ein Straßenfaktor ($f^{Straße}$) von 1,3 zu Grunde gelegt (vgl. Huang et al., 2009).

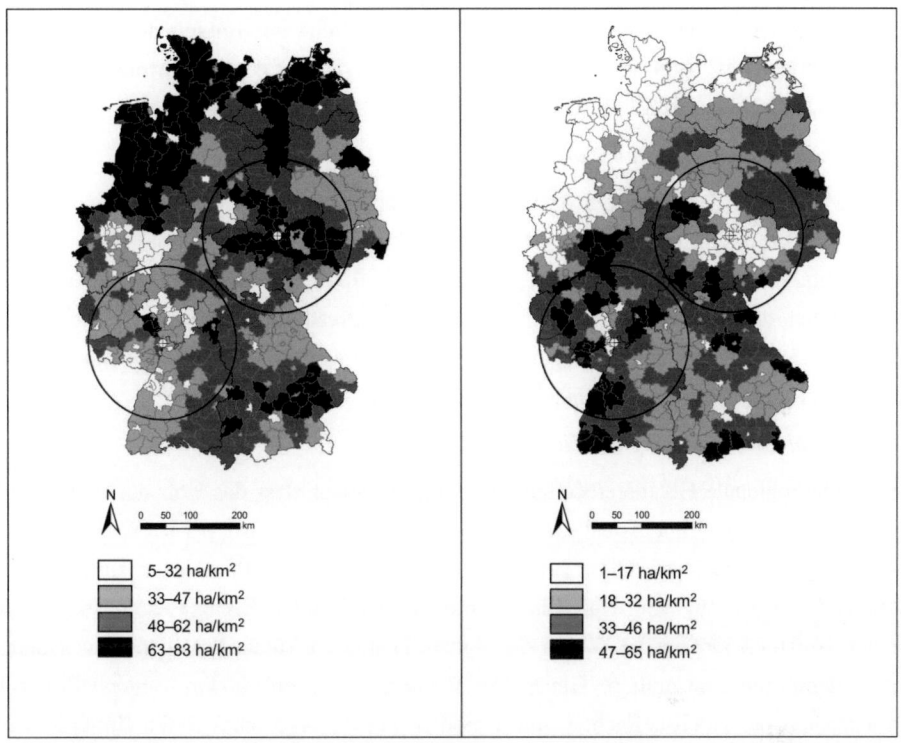

Abbildung 25: Darstellung der landwirtschaftlichen Flächen (links) und Waldflächen (rechts) in Deutschland je Landkreis, Lage der betrachteten Standorte RP und SA, maximaler Einzugsradius (150 km) für die regionale Holzbereitstellung (eigene Darstellung, Datenbasis StatisDe, 2008 und gadm, 2010).

Regionale Bereitstellung von Holz aus KUP

Nach StatisDe (2008) beträgt der Anteil der Ackerflächen an den landwirtschaftlichen Flächen im Einzugsgebiet um den Standort RP durchschnittlich 60 % und um den Standort SA durchschnittlich 80 %. In Grundmann und Eberts (2009) wird u.a. die Konkurrenzfähigkeit von Kurzumtriebsholz im regionalen Kontext in Deutschland untersucht. Dort wird ein Rückgang insbesondere des Raps- und Getreideanbaus bei Ausdehnung des Anbaus von Kurzumtriebshölzern beschrieben. In den in Grundmann und Eberts (2009) beschriebenen Untersuchungsregionen Uckermark-Barnim sowie Oberspreewald-Lausitz und Elbe-Elster wird eine mögliche Übernahme von Ackerflächen durch Kurzumtriebsholz von bis zu 42 %

beschrieben. Für den Anteil der Ackerflächen, die für den Anbau von Kurzumtriebsplantagen zur Verfügung stehen, wird in der vorliegenden Arbeit auf Basis der Angaben in Grundmann und Eberts (2009) ein Anteil von 20 % für beide Standorte unterstellt. In Verbindung mit den o.g. Anteilen der Ackerflächen wird damit eine Verfügbarkeit ($f^{Verfüg}$) der landwirtschaftlichen Flächen im Umkreis des Standortes SA von 16 % und im Umkreis des Standortes RP von 12 % abgeleitet[94] (vgl. Tabelle A.4.3 in Anhang A.4). Für den Holzertrag (eg^{Holz}) wird für beide Standorte 8 t Holz TM/(ha·a) angenommen (vgl. Rödl, 2008).

Regionale Bereitstellung von Waldrestholz

Nach BMELV (2010) beträgt der Anteil, den das Laubholz an der Waldfläche einnimmt, für das Einzugsgebiet um den Standort RP durchschnittlich ca. 50 % ($f^{Verfüg}$ = 0,5) und für das Einzugsgebiet um den Standort SA ca. 36 % ($f^{Verfüg}$ = 0,36). Für die vorliegende Arbeit wird angenommen, dass die entsprechenden Anteile an Waldrestholz vollständig für die Nutzung in der Produktionsanlage zur Verfügung stehen. Als Ertrag (eg^{Holz}) wird für beide Standorte 1,3 t TM WRH/(ha·a) angenommen (vgl. Leible et al., 2007).

Überregionale Bereitstellung von Holz aus KUP

Für die überregionale Holzbereitstellung wird angenommen, dass das Holz auf Plantagen im Süden von Brasilien (Bundesstaat Rio Grande do Sul) angebaut wird, per LKW zum Hafen in Porto Alegre transportiert wird, per Schiff vom Hafen in Porto Alegre zum Hafen in Rotterdam und per Zug vom Hafen in Rotterdam zum Standort SA bzw. zum Standort RP. Für den Holztransport per LKW von den Anbauflächen im Süden Brasiliens zum Hafen in Porto Alegre wird eine mittlere Transportentfernung te^{LKW} von 100 km[95] unterstellt und für den Transport per Hochseefrachter vom Hafen in Porto Alegre zum Hafen Rotterdam eine mittlere Transportentfernung te^{Schiff} von 10.566 km[96]. Für die Entfernung te^{Zug} vom Hafen Rotterdam zum Standort SA werden 626 km[97] und zum Standort RP 477 km[73] angenommen. Für die Schätzung der mittleren Transportentfernung $TE^{üreg}$ werden diese Entfernungen für den jeweiligen Standort addiert (vgl. Kapitel 6.2.2). Die Entfernung $TE^{üreg}$ wird für unterschiedliche Anlagengrößen (C^{Anlage}) nicht variiert.

---

[94] Ähnliche Überlegungen werden bspw. in Huang et al. (2009) für den Anbau von Pappelholz in Minnesota angestellt.

[95] Transportentfernung Anbauflächen–Hafen Porto Alegre inkl. aller Transporte zu Zwischenlagern etc.

[96] Entfernung Porto Alegre–Rotterdam nach URL www.distance-calculator.co.uk (Aufruf: Januar 2011).

[97] Entfernung Rotterdam–Leuna und Rotterdam–Ludwigshafen nach URL www.maps.google.de (Aufruf: Januar 2011).

7.1.2 Eingangsdaten zur Ermittlung der Kapazitäten und Energiebedarfe der Anlagenaggregate

In diesem Kapitel werden die Annahmen zur Ermittlung der Kapazitäten und der Energiebedarfe der Anlagenaggregate dargestellt (vgl. Tabelle A.4.4 in Anhang A.4). Die Ermittlung der Kapazitäten erfolgt auf Basis der Modellierung mit umberto® und ASPEN PLUS® (vgl. Kapitel 6.3).

Als Annahmen gehen in die Ermittlung der Volumina von Behältern und Reaktoren der Korrekturfaktor zur Ermittlung des Reaktorvolumens, die Verweilzeiten sowie die Dichte einzelner Stoffe der Menge B' ein (vgl. Formel 12 in Kapitel 6.3.1). Als Korrekturfaktor f^{Reakt} für den Aufschlussreaktor, die Flash-Verdampfer und den Hydrolysereaktor wird ein Wert von 1,1 angenommen (vgl. Aden et al., 2002). Die Verweilzeit für die Produktlagerung (t^{Prod}) wird auf 48 h und die Verweilzeit für die Eduktlagerung (t^{Edukt}) auf 168 h festgelegt (vgl. DECHEMA, 2009). Die Verweilzeit im Aufschlussreaktor und in den Flash-Verdampfern wird in Abhängigkeit der Schlüsselgröße z ermittelt (vgl. Abbildung 12 in Kapitel 5.1.4) und die Verweilzeit im Hydrolysereaktor in Abhängigkeit der Schlüsselgröße t' (vgl. Tabelle 6 in Kapitel 5.1.4). Die verwendeten Dichteangaben der einzelnen Stoffe sind in Tabelle A.4.5 in Anhang A.4 aufgeführt, wobei für Ethanol und Wasser unterschiedliche Dichten für das Vorliegen als Reinstoffe und als Gemisch angenommen werden. Für die Ermittlung der Flächen der Wärmetauscher werden Wärmeübertragungskoeffizienten α aus der Literatur übernommen (vgl. Tabelle 9 in Kapitel 5.2.5).

Für die Zentrifugen und das Förderband (vgl. Formel 16 in Kapitel 6.4.1) sowie den Rührer für den Hydrolysereaktor (vgl. Formel 17 in Kapitel 6.4.1) werden Annahmen in Bezug auf den Bedarf an elektrischer Energie aus der Literatur übernommen. Für die Abtrennung der Feststoffe in der Zentrifuge 1 (Abtrennung der Cellulosefraktion nach dem Holzaufschluss), der Zentrifuge 3 (Abtrennung der Ligninfraktion nach der Wäsche) und der Zentrifuge 4 (Abtrennung der Cellulosefraktion nach der Wäsche) wird jeweils ein Bedarf an elektrischer Energie von 15 kW/t Feststoff angenommen ($f^{Elektr\_Masse} = 0,015$ kW/kg Feststoff). Für die Abtrennung des Lignins nach der Fällung mit Wasser (Zentrifuge 2) wird ein Bedarf an elektrischer Energie von 58 kW/t Feststoff angenommen ($f^{Elektr\_Masse} = 0,058$ kW/kg Feststoff) und für das Förderband zur Aufgabe der Holzhackschnitzel wird ein Bedarf an elektrischer Energie von 38 kW/t Feststoff angenommen ($f^{Elektr\_Masse} = 0,038$ kW/kg Feststoff). Für den Rührer des Hydrolysereaktors wird ein Bedarf von 20 W/m^3 ($f^{Elektr\_Vol} = 0,020$ kW/m^3) unterstellt. Die Annahmen für die Zentrifugen stammen aus DECHEMA (2009) und die Annahmen für Förderband und Rührer aus Aden et al. (2002). Eine Zusammenfassung der genannten Annahmen zur Ermittlung der Kapazitäten und Energiebedarfe der Anlagenaggregate ist in Tabelle A.4.4 in Anhang A.4 zu finden.

7.1.3 Basisinvestitionen und Größendegressionsexponenten

In diesem Kapitel wird die Ermittlung der Basisinvestitionen erläutert und die Größendegressionsexponenten sowie die Basiskapazitäten der Anlagenaggregate werden angegeben. Die Basisinvestitionen I^0 der Anlagenaggregate stellen mit den zugehörigen Basiskapazitäten Kap^0 und den Größendegressionsexponenten κ die Grundlage für die Schätzung der Investitionen der Produktionsanlage dar (vgl. Kapitel 6.5.1).

Um eine Zuordnung der Preisdaten aus der Literatur zu ermöglichen, werden die Kapazitäten der Anlagenaggregate zum Teil in andere technische Einheiten umgerechnet. Bspw. wird zur Ermittlung der Basisinvestition des Aufschlussreaktors aus dem Reaktorvolumen das Reaktorgewicht abgeleitet. Die nachfolgend aufgeführten Basiskapazitäten beziehen sich auf eine Gesamtkapazität der Produktionsanlage (C^{Anlage}) von 450.000 t TM Holz/a (56,25 t TM Holz/h) und eine Kombination der Schlüsselgrößen entsprechend der Basis-Konfiguration (vgl.

Tabelle 6 in Kapitel 5.1.4). Die Basisinvestitionen werden aus Chauvel et al. (2003)[98], Peters et al. (2004)[99], Wooley et al. (1999)[100] und DECHEMA (2009)[101] abgeleitet und mittels Währungsanpassung und Preisindizes chemischer Anlagen (vgl. Tabelle A.4.1 in Anhang A.4) in Mio. € für das Bezugsjahr 2009 umgerechnet.

Reaktoren, Flash-Verdampfer und Lagertanks

Die Schätzung der Basisinvestition für den Aufschlussreaktor basiert auf Chauvel et al. (2003). Zur Schätzung der Basisinvestition werden aus dem Reaktorvolumen in Verbindung mit einem angenommenen Verhältnis von Durchmesser zu Höhe von 0,4 (vgl. Aden et al., 2002) die Höhe und der Durchmesser des Reaktors berechnet. In Verbindung mit der erforderlichen Wandstärke des Reaktors wird daraus das Gewicht ermittelt (vgl. Tabelle 15). Die erforderliche Wandstärke ($\varepsilon^{Reaktor}$) wird nach Formel 35 aus dem maximal zulässigen Druck (p^{max}), dem Betriebsdruck ($p^{Betrieb}$) sowie einem Korrekturterm (ε^{korr}) berechnet (vgl. Chauvel et al., 2003). Für Edelstahl SA 316 beträgt p^{max} bei einer Temperatur von 180 °C 1.230 bar (vgl. Chauvel et al., 2003). Bei einem Druck $p^{Betrieb}$ von 18 bar und einer Korrektur

---

[98] Preisdaten in EUR (Juni 2000)

[99] Preisdaten in USD (Januar 2002)

[100] Preisdaten in USD (Juni 1997)

[101] Preisdaten in EUR (Mai 2009)

ε^{korr} von 3 mm ergibt sich mit Formel 35 eine Wandstärken $\varepsilon^{Reaktor}$ von 77 mm. Nach Chauvel et al. (2003) beträgt der Basispreis für Hülle (*shell*) und Deckel/Boden (*bottoms*) von Reaktoren 2,75 €/kg. Der mittels material- und auslegungstechnischer Faktoren korrigierte Basispreis beträgt 7,84 €/kg für die Hülle und 11,80 €/kg für Deckel und Boden. Aufgrund von $\varepsilon^{Reaktor}$ > 20 mm werden für den Aufschlussreaktor zusätzliche Investitionen für eine Einfassung (Auskleidung) berücksichtigt. Die Basisinvestition für die Einfassung beträgt 0,9 Mio. € und wird nach Chauvel et al. (2003) in Abhängigkeit des Durchmessers und der Höhe der Reaktor-Hülle sowie der Oberfläche von Boden und Deckel und materialspezifischen Korrekturfaktoren berechnet. Zur Erläuterungen der Berechnung der Wandstärke und des Gewichts, der materialspezifischen Annahmen, der Basispreise und Korrekturfaktoren vgl. Chauvel et al. (2003). Die Basisinvestition für den Aufschlussreaktor nach Währungsanpassung und Anpassung mittels Preisindizes chemischer Anlagen beträgt 9,8 Mio. € (vgl. Tabelle 15).

Formel 35

$$\varepsilon^i = \frac{p^{Betrieb} \cdot r}{p^{max} - 0,6 \cdot p^{Betrieb}} + \varepsilon^{korr}$$

mit

ε^i	Wandstärke	(mm)		ε^{korr}	Korrektur Wandstärke	(mm)
r	Radius	(mm)		p^{max}	Maximal erlaubter Druck	(bar)
$p^{Betrieb}$	Betriebsdruck	(bar)				

Die Basisinvestitionen für die Flash-Verdampfer (0,5 Mio. € FLASH1, 0,4 Mio. € FLASH2), den Hydrolysereaktor (1,7 Mio. €) und die Lagertanks für Produkte und Edukte werden aus Peters et al. (2004) auf Basis der Volumina abgeleitet (vgl. Tabelle 15). Die Investition für den Rührer des Hydrolysereaktors (0,3 Mio. €) basiert auf Chauvel et al. (2003), wobei eine Leistung von 20 W/m^3 bzw. 0,1 hp/1.000 gal (vgl. Aden et al., 2002) unterstellt wird. Für die Basis-Konfiguration wird keine Schwefelsäure eingesetzt und es wird somit kein Lagertank für Schwefelsäure benötigt. Für die Szenarien mit Schwefelsäureeinsatz wird, analog zu den übrigen Lagertanks, die Basisinvestition aus Peters et. al (2004) auf Basis des Volumens geschätzt. Dazu werden eine Basiskapazität von 100 m^3, eine Basisinvestition von 0,08 Mio. € und ein Größendegressionsexponent von 0,51 angenommen. In Tabelle 15 sind die Basis-investitionen und Größendegressionsexponenten für die Reaktoren, Flash-Verdampfer und

Lagertanks für die Basis-Konfiguration zusammengefasst. Die Ermittlung der Kapazitäten für Reaktoren, Flash-Verdampfer und Lagertanks erfolgt nach Formel 12 in Kapitel 6.3.1.

Tabelle 15: Basiskapazitäten Kap^0, Basisinvestitionen I^0 (Euro Mai 2009) und Größen-degressionsexponenten κ für Reaktoren, Flash-Verdampfer und Lagertanks

Aggregat g	Kap^0 [m^3]	I^0 [Mio. €]	Quelle I^0	Spezifizierung I^0	κ_g	Quelle κ_g
Aufschlussreaktor (REAKT1)	1.799	9,8	Chauvel et al., 2003, S. 319 ff.	SA 316, p^{Reakt} = 18 bar, T^{Reakt} = 180 °C, d^{Reakt} = 10 m, h^{Reakt} = 25 m, ε^{Reakt} = 77 mm, shell weight = 483 t, bottoms weight = 279 t	0,6	Remer und Chai, 1993, S. 308 ff.
Flash-Verdampfer 2 (FLASH2)	1.389	0,4	Peters et al., 2004, S. 559	SA 316	0,68	Aden et al., 2002, App. B
Flash-Verdampfer 1 (FLASH1)	1.799	0,5			0,68	Aden et al., 2002, App. B
Hydrolysereaktor (REAKT2)	6.381	1,7			0,60	Aden et al., 2002, App. B
Rührer Hydrolyse (RUEHR)	6.381	0,3	Chauvel et al., 2003, S. 336	Turbine agitator, closed vessel, 20 W/m^3, 0,1hp/1.000 gal	0,51	Aden et al., 2002, App. B
Tank C$_5$-Zucker (TANK1)	14.399	2,5	Peters et al., 2004, S. 559	SA 316	0,51	Aden et al., 2002, App. B
Tank Glukose (TANK2)	5.801	1,5				
Tank Lignin (TANK3)	312	0,2				
Tank Ethanol (TANK4)	572	0,2				
Tank Enzyme (TANK6)	20	0,1				

Wärmetauscher, Heizaggregate, Kühlaggregate

Die Ermittlung der Kapazitäten der Wärmetauscher sowie der Heiz- und Kühlaggregate erfolgt nach Formel 15 in Kapitel 6.3.4. Die Schätzung der Basisinvestitionen basiert auf Chauvel et al. (2003). Für die Schätzung wird der Einsatz von Rohrbündel-Wärmetauschern aus rostfreiem Stahl (SA 316) angenommen. In Tabelle 16 sind die ermittelten Basis-investitionen nach Währungsanpassung und Anpassung mittels Preisindizes chemischer Anlagen sowie die verwendeten Größendegressionsexponent für Wärmetauscher, Heiz- und Kühlaggregate aufgeführt.

Tabelle 16: Basiskapazitäten Kap^0, Basisinvestitionen I^0 (Euro Mai 2009) und Größendegressionsexponenten κ für Wärmetauscher, Heiz- und Kühlaggregate

Aggregat g	Kap^0 [m^2]	I^0 [Mio. €]	Quelle I^0	Spezifizierung I^0	κ$_g$	Quelle κ$_g$
Wärmetauscher 1 (WT1)	402	0,38	Chauvel et al., 2003, S. 344	Tube bundles, kettle type reboiler	0,75	Remer und Chai, 1993, S. 308 ff.
Heizaggregat 1 (HEAT1)	212	0,16				
Wärmetauscher 2 (WT2)	22	0,03				
WT Kolonne Kopf (COOL1)	1.322	0,80				
WT Kolonne Sumpf (HEAT3)	105	0,09				
Wärmetauscher 3 (WT3)	17	0,02				

Kompressor, Pumpen-Motoren, Wärmetauschernetzwerk (HEN)

Die Ermittlung der Kapazitäten für den Kompressor und die Pumpen-Motoren erfolgt nach Formel 14 in Kapitel 6.3.3. Die Schätzung der Basisinvestitionen für den Kompressor und die Pumpen-Motoren (vgl. Tabelle 17) basiert auf Peters et al. (2004). Die notwendigen Auslegungsdaten für die Spezifizierung des Kompressors (*adiabatic head* und *capacity at inlet*) werden aus der Modellierung mit ASPEN PLUS® abgeleitet. Für die Pumpen-Motoren werden eine Einhausung sowie eine Kühlung (*enclosed, fan-cooled*) unterstellt. In Tabelle 17 sind die ermittelten Basisinvestitionen nach Währungsanpassung und Anpassung mittels Preisindizes chemischer Anlagen für den Kompressor und die Pumpen-Motoren aufgeführt. Analog dazu werden zusätzliche Investitionen für die Pumpe P1 und deren Motor für die Szenarien mit einer Druckstufe des Kompressors (Schlüsselgröße *p*) von unter 18 bar berücksichtigt.

Die Schätzung der Investitionen für zusätzliche Wärmetauscher für eine optimierte Wärmeintegration (HEN) erfolgt auf Basis von DECHEMA (2009). Es wird dort angenommen, dass mittels einer optimierten Verschaltung der Wärme- und Kälteströme der Wärmebedarf für den Verdampfer der Destillationskolonne durch zusätzliche Wärmetauscher vollständig eingespart werden kann. Nach DECHEMA (2009) sind für die zusätzliche Einsparung von 20 MW Wärme Investitionen von ca. 400.000 € für weitere Wärmetauscher notwendig. Für die vorliegende Arbeit werden daraus Investitionen von 20 € je kW abgeleitet.

Tabelle 17: Basiskapazitäten Kap⁰, Basisinvestitionen I⁰ (Euro Mai 2009) und
Größendegressionsexponenten κ für Kompressor, Pumpen-Motoren und HEN

Aggregat g	Kap⁰ [kW]	I⁰ [Mio. €]	Quelle I⁰	Spezifizierung I⁰	κ_g	Quelle κ_g
Kompressor (COMPR)	10.272	3,06	Peters et al., 2004, S. 531	*Centrifugal, motor, adiabatic head*: ~10⁴ m, *capacity at inlet*: ~10⁵ m³/h	0,40	Remer und Chai, 1993, S. 308 ff.
Motor Pumpe 2 (P2-Motor)	122	0,02	Peters et al., 2004, S. 519	*Enclosed, fan cooled*	0,79	Aden et al., 2002, App. B
Motor Pumpe 3 (P3-Motor)	45	0,01				
Zusätzliche Wärmetauscher (HEN)	37.076	0,64	DECHEMA, 2009	-	0,75	Remer und Chai, 1993, S. 308 ff.

Pumpen

Die Ermittlung der Kapazitäten für die Pumpen erfolgt nach Formel 13 in Kapitel 6.3.2 und die Schätzung der Basisinvestitionen basiert auf Peters et al. (2004). Die notwendigen Auslegungsdaten (*centrifugal head* und *capacity*) für die Spezifizierung der Pumpen stammen aus der Modellierung mit ASPEN PLUS®. In Tabelle 18 sind die ermittelten Basis-investitionen für die Pumpe 2 und die Pumpe 3 aufgeführt. Die Pumpe 1 wird lediglich für die Szenarien mit einer Druckstufe des Kompressors (Schlüsselgröße *p*) von kleiner 18 bar benötigt. Die Basisinvestition für die Pumpe 1 wird für diese Konfigurationen ebenfalls aus Peters et. al (2004) abgeleitet.

Tabelle 18: Basiskapazitäten Kap⁰, Basisinvestitionen I⁰ (Euro Mai 2009) und
Größendegressionsexponenten κ für die Pumpen

Aggregat g	Kap⁰ [m³/s]	I⁰ [Mio. €]	Quelle I⁰	Spezifizierung I⁰	κ_g	Quelle κ_g
Pumpe 2 (P2)	0,05	0,08	Peters et al., 2004, S. 519	*Centrifugal, head*: ~200 m, *capacity*: ~0,05 m³/s, p^{max} = 18 bar, *stainless steel*	0,79	Aden et al., 2002, App. B
Pumpe 3 (P3)	0,02	0,04		*Centrifugal, head*: ~170 m, *capacity*: ~0,01 m³/s, p^{max} = 18 bar, *stainless steel*		

Zentrifugen, Förderband, Trockner, Destillationskolonne

Die Schätzung der Basisinvestition für die Zentrifugen erfolgt anhand der abgetrennten Feststoffmenge je Sekunde und basiert auf Peters et al. (2004). Die Basisinvestitionen beziehen sich auf eine Anwendung der Zentrifugen in der organischen Chemie und als Material wird rostfreier Stahl unterstellt (vgl. Tabelle 19).

Die Schätzung der Basisinvestition für das Förderband zur Aufgabe der Holzhackschnitzel in den Reaktor basiert auf Wooley et al. (1999) und bezieht sich auf ein geneigtes (*inclined belt conveyor*) und überdachtes Förderband (*fully covered*) (vgl. Tabelle 19).

Die Schätzung der Basisinvestition für den Trockner erfolgt anhand der verdampften Menge an Flüssigkeit je Sekunde und basiert auf Peters et al. (2004). Die Basisinvestition entspricht zwei Sprühtrocknern aus rostfreiem Stahl mit einer Kapazität von jeweils 1 kg/s und einem Durchmesser von jeweils 5,5 m (vgl. Tabelle 19).

Für die Destillationskolonne basiert die Schätzung der Basisinvestition auf Chauvel et al. (2003). Analog zu den übrigen Anlagen-Bauteilen wird, soweit nicht anders angegeben, für die Kolonne rostfreier Stahl (SA 316) als Material zu Grunde gelegt. Analog zur Schätzung der Basisinvestition des Reaktors basiert die Schätzung der Basisinvestition der Kolonne auf der Ermittlung des Gewichts, welches sich analog zur Investitionsschätzung für den Aufschlussreaktor aus der Wandstärke (vgl. Formel 35) sowie der Höhe und dem Durchmesser der Kolonne ergibt (vgl. Formel 5 und Formel 6 in Kapitel 5.2.3). Der Betriebsdruck $p^{Betrieb}$ der Kolonne beträgt 1,013 bar, der maximal zulässige Druck p^{max} 1.318 bar. Für die Basis-Konfiguration ergibt sich eine Wandstärke $\varepsilon^{Hülle}$ von 8 mm für Hülle und Deckel/Boden der Kolonne. Nach Chauvel et al. (2003) fallen für Destillationskolonnen zusätzliche Investitionen für eine Ummantelung (*skirt*) an, für die ebenfalls das Gewicht aus Durchmesser, Höhe und Wandstärke ermittelt wird, sowie für die Einbauten der Kolonne (Siebböden). Aus Chauvel et al. (2003) wird eine Wandstärke ε^{Mantel} der Ummantelung von 10 mm und eine Höhe der Ummantelung von 5 m ermittelt. Der Basispreis beträgt für die Hülle 8,25 €/kg, für Deckel/Boden 12,40 €/kg und für die Ummantelung 2,60 €/kg (vgl. Chauvel et al., 2003). Der Basispreis je Siebboden aus rostfreiem Stahl (SA 410) beträgt nach Chauvel et al. (2003) ca. 4.000 €.

In Tabelle 19 sind die beschriebenen Basisinvestitionen für die Zentrifugen, das Förderband, den Trockner und die Destillationskolonne aufgeführt. Die zugehörigen Kapazitäten werden nach Formel 13 in Kapitel 6.3.2 ermittelt.

Tabelle 19: Basiskapazitäten Kap⁰, Basisinvestitionen I⁰ (Euro Mai 2009) und Größendegressionsexponenten κ für Zentrifugen, Förderband, Trockner und Destillationskolonne

Aggregat g	Kap^0 [kg/s]	I^0 [Mio. €]	Quelle I^0	Spezifizierung I^0	κ_g	Quelle κ_g
Zentrifuge 1 (ZENTR1)	8,7	0,38				
Zentrifuge 2 (ZENTR2)	2,1	0,24	Peters et al., 2004, S. 868	*Organic chemicals application*, 316 *stainless*	0,67	Remer und Chai, 1993, S. 308 ff.
Zentrifuge 3 (ZENTR3)	2,1	0,24				
Zentrifuge 4 (ZENTR4)	8,7	0,38				
Förderband (FOERDER1)	31,3	0,10	Wooley et al., 1999, S.10	*Inclined belt conveyor*, 210 *ft long*, 36" *wide, fully covered*	0,76	Aden et al., 2002, App. B
Trockner (TROCKN)	1,9	1,8	Peters et al., 2004, S. 848	*Spray dryer, stainless steel*, 5,5 m *diameter*	0,71	Remer und Chai, 1993, S. 308 ff.
Destillationskolonne (DEST)	53,2	0,52	Chauvel et al., 2003, S. 319 ff.	Bodenkolonne, Siebböden, SA 316, SA 410, $p = 1{,}013$bar, $d = 6$ m, $h = 16$ m, $\varepsilon^{Hülle} = 8$ mm, $\varepsilon^{Mantel} = 10$ mm, *shell weight* = 18 t, *bottoms weight* = 5 t, *skirt weight* = 7 t	0,68	Aden et al., 2002, App. B

7.1.4 Weitere Eingangsdaten für die ökonomische Bewertung

In diesem Kapitel werden die Eingangsdaten für die Schätzung der Gesamtinvestition der Produktionsanlage sowie der Kosten und Erlöse vorgestellt. Diese umfasssen die Eingangsdaten zur Ermittlung der Bereitstellungskosten für Holz, der betriebsmittel-verbrauchsabhängigen Kosten, der Erlöse, der investitionsabhängigen Kosten, der Kosten für Personal und für Verwaltung sowie der sonstigen Kosten. Zur Ermittlung der jährlichen Kosten wird eine Betriebszeit der Anlage ($t^{Betrieb}$) von 8.000 h/a unterstellt. Eine Zusammenfassung der nachfolgend aufgeführten Annahmen ist in Tabelle A.4.6 und Tabelle A.4.7 in Anhang A.4 aufgeführt.

Kosten für die Bereitstellung von Holz

Die spezifischen Kosten für den Anbau und die Ernte des Holzes (k^{Anbau}) sind von der Holzart h abhängig (vgl. Formel 20 in Kapitel 6.5.2). Für Holz aus KUP werden für Anbau und Ernte 60 €/t TM (vgl. Grundmann und Eberts, 2009) und für WRH von 53 €/t TM (vgl. DECHEMA, 2009) angenommen.

Für die Schätzung der Kosten für Anbau und Ernte von Holz aus KUP werden folgende Positionen berücksichtigt (vgl. Grundmann und Eberts, 2009):

- Kosten für die Anbaufläche

- Kosten für den Anbau (Bodenbearbeitung einschl. Pflege, Pflanzung, Pflanzenschutz)

- Kosten für die Ernte inkl. Zerkleinerung

- Kosten für die Rekultivierung (Roden)

Nach Grundmann und Eberts (2009) fallen für die genannten Arbeitsschritte Kosten i. H. v. insgesamt 478 € je ha und Jahr an. Mit einem angenommenen Ertrag von 8 t TM Holz je ha und Jahr ergeben sich für die vorliegende Arbeit spezifische Kosten für den Anbau von Holz in KUP von 60 €/t TM. Eine Versorgung der Anlage mit KUP-Holz aus Brasilien wird lediglich im Rahmen der ökologischen Bewertung näher betrachtet (Umweltwirkungen der zusätzlichen Transporte).

Für die Schätzung der Kosten für Anbau und Ernte von Waldrestholz werden folgende Positionen berücksichtigt (vgl. DECHEMA, 2009):

- Kosten für Einschlag/Aufarbeitung

- Kosten für Transport zur Waldstraße (Vorliefern, Rücken)

- Kosten für Zerkleinerung

Nach (DECHEMA, 2009) liegen die spezifischen Kosten für die Bereitstellung von zerkleinertem Waldrestholz ab Waldstraße zwischen 53 und 63 € je t TM.

Für die Berechnung der Bereitstellungskosten für Holz (K^{Holz}) bei regionalem Bezug (vgl. Formel 20 in Kapitel 6.5.2) werden außerdem spezifische fixe Transportkosten ($k^{TranspFix}$) von 2,5 €/t Holz (vgl. Leible et al., 2005) und spezifische variable Transportkosten ($k^{TranspVar}$) von 0,1 €/(t·km) angenommen (vgl. DECHEMA, 2009). Der Holzwassergehalt (f^{Wasser}) wird in der vorliegenden Arbeit auf 50 % festgelegt.

Kosten für Betriebsstoffe, Energie, Abwasserentsorgung

In diesem Abschnitt werden die Preise für die Schätzung der Kosten für Betriebsstoffe (Ethanol, Prozesswasser, Schwefelsäure, Enzyme), Energie (Heizdampf, Kühlwasser, Elektrizität) und Abwasserentsorgung bzw. zur Ermittlung der betriebsmittelverbrauchs-abhängigen Kosten (K^{Betr}) nach Formel 21 (Kapitel 6.5.3) erläutert. Eine Zusammenfassung der nachfolgend genannten Eingangsdaten ist in Tabelle A.4.6 in Anhang A.4 zu finden. Für Ethanol wird ein Preis (pr^{Eth}) von 500 €/t, für Schwefelsäure ein Preis (pr^{H2SO4}) von 100 €/t, für Enzyme ein Preis (pr^{Enz}) von 2.000 €/t und für Prozesswasser ein Preis (pr^{H2O}) von 0,14 €/m³ angenommen.

Die Preise für die Enzyme (pr^{Enz}) und das Prozesswasser (pr^{H2O}) werden aus DECHEMA (2009) übernommen[102]. Der Preis für Ethanol wird am Spotmarkt orientiert. Sowohl der brasilianische als auch der europäische Spotmarkt für Ethanol stellen Indikatoren für den Ethanolpreis dar. Der brasilianische Preis für Ethanol (96 %) schwankt in den Jahren 2008 bis 2010 zwischen 230 €/t und 600 €/t und beträgt im Mittel ca. 390 €/t. Der europäischen Preis für Ethanol (96 %) liegt im Mittel der Jahre 2008 bis 2010 bei ca. 800 €/t. In Abbildung 26, links, sind die Preisverläufe für 96 % und 99 % Ethanol nach CEPEA (2010) und ICIS (2011) für die Jahre 2008 bis 2010 dargestellt. Für die vorliegende Arbeit wird, analog zu der Annahme in DECHEMA (2009), ein Ethanolpreis (Ethanol 96 %) von 500 €/t angenommen (pr^{Eth}).

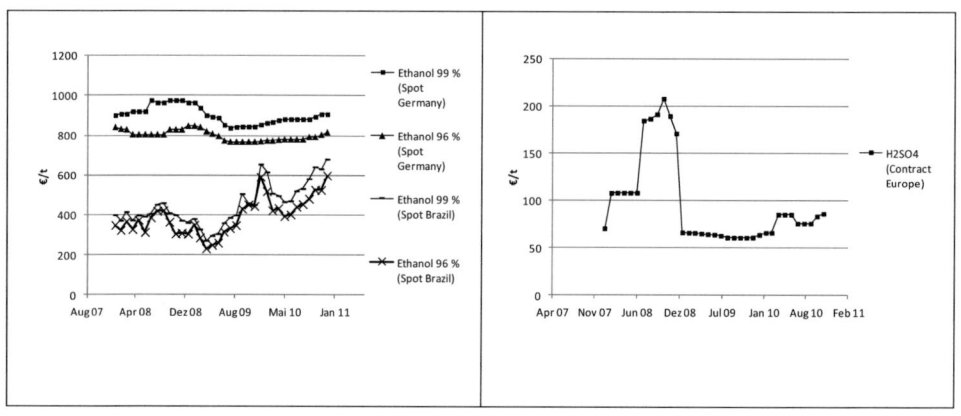

Abbildung 26: Preise (Monats-Mittelwerte) für Ethanol (*Spot Europe, free delivered Germany* und *Spot Brazil*) (links) und Schwefelsäure (*Contract Europe*, vereinbarter Bestimmungsort) (rechts) (eigene Darstellung nach ICIS, 2011, CEPEA, 2010 und FMB, 2011)

Der europäische Kontraktpreis für Schwefelsäure (*Contract Europe*) schwankt nach FMB (2011) in den Jahren 2008 bis 2010 zwischen ca. 60 €/t und 208 €/t und beträgt im Mittel ca. 96 €/t. In Abbildung 26 sind die Preisverläufe für Schwefelsäure nach FMB (2011)

---

[102] Der Enzympreis basiert auf einer Abschätzung der Enzymkosten je Liter Ethanol (ca. 0,1 €/l Ethanol), hergestellt aus Cellulose (vgl. Piccolo und Bezzo, 2009) und Umrechnung über 0,5 kg Ethanol je kg Glukose, 82% Umsatz von Cellulose zu Glukose, 0,026 g Enzym je g Cellulose.

dargestellt. Für die vorliegende Arbeit wird, analog der Annahme in DECHEMA (2009), ein Preis für Schwefelsäure von 100 €/t angenommen (pr^{H2SO4}).

Für Heizdampf (pr^{Dampf}) wird im Fall der Bereitstellung mittels Erdgasfeuerung ein Preis von 23,50 €/t und bei Bereitstellung mittels Holzfeuerung von 27,50 €/t angenommen. Für Kühlwasser wird ein Preis ($pr^{Kühl}$) von 0,043 €/m³, für elektrischen Strom (pr^{Elektr}) von 0,07 €/kWh und für die Abwasserentsorgung (pr^{Abw}) von 2 €/m³ angenommen (vgl. DECHEMA, 2009, DECHEMA, 2011). Für die Berechnung der Kosten für Heizdampf wird außerdem eine Verdampfungswärme für Heizdampf (V^{Dampf}) von 1.933 kJ/kg (p = 16 bar, T = 201,37 °C) angenommen und für die Berechnung der Kosten für Kühlwasser eine spezifische Wärmekapazität von Wasser (ω^{Wasser}) von 41,9 MJ/t sowie eine Erwärmung des Kühlwassers ($\Delta T^{Kühl}$) um 10 K.

Erlöse für Produkte

Im folgenden Abschnitt werden die Preisannahmen zur Ermittlung der Erlöse nach Formel 25 (Kapitel 6.5.3) erläutert. Als Basispreise werden für Lignin (pr^{Lig}) 570 €/t, für Glukose (pr^{Gluk}) 280 €/t und für C₅-Zucker (pr^{C5}) 140 €/t angenommen.

Nach DECHEMA (2009) kann der Basispreis für Lignin mit 50 % des Phenolpreises abgeschätzt werden. Der Phenolpreis (*Spot Germany*) schwankt nach ICIS (2011) von Januar 2008 bis Dezember 2010 zwischen ca. 1.500 €/t und 500 €/t mit einem Mittelwert von ca. 1.140 €/t.

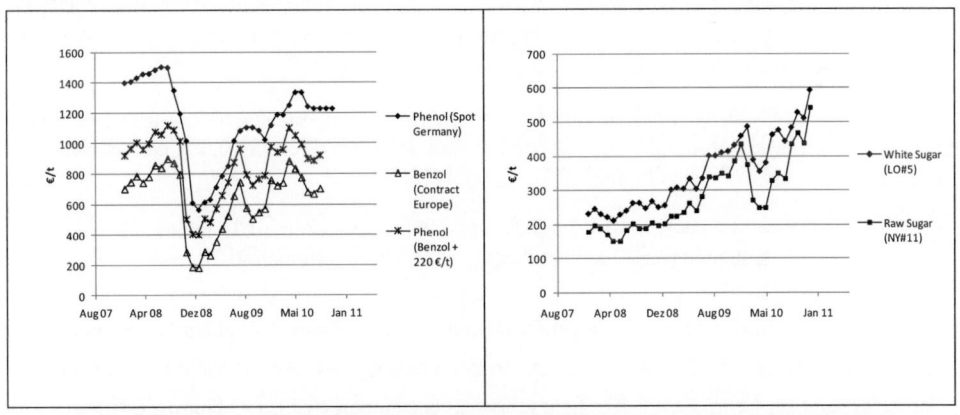

Abbildung 27: Preise (Monats-Mittelwerte) für Phenol (*Spot Germany*, Benzol + 220 €/t) und Benzol (*Contract Europe*) (links), Rohzucker (*Raw Sugar New York No. 11*) und raffinierten Zucker (*White Sugar London No. 5*) (rechts) (eigene Darstellung nach ICIS, 2011, Barchart, 2010 und Barchart, 2010a)

Für Großabnehmer kann der Phenolpreis auch am Benzolpreis unter Einbeziehung der Kosten für die Umarbeitung orientiert werden (vgl. DECHEMA, 2011). Der Mittelwert für den Benzolpreis liegt für den Zeitraum Januar 2008 bis Dezember 2010 bei ca. 630 €/t und bei Einbeziehung der Kosten für die Umarbeitung zu Phenol ergibt sich ein Mittelwert von ca. 850 €/t. Der Verlauf der genannten Preise ist in Abbildung 27 (links) aufgetragen.

Die Verkaufspreise für C_5-Zucker und Glukose werden am Weltmarktpreis für Rohzucker (*New York No. 11*) orientiert (vgl. DECHEMA, 2009). Der Mittelwert des Weltmarktpreises für Rohzucker der Jahre 2008 bis 2010 liegt nach OECD-FAO (2010) bei ca. 280 €/t. Während für Glukose dieser Preis in der vorliegenden Arbeit als Basispreis zu Grunde gelegt wird, wird für die C_5-Zucker, insbesondere aufgrund der noch unsicheren Datenlage zu deren Fermentierbarkeit in den erhaltenen Produktfraktionen, lediglich die Hälfte des Zucker-Weltmarktpreises, d.h. 140 €/t, als Basispreis angesetzt (vgl. DECHEMA, 2011). In Abbildung 27 (rechts) ist der Verlauf des Weltmarktpreises für Rohzucker (*raw sugar*) von Januar 2008 bis Dezember 2010 aufgetragen. Der Preis für Rohzucker bewegt sich für diesen Zeitraum zwischen 470 €/t und 150 €/t, während der Preis für raffinierten Zucker (*white sugar*) Werte zwischen 590 €/t und 221 €/t annimmt. Zum Vergleich ist der Verlauf des Preises für raffinierten Zucker (*London No. 5*) ebenfalls in Abbildung 27 dargestellt.

Investitionen

Zur Ermittlung der Gesamtinvestitionen I^{Gesamt} werden die Investitionen der Hauptkomponenten I^{HK_Gesamt} mit einem Zuschlagsfaktor $f^{Zuschlag}$ von 2,8 multipliziert (vgl. Formel 19 in Kapitel 6.5.1). Der Faktor $f^{Zuschlag}$ entspricht der Summe der differenzierten Zuschlagsfaktoren für die nachfolgend aufgeführten direkten und indirekten Nebenpositionen, die aus Peters et al. (2004) abgeleitet werden[103]:

- *Direkte Nebenpositionen*: Installierung der Hauptkomponenten (0,25), Rohrleitungen inkl. Installierung (0,31), Prozessleittechnik inkl. Installierung (0,08), elektrische Systeme inkl. Installierung (0,1), Gebäude (0,07).

- *Indirekte Nebenpositionen*: Engineering und Überwachung (0,3), rechtliche Angelegenheiten (0,04), Konstruktion (0,34), Unsicherheiten (0,3).

Unter der Annahme, dass die Produktionsanlage an einem bestehenden Standort der Chemieindustrie angesiedelt wird, werden in der vorliegenden Arbeit für die Ermittlung der Gesamtinvestition keine Zuschläge für Geländeanpassungen (0,1), Bauland (0,04) und Infra-

---

[103] Die Werte in Klammern entsprechen jeweils den prozentualen Anteilen in Bezug auf die Investitionen der Hauptkomponenten, d.h. der Apparate und Maschinen.

struktureinrichtungen[104] (0,55) berücksichtigt. Die Investitionen beziehen sich damit in der vorliegenden Arbeit ausschließlich auf die Produktionsanlage, d.h. die Anlagenaggregate zur Rohstoffumwandlung und Produktabtrennung. Investitionen, welche nicht spezifisch für den jeweiligen Prozess sind, bspw. Versorgungs- und Serviceeinrichtungen, Dampfkessel, Wasserbehandlungsanlagen, Kühltürme, Kältetechnik, werden vernachlässigt. Bei Einbeziehung der genannten Positionen ergibt sich ein Zuschlagsfaktor $f^{Zuschlag}$ von ca. 3,5.

Investitionsabhängige Kosten

Nachfolgend werden die Annahmen zur Ermittlung der investitionsabhängigen Kosten vorgestellt (vgl. Formel 22 in Kapitel 6.5.3). In der vorliegenden Arbeit wird ein Prozentsatz von 2 % für Steuern und Versicherungen (f^{St_Vers}) und von 2,5 % für Reparatur und Instandhaltung (f^{Rep_Inst}) angesetzt. Das Umlaufvermögen wird mit 5 % der Gesamtinvestition geschätzt (f^{Umlauf}) und für den Marktzins i werden 8 % angenommen. Zur Ermittlung der jährlichen Abschreibungen wird eine Nutzungsdauer n von 10 Jahren unterstellt. Diese Annahmen werden aus Peters et al. (2004), Wöhe (1996), Aden et al. (2002) und DECHEMA (2009) abgeleitet.

Kapitalwert

Zur Berechnung des Kapitalwertes nach Formel 28 (vgl. Kapitel 6.5.4) werden ein Marktzins nach Abzug von Steuern (i') von 6 % und Ertragssteuern von 25 % (f^{Ertr_St}) angenommen. Die Ertragssteuern werden als Prozentsatz vom Gewinn vor Steuern berechnet. Eine Zusammenfassung der genannten Annahmen zur Ermittlung der Investitionen, der investitionsabhängigen Kosten und des Kapitalwertes befindet sich in Tabelle A.4.6 und Tabelle A.4.7 in Anhang A.4.

Personalkosten

Zur Ermittlung der Personalkosten (vgl. Formel 23 in Kapitel 6.5.3) wird für eine Basiskapazität ($C^{Anlage0}$) von 450.000 t TM Holz/a ein Betrieb der Anlage in 4 Schichten mit 5 Personen je Schicht (f^{Pers_Bedarf}) unterstellt. Für die spezifischen direkten Personalkosten (k^{Pers_dir}) werden 33,40 €/h und Person und für die indirekten Personalkosten 30 % der direkten Personalkosten (f^{Pers_ind}) angenommen (vgl. DECHEMA, 2009). Als Größendegressionsexponent (γ^{Pers}) für die Ermittlung der Personalkosten bei unterschiedlichen Anlagengrößen wird ein Wert von 0,25 angenommen (vgl. Hamelinck et al., 2005).

---

[104] Anlagen zur Energieversorgung, Kühlung, Abfall- und Abwasserentsorgung.

Übrige Kosten

Zur Schätzung der sonstigen Kosten (K^{Sonst}) (vgl. Formel 24 in Kapitel 6.5.3) werden für die vorliegende Arbeit 80 % der Personalkosten (f^{Sonst_Pers}) und 32 % der Kosten für Reparatur und Instandhaltung ($f^{Sonst\_Rep\_Inst}$) veranschlagt (vgl. DECHEMA, 2009). Als Prozentsatz für die Ermittlung der Verwaltungskosten (K^{Verw}) werden 15 % (f^{Verw}) veranschlagt (vgl. Peters et al., 2004). Die genannten Annahmen zur Ermittlung der Personalkosten, der sonstigen Kosten und der Verwaltungskosten sind in Tabelle A.4.7 in Anhang A.4 zusammengefasst.

7.1.5 Eingangsdaten für die ökologische Bewertung

In diesem Kapitel werden die Emissions- und Energieäquivalente für die Ermittlung der Umweltwirkungen und Einsparpotenziale der Prozesskette (vgl. Kapitel 6.6.2 und Kapitel 6.6.3) vorgestellt. In Tabelle A.4.8 in Anhang A.4 sind die verwendeten Emissionsfaktoren (Emissionsäquivalente) und Ressourcenverbräuche (Energieäquivalente) aufgeführt. Mit Ausnahme der Bereitstellung von Enzymen basieren die in der vorliegenden Arbeit verwendeten Emissions- und Energieäquivalente auf Angaben der Datenbank ecoinvent v2.0 (vgl. ecoinvent Centre, 2007). In den meisten dieser Fällen können die Emissions- und Energieäquivalente für die Bereitstellung von Betriebsstoffen, Infrastruktur, Transport und die Referenzprozesse unverändert als kumulierte Ergebnisse der Wirkungsabschätzung aus der Datenbank ecoinvent v2.0 übernommen werden. Ausnahmen stellen hierbei die Bereitstellung von Waldrestholz (ef_{WRH}^{Holz}) und von Holz aus KUP (ef_{KUP}^{Holz}), der überregionale Transport ($ef_{üreg}^{Transp}$) sowie die Herstellung des Referenzproduktes Zucker-Rohsaft aus Zuckerrüben (ef^{Zucker_ZR}) dar, für die keine Datensätze in der Datenbank verfügbar sind. Nachfolgend wird auf die Ermittlung der Emissionsfaktoren und Energieäquivalente der einzelnen Prozessschritte näher eingegangen.

Produktion von Holz

Da für die Produktion von Waldrestholz und von Holz aus KUP keine Datensätze in der Datenbank ecoinvent v2.0 (vgl. ecoinvent Centre, 2007) vorhanden sind, werden die entsprechenden Emissions- und Energieäquivalente für die Produktion von Waldrestholz (ef_{WRH}^{Holz}) und von Holz aus KUP (ef_{KUP}^{Holz}) auf Basis der Modellierung der Holzproduktion mit umberto® abgeleitet (vgl. Kapitel 5.3.3). Während für die in Kapitel 5.3.3 beschriebene Ermittlung des Bedarfes an Betriebsstoffen für die Holzproduktion auf die Einheitsprozess-Rohdaten (*unit process raw data*) der Datenbank ecoinvent v2.0 zurückgegriffen wird, wird für die Ableitung der Emissions- und Energieäquivalente auf die kumulierte Sachbilanz (*result process library*) der entsprechenden Bibliotheksmodule (vgl. Tabelle A.2.1 und Tabelle A.2.2 in Anhang A.2) zurückgegriffen. Zur Ableitung der Emissions- und

Energieäquivalente werden die Input-/Output-Bilanzen (*Life Cycle Inventory*) der modellierten Subnetze für die Holzproduktion in umberto® erstellt und mittels der in umberto® hinterlegten Methoden *CML-2001* und *KEA$_{fossil}$* zur Umweltwirkungsabschätzung werden die in Tabelle A.4.8 (Anhang A.4) aufgeführten Emissions- und Energieäquivalente abgeleitet. Für die Emissions- und Energieäquivalente aus der Produktion von Holz aus KUP (ef_{KUP}^{Holz}) wird keine Unterscheidung zwischen der regionalen Produktion und der Produktion in Brasilien getroffen.

Transport von Holz

Für die Ableitung der in Tabelle A.4.8 in Anhang A.4 aufgeführten Emissions- und Energieäquivalente für den regionalen Transport (ef_{reg}^{Transp}) per LKW wird der Datensatz *Betrieb, Lkw >28t, Flottendurchschnitt* herangezogen (vgl. Tabelle A.2.4 in Anhang A.2). Für die Ableitung der in Tabelle A.4.8 aufgeführten Emissions- und Energieäquivalente aus dem überregionalen Transport ($ef_{üreg}^{Transp}$) werden die in Tabelle A.2.3 in Anhang A.2 aufgeführten Datensätze herangezogen. Wie in Kapitel 5.3.3 erläutert, erfolgt der überregionale Transport von Holz per LKW, per Schiff und per Zug. Zur Ableitung der Emissions- und Energieäquivalente für den überregionalen Transport werden die Emissions- und Energieäquivalente der unterschiedlichen Transportmittel über die jeweiligen Entfernungen gewichtet und über die Gesamtentfernung normalisiert.

Produktionsanlage

Die in Tabelle A.4.8 in Anhang A.4 aufgeführten Emissions- und Energieäquivalente für die Bereitstellung von Ethanol (ef^{Eth}), Schwefelsäure (ef^{H2SO4}), Dampf (ef_{EG}^{Dampf}, ef_{HZ}^{Dampf}), elektrischen Strom (ef^{Elektr}) und Abwasserentsorgung (ef^{Abw}) werden unverändert aus der Datenbank ecoinvent v2.0 als kumulierte Ergebnisse der Wirkungsabschätzung übernommen (vgl. Tabelle A.4.9 in Anhang A.4).

Die Emissions- und Energieäquivalente aus dem Bau und der Infrastruktur der Produktionsanlage (ef^{Bau}) werden aus dem Datensatz *Zuckerraffinerie* (vgl. Tabelle A.4.9 in Anhang A.4) abgeleitet. Diesem Datensatz liegt eine Produktionskapazität von 200.000 t Zucker pro Jahr zu Grunde, die mit der Produktionskapazität für die Basis-Konfiguration der modellierten Anlage (C^{Anlage} = 450.000 t TM Holz/a) vergleichbar ist (Herstellung von ca. 190.000 t Zucker pro Jahr). Die Bezugsgröße *unit* für ef^{Bau} wird lediglich bei Betrachtung unterschiedlicher Anlagengrößen in Bezug auf den Input von Holz variiert. Bei einer Änderung der Kapazitäten einzelner Anlagenaggregate jedoch konstantem Input von Holz (C^{Anlage}) bleibt ef^{Bau} ebenfalls konstant.

Die Emissionsäquivalente und Ressourcenverbräuche für die Bereitstellung von Enzymen (ef^{Enz}) werden mittels Daten aus Nielsen (2009) abgeleitet (vgl. Tabelle A.4.8 in Anhang

A.4). Die Angaben in Nielsen (2009) beziehen sich auf die Herstellung der Enzyme *Celluclast 1.5L* (Cellulase) und *Novozyme 188* (ß-Glucosidase)[105]. Für die vorliegende Arbeit wird jeweils ein gewichteter Faktor mittels der Massenverhältnisse der eingesetzten Enzyme gebildet (vgl. Kapitel 5.1.3).

Zur Ermittlung der Emissions- und Energieäquivalente für die Erstbefüllung der Anlage mit Ethanol wird die Verwendbarkeit der Aufschlusslösung analog zur Nutzungsdauer der Anlage auf 10 Jahre festgelegt (vgl. Formel 33 in Kapitel 6.6.2).

Referenzprozesse

Die Emissions- bzw. Energieäquivalente für die Herstellung von Phenol aus Cumol (ef^{Phenol}) können unverändert als kumulierte Ergebnisse der Wirkungsabschätzung aus der Datenbank ecoinvent v2.0 übernommen werden (vgl. Tabelle A.4.8 und Tabelle A.4.9 in Anhang A.4).

Zur Ermittlung der Emissions- und Energieäquivalente für die Herstellung von Zucker-Rohsaft aus Zuckerrüben (ef^{Zucker_ZR}) muss der Datensatz *Zucker, aus Zuckerrüben, ab Zuckerherstellung* zur Herstellung von kristallinem Zucker (vgl. Tabelle A.4.9 in Anhang A.4) wie folgt angepasst werden. Für die Herstellung von Zucker-Rohsaft (Saccharose) werden lediglich die Prozessschritte zur Bereitstellung, Reinigung und Zerkleinerung der Zuckerrüben sowie zur Zucker-Extraktion betrachtet (vgl. Kapitel 5.4). Die Emissionen und Ressourcenverbräuche für die Reinigung des sog. Rohsaftes (*sweet juice*), die Aufkonzentrierung zum sog. Dicksaft, die Kristallisation und die Trocknung des Zuckers werden nicht mit einbezogen. In Tabelle A.4.8 in Anhang A.4 werden in Klammern die Werte vor der Anpassung des Datensatzes angegeben. Der relativ geringe Unterschied der Werte für die Herstellung von Zucker-Rohsaft und die Herstellung von kristallinem Zucker für die Kategorien CO_2-, SO_2 und 1,4 DCB-Äquivalente ist darauf zurückzuführen, dass der Großteil der Emissionsäquivalente (jeweils ca. 70 %, ca. 90 %, ca. 50 %) dieser Kategorien aus den Prozessen zur Bereitstellung der Zuckerrüben stammt, welche für die Herstellung von Zucker-Rohsaft und kristallinem Zucker identisch sind. Bei den MJ-Äq. fossiler Energieträger fällt der Unterschied etwas stärker aus, was dadurch begründet ist, dass ein Großteil der MJ-Äq. bei der Herstellung von kristallinem Zucker auf die Bereitstellung von Dampf für die Aufkonzentrierung der Zuckerlösung zurückzuführen ist, welche bei der Herstellung von Zucker-Rohsaft entfällt.

Für die Abbildung der angenommenen verminderten Fermentierbarkeit der C_5-Zucker im Vergleich zum Referenzprodukt Saccharose (vgl. DECHEMA, 2011) wird für die Ermittlung der Einsparpotenziale der Prozesskette in der vorliegenden Arbeit die Produktmenge der C_5-

---

[105] Weiterführende Informationen zu Lebenszyklusanalysen für die Herstellung von Enzymen sind bspw. in Nielsen et al. (2007) zu finden.

Zucker mit dem Faktor 2 beaufschlagt (vgl. Formel 34 in Kapitel 6.6.3), d.h. es wird, analog der Preisannahme für die C_5-Zucker (vgl. Kapitel 7.1.4), eine um 50 % verminderte Fermentierbarkeit im Vergleich zum Referenzprodukt unterstellt.

Weitere Eingangsdaten für die ökologische Bewertung

Die übrigen Eingangsdaten für die ökologische Bewertung, d.h. die jährliche Betriebsdauer der Produktionsanlage ($t^{Betrieb}$), der Holzwassergehalt (f^{Wasser}), der Anteil an Schwefelsäure in der Aufschlusslösung (c^{H2SO4}), die Zugabemenge an Enzymen (f^{Enz}), der Anteil der Cellulose im Ausgangsmaterial (c^{Cell}), die Nutzungsdauer der Produktionsanlage (n) sowie die Annahmen zur Ermittlung der Produkt-Massenströme für Lignin (m^{Lig_Prod}) und C_5-Zucker (m^{C5_Prod}) entsprechen den Annahmen der ökonomischen Bewertung (vgl. Tabelle A.4.6 und Tabelle A.4.7 in Anhang A.4 sowie Kapitel 6.5.3).

7.2 Ergebnisse der ökonomischen Bewertung und Optimierung der Prozesskette

In diesem Kapitel werden die Ergebnisse der ökonomischen Bewertung und Optimierung der Prozesskette dargestellt. In Kapitel 7.2.1 wird zunächst eine ökonomische Bewertung der Basis-Konfiguration durchgeführt, d.h. es werden die Kosten, die Erlöse und das Betriebs-ergebnis für diese Konfiguration vorgestellt. In Kapitel 7.2.2 wird die ökonomische Optimierung der Prozesskette zur Maximierung des Betriebsergebnisses durchgeführt. Dabei wird diejenige Kombination der Schlüsselgrößen ermittelt, bei der das Betriebsergebnis für eine gegebene Anlagenkapazität (C^{Anlage}) maximal wird. Für diese Anlagenkonfiguration wird der Einfluss verschiedener Eingangsgrößen (bspw. Preise für Produkte) im Rahmen einer Sensitivitätsanalyse untersucht. Für ausgewählte Eingangsgrößen wird im Rahmen von Szenarioanalysen (vgl. Kapitel 7.2.3) der Einfluss auf das Betriebsergebnis und die jeweilige optimale Anlagenkonfiguration untersucht. Für die unterschiedlichen Anlagenkonfigurationen werden zur Beurteilung der Wirtschaftlichkeit neben dem Betriebsergebnis die Amortisationsdauer, der Kapitalwert und die Rentabilität angegeben. Die Ergebnisse der ökonomischen Bewertung und Optimierung beziehen sich auf eine regionale Bereitstellung von Holz.

7.2.1 Ökonomische Bewertung der Basis-Konfiguration

Im Folgenden werden die Kosten, die Erlöse und das resultierende Betriebsergebnis für die Basis-Konfiguration der in Kapitel 5.1.4 definierten Schlüsselgrößen und eine Anlagenkapazität (C^{Anlage}) von 450.000 t TM Holz/a erläutert. Zur Veranschaulichung ist in

187

Abbildung A.3.1 in Anhang A.3 die Basis-Konfiguration der Produktionsanlage mit den zugehörigen Stoff- und Energieströmen dargestellt.

In Abbildung 28 sind die Kosten für die Bereitstellung von Roh-, Betriebsstoffen und Energie, die investitionsabhängigen Kosten, Personalkosten und übrigen Kosten sowie die Erlöse für Lignin, Glukose und C_5-Zucker und das resultierende Betriebsergebnis für den Standort SA, Holzart KUP, dargestellt.

Die Kosten für die Bereitstellung von Holz machen mit ca. 39 % der Kosten den größten Anteil aus, gefolgt von den Kosten für Heizdampf (ca. 16 %), den investitionsabhängigen Kosten (ca. 15 %) sowie den Kosten für Ethanol (ca. 13 %). Bei den Erlösen stellen die Erlöse für Glukose und Lignin mit jeweils ca. 45 % den Hauptanteil dar während der Anteil der Erlöse für die C_5-Zucker lediglich ca. 10 % beträgt.

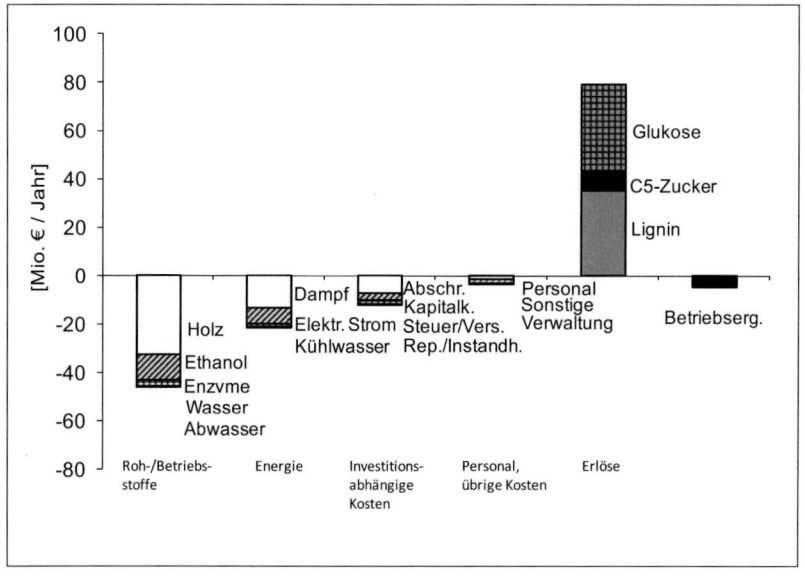

Abbildung 28: Kosten, Erlöse und resultierendes Betriebsergebnis für die Basis-Konfiguration der Prozesskette, Standort SA, Holzart KUP

Die Unterschiede der Ergebnisse für die betrachteten Standorte SA und RP sowie für die betrachteten Holzarten WRH und KUP ergeben sich aus den unterschiedlichen Kosten für die Bereitstellung von Holz, d.h. den unterschiedlichen Kosten für Anbau und Ernte von Waldrestholz (53 €/t TM) und Holz aus Kurzumtriebsplantagen (60 €/t TM) sowie den unterschiedlichen mittleren Transportentfernungen, die auf Basis der jeweiligen Flächennutzung im Umkreis der Standorte ermittelt werden (vgl. Formel 10 in Kapitel 6.2.1). Für

C^{Anlage} = 450.000 t TM Holz/a ergibt sich für den Standort RP eine mittlere Transportentfernung von ca. 51 km für die Holzart KUP und von ca. 65 km für die Holzart WRH sowie
jeweils ein zugehöriges Betriebsergebnis von ca. -6,4 Mio. €/a (Holzart KUP) und von ca. -
4,5 Mio. €/a (Holzart WRH). Für den Standort SA ergibt sich für C^{Anlage} = 450.000 t TM
Holz/a eine mittlere Transportentfernung von ca. 36 km für die Holzart KUP und von ca. 89
km für die Holzart WRH sowie jeweils ein zugehöriges Betriebsergebnis von ca. -5,0 Mio. €/a
(Holzart KUP) und von ca. -6,6 Mio. €/a (Holzart WRH) (vgl. Tabelle 20 in Kapitel 7.2.2).
Die spezifischen Kosten für die Bereitstellung von Holz (inkl. Transport zur Anlage) betragen
damit für eine Anlagenkapazität (C^{Anlage}) von 450.000 t TM Holz/a am Standort RP 71,00 €/t
TM (WRH) bzw. 75,20 €/t TM (KUP) und am Standort SA 72,10 €/t TM (KUP) bzw.
75,80 €/t TM (WRH). Bei einer regionalen Bereitstellung von Holz ergeben sich die aus
ökonomischer Sicht günstigsten Ergebnisse für die genannte Anlagenkapazität und die zu
Grunde gelegten spezifischen Anbaukosten für Holz (k^{Anbau}) somit für den Standort RP bei
Einsatz von WRH[106].

In den nachfolgenden Kapiteln 7.2.2 und 7.2.3 wird eine Optimierung der Anlagenkonfiguration (Maximierung des Betriebsergebnisses) bei veränderten Eingangsdaten vorgenommen. Für die ermittelten Konfigurationen wird das Betriebsergebnis (BE), der Kapitalwert (KW), die Amortisationsdauer (AD) und die Rentabilität (R) jeweils für die betrachteten
Standorte SA und RP und die Holzarten WRH und KUP bei regionaler Bereitstellung
angegeben.

7.2.2 Optimierung der Anlagenkonfiguration zur Maximierung des Betriebsergebnisses

In diesem Kapitel werden die Ergebnisse der ökonomischen Optimierung der Prozesskette
(Maximierung des Betriebsergebnisses) durch vollständige Enumeration aller Varianten der
Schlüsselgrößen $s \in S$ vorgestellt. Zusätzlich zum Betriebsergebnis werden die Gesamt-
investition, der Kapitalwert und die Amortisationsdauer für die Basis-Konfiguration sowie die
optimierte Anlagenkonfiguration (Konfiguration BE_max) dargestellt und im Rahmen einer
Sensitivitätsanalyse wird der Einfluss ausgewählter Eingangsgrößen auf das Betriebsergebnis
der jeweiligen Konfiguration untersucht. Zur Berechnung der Gesamtinvestition sowie des
Betriebsergebnisses, des Kapitalwertes, der Amortisationsdauer und der Rentabilität in
Abhängigkeit der Schlüsselgrößen vgl. Kapitel 6.5.3 bzw. Kapitel 6.5.4.

---

[106] Zur Berechnung der Bereitstellungskosten für Holz (K^{Holz}) vgl. Formel 20 in Kapitel
6.5.2.

Maximierung des Betriebsergebnisses

In Abbildung 29 sind die Kosten, die Erlöse und das resultierende Betriebsergebnis für die Basis-Konfiguration sowie die optimierte Anlagenkonfiguration (Konfiguration BE_max) bei einer Anlagenkapazität (C^{Anlage}) von 450.000 t TM Holz/a für die Holzart KUP am Standort SA dargestellt. Der Hauptanteil der Kosten geht jeweils auf die Bereitstellung der Roh- und Betriebsstoffe (insbesondere Holz und Ethanol) zurück, gefolgt von den Kosten für Energie (insbesondere Heizdampf). Zur Veranschaulichung sind in Abbildung A.3.2 in Anhang A.3 die Konfiguration BE_max und in Abbildung A.3.1 in Anhang A.3 die Basis-Konfiguration der Produktionsanlage mit den zugehörigen Stoff- und Energieströmen, Anlagenaggregaten sowie Ausprägungen der Schlüsselgrößen dargestellt.

Wie in Abbildung 29 (Tabelle rechts) dargestellt, resultiert die Optimierung der Anlagenkonfiguration zur Maximierung des Betriebsergebnisses im Vergleich zur Basis-Konfiguration in einer Reduzierung des Lösemittel zu Holz-Verhältnisses (Schlüsselgröße *lm*) von 6 auf 3, einer Erhöhung der Anzahl an Waschschritten für die Ligninfraktion (Schlüsselgröße nw_L) und für die Cellulosefraktion (Schlüsselgröße nw_C) von 1 auf 4, einer Verringerung der Druckstufe für die Verdichtung der Dampfphase bei der Lösemittel-rückgewinnung (Schlüsselgröße *p*) von 18 auf 3 bar und einer Erhöhung der Einsatzmenge an Enzymen (Schlüsselgröße *z'*). Die Verweilzeit im Hydrolysereaktor (Schlüsselgröße *t'*), die Art der Dampf-bereitstellung (Schlüsselgröße b_D) und die Art der Ethanolbereitstellung (Schlüsselgröße b_{Eth}) entsprechen der Basis-Konfiguration.

Der größte Teil der Erlöse geht sowohl für die Basis-Konfiguration als auch für die Konfiguration BE_max auf die Glukose zurück, gefolgt von den Erlösen für Lignin (vgl. Abbildung 29). Die Erlöse für die C_5-Zucker spielen jeweils nur eine untergeordnete Rolle. Insgesamt sinken die jährlichen Erlöse für die Konfiguration BE_max nur sehr geringfügig von 79,3 Mio. €/a auf ca. 78,1 Mio. €/a, wobei jedoch ein deutlicher Rückgang der Erlöse für Lignin von 35,2 Mio. €/a auf ca. 25,6 Mio. €/a und eine deutliche Erhöhung der Erlöse für Glukose von ca. 36,0 Mio. €/a auf ca. 44,3 Mio. €/a stattfindet (vgl. Abbildung 29). Dies ist im Fall von Lignin auf die Verringerung des Lösemittel zu Holz-Verhältnisses (*lm*) und die damit verbundene geringere Lignin-Ausbeute (ca. 45.000 t/a im Vergleich zu ca. 62.000 t/a) zurückzuführen und im Fall von Glukose auf die Erhöhung der Enzymmenge (*z'*) und die damit verbundene höhere Glukose-Ausbeute (ca. 158.000 t/a im Vergleich zu ca. 128.000 t/a). Ausschlaggebend für das im Vergleich zur Basis-Konfiguration deutlich erhöhte Betriebsergebnis ist der Rückgang des Heizbedarfes und damit der Kosten für Dampf von ca. 13,4 Mio. €/a auf ca. 8,8 Mio. €/a sowie der Rückgang der Investition und damit der investitionsabhängigen Kosten von ca. 12,4 Mio. €/a auf ca. 8,9 Mio. €/a.

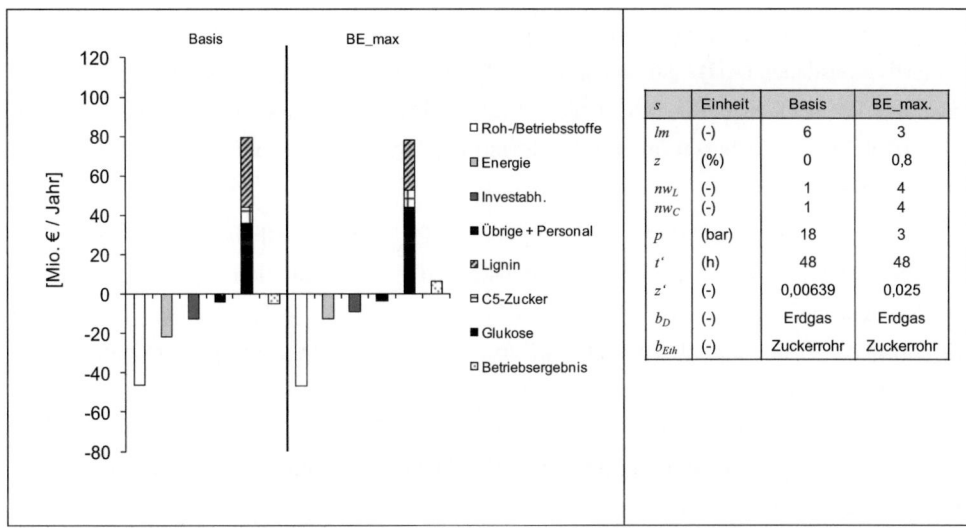

Abbildung 29: Kosten, Erlöse und resultierendes Betriebsergebnis für die Basis-Konfiguration und die Konfiguration BE_max (links), Standort SA, Holzart KUP und zugehörige Kombinationen der Schlüsselgrößen (rechts)

Für den Standort SA ergibt sich ein optimiertes Betriebsergebnis (Konfiguration BE_max) von ca. 6,4 Mio. €/a (Basis-Konfiguration: -5,0 Mio. €/a) bei Einsatz von Holz aus KUP bzw. von 4,8 Mio. €/a (Basis-Konfiguration: -6,6 Mio. €/a) bei Einsatz von Waldrestholz (vgl. Tabelle 20). Die Gesamtinvestition (I^{Gesamt}) beträgt bei optimiertem Betriebsergebnis ca. 52 Mio. €/a (Basis-Konfiguration: ca. 73 Mio. €/a) und der Kapitalwert (KW) bei Einsatz von Holz aus KUP ca. 32,7 Mio. € und bei Einsatz von Waldrestholz ca. 23,7 Mio. € (Standort SA). Die Amortisationsdauer beträgt für die Konfiguration BE_max ca. 4,7 (KUP) bzw. 5,2 (WRH) Jahre und die Rentabilität 33 bzw. 27 % (vgl. Tabelle 20).

Tabelle 20: Betriebsergebnis (BE), Kapitalwert (KW), Amortisationsdauer (AD), Rentabilität (R) und Gesamtinvestition (I^{Gesamt}) für die Basis-Konfiguration und die Konfiguration BE_max, Standorte SA und RP, Holzarten KUP und WRH

		SA				RP			
		Basis		BE_max		Basis		BE_max	
		WRH	KUP	WRH	KUP	WRH	KUP	WRH	KUP
BE	Mio. €/a	-6,6	-5,0	4,8	6,4	-4,5	-6,4	7,0	5,1
KW	Mio. €	-47,2	-35,1	23,7	32,7	-31,3	-45,1	35,6	25,2
AD	a	20,7	14,3	5,2	4,7	13,1	19,2	4,5	5,1
R	%	-10	-5	27	33	-4	-9	35	28
I^{Gesamt}	Mio. €	72,8		52,2		72,8		52,2	

Die entsprechenden Ergebnisse für das Betriebsergebnis (BE), den Kapitalwert (KW), die Amortisationsdauer (AD), die Rentabilität (R) und die Gesamtinvestition (I^{Gesamt}) für den Standort RP sind ebenfalls in Tabelle 20 aufgeführt. Der Standort RP schneidet für die Holzart WRH jeweils besser und für die Holzart KUP jeweils schlechter ab im Vergleich zum Standort SA.

Für den Standort RP ergibt sich aufgrund der unterschiedlichen Kosten für die Holzbereitstellung ein optimiertes Betriebsergebnis (Konfiguration BE_max) von ca. 5,1 Mio. €/a bei Einsatz von Holz aus KUP bzw. von 7,0 Mio. €/a bei Einsatz von Waldrestholz. Der Kapitalwert liegt für das optimierte Betriebsergebnis (Konfiguration BE_max) für den Standort RP bei Einsatz von Holz aus KUP bei ca. 25,2 Mio. € und bei Einsatz von Waldrestholz bei ca. 35,6 Mio. € (vgl. Tabelle 20). Für die Basis-Konfiguration werden für alle in Tabelle 20 aufgeführten Varianten ein negativer Kapitalwert sowie eine negative Rentabilität berechnet.

Sensitivitätsanalyse

In Abbildung 30 ist der Einfluss, den ausgewählte Eingangsdaten auf das Betriebsergebnis ausüben, für die Basis-Konfiguration (Abbildung 30, links) sowie die Konfiguration BE_max (Abbildung 30, rechts) jeweils für den Standort SA und die Holzart KUP dargestellt.

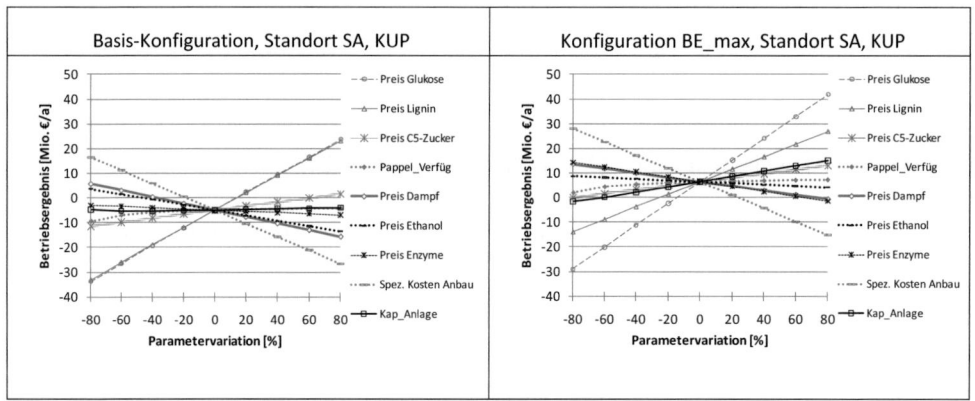

Abbildung 30: Einfluss der Änderung ausgewählter Eingangsdaten auf das Betriebsergebnis für die Basis-Konfiguration (links) und die Konfiguration BE_max (rechts), Standort SA, Holzart KUP

Auf der Seite der Kosten üben bei beiden in Abbildung 30 dargestellten Konfigurationen die spezifischen Kosten für Anbau und Ernte des Holzes (k^{Anbau}) einen großen Einfluss auf das Betriebsergebnis aus, während auf der Seite der Erlöse insbesondere die Verkaufspreise für Glukose (pr^{Gluk}) und Lignin (pr^{Lig}) den größten Einfluss ausüben.

Im Vergleich zur Basis-Konfiguration, bei welcher die Kurven für Glukose und Lignin nahezu deckungsgleich verlaufen, tritt für die Konfiguration BE_max der Einfluss des Glukosepreises aufgrund der größeren Produktionsmenge stärker in den Vordergrund. Zusätzlich hat die Anlagengrößen C^{Anlage} (Kap_Anlage) für die Konfiguration BE_max einen vergleichsweise großen Einfluss auf das Betriebsergebnis und der Preis für Dampf (pr^{Dampf}) tritt für die Basis-Konfiguration etwas stärker in den Vordergrund.

Ausgehend von den in Kapitel 7.1 definierten Eingangsdaten wird in Kapitel 7.2.3 untersucht, ob und in welcher Art die Variation der Eingangsdaten zu unterschiedlichen Ergebnissen bei der Wahl der optimalen Anlagenkonfiguration (Konfiguration BE_max) führt. Dabei bezieht sich die Anlagenkonfiguration jeweils auf die Kombination der in Kapitel 5.1.4 definierten Schlüsselgrößen s (lm, z, nw_L, nw_C, p, t', z', b_D, b_{Eth}).

7.2.3 Szenarioanalysen für die ökonomische Bewertung und Optimierung

In diesem Kapitel wird der Einfluss der Variation ausgewählter Eingangsdaten auf die aus ökonomischer Sicht optimale Anlagenkonfiguration (Konfiguration BE_max) untersucht. Dabei werden insbesondere die Eingangsdaten, die im Rahmen der Sensitivitätsanalyse den größten Einfluss zeigen (d.h. Ligninpreis, Glukosepreis, Dampfpreis, spezifische Kosten für Anbau und Ernte des Holzes, Anlagenkapazität) variiert (vgl. Kapitel 7.2.2).

Variation des Ligninpreises

Zur Untersuchung des Einflusses des Ligninpreises (pr^{Lig}) auf die optimale Anlagenkonfiguration (Konfiguration BE_max), werden ein minimaler Ligninpreis von 285 €/t (pr^{Lig}_min) und ein maximaler Ligninpreis von 855 €/t (pr^{Lig}_max) betrachtet (vgl. Abbildung 31). Diese Preise entsprechen einer Zu- bzw. Abnahme des Basispreises (570 €/t) von +/- 50 %. Wie in Abbildung 31 dargestellt, ergibt sich für pr^{Lig}_min ein maximales Betriebsergebnis von ca. -6,4 Mio. €/a (Standort SA, Holzart KUP). Die Kombination der Schlüsselgrößen (vgl. Abbildung 31, Tabelle rechts) entspricht dabei der Konfiguration bei einem mittleren Ligninpreis von 570 €/t (vgl. Abbildung 29, Tabelle rechts). Näherungsweise ergibt sich für einen Ligninpreis von ca. 438 €/t ein Kapitalwert von Null (Standort SA, Holzart KUP). Bei einer thermischen Verwertung von Lignin werden Erlöse in einer Größenordnung von ca. 235–275 €/t für das Lignin erzielt[107], d.h. bei einer thermischen

---

[107] Annahme: Heizwert Lignin trocken ca. 24.100 kJ/kg (vgl. Raveendran und Ganesh, 1996), Heizwert Lignin bei 10% Wassergehalt ca. 21.400 kJ/kg, Wirkungsgrad Dampfkessel ca. 0,9, V^{Dampf} = 1.933 MJ/t, Dampfpreis 23,50 €/t (Erdgas) bzw. 27,50 €/t (Holz).

Verwertung des Lignins zur Deckung eines Teils des Dampfbedarfes im Prozess, kann keine Wirtschaftlichkeit der Prozesskette erzielt werden.

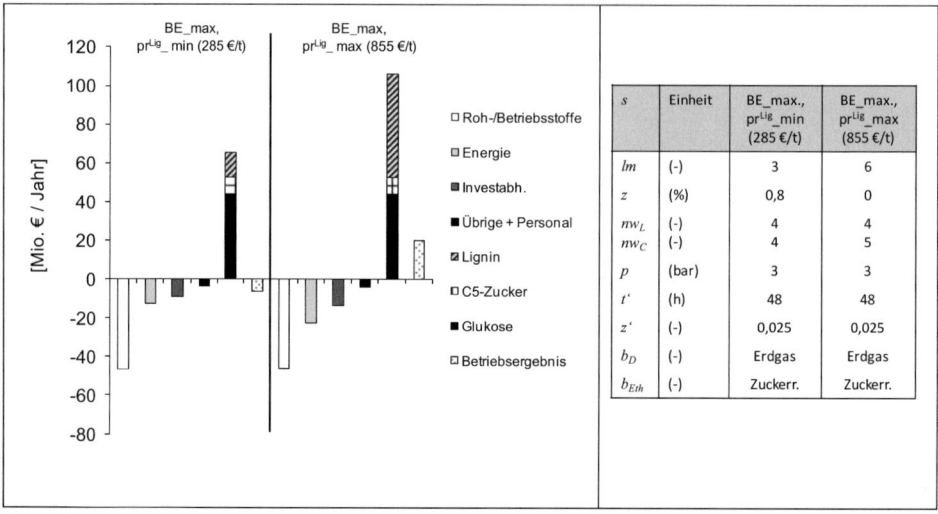

Abbildung 31: Kosten, Erlöse und resultierendes Betriebsergebnis für die Konfiguration BE_max, Standort SA, Holzart KUP bei unterschiedlichen Ligninpreisen (links) und zugehörige Kombinationen der Schlüsselgrößen (rechts)

Bei einer Erhöhung des Ligninpreises auf 855 €/t (pr^{Lig}_max) ändert sich die Kombination der Schlüsselgrößen für ein maximales Betriebsergebnis. Im Vergleich zum maximierten Betriebsergebnis bei mittlerem Ligninpreis wird mehr Lösemittel (lm = 6) und keine Schwefelsäure für den Holzaufschluss eingesetzt (z = 0) und die Anzahl der Waschschritte der Cellulosefraktion wird erhöht (nw_C = 5) (vgl. Abbildung 31, Tabelle rechts).

Tabelle 21: Betriebsergebnis (BE), Kapitalwert (KW), Amortisationsdauer (AD), Rentabilität (R) und Gesamtinvestition (I^{Gesamt}) für die Konfiguration BE_max bei unterschiedlichen Ligninpreisen (pr^{Lig}_min, pr^{Lig}_max), Standorte SA und RP, Holzarten KUP und WRH

		SA				RP			
		BE_max, pr^{Lig}_min (285 €/t)		BE_max, pr^{Lig}_max (855 €/t)		BE_max, pr^{Lig}_min (285 €/t)		BE_max, pr^{Lig}_max (855 €/t)	
		WRH	KUP	WRH	KUP	WRH	KUP	WRH	KUP
BE	Mio. €/a	-8,0	-6,4	18,4	20,1	-5,9	-7,7	20,6	18,8
KW	Mio. €	-57,8	-45,7	97,8	106,9	-41,9	-55,7	109,7	99,4
AD	a	-	52,9	3,4	3,2	35,3	-	3,2	3,4
R	%	-22	-16	56	60	-14	-21	61	56
I^{Gesamt}	Mio. €	52,2		78,4		52,2		78,4	

Die höheren Kosten durch den erhöhten Lösemitteleinsatz werden durch die höhere Ausbeute an Lignin überkompensiert. Aufgrund der größeren Menge an Aufschlusslösung ist der Einsatz von Schwefelsäure (z) nicht mehr wirtschaftlich, aber es ergibt sich ein zusätzlicher Waschschritt für die Cellulosefraktion (nw_C) zur Verringerung des Ethanolverlustes. Für pr^{Lig}_max ergibt sich ein maximales Betriebsergebnis von ca. 20,1 Mio. €/a (vgl. Abbildung 31), ein Kapitalwert von ca. 106,9 Mio. € und eine Amortisationsdauer von ca. 3 Jahren.

In Tabelle 21 sind das Betriebsergebnis (BE), der Kapitalwert (KW), die Amortisationsdauer (AD), die Rentabilität (R) und die Gesamtinvestition (I^{Gesamt}) bei Variation des Ligninpreises für die betrachteten Standorte (SA, RP) und Holzarten (WRH, KUP) aufgeführt. Wird die Kombination der Schlüsselgrößen für BE_max analog des mittleren bzw. des minimalen Ligninpreises beibehalten, ergibt sich für pr^{Lig}_max ein Betriebsergebnis von ca. 19,2 Mio. €/a und ein Kapitalwert von ca. 103,4 Mio. €.

Variation des Preises für Glukose

Zur Untersuchung des Einflusses unterschiedlicher Glukosepreise (pr^{Gluk}) auf die Ermittlung der optimalen Anlagenkonfiguration wird ein minimaler Glukosepreis (pr^{Gluk}_min) von 140 €/t und ein maximaler Glukosepreis von 420 €/t (pr^{Gluk}_max) angenommen (vgl. Abbildung 32). Diese Werte entsprechen einer Erhöhung bzw. Verringerung des Basispreises (280 €/t) um +/-50 %. Wie in Abbildung 32, Tabelle rechts, dargestellt, ändert sich die Kombination der Schlüsselgrößen für pr^{Gluk}_min (140 €/t) lediglich in Bezug auf die Zugabe an Enzymen ($z' = 0,0063$) während sie für pr^{Gluk}_max (420 €/t) der Konfiguration BE_max unter der Annahme eines mittlere Glukosepreises (280 €/t) entspricht.

Bei pr^{Gluk}_min (140 €/t) übersteigen die zusätzlichen Kosten der Erhöhung der Enzymmenge (z') die zusätzlichen Erlöse durch die erhöhte Glukose-Ausbeute weshalb die geringere Enzymmenge vom Modell gewählt wird.

Für pr^{Gluk}_min ergibt sich für den Standort SA, Holzart KUP, ein Betriebsergebnis von -12,4 Mio. €/a. Unter Beibehaltung von $z' = 0,025$ beträgt das Betriebsergebnis ca. -15,7 Mio. €/a. Näherungsweise ergibt sich für die Konfiguration BE_max bei einem Glukosepreis von ca. 242 €/t ein Kapitalwert von Null (Standort SA, Holzart KUP).

Für pr^{Gluk}_max steigt das Betriebsergebnis für den Standort SA, Holzart KUP, auf ca. 28,6 Mio. €/a (vgl. Abbildung 32).

Der Kapitalwert beträgt für pr^{Gluk}_max ca. 154,8 Mio. € und die Amortisationsdauer beträgt ca. 1,9 Jahre (vgl. Tabelle 22). In Tabelle 22 sind das Betriebsergebnis (BE), der Kapitalwert (KW), die Amortisationsdauer (AD), die Rentabilität (R) und die Gesamtinvestition (I^{Gesamt}) bei Variation des Glukosepreises für die betrachteten Standorte (SA, RP) und Holzarten

(WRH, KUP) aufgeführt. Für pr^{Gluk}_min werden deutlich negative Werte für das Betriebsergebnis, den Kapitalwert und die Rentabilität erhalten (vgl. Tabelle 22).

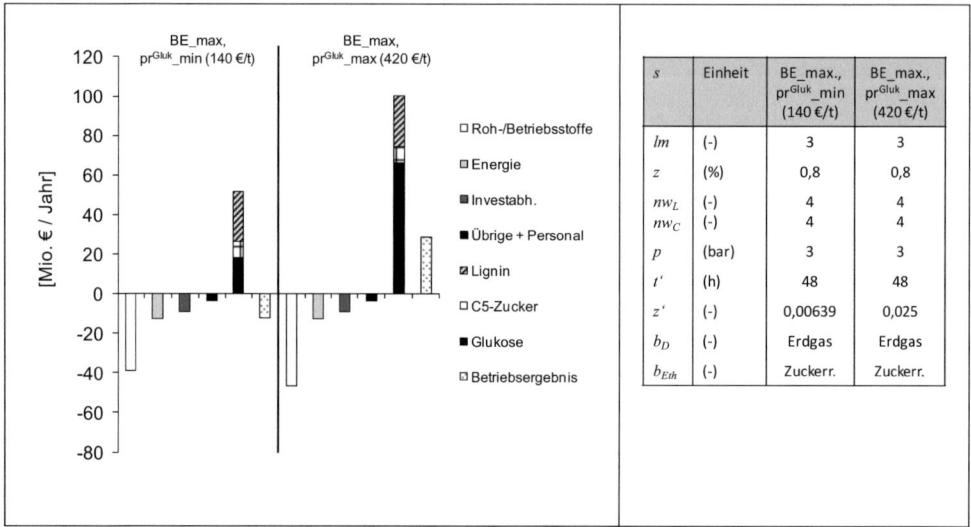

Abbildung 32: Kosten, Erlöse und resultierendes Betriebsergebnis für die Konfiguration BE_max, Standort SA, Holzart KUP bei unterschiedlichen Glukosepreisen (links) und zugehörige Kombinationen der Schlüsselgrößen (rechts)

Tabelle 22: Betriebsergebnis (BE), Kapitalwert (KW), Amortisationsdauer (AD), Rentabilität (R) und Gesamtinvestition (I^{Gesamt}) für die Konfiguration BE_max bei unterschiedlichen Glukosepreisen (pr^{Gluk}_min, pr^{Gluk}_max), Standorte SA und RP, Holzarten KUP und WRH

		SA				RP			
		BE_max, pr^{Gluk}_min (140 €/t)		BE_max, pr^{Gluk}_max (420 €/t)		BE_max, pr^{Gluk}_min (140 €/t)		BE_max, pr^{Gluk}_max (420 €/t)	
		WRH	KUP	WRH	KUP	WRH	KUP	WRH	KUP
BE	Mio. €/a	-14,1	-12,4	26,9	28,6	-11,9	-13,8	29,1	27,2
KW	Mio. €	-102,3	-90,2	145,8	154,8	-86,4	-100,2	157,7	147,4
AD	a	-	-	2,0	1,9	-	-	1,9	2,0
R	%	-46	-39	112	118	-37	-45	120	113
I^{Gesamt}	Mio. €	52,0		52,2		52,0		52,2	

Variation der Kosten für Anbau und Ernte des Holzes

Zur Untersuchung des Einflusses unterschiedlicher Annahmen für die spezifischen Kosten für Anbau und Ernte des Holzes (k^{Anbau}) bei regionaler Bereitstellung werden diese jeweils um +/-50 % variiert. Für Anbau und Ernte von Holz in KUP ergeben sich damit, ausgehend von den mittleren spezifischen Kosten von 60 €/t TM, minimale spezifische Kosten von 30 €/t TM (k^{Anbau}_min) und maximale spezifische Kosten von 90 €/t TM (k^{Anbau}_max). Für Waldrestholz ergeben sich entsprechend, ausgehend von mittleren spezifischen Kosten von 53 €/t TM, minimale spezifische Kosten von 27 €/t TM (k^{Anbau}_min) und maximale spezifische Kosten von 80 €/t TM (k^{Anbau}_max).

In Abbildung 33 sind die Auswirkungen der Variation der spezifischen Kosten für Anbau und Ernte des Holzes (k^{Anbau}) für die Bereitstellung von Holz aus KUP am Standort SA dargestellt. Bei k^{Anbau}_min steigt das Betriebsergebnis auf ca. 19,9 Mio. €/a an und bei k^{Anbau}_max sinkt das Betriebsergebnis auf ca. -7,1 Mio. €/a. Die Variation der spezifischen Kosten für Anbau und Ernte des Holzes (k^{Anbau}) wirkt sich nicht auf die Kombination der Schlüsselgrößen aus (vgl. Abbildung 33, Tabelle rechts).

In Tabelle 23 sind das Betriebsergebnis (BE), der Kapitalwert (KW), die Amortisationsdauer (AD), die Rentabilität (R) und die Gesamtinvestition (I^{Gesamt}) für die Variation der spezifischen Kosten für Anbau und Ernte des Holzes (k^{Anbau}) für die betrachteten Standorte (SA, RP) und Holzarten (WRH, KUP) aufgeführt. Für k^{Anbau}_max wird für alle Varianten ein negativer Kapitalwert ermittelt. Im Fall von Holz aus KUP ergibt sich für die Konfiguration BE_max bei spezifischen Kosten für Anbau und Ernte größer ca. 73 €/t ein negativer Kapitalwert und im Fall von Waldrestholz bei spezifischen Kosten für Anbau und Ernte größer ca. 63 €/t (jeweils Standort SA).

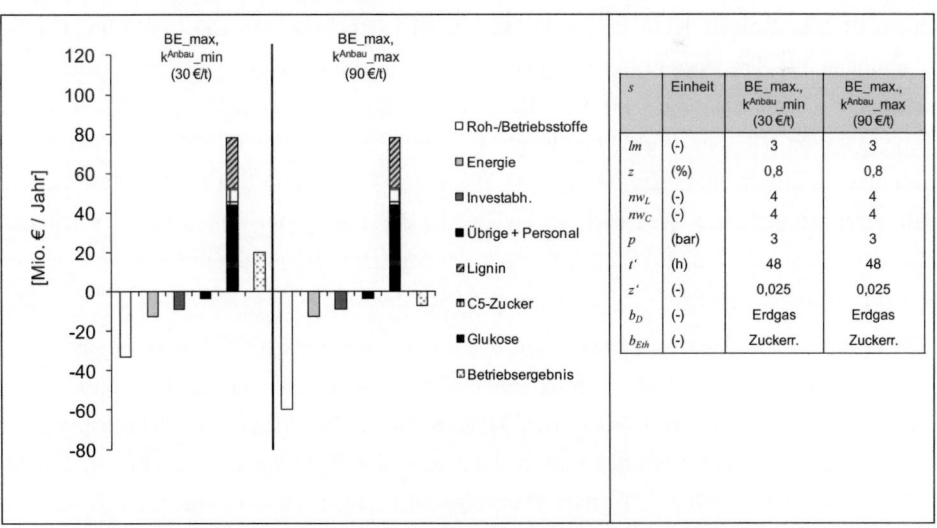

Abbildung 33: Kosten, Erlöse und resultierendes Betriebsergebnis für die Konfiguration BE_max, Standort SA, Holzart KUP bei unterschiedlichen spezifischen Kosten für Anbau und Ernte des Holzes (links) und zugehörige Kombinationen der Schlüsselgrößen (rechts)

Insgesamt müssen die spezifischen Kosten für die Bereitstellung von Holz, d.h. inkl. der Kosten für den Transport zur Produktionsanlage, unter ca. 85 €/t liegen, um einen positiven Kapitalwert zu erzielen.

Tabelle 23: Betriebsergebnis (BE), Kapitalwert (KW), Amortisationsdauer (AD), Rentabilität (R) und Gesamtinvestition (I^{Gesamt}) für die Konfiguration BE_max bei unterschiedlichen spezifischen Kosten für Anbau und Ernte des Holzes (k^{Anbau}_min, k^{Anbau}_max), Standorte SA und RP, Holzarten KUP und WRH

		SA				RP			
		k^{Anbau}_min		k^{Anbau}_max		k^{Anbau}_min		k^{Anbau}_max	
		WRH	KUP	WRH	KUP	WRH	KUP	WRH	KUP
		(27 €/t)	(30 €/t)	(80 €/t)	(90 €/t)	(27 €/t)	(30 €/t)	(80 €/t)	(90 €/t)
BE	Mio. €/a	16,5	19,9	-7,4	-7,1	18,7	18,6	-5,2	-8,4
KW	Mio. €	88,3	107,2	-52,9	-50,8	100,1	99,8	-37,0	-60,7
AD	a	2,8	2,5	-	-	2,6	2,6	-	-
R	%	72	85	-20	-19	80	80	-12	-24
I^{Gesamt}	Mio. €	52,2				52,2			

Variation der Anlagengröße

Zur Untersuchung des Einflusses unterschiedlicher Anlagenkapazitäten (C^{Anlage}) wird die Anlagengröße des Basisfalls (450.000 t TM Holz/a) um +/-50 % variiert.

Für die minimale Anlagenkapazität von 225.000 t TM Holz/a (C^{Anlage}_min) ergibt sich für den Standort SA, Holzart KUP ein maximales Betriebsergebnis von ca. 1,06 Mio. €/a (vgl. Abbildung 34). Die Anzahl der Ligninwäschen wird in diesem Szenario vom Modell auf 3 reduziert (Schlüsselgröße nw_L = 3), alle übrigen Schlüsselgrößen entsprechen der Konfiguration BE_max (vgl. Abbildung 34, Tabelle rechts). Für C^{Anlage}_min übersteigt die Summe aus den zusätzlichen investitionsabhängigen Kosten und den Kosten für Elektrizität für einen zusätzlichen Waschschritt für Lignin die Einsparung durch einen verringerten Ethanolverlust. Werden alle Schlüsselgrößen entsprechend BE_max beibehalten, d.h. nw_L = 4, beträgt das Betriebsergebnis ca. 1,05 Mio. €/a (Standort SA, Holzart KUP) bei C^{Anlage}_min.

Für die maximale Anlagenkapazität von 675.000 t TM Holz/a (C^{Anlage}_max) ergibt sich für den Standort SA, Holzart KUP ein maximales Betriebsergebnis von ca. 11,98 Mio. €/a (vgl. Abbildung 34). In diesem Szenario wird keine Schwefelsäure eingesetzt (Schlüsselgröße z = 0), alle übrigen Schlüsselgrößen entsprechen jenen der Konfiguration BE_max (Abbildung 34, Tabelle rechts). Für C^{Anlage}_max übersteigen die zusätzlichen Kosten für Schwefelsäure die geringeren investitionsabhängigen Kosten aufgrund einer verringerten Verweilzeit im Aufschlussreaktor, weshalb das Modell keine Zugabe von H_2SO_4 wählt. Werden alle

Schlüsselgrößen entsprechend BE_max beibehalten, d.h. $z = 0{,}8$, beträgt das Betriebsergebnis ca. 11,85 Mio. €/a (Standort SA, Holzart KUP) bei C^{Anlage}_max.

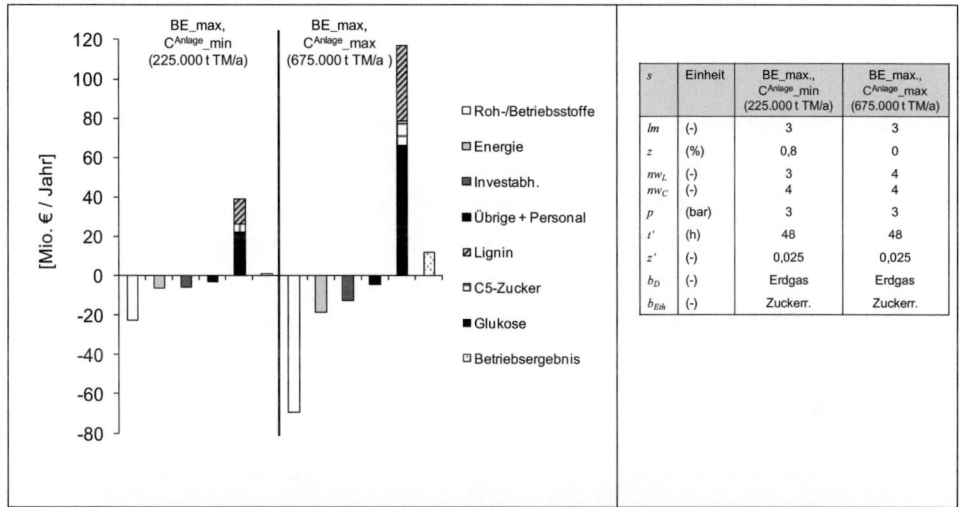

Abbildung 34: Kosten, Erlöse und resultierendes Betriebsergebnis für die Konfiguration BE_max, Standort SA, Holzart KUP bei unterschiedlichen Anlagenkapazitäten (links) sowie zugehörige Kombinationen der Schlüsselgrößen (rechts)

In Tabelle 24 sind das Betriebsergebnis (BE), der Kapitalwert (KW), die Amortisationsdauer (AD), die Rentabilität (R) und die Gesamtinvestition (I^{Gesamt}) für die Variation der Anlagenkapazität für die Standorte SA und RP und die Holzarten WRH und KUP aufgeführt.

Tabelle 24: Betriebsergebnis (BE), Kapitalwert (KW), Amortisationsdauer (AD), Rentabilität (R) und Gesamtinvestition (I^{Gesamt}) für die Konfiguration BE_max bei unterschiedlichen Anlagenkapazitäten (C^{Anlage}_min, C^{Anlage} _max), Standorte SA und RP, Holzarten KUP und WRH

		SA				RP			
		BE_max, C^{Anlage}_min (225.000 t TM/a)		BE_max, C^{Anlage} _max (675.000 t TM/a)		BE_max, C^{Anlage}_min (225.000 t TM/a)		BE_max, C^{Anlage} _max (675.000 t TM/a)	
		WRH	KUP	WRH	KUP	WRH	KUP	WRH	KUP
BE	Mio. €/a	0,7	1,1	8,1	12,0	1,6	0,6	11,9	9,5
KW	Mio. €	2,2	4,0	40,9	62,1	7,2	1,5	61,8	48,3
AD	a	7,1	6,8	4,9	4,2	6,3	7,2	4,2	4,6
R	%	13	15	30	40	18	12	40	34
I^{Gesamt}	Mio. €	34,1		75,2		34,1		75,2	

Für C^{Anlage}_min (225.000 t TM Holz/a) sowie für C^{Anlage}_max (675.000 t TM Holz/a) wird das höchste Betriebsergebnis und der höchste Kapitalwert, analog zur Basiskapazität

(450.000 t TM Holz/a), für den Standort RP, Holzart WRH erzielt (vgl. Tabelle 24). Die schlechtesten Werte ergeben sich für C^{Anlage}_min für den Standort RP, Holzart KUP und für C^{Anlage}_max für den Standort SA, Holzart WRH. Näherungsweise wird ein Kapitalwert von Null bei einer Anlagenkapazität von ca. 190.000 t TM Holz/a erreicht (Standort SA, Holzart KUP).

Die Ergebnisse zur Variation der Anlagenkapazität zeigen, dass unter den in Kapitel 7.1.1 getroffenen Annahmen zur Landnutzung und zur Verfügbarkeit von Holz größere Anlagenkapazitäten zu höheren Betriebsergebnissen führen. D.h. die Effekte der Größendegression der investitionsabhängigen Kosten übersteigen in den untersuchten Kapazitätsbereichen die steigenden spezifischen Bereitstellungskosten des Holzes. In Abbildung 35 sind der Verlauf ausgewählter Kosten und des Betriebsergebnisses für Anlagenkapazitäten von 180.000 t TM Holz/a bis 2.000.000 t TM Holz/a am Standort SA für Holz aus KUP (links) und für Waldrestholz (rechts) dargestellt.

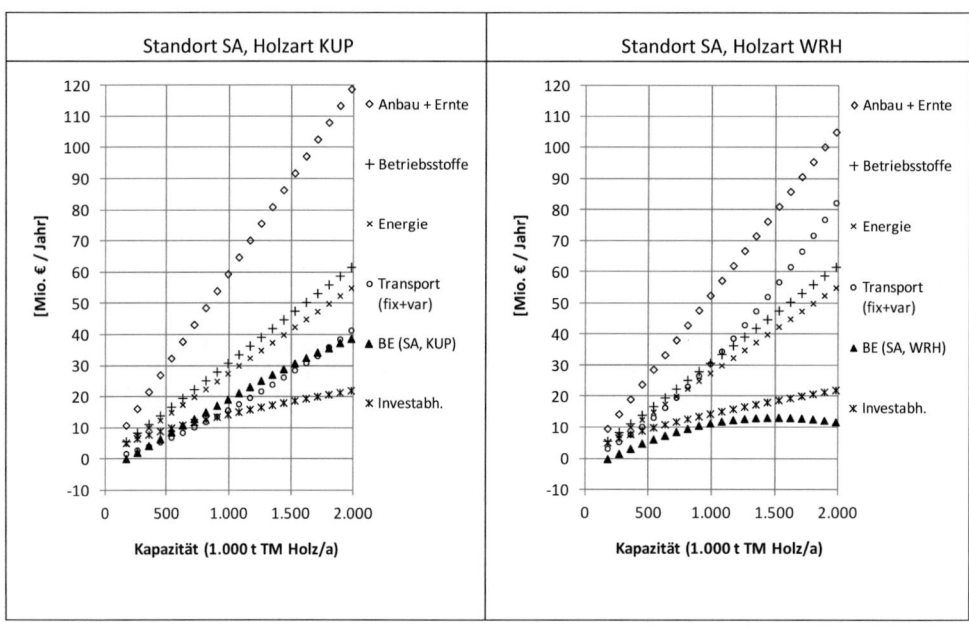

Abbildung 35: Verlauf von Kosten (Anbau und Ernte von Holz, Betriebsstoffe, Energie, Transport, investitionsabhängige Kosten) und Betriebsergebnis (BE) für verschiedene Anlagenkapazitäten für Holz aus KUP (links) und Waldrestholz (rechts), Standort SA, Konfiguration BE_max.

Mit steigender Anlagengröße kommt es zu einer Erhöhung der spezifischen Transportkosten (überproportionaler Anstieg der Kurve mit steigender Anlagenkapazität) und zu einer

Verringerung der spezifischen investitionsabhängigen Kosten (unterproportionaler Anstieg der Kurve mit steigender Anlagenkapazität). Die Kosten für Anbau und Ernte des Holzes, für Betriebsstoffe und für Energie steigen jeweils linear mit steigender Anlagengröße (vgl. Abbildung 35). Das resultierende Betriebsergebnis steigt im Fall von WRH aufgrund der höheren Transportkosten ebenfalls deutlich unterproportional an, während im Fall von KUP der Einfluss der Transportkosten deutlich geringer ausfällt (vgl. Abbildung 35). Das Betriebsergebnis steigt unter den getroffenen Annahmen in beiden Fällen in den untersuchten Kapazitätsbereichen mit steigender Anlagenkapazität an und es lässt sich keine Größenbegrenzung aufgrund eines Rückgangs des Betriebsergebnisses ableiten. Die Anlagengröße wird demnach ausschließlich durch die Absatzmärkte für die Produkte sowie durch regionale bzw. überregionale Verfügbarkeiten des Rohstoffes Holz beschränkt.

Maximierung des Betriebsergebnisses für unterschiedliche Dampfpreise

Zur Untersuchung des Einflusses unterschiedlicher Dampfpreise (pr^{Dampf}) wird eine Variation des Basispreises (23,50 €/t) vorgenommen. Es wird ein minimaler Dampfpreis von 17 €/t (pr^{Dampf}_min) und ein maximaler Dampfpreis von 35,25 €/t (pr^{Dampf}_max) angenommen. Der minimale Dampfpreis entspricht den Angaben in DECHEMA (2009) und der maximale Dampfpreis entspricht einer Erhöhung des Basispreises um 50 %. Für pr^{Dampf}_max (35,25 €/t) ergibt sich für den Standort SA, Holzart KUP ein maximales Betriebsergebnis von ca. 2,7 Mio. € (vgl. Abbildung 36).

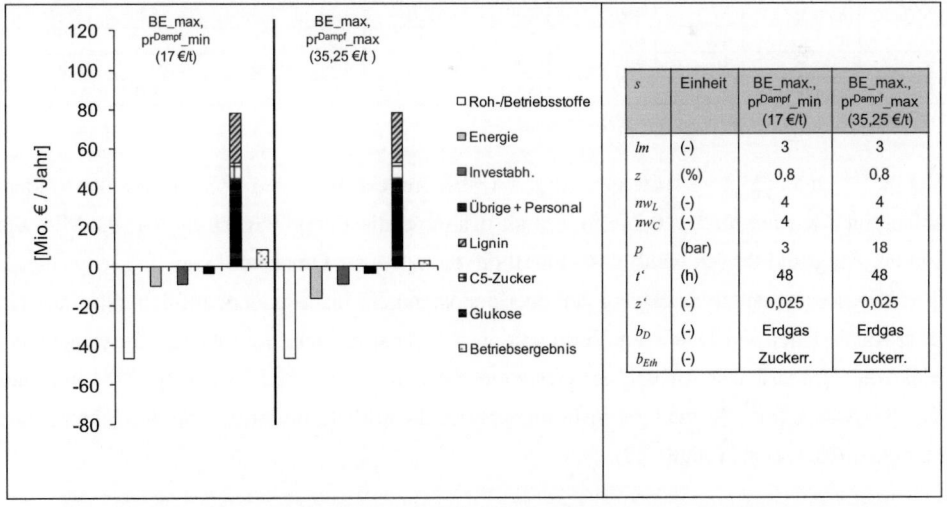

Abbildung 36: Kosten, Erlöse und resultierendes Betriebsergebnis für die Konfiguration BE_max, Standort SA, Holzart KUP bei unterschiedlichen Dampfpreisen (links) und zugehörige Kombinationen der Schlüsselgrößen (rechts)

Im Vergleich zum Basispreis (23,50 €/t) wird in diesem Szenario eine Druckstufe des Kompressors von 18 bar (p = 18 bar) gewählt (vgl. Abbildung 36, Tabelle rechts). Wird die Druckstufe des Kompressors bei maximalem Dampfpreis bei 3 bar belassen ergibt sich ein maximales Betriebsergebnis von ca. 2,0 Mio. €. Die Kombination der Schlüsselgrößen entspricht für pr^{Dampf}_min jener für den Basispreis (p = 3 bar) (vgl. Abbildung 36, Tabelle rechts). Die Druckstufe von 18 bar wählt das Modell ab einem Dampfpreis von ca. 28 €/t.

In Tabelle 25 sind das Betriebsergebnis (BE), der Kapitalwert (KW), die Amortisationsdauer (AD), die Rentabilität (R) und die Gesamtinvestition (I^{Gesamt}) für die Variation des Dampfpreises für die Standorte SA und RP und die Holzarten WRH und KUP aufgeführt. Für die untersuchten Dampfpreise wird für alle in Tabelle 25 dargestellten Varianten ein positives Betriebsergebnis erzielt. Ein negativer Kapitalwert ergibt sich für die Konfiguration BE_max erst ab einem Dampfpreis von ca. 39 €/t.

Tabelle 25: Betriebsergebnis (BE), Kapitalwert (KW), Amortisationsdauer (AD), Rentabilität (R) und Gesamtinvestition (I^{Gesamt}) für das optimierte Betriebsergebnis (BE_max) bei unterschiedlichen Dampfpreisen (pr^{Dampf}_min, pr^{Dampf}_max), Standorte SA und RP, Holzarten KUP und WRH

		SA				RP			
		BE_max, pr^{Dampf} min (17 €/t)		BE_max, pr^{Dampf} max (35,25 €/t)		BE_max, pr^{Dampf} min (17 €/t)		BE_max, pr^{Dampf} max (35,25 €/t)	
		WRH	KUP	WRH	KUP	WRH	KUP	WRH	KUP
BE	Mio. €/a	7,2	8,9	1,0	2,7	9,4	7,5	3,2	1,3
KW	Mio. €	37,2	46,2	2,9	12,0	49,1	38,7	14,8	4,5
AD	a	4,5	4,1	7,2	6,2	3,9	4,4	5,9	7,0
R	%	36	42	12	19	44	37	20	13
I^{Gesamt}	Mio. €	52,2		53,0		52,2		53,0	

Bei pr^{Dampf}_max (35,35 €/t) steigen bei p = 18 bar im Vergleich zu p = 3 bar die investitionsabhängigen Kosten um ca. 0,2 Mio. €/a an, während die Energiekosten um ca. 0,8 Mio. €/a sinken. Aufgrund dessen wählt das Modell die Kompressor-Druckstufe von 18 bar für dieses Szenario. Der genannte Rückgang der Energiekosten geht insbesondere auf den verminderten Dampfbedarf bei p = 18 bar im Vergleich zu p = 3 bar zurück, bei gleichzeitig steigendem Elektrizitätsbedarf. Der Anstieg der Gesamtinvestition von ca. 52,2 Mio. € (pr^{Dampf}_min) auf ca. 53,0 Mio. € (pr^{Dampf}_max) ist insbesondere auf die erhöhte Investition für den Kompressor zurückzuführen (vgl. Tabelle 25).

7.2.4 Zusammenfassung und Einordnung der Ergebnisse der ökonomischen Bewertung und Optimierung

Auf Grundlage der in Kapitel 7.1 definierten Eingangsdaten werden in diesem Kapitel die Ergebnisse der ökonomischen Bewertung und Optimierung der Prozesskette für die Standorte SA und RP sowie die Holzarten KUP und WRH bei regionaler Bereitstellung vorgestellt. Ausgehend von der in Kapitel 5.1.4 definierten Basis-Konfiguration der Schlüsselgrößen, für welche ein deutlich negatives Betriebsergebnis erzielt wird, wird die Prozesskette im Hinblick auf die Maximierung des Betriebsergebnisses optimiert. Für die optimale Konfiguration BE_max wird für eine Kapazität der Anlage (C^{Anlage}) von 450.000 t TM Holz/a am Standort SA ein Betriebsergebnis von ca. 6,4 Mio. €/a (KW von ca. 33 Mio. €) für die Holzart KUP bzw. von 4,8 Mio. €/a (KW von ca. 24 Mio. €) für die Holzart WRH erzielt. Aufgrund der unterschiedlichen Rohstoffverfügbarkeiten fällt das Betriebsergebnis für die genannte mittlere Anlagenkapazität für alle untersuchten Szenarien am Standort RP für die Holzart WRH jeweils günstiger (ca. 2,2 Mio. €/a höher) und für die Holzart KUP jeweils schlechter (ca. 1,3 Mio. €/a niedriger) aus im Vergleich zum Standort SA. Deutlichere Unterschiede ergeben sich für die angenommene maximale Anlagenkapazität (675.000 t TM Holz/a) mit einem um ca. 3,8 Mio. €/a höheren Betriebsergebnis am Standort RP im Vergleich zum Standort SA für die Variante WRH. Demgegenüber sind die Unterschiede für die minimale Anlagenkapazität (225.000 t TM Holz/a) weniger stark ausgeprägt. Zur Einordnung der Ergebnisse der ökonomischen Bewertung werden neben dem Betriebsergebnis zusätzlich jeweils der Kapitalwert (KW), die Amortisationsdauer (AD) und die Rentabilität (R) angegeben. Die Sensitivitätsanalysen zeigen einen besonders hohen Einfluss der Verkaufspreise für Glukose und Lignin sowie der spezifischen Kosten für Anbau und Ernte des Holzes auf das Betriebsergebnis. Im Rahmen von Szenarioanalysen wird aufgrund dessen unter anderem deren Einfluss auf die optimale Konfiguration der Prozesskette untersucht und es werden jeweils die minimalen bzw. maximalen Werte ermittelt, für welche die Vorteilhaftigkeit der Investition noch erreicht werden kann, d.h. für welche der Kapitalwert näherungsweise gleich Null ist, bei ansonsten unveränderten Annahmen. Als minimale Verkaufspreise ergeben sich ca. 440 €/t für Lignin (Basispreis 570 €/t) und ca. 240 €/t für Glukose (Basispreis 280 €/t). Als maximale spezifische Kosten für Anbau und Ernte des Holzes ergeben sich für den Standort SA ca. 73 €/t TM für Holz aus KUP (Basisfall 60 €/t TM) und ca. 63 €/t TM für WRH (Basisfall 53 €/t TM).

Der in Humbird et al. (2011) ermittelte minimale Verkaufspreis für Zucker liegt mit ca. 190 €/t deutlich unter dem in dieser Arbeit ermittelten minimalen Verkaufspreis für Glukose von ca. 240 €/t. Die Untersuchungen in Humbird et al. (2011) beziehen sich auf ein Aufschlussverfahren mittels verdünnter Säure und eine resultierende Zuckerlösung nach enzymatischer Hydrolyse der Cellulose von ca. 13 Masse-% (vgl. Kapitel 4.1) und ist damit mit der Glukosefraktion in der vorliegenden Arbeit vergleichbar (Glukose-Konzentration von ca. 17 Masse-% für die Konfiguration BE_max). Der in Kaylen et al. (2000) ermittelte Kapitalwert einer Anlage vergleichbarer Größenordnung zu Herstellung von Ethanol und Furfural aus Lignocellulose (Aufschluss mit verdünnter Säure) liegt mit ca. 90 Mio. € (ca. 85 Mio. USD) deutlich über den in vorliegenden Arbeit ermittelten Kapitalwerten bei mittleren Preisannahmen (s.o.). In Bohlmann (2006) wird ein ROI[108] von mindestens 25–30 % für Investitionen in Prozesse zur Umwandlung von Lignocellulose zu Ethanol bspw. unter Einsatz von verdünnter Säure (NREL-Prozess) oder mittels Dampfexplosionsverfahren (Iogen-Prozess) und anschließender enzymatischer Hydrolyse und Fermentation angegeben. Insbesondere die hohen Unsicherheiten in Bezug auf die Bereitstellung der Biomasse und eine bislang ausschließliche Erprobung der Prozesse im Pilotmaßstab werden in Bohlmann (2006) als Gründe hierfür angeführt. Für die Konfiguration BE_max, eine Anlagenkapazität von 450.000 t TM Holz/a und die mittleren Preisannahmen (vgl. Kapitel 7.1) liegen die in der vorliegenden Arbeit ermittelten Rentabilitätskennziffern (R) zwischen 27 und 35 %, was einem ROI von ca. 14–18 % entspricht. Bei einer Anlagenkapazität von 225.000 t TM Holz/a liegen die Rentabilitätskennziffern (R) zwischen 12 und 18 % (ROI von ca. 6–9 %) und bei eine Anlagenkapazität von 675.000 t TM Holz/a zwischen 30 und 40 % (ROI von ca. 15–20 %) (vgl. Kapitel 7.2).

7.3 Ergebnisse der ökologischen Bewertung und Optimierung der Prozesskette

In diesem Kapitel wird zunächst anhand der Basis-Konfiguration und der Konfiguration BE_max eine ökologische Charakterisierung der Prozesskette durchgeführt. Dazu werden in Kapitel 7.3.1 die Beiträge der einzelnen Prozessschritte bzw. Bereitstellungsketten zur Summe der Emissions- und Energieäquivalente der Prozesskette ermittelt und es wird der Einfluss, den einzelne Schadstoffe bzw. Ressourcen auf das Gesamtergebnis der jeweiligen Wirkungskategorie aufweisen, dargestellt. Analog dazu wird in Kapitel 7.3.2 eine ökologische Charakterisierung der Referenzprozesse durchgeführt. Aufbauend auf diesen Informationen wird in Kapitel 7.3.3 die Bewertung und Optimierung der Prozesskette zur Maximierung der Einsparpotenziale in den betrachteten Umweltwirkungskategorien durchgeführt und es werden die möglichen Einsparungen für unterschiedliche Anlagenkonfigurationen dargestellt. Die nachfolgend aufgeführten Angaben zu den Emissionsfaktoren und spezifischen Ressour-

---

[108] Nach Wöhe (1996) entspricht der ROI der Gesamtkapitalrentabilität (vgl. Kapitel 6.5.4).

cenverbräuchen basieren zum Großteil auf Angaben in der Datenbank ecoinvent v2.01 (vgl. ecoinvent Centre, 2007). Soweit nicht anders gekennzeichnet, beziehen sich die nachfolgend dargestellten Ergebnisse auf eine regionale Bereitstellung von Holz.

7.3.1 Ökologische Charakterisierung der Prozesskette

Im Rahmen der ökologischen Bewertung werden die Wirkungsindikatorwerte der Umweltwirkungskategorien Klimawandel (KL), Versauerung (VS), Humantoxizität (HT) und kumulierter fossiler Energieaufwand (KEA_{fossil}) für die Prozessschritte Produktion Holz, Transport Holz und Produktionsanlage nach der in Kapitel 6.6.2 dargestellten Vorgehensweise ermittelt. In Abbildung 37 sind die prozentualen Anteile der einzelnen Prozessschritte an der Gesamtsumme der Wirkungsindikatorwerte, d.h. der CO_2-Äq., der SO_2-Äq., der 1,4-DCB-Äq. und der MJ-Äq. fossiler Energieträger, für die Basis-Konfiguration und die Konfiguration BE_max am Standort SA, Holzart KUP, aufgeführt (vgl. Kapitel 6.6.1 zur Erläuterung der betrachteten Wirkungskategorien, zugehörigen Wirkungsindikatoren und Einheiten). Für die Emissions- und Energieäquivalente der Produktionsanlage werden in Abbildung 37 die Bereitstellung von Betriebsstoffen (Ethanol, Enzyme, H_2SO_4, Wasser) und Energie (Elektrizität, Dampf, Kühlwasser) sowie die Infrastruktur separat ausgewiesen. Für die Prozessschritte Produktion Holz und Transport Holz sind die Anteile jeweils aggregiert dargestellt.

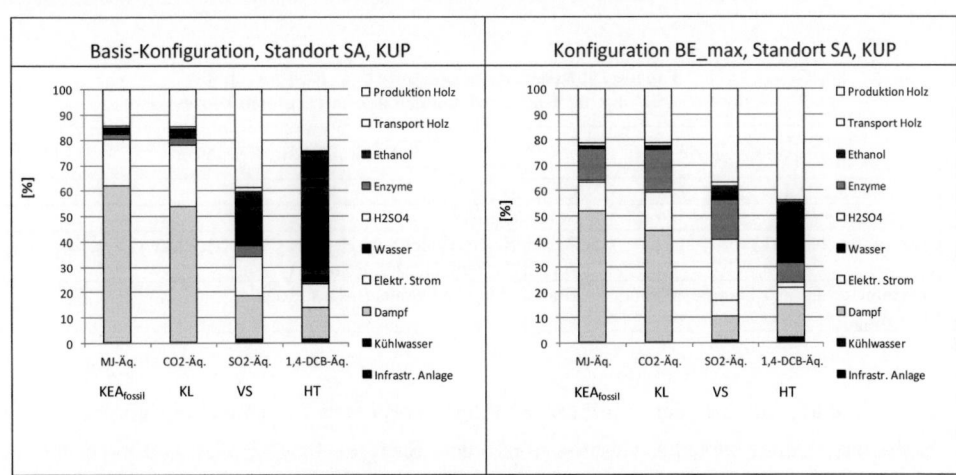

Abbildung 37: Beiträge der Teilprozesse der Prozesskette zu den Wirkungsindikatorwerten (MJ-Äq., CO_2-Äq., SO_2-Äq., 1,4-DCB-Äq.) für die Basis-Konfiguration (links) und die Konfiguration BE_max (rechts), jeweils Standort SA, Holzart KUP

Für die Basis-Konfiguration geht der Großteil der MJ-Äq. auf die Bereitstellung von elektrischer Energie (18 %) und Dampf (62 %) und die Holzproduktion (14 %) zurück (vgl. Abbildung 37, links). Ein ähnliches Bild ergibt sich für die CO_2-Äq., welche zu 24 % auf die Bereitstellung von elektrischer Energie, zu 54 % auf die Bereitstellung von Dampf und zu 14 % auf die Holzproduktion zurückzuführen sind (vgl. Abbildung 37, links).

Bei den SO_2-Äq. tritt die Holzproduktion mit 39 % in den Vordergrund, gefolgt von der Bereitstellung von Ethanol mit 21 %, von Dampf mit 17 % und von elektrischer Energie mit 15 %. In Bezug auf die 1,4-DCB-Äquivalenten dominiert die Bereitstellung von Ethanol mit 51 % das Bild, gefolgt von der Holzproduktion mit 24 % und der Bereitstellung von Dampf mit 13 % (vgl. Abbildung 37, links).

Bei Betrachtung der Konfiguration BE_max (vgl. Abbildung 37, rechts) tritt bei allen betrachteten Wirkungskategorien zusätzlich die Bereitstellung der Enzyme mit ca. 8–16 % in den Vordergrund sowie bei den SO_2-Äq. die Bereitstellung von Schwefelsäure mit ca. 24 %. Außerdem geht der Anteil der Ethanolbereitstellung an den 1,4-DCB-Äq. auf ca. 24 % zurück, während der Anteil der Holzproduktion deutlich zunimmt (ca. 44 %).

In Tabelle 26 sind die für die untersuchte Prozesskette relevanten Schadstoffe und Ressourcen für die betrachteten Wirkungskategorien aufgeführt. Soweit nicht anders gekennzeichnet, handelt es sich bei den Schadstoffemissionen um atmosphärische Emissionen. Nachfolgend wird für die Basis-Konfiguration der Prozesskette der Einfluss einzelner Schadstoffe bzw. Ressourcen auf das Gesamtergebnis der Energie- bzw. Emissionsäquivalente untersucht.

**Tabelle 26: Relevante Schadstoffe bzw. Ressourcen für
die Abschätzung der Umweltwirkungen der betrachteten Prozesskette**

Wirkungskategorie	Schadstoffe bzw. Ressourcen
Klimawandel (KL)	CO_2, CH_4, N_2O
Versauerung (VS)	SO_2, NO_X, NH_3
Humantoxizität (HT)	Arsen, Arsen (Boden), PAH, PAH (Wasser), Chrom (VI), HF, Aldrin (Boden), Benzol, Benzol (Wasser)
Kumulierter fossiler Energieaufwand (KEA_{fossil})	Braunkohle, Steinkohle, Erdgas, Rohöl

In Abbildung 38 ist der Einfluss einzelner spezifischer Ressourcenverbräuche bzw. Emissionsfaktoren auf die Gesamtsumme der Energie- bzw. Emissionsäquivalente der betrachteten Wirkungskategorien für die Basis-Konfiguration der Prozesskette (C^{Anlage} = 450.000 t TM Holz/a) dargestellt. In Abbildung 38 (oben, rechts) ist der Einfluss der Emissionsfaktoren für CO_2, N_2O und CH_4 (jeweils als CO_2-Äquivalente) auf die Gesamtsumme der CO_2-Emissionsäquivalente für die Basis-Konfiguration (Standort SA,

Holzart KUP) dargestellt. Zusammen machen die genannten Schadstoffe ca. 99 % der CO_2-Äquivalente aus. Den größten Einfluss auf das Ergebnis haben die fossilen CO_2-Emissionen, welche jeweils über 90 % der CO_2-Emissionsäquivalente aus der Bereitstellung von elektrischer Energie und Dampf sowie der Holzproduktion ausmachen. Die N_2O- und CH_4-Emissionen haben nur einen relativ geringen Einfluss auf das Gesamtergebnis (vgl. Abbildung 38, oben, rechts).

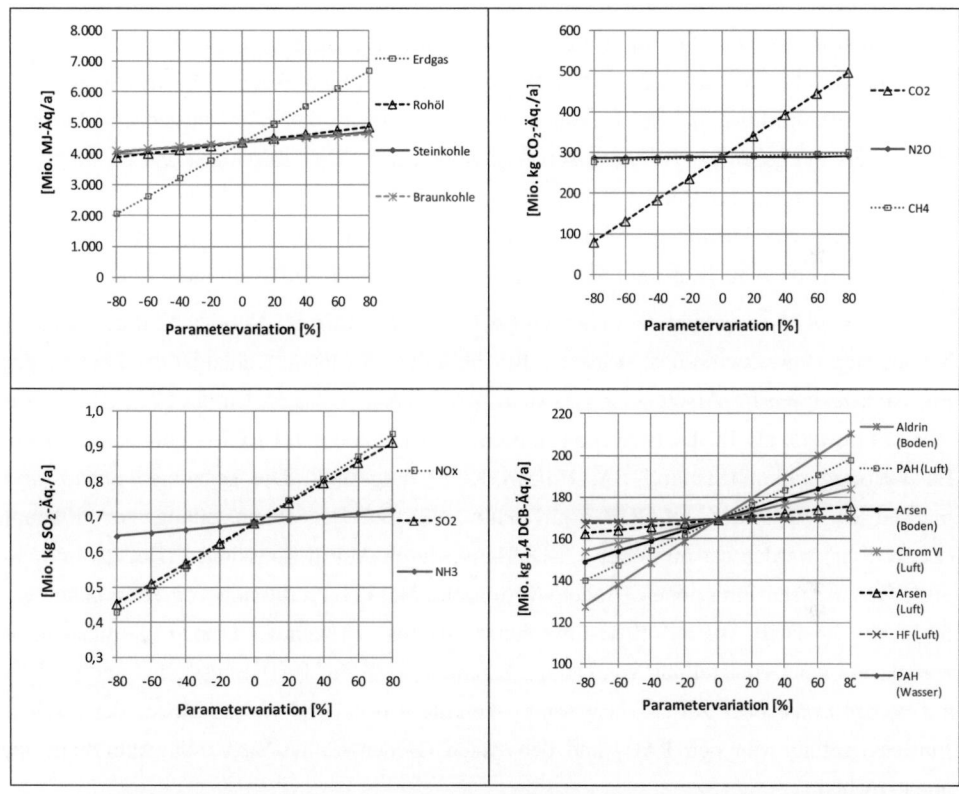

Abbildung 38: Einfluss einzelner Ressourcenverbräuche zur Gesamtsumme der MJ-Äquivalente (oben, links) sowie Einfluss einzelner Schadstoffemissionen zur Gesamtsumme der CO_2-Äquivalente (oben, rechts), der SO_2-Äquivalente (unten, links) und der 1,4-DCB-Äquivalente (unten, rechts), jeweils Basis-Konfiguration, Standort SA, Holzart KUP

In Abbildung 38 (oben, links) ist der Einfluss des spezifischen Verbrauchs der Ressourcen Erdgas, Rohöl, Steinkohle und Braunkohle (jeweils als MJ-Äquivalente) auf die Gesamtsumme der MJ-Äq. fossiler Energieträger für die Basis-Konfiguration (Standort SA, Holzart KUP) dargestellt. Die genannten Ressourcen bilden den fossilen kumulierten

Energieaufwand zu nahezu 100 % ab. Insgesamt hat der Erdgasverbrauch den größten Einfluss auf das Ergebnis, gefolgt vom Verbrauch an Rohöl. Für die Bereitstellung von Dampf entfallen ca. 99 % der MJ-Äq. auf den Verbrauch von Erdgas, für die Bereitstellung von elektrischer Energie entfallen ca. 42 % auf den Verbrauch von Braunkohle, ca. 37 % auf den Verbrauch von Steinkohle und ca. 15 % auf den Verbrauch von Erdgas. Für die Holzproduktion gehen ca. 70 % der MJ-Äq. auf den Verbrauch von Rohöl und jeweils ca. 10 % auf den Verbrauch von Erdgas und Steinkohle zurück. In Abbildung 38 (unten, links) ist der Einfluss der Emissionsfaktoren für NO_X, SO_2 und NH_3 (jeweils als SO_2-Äquivalente) auf die Gesamtsumme der SO_2-Äquivalente für die Basis-Konfiguration (Standort SA, Holzart KUP) dargestellt. Die genannten Schadstoffe machen ca. 99,5 % der SO_2-Äquivalente aus. Den größten Einfluss haben insgesamt die NO_X sowie die SO_2-Emissionen. Für die Holzproduktion gehen ca. 70 % der SO_2-Äquivalente auf NO_X-Emissionen und ca. 30 % auf SO_2-Emissionen zurück. Bei der Bereitstellung von Ethanol sind es ca. 37 bzw. 34 %, bei der Bereitstellung von Dampf ca. 59 bzw. 41 % und bei der Bereitstellung von elektrischer Energie ca. 69 bzw. 30 %, die auf SO_2- bzw. NO_X-Emissionen zurückzuführen sind.

Für die 1,4-DCB-Äq. ergibt sich ein weniger homogenes Bild im Vergleich zu den übrigen betrachteten Umweltwirkungskategorien. In Abbildung 38 (unten, rechts) ist der Einfluss der Emissionsfaktoren für Arsen, Arsen (Boden), PAH, PAH (Wasser), Chrom (VI), HF, Aldrin (Boden) (jeweils als 1,4-DCB-Äq.) auf die Gesamtsumme der 1,4-DCB-Äquivalente für die Basis-Konfiguration (Standort SA, Holzart KUP) dargestellt. Die genannten Schadstoffe machen ca. 86 % der 1,4-DCB-Äquivalente aus. Bei der Bereitstellung von Ethanol (Zuckerrohr) werden ca. 60 % der 1,4-DCB-Äq. durch Aldrin-Emissionen (Boden) und ca. 30 % durch Arsen-Emissionen (Boden) verursacht. Bei der Produktion von Holz gehen ca. 60 % der 1,4-DCB-Äq. auf PAH-Emissionen und ca. 16 % auf Chrom (VI)-Emissionen zurück. Bei der Bereitstellung von Dampf gehen ca. 63 % auf PAH-Emissionen und ca. 8 % auf Benzol-Emissionen zurück. Insgesamt haben die Aldrin (Boden)-Emissionen den größten Einfluss, gefolgt von den PAH- und den Arsen (Boden)-Emissionen (vgl. Abbildung 38, unten, rechts).

7.3.2 Ökologische Charakterisierung der Referenzprozesse

Zur Ermittlung möglicher Einsparpotenziale für die untersuchten Umweltwirkungskategorien Klimawandel (KL), Versauerung (VS), Humantoxizität (HT) und kumulierter fossiler Energieaufwand (KEA_{fossil}) werden die Herstellung von Phenol aus Cumol und die Herstellung von Zucker-Rohsaft aus Zuckerrüben als Referenzprozesse betrachtet (vgl. Kapitel 6.6.3 und Kapitel 5.4). In diesem Abschnitt werden die ökologischen Charakteristika der Referenzprozesse aufgeführt, für die ausschließlich die in Kapitel 5.4 beschriebene

Prozesskonfiguration betrachtet wird. Bei beiden Referenzprozessen dominieren in Bezug auf die Emissions- und Energieäquivalente die Prozessschritte zur Bereitstellung der Rohstoffe, d.h. von Zuckerrüben und von Cumol, das jeweilige Ergebnis.

Bei der Herstellung von Zucker-Rohsaft (ca. 15 Masse-% Saccharose) aus Zuckerrüben gehen ca. 76 % der MJ-Äq. auf den Anbau der Zuckerrüben zurück (vgl. Abbildung 39, links). Für den Anbau der Zuckerrüben entfallen ca. 75 % der MJ-Äq. auf den Verbrauch von Rohöl.

Bei den CO_2-Äq. entfallen ca. 90 % auf den Anbau der Zuckerrüben (vgl. Abbildung 39, links) und davon ca. 60 % auf N_2O-Emissionen aus dem Zuckerrübenanbau und der Gründüngung und ca. 15 % auf fossile CO_2-Emissionen aus den Ernte- und Anbauprozessen der Zuckerrüben.

Bei den SO_2-Äq. entfallen ca. 94 % auf den Anbau der Zuckerrüben (vgl. Abbildung 39, links). Im Fall der SO_2-Äq. sind im Wesentlichen die NH_3-Emissionen aus dem Zuckerrübenanbau und der Gründüngung zu nennen (ca. 70 % der SO_2-Äq.)

Bei den 1,4-DCB-Äq. dominiert der Transport mit ca. 60 %, gefolgt vom Zuckerrübenanbau mit 23 % (vgl. Abbildung 39, links). Für den Transport sind insbesondere die PAH-Emissionen, die ca. 33 % der 1,4-DCB-Äquivalente ausmachen sowie die Arsen- und die PAH (Wasser)-Emissionen, die jeweils ca. 9 % der 1,4-DCB-Äq. ausmachen, zu nennen. Beim Zuckerrüben-Anbau gehen ca. 50 % auf PAH-Emissionen und ca. 28 % auf Chrom (VI)-Emissionen zurück.

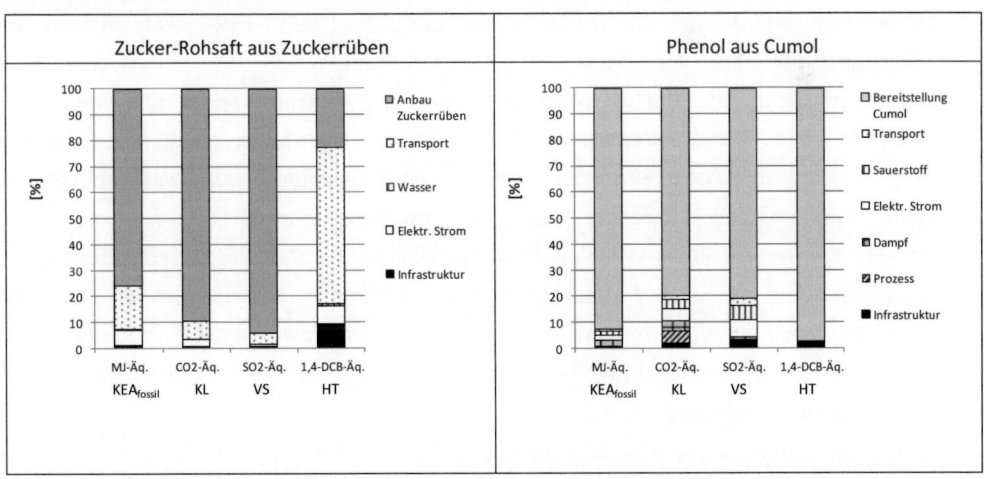

Abbildung 39: Beiträge der Teilprozesse der Herstellung von Zucker-Rohsaft aus Zuckerrüben (links) und der Herstellung von Phenol aus Cumol (rechts) zu den Wirkungsindikatorwerten (MJ-Äq., CO_2-Äq., SO_2-Äq., 1,4-DCB-Äq.)

Bei der Herstellung von Phenol aus Cumol entfallen ca. 80 % der CO_2-Äq. auf die Herstellung von Cumol (vgl. Abbildung 39, rechts). Bei der Herstellung von Cumol gehen ca. 70 % der CO_2-Äq. auf fossiles CO_2 zurück. Bei den SO_2-Äq. entfallen ca. 81 % auf die Bereitstellung von Cumol (vgl. Abbildung 39, rechts) und bei der Herstellung von Cumol gehen in etwa 80 % der SO_2-Äq. auf SO_2- und NO_X-Emissionen zurück. Bei den 1,4-DCB-Äq. entfallen ca. 97 % auf die Bereitstellung von Cumol (vgl. Abbildung 39, rechts). Bei der Bereitstellung von Cumol gehen in etwa 64 % der 1,4-DCB-Äq. auf Benzol-Emissionen in Gewässer und ca. 28 % auf atmosphärische Benzol-Emissionen zurück. Bei den MJ-Äq. entfallen ca. 93 % auf die Bereitstellung von Cumol (vgl. Abbildung 39, rechts) wobei für die Bereitstellung von Cumol in etwa 60 % der MJ-Äq. auf den Verbrauch von Rohöl und ca. 30 % auf den Verbrauch von Erdgas zurückgehen.

7.3.3 Optimierung der Anlagenkonfiguration zur Maximierung der Einsparpotenziale für ausgewählte Umweltwirkungskategorien

In diesem Kapitel werden die möglichen Einsparungen (ES) der Prozesskette für die betrachteten Umweltwirkungskategorien Klimawandel (KL), Versauerung (VS), Humantoxizität (HT) und kumulierter fossiler Energieaufwand (KEA_{fossil}) für die Basis-Konfiguration (Basis), die Konfiguration des maximierten Betriebsergebnisses (BE_max) sowie für die in Bezug auf die jeweilige Umweltwirkungskategorie optimierte Anlagenkonfiguration ermittelt und verglichen. Die Einsparpotenziale der Prozesskette ergeben sich jeweils aus der Differenz der Emissions- bzw. Energieäquivalenten der Referenzprozesse und der Prozesskette (vgl. Kapitel 6.6.3). Die Emissions- bzw. Energieäquivalente der Referenzprozesse werden in diesem Kapitel als vermiedene Emissionen bzw. Ressourcenverbräuche interpretiert. Übersteigen diese die Umwelt-wirkungen der Prozesskette resultieren somit mögliche Einsparungen aus der Herstellung von Lignin, Glukose und C_5-Zucker aus Holz. Im umgekehrten Fall, d.h. wenn die Umweltwirkungen der Prozesskette die Umweltwirkungen der Referenzprozesse übersteigen, resultieren somit negative Einsparungen, d.h. potenzielle Mehrbelastungen, aus der Herstellung von Lignin, Glukose und C_5-Zucker aus Holz. Soweit nicht anders angegeben, beziehen sich die dargestellten Ergebnisse auf die regionale Bereitstellung von Holz und eine Gesamtkapazität der Anlage von 450.000 t TM Holz/a.

Einsparpotenzial Kategorie Klimawandel

In Abbildung 40 (links) sind die ermittelten Einsparpotenziale (ES) für die Umweltwirkungskategorie Klimawandel (KL) für den Standort SA, Holzart KUP, für die Basis-Konfiguration, für die Konfiguration BE_max sowie für die Konfiguration bei maximierter Einsparung in der Kategorie Klimawandel (Konfiguration ES_{KL}_max) dargestellt.

Die Ausprägungen der einzelnen Schlüsselgrößen für die genannten Konfigurationen sind im rechten Teil von Abbildung 40 dargestellt. Bei Einsatz von Holz aus KUP liegen die CO_2-Äq. für die Basis-Konfiguration der Prozesskette nur sehr geringfügig unter jenen der Referenzprozesse, d.h. für diese Anlagenkonfiguration sind in Bezug auf die Wirkungskategorie Klimawandel kaum Vorteile zu erwarten (vgl. Abbildung 40, links). Für die Anlagenkonfiguration des maximierten Betriebsergebnisses fällt die Differenz (ES) bereits deutlicher aus. Das Einsparpotenzial beträgt in diesem Fall ca. 53 Mio. kg CO_2-Äq./a (vgl. Abbildung 40, links). Die Optimierung der Anlagenkonfiguration zur Maximierung des Einsparpotenzials in der Kategorie Klimawandel (ES_{KL}_max) resultiert in einer möglichen Einsparung von ca. 233 Mio. kg CO_2-Äq./a (vgl. Abbildung 40, links).

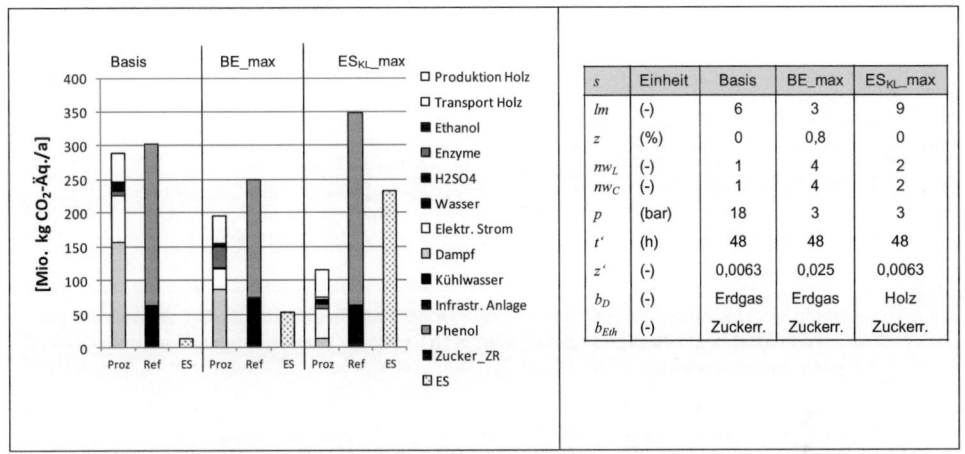

Abbildung 40: CO_2-Äquivalente der Prozesskette (Proz), der Referenzprozesse (Ref) und der möglichen Einsparung (ES) für die Basis-Konfiguration, die Konfiguration BE_max und die Konfiguration der maximierten Einsparung (ES_{KL}_max), Standort SA, Holzart KUP (links) sowie zugehörige Kombinationen der Schlüsselgrößen (rechts)

Im Vergleich zur Konfiguration BE_max wird das Lösemittel zu Holz-Verhältnis für den Holzaufschluss (Schlüsselgröße lm) bei dieser Anlagenkonfiguration auf 9 erhöht und es wird keine Schwefelsäure für den Holzaufschluss eingesetzt (Schlüsselgröße z = 0). Außerdem wird die Anzahl der Waschschritte für die Ligninfraktion (Schlüsselgröße nw_L) und für die Cellulosefraktion (Schlüsselgröße nw_C) auf 2 reduziert, es werden weniger Enzyme für die Hydrolyse eingesetzt (Schlüsselgröße z' = 0,0063) und die Dampferzeugung erfolgt mittels Holzfeuerung (Schlüsselgröße b_D = HZ). Im Vergleich zu BE_max führt insbesondere die gewählte Variante der Dampferzeugung (b_D = HZ) sowie die höhere Produktausbeute an Lignin durch das höhere Lösemittel zu Holz-Verhältnis (lm = 9) zu zusätzlichen Einsparungen in der Kategorie KL. Für die Konfiguration $ES_{KL\_}max$ ergibt sich allerdings ein deutlich negatives Betriebsergebnis von -11,5 Mio. €/a (Standort SA, Holzart KUP).

Zur Veranschaulichung ist in Abbildung A.3.3 in Anhang A.3 die Konfiguration $ES_{KL\_}max$ der Produktionsanlage dargestellt. In Abbildung 41 ist der Einfluss ausgewählter Emissionsfaktoren (als CO_2-Äquivalente) auf die Summe der CO_2-Äq. für die Basis-konfiguration (Basis) und die optimierte Anlagenkonfiguration ($ES_{KL\_}max$) dargestellt (Standort SA, Holzart KUP).

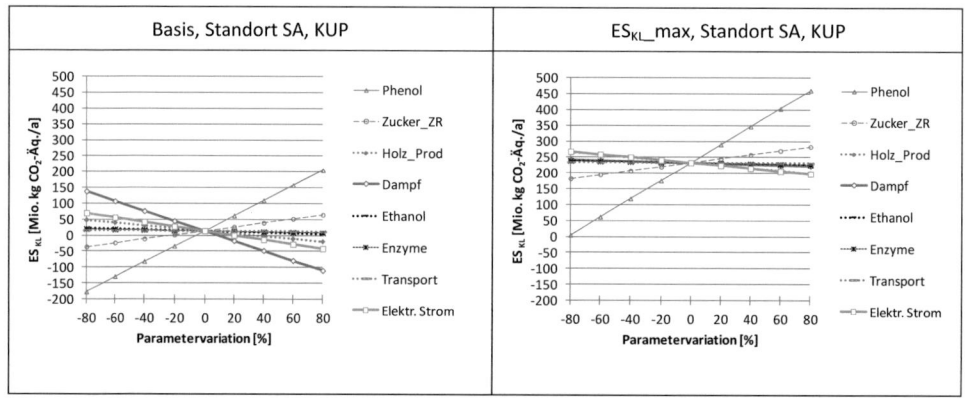

Abbildung 41: Einfluss der Änderung ausgewählter Emissionsfaktoren (als CO_2-Äq.) auf das Einsparpotenzial in der Kategorie Klimawandel (KL) für die Basis-Konfiguration (links) und für die optimierte Anlagenkonfiguration $ES_{KL\_}max$ (rechts), jeweils Standort SA, Holzart KUP

Während für die Basis-Konfiguration neben den CO_2-Äq. der Herstellung von Phenol (Referenzprozess für Lignin), die CO_2-Äq. für die Bereitstellung von Dampf und für die Herstellung von Saccharose aus Zuckerrüben (Referenzprozess für Glukose und C_5-Zucker) einen sehr deutlichen Einfluss auf das Ergebnis haben, ist der Einfluss insbesondere der Bereitstellung von Dampf bei der optimierten Anlagenkonfiguration ($ES_{KL\_}max$) weniger stark ausgeprägt (vgl. Abbildung 41, rechts).

Für die Holzart Waldrestholz ergeben sich im Vergleich zu Holz aus KUP deutlich höhere Einsparungen in der Kategorie Klimawandel (vgl. Tabelle 27): Am Standort SA ergeben sich bei regionaler Bereitstellung (reg) um ca. 28 Mio. kg CO_2-Äq/a höhere Einsparungen und am Standort RP um ca. 30 Mio. kg CO_2-Äq/a für die Variante WRH.

Bei der überregionalen Bereitstellung (üreg) von KUP-Holz aus Brasilien ergeben sich sowohl für die Basis-Konfiguration als auch für die Konfiguration BE_max negative Einsparungen, d.h. die Umweltwirkungen der Prozesskette übersteigen die der Referenz-prozesse (vgl. Tabelle 27). Lediglich für die Konfiguration $ES_{KL\_}max$ liegen die CO_2-Äq. der

Referenzprozesse über denen der Prozesskette, d.h. nur für diese Konfiguration werden mögliche Einsparungen bei überregionaler Bereitstellung von Holz aus KUP errechnet (vgl. Tabelle 27).

Tabelle 27: Mögliche Einsparungen Kategorie Klimawandel in Mio. kg CO_2-Äq./a, Standorte SA und RP, Holzarten WRH und KUP, Holzbezug reg und üreg, für unterschiedliche Konfigurationen

Konfiguration	SA			RP		
	reg		üreg	reg		üreg
	KUP	WRH	KUP	KUP	WRH	KUP
Basis	13,9	41,7	-52,0	13,0	43,1	-49,6
BE_max	53,2	80,9	-12,7	52,2	82,4	-10,3
ES_{KL}_max	232,6	260,4	166,7	231,7	261,9	169,1

Die Ergebnisse für die CO_2-Äq. bei überregionaler Bereitstellung von Holz aus KUP sind für den Standort SA in Abbildung A.5.1 in Anhang A.5 dargestellt. Für den Standort RP fallen bei überregionaler Bereitstellung von Holz aus KUP die potenziellen Einsparungen in der Kategorie KL aufgrund der kürzeren Transportdistanz für den Transport per Zug vom Hafen Rotterdam um ca. 2,4 Mio. kg CO_2-Äq./a höher aus (vgl. Tabelle 27).

Einsparpotenzial Kategorie Versauerung

In Abbildung 42 (links) sind die möglichen Einsparungen (ES) für die Umweltwirkungs-kategorie Versauerung (VS) für den Standort SA, Holzart KUP, für die Basis-Konfiguration, die Konfiguration BE_max sowie für die Konfiguration der maximierten Einsparung in der Kategorie Versauerung (ES_{VS}_max) dargestellt. Die Ausprägungen der Schlüsselgrößen für die verschiedenen Konfigurationen sind im rechten Teil von Abbildung 42 dargestellt. Das Einsparpotenzial der Prozesskette liegt mit 0,59 und 0,45 Mio. kg SO_2-Äq./a für die Basis-Konfiguration und die Konfiguration BE_max in vergleichbaren Größenordnungen (vgl. Abbildung 42, links). Die Optimierung der Anlagenkonfiguration zur Maximierung des Einsparpotenzials in der Kategorie Versauerung (ES_{VS}_max) resultiert in einer möglichen Einsparung von ca. 0,83 Mio. kg SO_2-Äq./a (vgl. Abbildung 42, links).

Das Lösemittel zu Holz-Verhältnis für den Holzaufschluss wird im Vergleich zur Konfiguration BE_max bei dieser Anlagenkonfiguration auf 9 erhöht (Schlüsselgröße $lm = 9$), und es wird keine Schwefelsäure für den Holzaufschluss eingesetzt (Schlüsselgröße $z = 0$). Im Vergleich zur Konfiguration BE_max wird die Verweilzeit für die enzymatische Hydrolyse auf 96 h verlängert (Schlüsselgröße $t' = 96$), und es wird Ethanol auf Basis von Ethylen (Schlüsselgröße b_{Eth} = EY) eingesetzt. Für die Konfiguration ES_{VS}_max ergibt sich ein deutlich negatives Betriebsergebnis von -5,2 Mio. €/a (Standort SA, Holzart KUP), das jedoch im Vergleich zur Konfiguration ES_{KL}_max (-11,5 Mio. €/a) weniger negativ ausfällt.

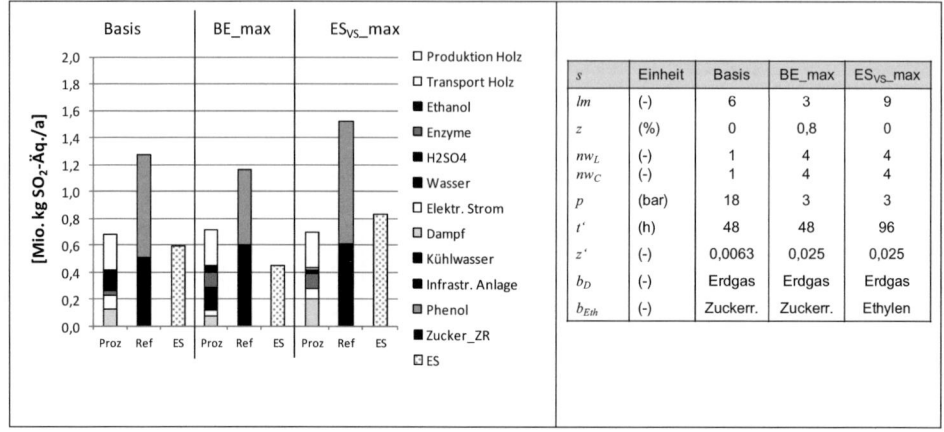

Abbildung 42: SO₂-Äquivalente der untersuchten Prozesskette (Proz), der Referenzprozesse (Ref) und der potenziellen Einsparung (ES) für die Basis-Konfiguration, die Konfiguration BE_max und die Konfiguration der maximierten Einsparung (ES$_{VS}$_max), Standort SA, Holzart KUP (links) sowie zugehörige Kombinationen der Schlüsselgrößen (rechts)

In Abbildung 43 ist der Einfluss ausgewählter Emissionsfaktoren (als SO₂-Äquivalente) auf die Summe der SO₂-Äq. für die Basis-Konfiguration sowie die optimierte Anlagen-konfiguration (ES$_{VS}$_max) für den Standort SA, Holzart KUP, dargestellt. Bei beiden Konfigurationen haben die SO₂-Äq. der Herstellung von Saccharose aus Zuckerrüben (Referenzprozess für Glukose und C₅-Zucker) und die SO₂-Äq. der Herstellung von Phenol aus Cumol (Referenzprozess für Lignin), gefolgt von den SO₂-Äq. für die Holzproduktion den größten Einfluss auf das Ergebnis. Für die Konfiguration ES$_{VS}$_max treten im Vergleich zur Basis-Konfiguration die SO₂-Äq. für die Bereitstellung von Dampf stärker in den Vordergrund (vgl. Abbildung 43).

Für die Holzart Waldrestholz ergeben sich im Vergleich zu Holz aus KUP bei regionaler Bereitstellung (reg) am Standort SA um ca. 0,17 Mio. kg SO₂-Äq/a und am Standort RP um ca. 0,19 Mio. kg SO₂-Äq./a höhere Einsparungen (vgl. Tabelle 28).

Bei überregionaler Bereitstellung von Holz aus Brasilien (üreg) ergeben sich für die Basis-Konfiguration, die Konfiguration BE_max sowie für die Konfiguration ES$_{VS}$_max deutlich negative Einsparungen, d.h. die Umweltwirkungen der Prozesskette übersteigen die der Referenzprozesse (vgl. Tabelle 28), was insbesondere auf die Emissionen aus dem Transport per Schiff zurückzuführen ist.

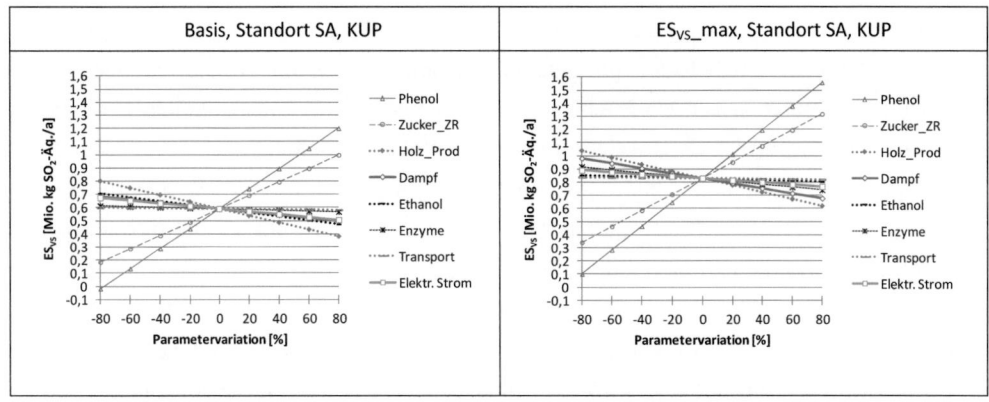

Abbildung 43: Einfluss der Änderung ausgewählter Emissionsfaktoren (als SO$_2$-Äq.) auf das Einsparpotenzial in der Kategorie Versauerung (VS) für die Basis-Konfiguration (links) und die optimierte Anlagenkonfiguration ES$_{VS}$_max (rechts), jeweils Standort SA, Holzart KUP

Analog zur Kategorie KL schneidet der Standort RP bei überregionaler Bereitstellung aufgrund der kürzeren Transportentfernung für den Transport per Zug vom Hafen Rotterdam zum Standort der Produktionsanlage etwas besser ab (vgl. Tabelle 28). Die Ergebnisse für die SO$_2$-Äq. bei überregionaler Bereitstellung von Holz aus KUP sind für den Standort SA in Abbildung A.5.2 in Anhang A.5 dargestellt.

Tabelle 28: Mögliche Einsparungen Kategorie Versauerung in Mio. kg SO$_2$-Äq./a, Standorte SA und RP, Holzarten WRH und KUP, Holzbezug reg und üreg, für unterschiedliche Konfigurationen

Konfiguration	SA			RP		
	reg		üreg	reg		üreg
	KUP	WRH	KUP	KUP	WRH	KUP
Basis	0,59	0,77	-0,61	0,58	0,77	-0,60
BE_max	0,45	0,62	-0,75	0,44	0,63	-0,74
ES$_{VS}$_max	0,83	1,0	-0,37	0,82	1,0	-0,36

Einsparpotenzial Kategorie Humantoxizität

In Abbildung 44 sind die möglichen Einsparungen (ES) für die Umweltwirkungskategorie Humantoxizität (HT) für den Standort SA, Holzart KUP, für die Basis-Konfiguration, die Konfiguration BE_max sowie für die Konfiguration der maximierten Einsparung in der Kategorie Humantoxizität (ES$_{HT}$_max) dargestellt. Die Ausprägungen der Schlüsselgrößen für die verschiedenen Szenarien sind im rechten Teil von Abbildung 44 dargestellt. Für die Basis-Konfiguration liegt das Einsparpotenzial der Prozesskette (Standort SA, Holzart KUP) bei ca.

611 Mio. kg 1,4-DCB-Äq pro Jahr und geht für die Konfiguration BE_max leicht zurück auf ca. 477 Mio. kg 1,4-DCB-Äq. pro Jahr (vgl. Abbildung 44, links). Die Optimierung der Anlagenkonfiguration zur Maximierung von ES_{HT} resultiert in einer möglichen Einsparung von ca. 839 Mio. kg 1,4-DCB-Äq. pro Jahr (vgl. Abbildung 44, links).

Analog zur Konfiguration ES_{VS}_max wird das Lösemittel zu Holz-Verhältnis für den Holzaufschluss bei der Konfiguration ES_{HT}_max im Vergleich zur Konfiguration BE_max erhöht (Schlüsselgröße lm = 9), es wird keine Schwefelsäure für den Holzaufschluss eingesetzt (Schlüsselgröße z = 0) und es wird Ethanol auf Basis von Ethylen eingesetzt (Schlüsselgröße b_{Eth} = EY). Die Anzahl der Waschschritte für die Ligninfraktion wird auf 3 (Schlüsselgröße nw_L = 3) verringert und für die Cellulosefraktion auf 6 erhöht (Schlüsselgröße nw_C = 6). Im Vergleich zur Konfiguration BE_max wird außerdem die Einsatzmenge der Enzyme verringert (Schlüsselgröße z' = 0,0063). Für die Konfiguration ES_{HT}_max ergibt sich ein Betriebsergebnis von ca. -6,0 Mio. €/a (Standort SA, Holzart KUP).

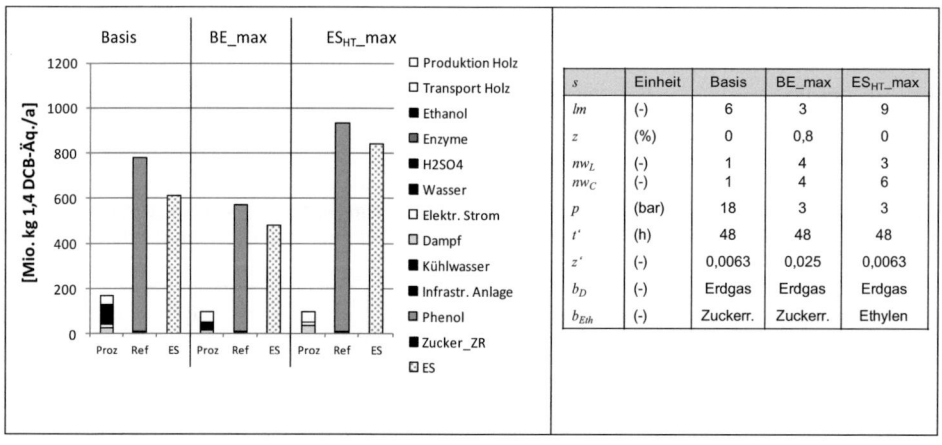

Abbildung 44: 1,4-DCB-Äquivalente der untersuchten Prozesskette (Proz), der Referenzprozesse (Ref) und der potenziellen Einsparung (ES) für die Basis-Konfiguration, die Konfiguration BE_max und die Konfiguration der maximierten Einsparung (ES$_{HT}$_max), Standort SA, Holzart KUP (links) sowie zugehörige Kombinationen der Schlüsselgrößen (rechts)

In Abbildung 45 ist der Einfluss ausgewählter Emissionsfaktoren (als 1,4-DCB-Äquivalente) auf die Summe der 1,4-DCB-Äq. für die Basis-Konfiguration und die optimierte Anlagenkonfiguration (ES$_{HT}$_max) dargestellt (jeweils Standort SA, Holzart KUP).

Bei beiden Konfigurationen haben die 1,4-DCB-Äq. der Herstellung von Phenol (Referenzprozess für Lignin) den entscheidenden Einfluss auf das Ergebnis. Für die Basis-

Konfiguration ist außerdem der Einfluss der 1,4-DCB-Äq. für die Bereitstellung von Ethanol als zweitgrößte Einflussgröße erkennbar (vgl. Abbildung 45).

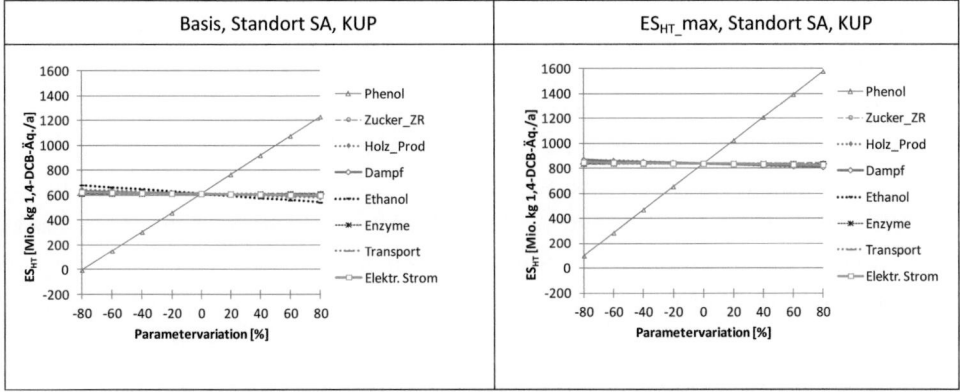

Abbildung 45: Einfluss der Änderung ausgewählter Emissionsfaktoren (als 1,4-DCB-Äq.) auf das Einsparpotenzial in der Kategorie Humantoxizität (HT) für die Basis-Konfiguration (links) und die optimierte Anlagenkonfiguration ES_{HT}_max (rechts), jeweils Standort SA, Holzart KUP

Analog zu den Kategorien Versauerung und Klimawandel ergeben sich für die Holzart Waldrestholz im Vergleich zu Holz aus KUP höhere Einsparpotenziale in der Kategorie Humantoxizität. Aufgrund des relativ geringen Beitrags der Holzproduktion fallen die Unterschiede bei regionaler Bereitstellung (reg) allerdings relativ gering aus (vgl. Tabelle 29). Am Standort SA ergeben sich um ca. 29 Mio. kg 1,4-DCB-Äq./a und am Standort RP um ca. 30 Mio. kg 1,4-DCB-Äq./a höhere Einsparungen pro Jahr für die Variante WRH.

Tabelle 29: Mögliche Einsparungen Kategorie Humantoxizität in Mio. kg 1,4-DCB-Äq./a, Standorte SA und RP, Holzarten WRH und KUP, Holzbezug reg und üreg, für unterschiedliche Konfigurationen

Konfiguration	SA			RP		
	reg		üreg	reg		üreg
	KUP	WRH	KUP	KUP	WRH	KUP
Basis	610,7	640,0	573,0	610,5	640,3	574,0
BE_max	477,3	506,6	439,6	477,1	506,9	440,6
ES_{HT}_max	839,0	868,3	801,3	838,9	868,6	802,3

Bei überregionaler Bereitstellung (üreg) von KUP-Holz aus Brasilien steigen die 1,4-DCB-Äq. der Produktionsanlage an, liegen aber dennoch deutlich unter jenen der Referenzprozesse, sodass die möglichen Einsparungen für alle dargestellten Anlagenkonfigurationen und

Szenarien sehr deutlich ausfallen (vgl. Tabelle 29). Die Ergebnisse für die 1,4-DCB-Äq. bei überregionaler Bereitstellung von Holz aus KUP sind für den Standort SA in Abbildung A.5.3 in Anhang A.5 dargestellt.

Einsparpotenzial Kategorie KEA$_{fossil}$

In Abbildung 46 (links) sind die möglichen Einsparungen (ES) für die Umweltwirkungskategorie kumulierter fossiler Energieaufwand (KEA$_{fossil}$) für den Standort SA, Holzart KUP, für die Basis-Konfiguration, die Konfiguration BE_max sowie für die Konfiguration der maximierten Einsparung in der Kategorie KEA$_{fossil}$ (ES$_{KEA}$_max) dargestellt. Alle für die Wirkungskategorie KEA$_{fossil}$ dargestellten Werte beziehen sich auf MJ-Äquivalente fossiler Energieträger. Die Ausprägungen der Schlüsselgrößen für die verschiedenen Szenarien sind im rechten Teil von Abbildung 46 dargestellt.

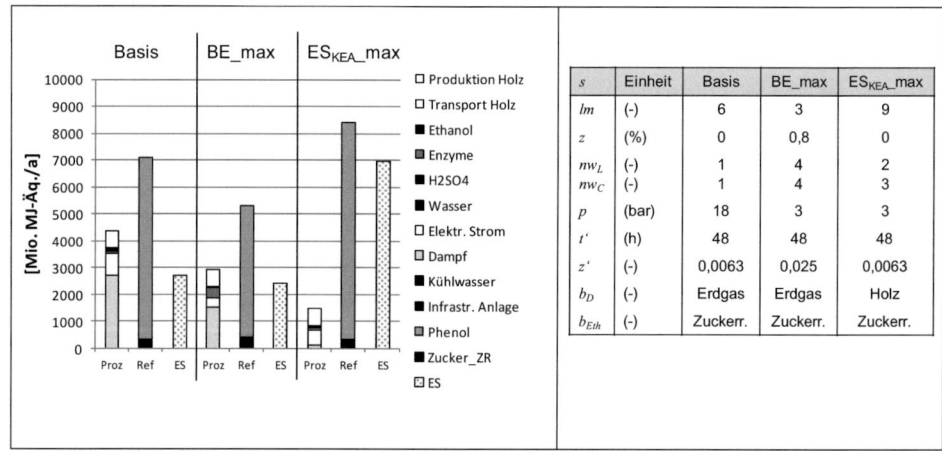

Abbildung 46: MJ-Äquivalente der untersuchten Prozesskette (Proz), der Referenzprozesse (Ref) und der potenziellen Einsparung (ES) für die Basis-Konfiguration (Basis), das maximierte Betriebsergebnis (BE_max) und die maximierte Einsparung (ES$_{KEA}$_max), Standort SA, Holzart KUP (links) sowie zugehörige Kombinationen der Schlüsselgrößen (rechts)

Für die Basis-Konfiguration (Standort SA, Holzart KUP) liegt das Einsparpotenzial der Prozesskette bei ca. 2.724 Mio. MJ-Äq./a und geht für die Konfiguration BE_max etwas zurück auf ca. 2.403 Mio. MJ-Äq./a (vgl. Abbildung 46, links). Die Optimierung der Anlagenkonfiguration zur Maximierung von ES$_{KEA}$ resultiert in einer möglichen Einsparung von ca. 6.941 Mio. MJ-Äq. pro Jahr (vgl. Abbildung 46, links). Wie in den übrigen Umweltkategorien wird das Lösemittel zu Holz-Verhältnis für den Holzaufschluss für die Konfiguration ES$_{KEA}$_max auf 9 erhöht (Schlüsselgröße *lm* = 9) und es wird keine Schwefelsäure für den Holzaufschluss eingesetzt (Schlüsselgröße *z* = 0). Die Anzahl der

Waschschritte für die Ligninfraktion wird auf 2 (Schlüsselgröße $nw_L = 2$) und für die Cellulosefraktion auf 3 (Schlüsselgröße $nw_C = 3$) verringert. Im Vergleich zur Konfiguration BE_max wird außerdem die Einsatzmenge der Enzyme verringert (Schlüsselgröße $z' = 0,0063$) und die Bereitstellung von Dampf erfolgt mittels Holzfeuerung (Schlüsselgröße $b_D =$ Holz). Für die Konfiguration ES_{KEA}_max ergibt sich ein deutlich negatives Betriebsergebnis von -10,6 Mio. €/a (Standort SA, Holzart KUP).

In Abbildung 47 ist der Einfluss ausgewählter fossiler Ressourcenverbräuche (als MJ-Äquivalente) auf die Summe der MJ-Äq. (fossil) für die Basis-Konfiguration und die Konfiguration ES_{KEA}_max dargestellt. Bei beiden Konfigurationen haben die MJ-Äq. der Herstellung von Phenol (Referenzprozess für Lignin) den entscheidenden Einfluss auf das Ergebnis. Für die Basis-Konfiguration ist zusätzlich der Einfluss der MJ-Äq. für die Bereitstellung von Dampf als zweitgrößte Einflussgröße deutlich erkennbar.

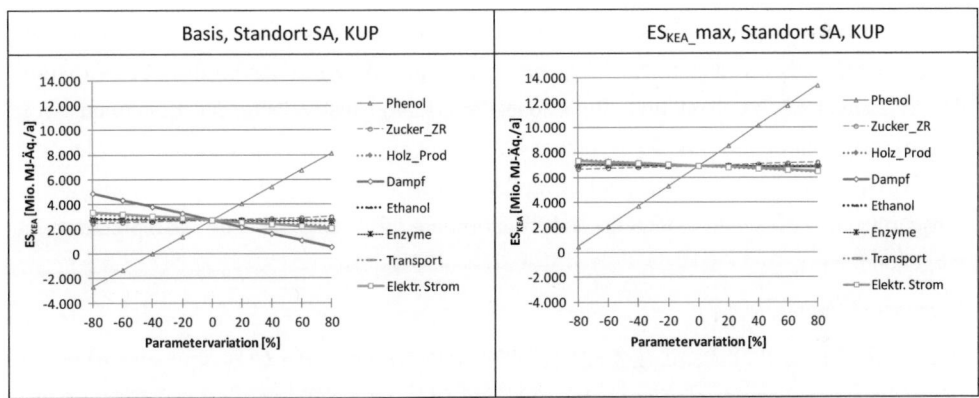

Abbildung 47: Einfluss der Änderung ausgewählter fossiler Ressourcenverbräuche (als MJ-Äq.) auf das Einsparpotenzial in der Kategorie KEA$_{fossil}$ für die Basis-Konfiguration (links) und die optimierte Anlagenkonfiguration ES$_{KEA}$_max (rechts), jeweils Standort SA, Holzart KUP

Für die Holzart Waldrestholz ergeben sich im Vergleich zu Holz aus KUP bei regionaler Bereitstellung (reg) aufgrund des relativ geringen Anteils der Holzproduktion am Gesamtergebnis nur geringfügig höhere Einsparpotenziale in der Kategorie KEA$_{fossil}$ von ca. 408 Mio. MJ-Äq./a am Standort und von ca. 447 Mio. MJ-Äq./a am Standort RP (vgl. Tabelle 30). Bei überregionaler Bereitstellung von Holz (üreg) aus Brasilien steigen die MJ-Äq. der Prozesskette zwar an, liegen aber für alle dargestellten Szenarien dennoch deutlich unter jenen der Referenzprozesse, sodass die möglichen Einsparungen weiterhin sehr deutlich ausfallen (vgl. Tabelle 30). Die Ergebnisse für die MJ-Äq. bei überregionaler Bereitstellung von Holz aus KUP sind für den Standort SA in Abbildung A.5.4 in Anhang A.5 dargestellt.

Tabelle 30: Mögliche Einsparungen Kategorie KEA$_{fossil}$ in Mio. MJ-Äq./a, Standorte SA und RP, Holzarten WRH und KUP, Holzbezug reg und üreg, für unterschiedliche Konfigurationen

Konfiguration	SA			RP		
	reg		üreg	reg		üreg
	KUP	WRH	KUP	KUP	WRH	KUP
Basis	2.724	3.132	1.789	2.709	3.156	1.827
BE_max	2.403	2.812	1.468	2.388	2.835	1.506
ES$_{KEA}$_max	6.941	7.349	6.006	6.926	7.373	6.044

7.3.4 Szenarioanalysen für die ökologische Bewertung und Optimierung

Wie in Kapitel 7.3.3 erläutert, haben insbesondere die Emissionen und Ressourcenverbräuche des Referenzprozesses für die Herstellung von Lignin, d.h. der Herstellung von Phenol aus Cumol, einen maßgeblichen Einfluss auf die ermittelten möglichen Einsparungen der jeweiligen Umweltwirkungen. Nachfolgend wird aufgrund dessen der Einfluss der Variation der in Kapitel 7.3.3 unterstellten Emissions- und Energieäquivalente der Herstellung von Phenol aus Cumol um +/- 50 % untersucht. In den folgenden Abschnitten werden die Ergebnisse dieser Variation dargestellt. Darüber hinaus werden Abschätzungen zu möglichen Einsparungen bei einer energetischen Verwertung des Lignins zur Dampferzeugung vorgenommen.

Kategorie Klimawandel

Wie in Abbildung 48, links, dargestellt, resultiert eine Variation der CO_2-Äquivalente aus der Herstellung von Phenol aus Cumol (ca. 3,87 kg CO_2-Äq./kg Phenol) um +/- 50 % für die optimierte Anlagenkonfiguration (ES$_{KL}$_max) in möglichen Einsparungen (ES) von ca. 375 Mio. kg CO_2-Äq/a (ef^{Phenol}_max) bzw. ca. 90 Mio. kg CO_2-Äq./a (ef^{Phenol}_min) im Vergleich zu ca. 233 Mio. kg CO_2-Äq/a (jeweils Standort SA, Holzart KUP) bei mittlerem Emissionsfaktor (vgl. Kapitel 7.3.3). Wie in Abbildung 48, rechts, dargestellt, hat die Variation von ef^{Phenol} um +/- 50 % keinen Einfluss auf die ermittelte optimale Konfiguration der Prozesskette (vgl. Kapitel 7.3.3).

In Tabelle 31 sind die Ergebnisse der Variation von ef^{Phenol} für die Kategorie Klimawandel (KL) für den Standort SA (Holzarten KUP und WRH) bei regionalem (reg) und überregionalem (üreg) Bezug von Holz für die Basis-Konfiguration, die Konfiguration BE_max sowie die Konfiguration ES$_{KL}$_max aufgeführt.

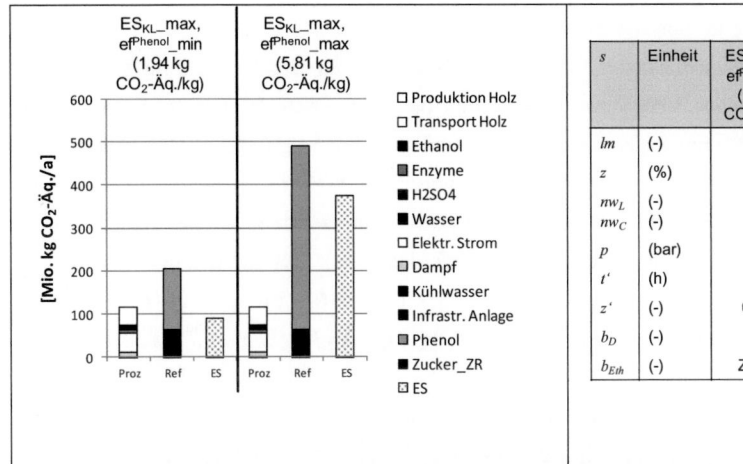

Abbildung 48: Mögliche Einsparungen (ES) in der Kategorie Klimawandel bei Variation der CO_2-Äquivalente aus der Herstellung von Phenol für den Standort SA, Holzart KUP (links) und zugehörige Kombinationen der Schlüsselgrößen (rechts)

Für ef^{Phenol}_min (1,94 kg CO_2-Äq./kg Phenol) treten für die Konfigurationen Basis und BE_max negative Einsparungen (potenzielle Mehrbelastungen) für alle dargestellten Varianten auf und lediglich für die Konfiguration ES_{KL}_max werden positive Einsparungen erzielt. Für ef^{Phenol}_max (5,81 kg CO_2-Äq./kg Phenol) werden für alle Konfigurationen und Szenarien positive Einsparungen in der Kategorie KL erzielt. Für den Standort RP ergibt sich ein sehr ähnliches Bild (vgl. Tabelle A.5.1 in Anhang A.5).

Tabelle 31: Mögliche Einsparungen Kategorie Klimawandel in Mio. kg CO_2-Äq./a bei Variation von ef^{Phenol} um +/- 50 %, Standort SA, Holzarten WRH und KUP, Holzbezug reg und üreg, für unterschiedliche Konfigurationen

Konfiguration	ef^{Phenol}_min (1,94 kg CO_2-Äq./kg Phenol)			ef^{Phenol}_max (5,81 kg CO_2-Äq./kg Phenol)		
	reg		üreg	reg		üreg
	KUP	WRH	KUP	KUP	WRH	KUP
Basis	-105,6	-77,9	-171,5	133,4	161,2	67,5
BE_max	-33,9	-6,1	-99,8	140,2	168,0	74,3
ES_{KL}_max	90,1	117,9	24,2	375,2	402,9	309,3

Für die Konfiguration BE_max sind ab einer Verminderung von ef^{Phenol} um ca. 30 % (ef^{Phenol} kleiner ca. 2,7 kg CO_2-Äq./kg Phenol) negative Einsparungen in der Kategorie KL zu beobachten, während für die Konfiguration ES_{KL}_max negative Einsparungen erst bei einer Verminderung um ca. 80 % (ef^{Phenol} kleiner ca. 0,7 kg CO_2-Äq./kg Phenol) auftreten (jeweils Standort SA, Holzart KUP).

Die Emissionsäquivalente aus der Herstellung des jeweiligen Referenzproduktes für Lignin können als vermiedene Emissionen bzw. als Gutschriften für die Herstellung von Lignin ausgedrückt werden. Zum Vergleich ergeben sich bei einer energetischen Verwertung von Lignin zur Dampferzeugung Referenzemissionen von ca. 0,0035 kg CO_2-Äq./MJ Dampf (vgl. Tabelle A.4.8 in Anhang A.4) bzw. Gutschriften von ca. 0,067 kg CO_2-Äq./kg Lignin[109] bei Substitution von Holz zur Dampferzeugung. Damit können auch für die Konfiguration ES_{KL}_max keine positiven Einsparungen erzielt werden (s.o.). Bei Substitution von Erdgas ergeben sich Referenzemissionen von ca. 0,0713 kg CO_2-Äq./MJ Dampf (vgl. Tabelle A.4.8 in Anhang A.4) bzw. Gutschriften von ca. 1,37 kg CO_2-Äq./kg Lignin[109]. Eine stoffliche Verwertung von Lignin (Substitution von Phenol) ist aufgrund dessen im Hinblick auf die Einsparung von CO_2-Äquivalenten zu bevorzugen. Eine energetische Verwertung ergibt für die Konfiguration ES_{KL}_max bei Substitution von Erdgas zur Dampferzeugung positive Einsparungen aber keine positiven Einsparungen für die Konfiguration BE_max.

Kategorie Versauerung

Die Auswirkungen der Variation der SO_2-Äquivalente aus der Herstellung von Phenol aus Cumol sind in Abbildung 49, links, für die Konfiguration ES_{VS}_max, dargestellt (Standort SA, Holzart KUP). Eine Variation der mittleren SO_2-Äquivalente aus der Herstellung von Phenol (ca. 0,012 kg SO_2-Äq./kg Phenol) um +/- 50 % resultiert in möglichen Einsparungen (ES) von ca. 1,28 Mio. kg SO_2-Äq/a (ef^{Phenol}_max) bzw. ca. 0,39 Mio. kg SO_2-Äq./a (ef^{Phenol}_min) im Vergleich zu ca. 0,83 Mio. kg SO_2-Äq/a bei mittlerem Emissionsfaktor (vgl. Kapitel 7.3.3). Für ef^{Phenol}_min (0,006 kg SO_2-Äq./kg Phenol) ergibt sich außerdem eine Änderung der optimalen Konfiguration der Prozesskette (vgl. Abbildung 49, rechts). Bei Maximierung der Einsparung in der Kategorie Versauerung wird für ef^{Phenol}_min das Lösemittel zu Holz Verhältnis verringert (Schlüsselgröße $lm = 6$).

Für die Konfiguration BE_max ergeben sich erst ab einer Verminderung von ef^{Phenol} um ca. 80 % (ef^{Phenol} kleiner ca. 0,0025 kg SO_2-Äq./kg Phenol) und für die Konfiguration ES_{VS}_max erst ab einer Verminderung von ef^{Phenol} um ca. 90 % (ef^{Phenol} kleiner ca. 0,0012 kg SO_2-Äq./kg Phenol) negative Einsparungen in der Kategorie Versauerung (jeweils Standort SA, Holzart KUP).

---

[109] Annahme: Heizwert Lignin trocken ca. 24.100 kJ/kg (vgl. Raveendran und Ganesh, 1996), Heizwert Lignin 10% Wassergehalt ca. 21.400 kJ/kg, Wirkungsgrad Dampfkessel ca. 0,9.

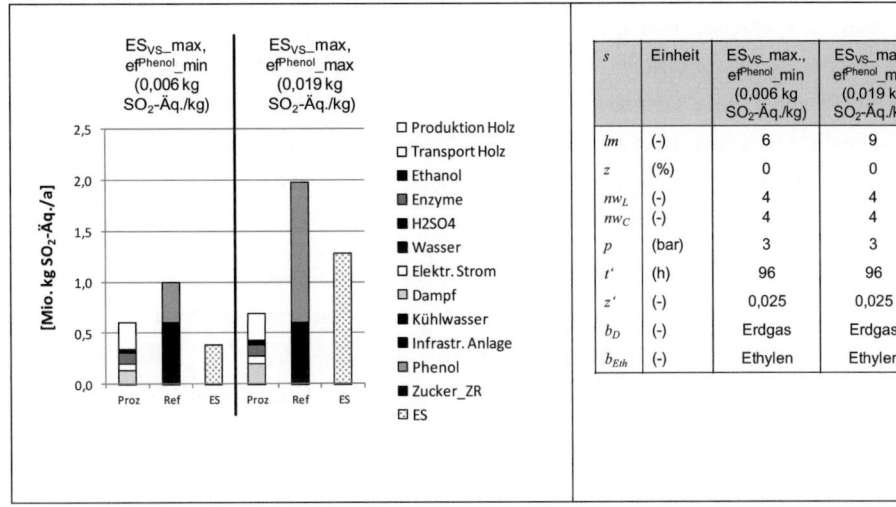

Abbildung 49: Mögliche Einsparungen (ES) in der Kategorie Versauerung bei Variation der SO₂-Äquivalente aus der Herstellung von Phenol für den Standort SA, Holzart KUP (links) und zugehörige Kombinationen der Schlüsselgrößen (rechts)

In Tabelle 32 sind die möglichen Einsparungen für den Standort SA bei Variation von ef^{Phenol} für die Kategorie Versauerung (VS) für die Basis-Konfiguration, die Konfiguration BE_max sowie die Konfiguration ES_{VS}_max aufgeführt. Lediglich bei überregionalem (üreg) Bezug von Holz aus KUP treten negative Einsparungen, d.h. potenzielle Mehrbelastungen, für die genannten Konfigurationen auf. Die Ergebnisse für den Standort RP fallen sehr ähnlich aus und sind in Tabelle A.5.2 in Anhang A.5 aufgeführt.

Tabelle 32: Mögliche Einsparungen Kategorie Versauerung in Mio. kg SO₂-Äq./a bei Variation von ef^{Phenol} um +/- 50 %, Standort SA, Holzarten WRH und KUP, Holzbezug reg und üreg, für unterschiedliche Konfigurationen

Konfiguration	ef^{Phenol} _min (0,006 kg SO₂-Äq./kg Phenol)			ef^{Phenol} _max (0,019 kg SO₂-Äq./kg Phenol)		
	reg		üreg	reg		üreg
	KUP	WRH	KUP	KUP	WRH	KUP
Basis	0,21	0,39	-0,99	0,97	1,15	-0,23
BE_max	0,17	0,35	-1,03	0,72	0,90	-0,48
ES_{VS}_max	0,39	0,56	-0,81	1,28	1,46	0,08

Zum Vergleich ergeben sich bei einer energetischen Verwertung von Lignin zur Dampferzeugung Referenzemissionen von ca. 0,000078 kg SO₂-Äq./MJ Dampf (vgl. Tabelle A.4.8 in Anhang A.4) bzw. Gutschriften von ca. 0,0015 kg SO₂-Äq./kg Lignin[109] bei Substitution von Holz zur Dampferzeugung. Bei Substitution von Erdgas ergeben sich Referenzemissionen von ca. 0,000054 kg SO₂-Äq./MJ Dampf (vgl. Tabelle A.4.8 in Anhang

A.4) bzw. Gutschriften von ca. 0,0010 kg SO_2-Äq./kg Lignin[109]. Analog zur Kategorie Klimawandel ist eine stoffliche Verwertung (Substitution von Phenol) einer energetischen Verwertung von Lignin vorzuziehen. Positive Einsparungen von SO_2-Äquivalenten können bei energetischer Verwertung von Lignin für die Konfiguration ES_{VS}_max bei Substitution von Holz zur Dampferzeugung erzielt werden jedoch nicht für die Konfiguration BE_max.

Kategorie Humantoxizität

Die Variation der 1,4-DCB-Äquivalente aus der Herstellung von Phenol aus Cumol (12,5 kg 1,4-DCB-Äq./kg Phenol) um +/- 50 % ergibt für den Standort SA, Holzart KUP eine mögliche Einsparung (ES) von ca. 1.302 Mio. kg 1,4-DCB-Äq./a (ef^{Phenol}_max) bzw. von ca. 377 Mio. kg 1,4-DCB-Äq./a (ef^{Phenol}_min) bei optimierter Konfiguration ES_{HT}_max (vgl. Abbildung 50, links).

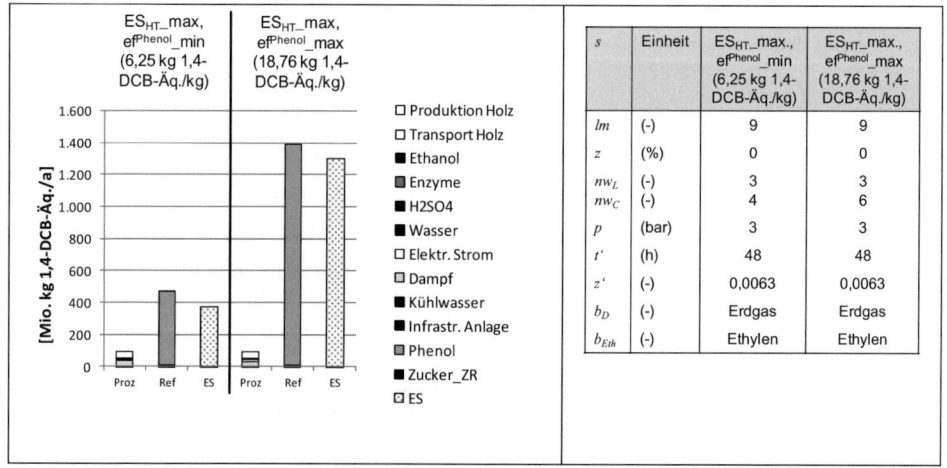

Abbildung 50: Mögliche Einsparungen (ES) in der Kategorie Humantoxizität bei Variation der 1,4-DCB-Äquivalente aus der Herstellung von Phenol für den Standort SA, Holzart KUP (links) und zugehörige Kombinationen der Schlüsselgrößen (rechts)

Im Vergleich dazu werden bei mittlerem Emissionsfaktor mögliche Einsparungen von ca. 839 Mio. kg 1,4-DCB-Äq./a (vgl. Kapitel 7.3.3) berechnet. Bei um 50 % reduzierten 1,4-DCB-Äquivalenten (ef^{Phenol}_min) wird bei einer Optimierung der Anlagenkonfiguration die Anzahl der Waschschritte für die Cellulosefraktion verringert (Schlüsselgröße nw_C = 4), während die Erhöhung der 1,4-DCB-Äquivalente um 50 % (ef^{Phenol}_max) keine Änderung der optimalen Konfiguration im Vergleich zum mittleren Emissionsfaktor ergibt (vgl. Abbildung 50, rechts). In Tabelle 33 sind die möglichen Einsparungen für die Kategorie Humantoxizität (HT) für den Standort SA (Holzarten KUP und WRH) bei regionalem (reg) und bei überregionalem (üreg) Bezug von Holz für die Basis-Konfiguration, die Konfiguration BE_max sowie die Konfiguration ES_{HT}_max aufgeführt. Für alle dargestellten Varianten werden positive Einsparungen erzielt. Die entsprechenden Ergebnisse für den Standort RP sind in Tabelle A.5.3 in Anhang A.5 aufgeführt. Für die Konfiguration BE_max ergeben sich erst ab einer Verminderung von ef^{Phenol} um ca. 80 % (ef^{Phenol} kleiner ca. 1,88 kg 1,4-DCB-Äq./kg Phenol) und für die Konfiguration ES_{HT}_max erst ab einer Verminderung von ef^{Phenol} um ca. 90 % (ef^{Phenol} kleiner ca. 1,20 kg 1,4-DCB-Äq./kg Phenol) negative Einsparungen in der Kategorie HT (jeweils Standort SA, Holzart KUP).

Tabelle 33: Mögliche Einsparungen Kategorie Humantoxizität in Mio. kg 1,4-DCB-Äq./a bei Variation von ef^{Phenol} um +/- 50 %, Standort SA, Holzarten WRH und KUP, Holzbezug reg und üreg, für unterschiedliche Konfigurationen

Konfiguration	ef^{Phenol}_min (6,25 kg 1,4-DCB-Äq./kg Phenol)			ef^{Phenol}_max (18,76 kg 1,4-DCB-Äq./kg Phenol)		
	reg		üreg	reg		üreg
	KUP	WRH	KUP	KUP	WRH	KUP
Basis	224,7	253,9	186,9	996,8	1.026,0	959,0
BE_max	196,2	225,5	158,4	758,5	787,7	720,7
ES_{HT}_max	377,4	406,7	338,8	1301,8	1331,0	1264,0

Zum Vergleich ergeben sich bei einer energetischen Verwertung von Lignin zur Dampferzeugung Referenzemissionen von ca. 0,0133 kg 1,4-DCB-Äq./MJ Dampf (vgl. Tabelle A.4.8 in Anhang A.4) bzw. Gutschriften von ca. 0,256 kg 1,4-DCB-Äq./kg Lignin[109] bei Substitution von Holz zur Dampferzeugung. Bei Substitution von Erdgas ergeben sich Referenzemissionen von ca. 0,0099 kg 1,4-DCB-Äq./MJ Dampf (vgl. Tabelle A.4.8 in Anhang A.4) bzw. Gutschriften von ca. 0,191 kg 1,4-DCB-Äq./kg Lignin[109]. Eine stoffliche Verwertung von Lignin (Substitution von Phenol) ist damit auch im Hinblick auf Einsparungen in der Kategorie HT eindeutig günstiger zu bewerten, und es können zudem weder für die Konfiguration BE_max noch für die Konfiguration ES_{HT}_max positive Einsparungen von 1,4-DCB-Äquivalenten bei einer energetischen Verwertung von Lignin erzielt werden.

Kumulierter fossiler Energieaufwand

Die Variation der fossilen Energieäquivalente der Herstellung von Phenol aus Cumol (109,3 MJ-Äq./kg Phenol) um +/- 50 % resultiert, wie in Abbildung 51, links, dargestellt, in möglichen Einsparungen (ES) von ca. 10.973 Mio. MJ-Äquivalenten pro Jahr (ef^{Phenol}_max) bzw. von ca. 2.915 Mio. MJ-Äquivalenten pro Jahr (ef^{Phenol}_min) für die Konfiguration ES_{KEA}_max. Bei mittlerem kumuliertem fossilem Energieaufwand ergeben sich mögliche Einsparungen von ca. 6.941 Mio. MJ-Äq./a (vgl. Kapitel 7.3.3).

Unter der Annahme eines um 50 % verringerten kumulierten fossilen Energieaufwandes für die Herstellung von Phenol aus Cumol (ef^{Phenol}_min) wählt das Modell bei einer Optimierung der Konfiguration der Prozesskette eine Verringerung der Anzahl der Waschschritte für die Cellulosefraktion (Schlüsselgröße nw_C = 2) (vgl. Abbildung 51, rechts).

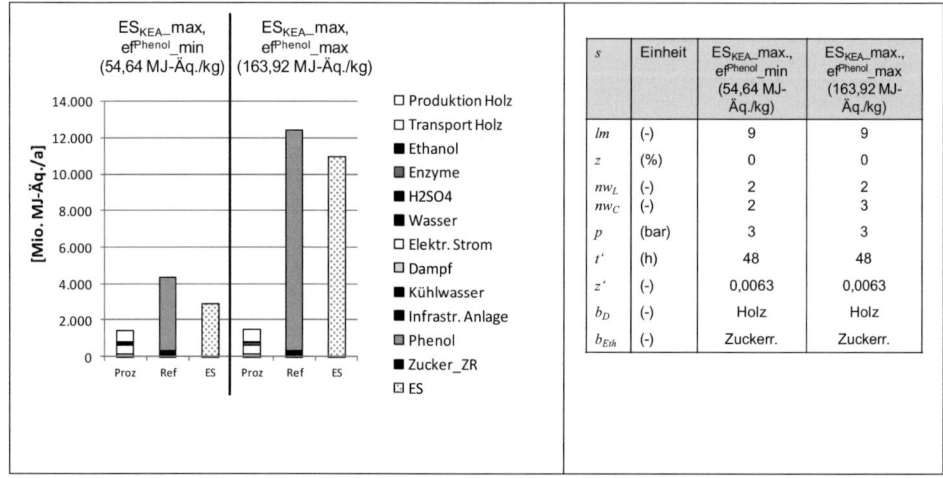

Abbildung 51: Mögliche Einsparungen (ES) in der Kategorie KEA$_{fossil}$ bei Variation der MJ-Äquivalente aus der Herstellung von Phenol für den Standort SA, Holzart KUP (links) und zugehörige Kombinationen der Schlüsselgrößen (rechts)

In Tabelle 34 sind die Ergebnisse der Variation von ef^{Phenol} für die Kategorie KEA$_{fossil}$ für den Standort SA, die Holzarten KUP und WRH, für den regionalen (reg) und den überregionalen (üreg) Bezug von Holz für die Basis-Konfiguration, die Konfiguration BE_max sowie die Konfiguration ES$_{HT}$_max aufgeführt.

Tabelle 34: Mögliche Einsparungen Kategorie KEA$_{fossil}$ in Mio. MJ-Äq./a bei Variation von ef^{Phenol} um +/- 50 %, Standort SA, Holzarten WRH und KUP, Holzbezug reg und üreg, für unterschiedliche Konfigurationen

Konfiguration	ef^{Phenol}_min (54,64 MJ-Äq/kg Phenol)			ef^{Phenol}_max (163,92 MJ-Äq./kg Phenol)		
	reg		üreg	reg		üreg
	KUP	WRH	KUP	KUP	WRH	KUP
Basis	-648,5	-240,2	-1.583,4	6.096,8	6.505,1	5.161,8
BE_max	-52,6	355,7	-987,6	4.859,1	5.267,4	3.924,1
ES$_{KEA}$_max	2.914,9	3.323,1	1.979,9	10.973,0	11.381,3	10.038,0

Für ef^{Phenol}_min treten für die Basis-Konfiguration bei Einsatz von Holz aus KUP und von WRH sowie für die Konfiguration BE_max bei Einsatz von Holz aus KUP negative Einsparungen auf, wohingegen die Einsparungen für alle übrigen Szenarien positiv sind. Gleiches gilt für die Ergebnisse des Standortes RP, die in Tabelle A.5.4 in Anhang A.5 aufgeführt sind.

Für die Konfiguration BE_max ergeben sich ab einer Verminderung von ef^{Phenol} um ca. 50 % (ef^{Phenol} kleiner ca. 55,6 MJ-Äq/kg Phenol) und für die Konfiguration ES$_{KEA}$_max ab einer Verminderung von ef^{Phenol} um ca. 85 % (ef^{Phenol} kleiner ca. 15,3 MJ-Äq./kg Phenol) negative Einsparungen in der Kategorie KEA$_{fossil}$ (jeweils Standort SA, Holzart KUP). Zum Vergleich ergibt sich bei einer energetischen Verwertung von Lignin zur Dampferzeugung ein Referenzbedarf an fossilen Ressourcen von ca. 0,0367 MJ-Äq./MJ Dampf (vgl. Tabelle A.4.8 in Anhang A.4) bzw. Gutschriften von ca. 0,707 MJ-Äq./kg Lignin[109] bei Substitution von Holz zur Dampferzeugung. Bei Substitution von Erdgas ergibt sich ein Referenzbedarf an fossilen Ressourcen von ca. 1,25 MJ-Äq./MJ Dampf (vgl. Tabelle A.4.8 in Anhang A.4) bzw. Gutschriften von ca. 24,08 MJ-Äq./kg Lignin[109]. Eine stoffliche Verwertung von Lignin (Substitution von Phenol) ist damit im Hinblick auf Einsparungen in der Kategorie KEA$_{fossil}$ eindeutig günstiger im Vergleich zu einer energetischen Verwertung. Positive Einsparungen können bei energetischer Verwertung von Lignin bei Substitution von Erdgas für die Konfiguration ES$_{KEA}$_max erreicht werden jedoch nicht für die Konfiguration BE_max.

7.3.5 Exkurs: Umweltwirkungsabschätzung mit der Methode EI 99

In diesem Kapitel werden die Ergebnisse der Umweltwirkungsabschätzung mit der Methode Eco-indicator 99 (EI 99) vorgestellt. Wie in Kapitel 3.3.2 dargestellt, handelt es sich bei dieser Methode um eine sog. *endpoint*-Methode, wobei die Schäden für Ökosysteme, menschliche Gesundheit und Ressourcen, die durch unterschiedliche Umweltwirkungen hervorgerufen werden, durch Normalisierung und Gewichtung als EI 99 points dargestellt werden. Die in diesem Kapitel vorgestellten Ergebnisse beziehen sich auf das Schadens-modell *hierarchist* (H) und die Gewichtungsvariante *average* (A)[110]. Die Eingangsdaten werden zum Großteil analog der Eingangsdaten für die Wirkungsabschätzung nach CML-2001 abgeleitet (vgl. Kapitel 7.1.5) und stammen somit im Wesentlichen aus der Datenbank ecoinvent v2.0. Da für die Bereitstellung der Enzyme keine Daten vorhanden sind, werden die damit verbundenen Umweltwirkungen in diesem Abschnitt vernachlässigt. Für die Herstellung des Referenzproduktes Zucker-Rohsaft aus Zuckerrüben wird auf den

---

[110] vgl. Kapitel 3.3.2 Abschnitt *Wirkungsabschätzung mit der Methode Eco-indicator 99*

unveränderten Datensatz *Zucker, aus Zuckerrüben, ab Zuckerherstellung* der Datenbank ecoinvent v2.0 zurückgegriffen.

In Abbildung 52 (links) sind die ermittelten möglichen Einsparungen, ausgedrückt als EI 99 points, für den Standort SA, Holzart KUP, für die Basis-Konfiguration, die Konfiguration BE_max sowie für die Konfiguration der maximierten Einsparung von EI 99 points (ES_{EI99}_max) dargestellt. Die Ausprägungen der Schlüsselgrößen für die verschiedenen Konfigurationen sind im rechten Teil von Abbildung 52 dargestellt.

Für die in Abbildung 52 (links) dargestellten Konfigurationen (jeweils Standort SA, Holzart KUP) ergeben sich negative Einsparungen, d.h. die untersuchte Prozesskette schneidet im Vergleich zu den Referenzprozessen deutlich schlechter ab. Der weitaus größte Anteil der verursachten Schäden geht auf die Produktion von Holz aus KUP zurück, gefolgt von der Bereitstellung von Dampf und Ethanol. Für die Basis-Konfiguration (Standort SA, Holzart KUP) beträgt die mögliche Einsparung der Prozesskette ca. -45,7 Mio. EI 99 points/a, für die Konfiguration BE_max ca. -37,2 Mio. EI 99 points/a und für die Konfiguration ES_{EI99}_max ca. -5,4 Mio. EI 99 points/a (vgl. Abbildung 52, links). Die negativen Einsparungen können als potenzielle Mehrbelastungen der Herstellung von Glukose, Lignin und C_5-Zucker aus Holz im Vergleich zu den Referenzprozessen interpretiert werden.

Wie in Abbildung 52 (rechts) dargestellt, wird für die Konfiguration ES_{EI99}_max das Lösemittel zu Holz-Verhältnis für den Holzaufschluss auf 9 erhöht (Schlüsselgröße *lm* = 9), und es wird keine Schwefelsäure für den Holzaufschluss eingesetzt (Schlüsselgröße *z* = 0). Die Anzahl der Waschschritte für die Ligninfraktion steigt auf 5 (Schlüsselgröße nw_L = 5) und für die Cellulosefraktion auf 7 (Schlüsselgröße nw_C = 7). Im Vergleich zur Konfiguration BE_max wird außerdem die Verweilzeit für die enzymatische Hydrolyse verlängert (Schlüsselgröße t' = 96), der Heizdampf wird mittels Holzfeuerung (Schlüsselgröße b_D = HZ) und das Ethanol auf Basis von fossilem Ethylen (Schlüsselgröße b_{Eth} = EY) bereitgestellt.

In Abbildung 53 ist zur Verdeutlichung eine Aufschlüsselung der Beiträge zu den einzelnen Schadens- und Wirkungskategorien für die Konfiguration BE_max für die Holzart KUP (links) und die Holzart WRH (rechts) dargestellt. Neben der Kategorie Landnutzung (Produktion Holz) treten insbesondere Schäden durch die Kategorien Abbau fossiler Brenn-stoffe (Bereitstellung Dampf) auf.

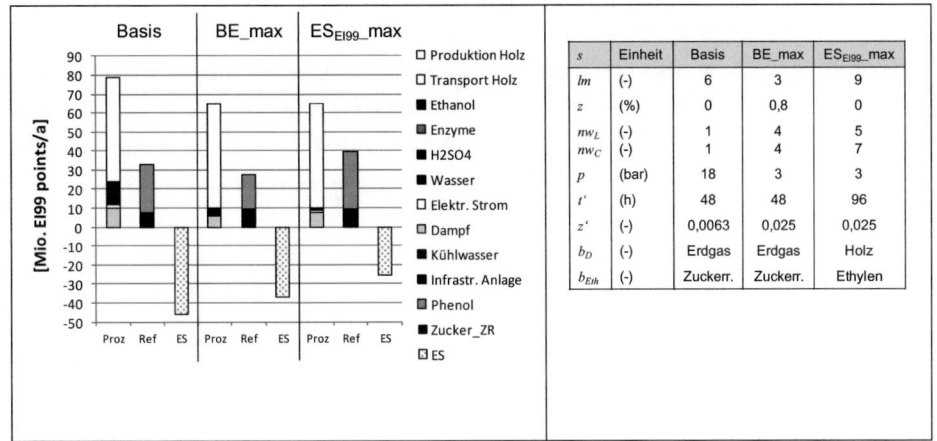

Abbildung 52: EI 99 points der untersuchten Prozesskette (Proz), der Referenzprozesse (Ref) und der möglichen Einsparung (ES) für die Basis-Konfiguration, die Konfiguration BE_max und die Konfiguration der maximierte Einsparung (ES_EI99_max) für den Standort SA, Holzart KUP (links) sowie zugehörige Kombinationen der Schlüsselgrößen (rechts)

Wie zuvor bereits erläutert, geht bei Einsatz von Holz aus KUP der Großteil der verursachten Schäden auf die Produktion von Holz zurück und zwar insbesondere auf die Wirkungs-kategorie Landnutzung, welche einen Schaden für die Ökosystem-Qualität darstellt (vgl. Abbildung 53, links). Im Vergleich dazu fällt der versursachte Schaden durch die Landnutzung zur Produktion von Waldrestholz deutlich geringer aus, weshalb die Bewertung der Prozesskette für diese Rohstoff-Variante deutlich günstiger ausfällt (vgl. Abbildung 53, rechts).

In Tabelle 35 sind die Ergebnisse für die zwei betrachteten Holzarten (WRH, KUP), die Standorte SA und RP, für die regionale (reg) und die überregionale (üreg) Bereitstellung von Holz aufgeführt. Für die Rohstoff-Variante WRH werden für alle dargestellten Konfigurationen und Szenarien positive Einsparungen im Vergleich zu den Referenzprozessen berechnet, während für die Holzart KUP für alle dargestellten Konfigurationen und Szenarien negative Einsparungen berechnet werden (vgl. Tabelle 35).

Die Unterschiede in der Bewertung der Landnutzung der Holzarten KUP und WRH gehen in der Methode EI 99 auf unterschiedliche Typen der Landnutzung zurück (vgl. Haase et al., 2009). Im Rahmen der Modellierung der Bereitstellung von Holz aus KUP mit Modulen der Datenbank ecoinvent (vgl. Kapitel 5.3.3) wird für den Anbau von KUP die Landnutzungskategorie Wald, intensiv, Kurzumtrieb (*forest, intensive, short cycle*) angenommen und für WRH die Landnutzungskategorie Wald, intensiv, normal forstlich bewirtschaftet (*forest, intensive, normal*). Diese Kategorien entsprechen den Landnutzungskategorien Ackerland (*conventional arable land*) und forstliche Nutzfläche (*forest land*) der Methode EI 99 (vgl. Althaus et al., 2007) mit den zugehörigen jeweiligen Schadensfaktoren (vgl. Tabelle 4 in Kapitel 3.3.2). Aufgrund des deutlich geringeren Schadensfaktors für die Kategorie *forest land* im Vergleich zur Kategorie *conventional arable land*, fällt die Bewertung der Landnutzung für die Holzart WRH deutlich günstiger aus als für die Holzart KUP[111].

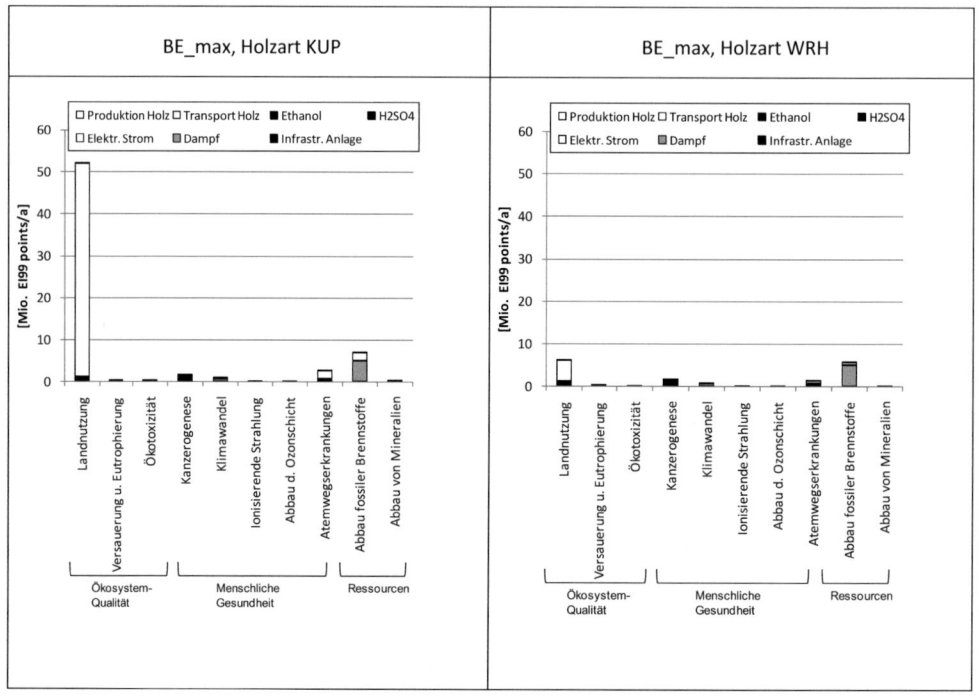

Abbildung 53: Umweltwirkungsabschätzung mit der Methode EI 99: Darstellung der Beiträge der Prozesskette zu den einzelnen Wirkungs- und Schadenskategorien für die Konfiguration BE_max, Standort SA, Holzart KUP (links) und Holzart WRH (rechts)

---

[111] In Bezug auf den Flächenbedarf ergibt sich auf Basis der in Kapitel 5.3.3 vorgestellten ökonomischen Allokation nach Werner et al. (2007) für die ökologische Bewertung von Waldrestholz zusätzlich ein etwas geringerer Flächenbedarf von ca. 1.115 $m^2 \cdot a$/t TM (8,97 t TM/(ha·a)) im Vergleich zu ca. 1.250 $m^2 \cdot a$/t TM (8 t TM/(ha·a)) für Holz aus KUP.

Tabelle 35: Mögliche Einsparungen von Umweltwirkungen in Mio. EI 99 points/a, Standorte SA und RP, Holzarten WRH und KUP, Holzbezug reg und üreg, für unterschiedliche Konfigurationen

Konfiguration	SA			RP		
	reg		üreg	reg		üreg
	KUP	WRH	KUP	KUP	WRH	KUP
Basis	-45,69	2,94	-52,96	-45,78	3,07	-52,76
BE_max	-37,21	11,42	-44,48	-37,30	11,55	-44,29
ES$_{EI99}$_max	-25,38	23,26	-32,64	-25,46	23,39	-32,45

7.3.6 Zusammenfassung und Einordnung der Ergebnisse der ökologischen Bewertung und Optimierung

Auf Grundlage der in Kapitel 7.1 definierten Eingangsdaten werden in diesem Kapitel die Ergebnisse der ökologischen Bewertung und Optimierung der Prozesskette für die Standorte SA und RP, für die Holzart WRH bei regionaler und die Holzart KUP bei regionaler und überregionaler Bereitstellung vorgestellt. Dabei werden die Ergebnisse, d.h. die Umwelt-wirkungen der Prozesskette und der Referenzprozesse sowie die resultierenden möglichen Einsparungen für die vier betrachteten Wirkungskategorien (Klimawandel, Versauerung, Humantoxizität und KEA$_{fossil}$) jeweils für die Basis-Konfiguration, die Konfiguration des maximierten Betriebsergebnisses (BE_max) und die optimale Konfiguration im Hinblick auf die Maximierung der Einsparungen der jeweiligen Wirkungskategorie (ES$_{KL}$_max, ES$_{VS}$_max, ES$_{HT}$_max, ES$_{KEA}$_max) präsentiert.

Ökologische Charakterisierung der Prozesskette und der Referenzprozesse

Mit der ökologischen Charakterisierung der Prozesskette (vgl. Kapitel 7.3.1) werden die wichtigsten Prozessschritte sowie Schadstoffe bzw. Ressourcenverbräuche der genannten Umweltwirkungen ermittelt. Für die Kategorien kumulierter fossiler Energieaufwand (KEA$_{fossil}$) und Klimawandel (KL) geht der größte Anteil der Emissions- und Energie-äquivalente auf die Bereitstellung von Prozessenergie (Dampf und Elektrizität) zurück und zwar insbesondere auf die fossilen CO_2-Emissionen (Kategorie KL) sowie den Verbrauch der Ressource Erdgas (Kategorie KEA$_{fossil}$). Für die Kategorie Versauerung (VS) geht der Großteil der Emissionsäquivalente auf die Bereitstellung von Holz und Schwefelsäure und die damit verbundenen NO$_X$- und SO_2-Emissionen zurück, während für die Kategorie Humantoxizität (HT) neben der Bereitstellung von Holz die Bereitstellung von Ethanol mit den Emissionen von Aldrin (Boden) und PAH als wichtigste Schadstoffe die Hauptanteile ausmachen (jeweils Konfiguration BE_max, Holzart KUP). Für die Referenzprozesse ergibt sich folgendes Bild (vgl. Kapitel 7.3.2): Für die Herstellung von Zucker-Rohsaft aus Zuckerrüben sind die Bereitstellung von Zuckerrüben und die damit verbundenen N_2O- und NH_3-Emissionen (Kategorie VS und Kategorie KL), der Verbrauch von Rohöl (Kategorie KEA_{fossil}) sowie der Transport mit den damit verbundenen PAH-Emissionen (Kategorie HT) ausschlaggebend. Für die Herstellung von Phenol aus Cumol ist für alle betrachteten Kategorien die Bereitstellung von Cumol mit den damit verbundenen fossilen CO_2-Emissionen (Kategorie KL), SO_2-Emissionen (Kategorie VS), Benzol-Emissionen (Kategorie HT) und dem Verbrauch von Rohöl (Kategorie KEA_{fossil}) ausschlaggebend.

Bewertung und Optimierung der Prozesskette

Die ökologische Bewertung unterschiedlicher Konfiguration der Prozesskette (vgl. Kapitel 7.3.3) ergibt für die Kategorien VS, HT und KEA_{fossil} höhere potenzielle Einsparungen für die Basis-Konfiguration im Vergleich zur Konfiguration BE_max während für die Kategorie KL die Konfiguration BE_max besser abschneidet als die Basis-Konfiguration. Bei Optimierung der Anlagenkonfiguration im Hinblick auf die Maximierung der Einsparungen in den untersuchten Wirkungskategorien wählt das Modell für alle Kategorien eine Erhöhung des Lösemittel zu Holz-Verhältnisses ($lm = 9$) und keinen Einsatz von Schwefelsäure ($z = 0$). Für die Bereitstellung von Dampf und Ethanol werden für die Kategorien KL und KEA_{fossil} die Varianten Holz (b_D = HZ) und Zuckerrohr (b_{Eth} = ZR) gewählt und für die Kategorien VS und HT die fossilen Varianten Erdgas (b_D = EG) und Ethylen (b_{Eth} = EY). Den größten Einfluss auf die Höhe der möglichen Einsparungen haben für alle Kategorien die Emissions- bzw. Energieäquivalente der Herstellung des Referenzproduktes Phenol (ef^{Phenol}), gefolgt von den Emissions- und Energieäquivalenten der Herstellung des Referenzproduktes Zucker aus Zuckerrüben ef^{Zucker_ZR} (insbesondere Kategorie VS). Für die in Kapitel 7.1 definierten Eingangsdaten für die ökologische Bewertung werden bei regionaler Bereitstellung von Holz bei allen in diesem Kapitel vorgestellten Konfigurationen der Prozesskette positive Einsparungen erzielt. Bei überregionaler Bereitstellung von Holz (Variante KUP) ergeben sich für die Kategorie VS für alle Konfigurationen negative Einsparungen und für die Kategorie KL für die Basis-Konfiguration und die Konfiguration BE_max. Für alle im Hinblick auf die jeweiligen Umweltwirkungen optimierten Konfigurationen ergeben sich deutlich negative Betriebsergebnisse, d.h. dass mit keiner dieser Konfigurationen ein wirtschaftlicher Betrieb der Anlage möglich ist.

Variation von ef^{Phenol} und Einschätzungen zur energetische Verwertung von Lignin

Die Untersuchung der Auswirkungen der Variation der Haupteinflussgröße ef^{Phenol} auf das Ergebnis der ökologischen Bewertung und Optimierung (vgl. Kapitel 7.3.4) ergibt bei Verminderung von ef^{Phenol} um 50 % für die Kategorien KL und KEA_{fossil} negative Ein-sparungen für die Basis-Konfiguration und die Konfiguration BE_max. Außerdem ergeben sich bei Verminderung von ef^{Phenol} um 50 % Änderungen in der optimalen Konfiguration für die Kategorie VS (lm = 6), die Kategorie HT (nw_C = 4) und die Kategorie KEA$_{fossil}$ (nw_C = 2) während bei Erhöhung von ef^{Phenol} um 50 % keine Änderungen der optimalen Konfigurationen auftreten. Die Erhöhung von ef^{Phenol} um 50 % resultiert in deutlich erhöhten Einsparungen in allen betrachteten Kategorien, wobei für die Kategorie VS bei überregionaler Bereitstellung von Holz aus KUP auch für die Erhöhung von ef^{Phenol} um 50 % kein positives Ergebnis erzielt wird. Wird anstelle der stofflichen Verwertung von Lignin (Substitution von Phenol) eine energetische Verwertung mit den zugehörigen Referenzemissionen und Ressourcenverbräuchen (Varianten Holz und Erdgas) angenommen, können für die Kategorien KL und KEA$_{fossil}$ nur für die Variante Erdgas und nur für die Konfiguration ES$_{KL}$_max bzw. ES$_{KEA}$_max positive Einsparungen erzielt werden. Für die Kategorie VS können bei energetischer Verwertung von Lignin nur für die Konfiguration ES$_{VS}$_max und die Variante Holz als Referenz positive Einsparungen erzielt werden während für die Kategorie HT keine positiven Einsparungen erzielt werden können.

Einordnung der Ergebnisse

Die in der vorliegenden Arbeit für die Herstellung chemischer Grundstoffe aus Lignocellulose ermittelten positiven Einsparungen, d.h. die im Vergleich zu den Referenzprozessen geringeren Umweltwirkungen in den Kategorien KL und KEA$_{fossil}$ bei regionaler Bereitstellung von Holz werden in einer Reihe von Veröffentlichungen, die sich zum Großteil auf die Herstellung von Ethanol aus Lignocellulose mittels Säure- oder Dampfdruck-Aufschluss und anschließender enzymatischer Hydrolyse beziehen (vgl. Kapitel 4.2), bestätigt (z.B. Cherubini et al., 2007, Reinhardt et al., 2007, Patel et al., 2006, Cherubini und Jungmeier, 2010). Für die in der vorliegenden Arbeit zum Teil ermittelten negativen Einsparungen bei überregionaler Bereitstellung von Holz aus KUP sind keine Vergleichswerte in der Literatur vorhanden. In Cherubini und Jungmeier (2010) werden neben den Kategorien Klimawandel und fossiler Ressourcenverbrauch eine Reihe weiterer Kategorien betrachtet, darunter auch die Kategorien Humantoxizität und Versauerung. Für die Kategorie Humantoxizität werden dort deutlich positive Einsparungen und für die Kategorie Versauerung negative Einsparungen ermittelt. Die im Rahmen des Exkurses (vgl. Kapitel 7.3.5) mit der schadensorientierten Methode EI 99 ermittelten positiven Einsparungen der Prozesskette zur Herstellung chemischer Grundstoffe aus Lignocellulose bei Einsatz von Waldrestholz sowie die ermittelten Hauptbeiträge der Kategorien Landnutzung und Abbau fossiler Brennstoffe können anhand der Arbeit von Uihlein und Schebek (2009)[112] bestätigt

---

[112] Ökologische Bewertung der Umwandlung von Stroh mittels saurer Hydrolyse (Salzsäure) zu Glukose, Xylit und Lignin (vgl. Kapitel 4.2).

werden. Aufgrund der unterschiedlichen betrachteten Verfahren, Endprodukte und Rohstoffe sowie der Vielzahl den unterschiedlichen Arbeiten jeweils zu Grunde liegenden Annahmen ist ein Vergleich der absoluten Werte über die genannten Tendenzen hinaus nicht möglich.

7.4 Schätzung der CO$_2$-Vermeidungskosten

Für einen Vergleich der Prozesskette mit alternativen Biomasse-Nutzungspfaden werden in diesem Abschnitt die CO$_2$-Vermeidungskosten für die Konfiguration BE_max der Prozesskette im Vergleich zu einem Referenzsystem ermittelt. Als Referenzsystem wird die Herstellung von Zucker-Rohsaft aus Zuckerrüben betrachtet (vgl. Kapitel 5.4). Die Berechnung der CO$_2$-Vermeidungskosten der Prozesskette erfolgt nach Formel 36 für eine Anlagenkapazität von 450.000 t TM Holz/a, für die Standorte (*st*) SA und RP, die Holzarten (*h*) KUP und WRH bei regionalem Holzbezug. Die Differenz der spezifischen Herstellkosten von Glukose (in Lösung, ca. 17 Masse-%) aus Holz (hk^{Gluk_Holz}) und den spezifischen Herstellkosten von Saccharose (in Lösung, ca. 15 Masse-%) aus Zuckerrüben (hk^{Zucker_ZR}) wird dabei in Beziehung gesetzt zur Differenz aus den jeweiligen spezifischen CO$_2$-Äquivalenten ($uw_{KL}^{Gluk\_Holz}$ und $uw_{KL}^{Zucker\_ZR}$).

Formel 36

$$k_{KL,st,h,BE\_max}^{EV} = \frac{hk_{st,h,BE\_max}^{Gluk\_Holz} - hk^{Zucker\_ZR}}{uw_{KL}^{Zucker\_ZR} - uw_{KL,st,h,BE\_max}^{Gluk\_Holz}} \forall st \in ST, \forall h \in H$$

mit

k_{KL}^{EV}	Spezifische CO$_2$-Vermeidungskosten der Prozesskette bei Vergleich mit der konventionellen Herstellung von Zucker-Rohsaft	(€/t)
hk^{Gluk_Holz}	Spezifische Herstellkosten für Glukose aus Holz	(€/t)
hk^{Zucker_ZR}	Spezifische Herstellkosten für Saccharose aus Zuckerrüben	(€/t)
$uw_{KL}^{Zucker\_ZR}$	Spezifische CO$_2$-Äquivalente aus der Herstellung von Saccharose aus Zuckerrüben	(t CO$_2$-Äq./t)
$uw_{KL}^{Gluk\_Holz}$	Spezifische CO$_2$-Äquivalente aus der Herstellung von Glukose aus Holz	(t CO$_2$-Äq./t)

Nachfolgend wird die Ermittlung der spezifischen Herstellkosten für Glukose aus Holz (hk^{Gluk_Holz}) und für Saccharose aus Zuckerrüben (hk^{Zucker_ZR}) sowie der zugehörigen CO$_2$-Äquivalente ($uw_{KL}^{Gluk\_Holz}$ und $uw_{KL}^{Zucker\_ZR}$) erläutert und die resultierenden CO$_2$-

Vermeidungskosten werden mit den CO_2-Vermeidungskosten alternativer Biomasse-Nutzungspfade verglichen.

Spezifische Herstellkosten und CO_2-Äquivalente für Glukose aus Holz

Zur Ermittlung der spezifischen Herstellkosten für Glukose aus Holz (hk^{Gluk_Holz}) werden die Herstellkosten K^{Herst} (vgl. Formel 26 in Kapitel 6.5.4) um die Erlöse für die Nebenprodukte Lignin EL^{Lig} und C_5-Zucker EL^{C5} (vgl. Formel 25 in Kapitel 6.5.3) reduziert und anschließend auf die Produktionsmenge von Glukose $\dot{m}^{Gluk\_Prod}$ (vgl. Formel 25 in Kapitel 6.5.3) bezogen. Es ergeben sich für die Konfiguration BE_max spezifische Herstellkosten für Glukose aus Holz (hk^{Gluk_Holz}) von etwa 238 €/t (Standort SA, Holzart KUP, regionale Holzbereitstellung) bzw. von 248 €/t (Standort RP, Holzart KUP, regionale Holzbereitstellung) (vgl. Tabelle 37).

Zur Ermittlung der spezifischen CO_2-Äquivalente der Herstellung von Glukose aus Holz ($uw_{KL}^{Gluk\_Holz}$) wird die Gesamtsumme der CO_2-Äquivalente (UW^{Gesamt}) (vgl. Kapitel 6.6.2) um die CO_2-Äquivalente der Referenzemissionen für Lignin (UW^{Phenol}) und C_5-Zucker ($UW^{Zucker\_ZR\_C5}$) (vgl. Kapitel 6.6.3) reduziert und auf die Produktionsmenge von Glukose $\dot{m}^{Gluk\_Prod}$ bezogen. Die spezifischen CO_2-Äq. für die Herstellung von Glukose aus Holz ($uw_{KL}^{Gluk\_Holz}$) betragen für den Standort SA bei Einsatz von Holz aus KUP ca. 0,065 t CO_2-Äq./t Glukose und bei Einsatz von WRH ca. -0,111 t CO_2-Äq./t Glukose (vgl. Tabelle 37).

Spezifische Herstellkosten und CO_2-Äquivalente für Saccharose aus Zuckerrüben

Die Herstellkosten für Saccharose aus Zuckerrüben (hk^{Zucker_ZR}) umfassen im Wesentlichen die Rohstoffkosten, die Kosten für Energie (Elektrizität für die Zerkleinerung der Zuckerrüben und für Förderbänder) sowie die Kosten für Betriebsstoffe (Wasser für die Reinigung der Zuckerrüben und für die Zuckerextraktion) (vgl. Kapitel 5.4). Aus Jungbluth et al. (2007) können die in Tabelle 36 aufgeführten Mengen an Zuckerrüben, Wasser, Abwasser und Elektrizität je t Zucker abgeleitet werden.

Die in Tabelle 36 aufgeführten Preise für Wasser, Abwasserentsorgung und Elektrizität basieren auf den Annahmen in Kapitel 7.1.4, wobei der Preis für die Abwasserentsorgung aufgrund der vergleichsweise geringeren Belastung von 2 €/m³ auf 1 €/m³ reduziert wird. Die in der Literatur aufgeführten Preise für Zuckerrüben unterliegen gewissen Schwankungen. In Fink-Keßler und Hofstetter (2006) wird ein Mindestpreis für Zuckerrüben von 26,30 €/t FM (ca. 155 €/t Zucker) angegeben. In LWK (2011) werden Preise zwischen 20 €/t FM (ca. 118 €/t Zucker) und 32,30 €/t FM (ca. 190 €/t Zucker) aufgeführt. In Jäkel (2011) werden Anbaukosten für Zuckerrüben mit ca. 142 bis 150 €/t Zucker, Kosten für die Reinigung der Zuckerrüben mit ca. 7 €/t Zucker und Kosten für die Zerkleinerung von 3,77 €/t Zucker angegeben. In Menrad et al. (2006) werden Produktionskosten für Zuckerrüben von

19,90 €/t FM angegeben. Aus diesen Angaben wird für die nachfolgenden Kalkulationen ein Preis von 146 €/t Zucker bzw. von ca. 24,80 €/t FM (entsprechend einem Zuckergehalt von 17 %) abgeleitet.

Tabelle 36: Kosten für Roh-, Betriebsstoffe, Energie und Abwasserentsorgung zur Herstellung von Zucker-Rohsaft aus Zuckerrüben (vgl. Jungbluth et al. , 2007 und Jäkel, 2011)

Position	Menge	Preis	Kosten
	t/t Zucker	€/t	€/t Zucker
Zuckerrüben (inkl. Transport)	5,9	24,8	146
Wasser	6,4	0,142	0,9
Abwasserentsorgung	5,2	1	5,2
	kWh/t Zucker	€/kWh	
Elektrizität	95,5[113]	0,07	6,65
Invest.abh. Kosten und Personalkosten			3,47
Summe (Herstellkosten hk^{Zucker_ZR})			162

In Zimmermann et al. (1999) wird ein Anteil der Rohstoffkosten bei der Zuckerherstellung von 55–80 % angegeben. Für die Herstellung von Zucker-Rohsaft entfallen die Prozessschritte zur Reinigung des Rohsaftes, die Aufkonzentrierung zum Dicksaft, die Kristallisierung und die Trocknung. Aufgrund dessen wird für die vorliegende Abschätzung der Anteil der Rohstoffkosten mit 90 % der Herstellkosten angenommen. Somit ergeben sich für die investitionsabhängigen Kosten und die Personalkosten insgesamt etwa 3,47 €/t Zucker und spezifische Herstellkosten ($uw_{KL}^{Zucker\_ZR}$) von insgesamt 162 €/t Zucker (vgl. Tabelle 36).

Die spezifischen CO$_2$-Äq. der Herstellung von Zucker-Rohsaft aus Zuckerrüben ($uw_{KL}^{Zucker\_ZR}$) betragen ca. 0,401 t CO$_2$-Äq./t Saccharose (vgl. Kapitel 7.1.5).

CO$_2$-Vermeidungskosten der Konfiguration BE_max

Aus den o.g. Daten ergeben sich nach Formel 36 für den Standort SA spezifische CO$_2$-Vermeidungskosten (k_{KL}^{EV}) von ca. 225 €/t CO$_2$-Äq. bei Einsatz von Holz aus KUP und von ca. 168 €/t CO$_2$-Äq. bei Einsatz von WRH.

Die spezifischen Herstellkosten und CO$_2$-Äquivalente der Prozesskette und des Referenzprozesses sowie die ermittelten CO$_2$-Vermeidungskosten sind für den Standort SA in Tabelle 37 zusammengefasst. Die zugehörigen Daten für den Standort RP können Tabelle A.6.1 in Anhang A.6 entnommen werden.

---

[113] Entspricht 50% des Bedarfes für die Herstellung von kristallinem Zucker

Tabelle 37: Spezifische Herstellkosten (*hk*) und CO$_2$-Äquivalente (*uw$_{KL}$*) für Glukose aus Holz (Standort SA, Konfiguration BE_max, 450.000 t TM Holz/a, regionale Holzbereitstellung) und Zucker-Rohsaft aus Zuckerrüben sowie resultierende CO$_2$-Vermeidungskosten (k_{KL}^{EV})

		KUP			WRH		
		hk	uw_{KL}	k_{KL}^{EV}	hk	uw_{KL}	k_{KL}^{EV}
		€/t	t CO$_2$-Äq./t	€/t CO$_2$-Äq.	€/t	t CO$_2$-Äq./t	€/t CO$_2$-Äq.
Gluk_Holz	Glukose aus Holz	238	0,065		248	-0,111	
Zucker_ZR	Saccharose aus Zuckerrüben	162	0,401	225	162	0,401	168

Vergleich mit alternativen Biomasse-Nutzungspfaden

In Zimmer et al. (2008) werden CO$_2$-Vermeidungskosten für ausgewählte Biomasse-Nutzungspfade, darunter Verfahren zur Produktion von Wärme, elektrischer Energie und Kraftstoffen, ermittelt und in drei Gruppen eingeteilt. Für die aus klimapolitischer Sicht günstigste Gruppe, zu welcher Holzhackschnitzelheizungen und güllebasierte Biogasanlagen zählen, werden dort CO$_2$-Vermeidungskosten von ca. 50 €/t CO$_2$-Äq. ermittelt. Für die mittlere Gruppe, zu welcher Getreideheizungen und die Herstellung von Biogas zur Kraftstoffnutzung zählen, werden dort CO$_2$-Vermeidungskosten in Größenordnungen von ca. 100–200 €/t CO$_2$-Äq. ermittelt und für die ungünstigste Gruppe, darunter bspw. die Herstellung von Bioethanol aus Weizen, liegen die CO$_2$-Vermeidungskosten deutlich darüber. Mit 139 €/t CO$_2$-Äq. (Standort RP) bzw. 168 €/t CO$_2$-Äq. (Standort SA) kann die in der vorliegenden Arbeit analysierte Prozesskette bei Einsatz von WRH in die mittlere Gruppe eingeordnet werden, während beim Einsatz von Holz aus KUP mit 254 €/t CO$_2$-Äq. (Standort RP) bzw. 225 €/t CO$_2$-Äq. (Standort SA) eine Einordnung in die schlechteste Gruppe erfolgt.

7.5 Gesamtbewertung der Prozesskette unter Einbeziehung aller betrachteten Zielkriterien

In diesem Kapitel wird eine Gesamtbewertung der Prozesskette unter Einbeziehung des ökonomischen Zielkriteriums (Maximierung des Betriebsergebnisses) und der ökologischen Zielkriterien (Maximierung der potenziellen Einsparungen in den Kategorien KL, VS, HT, KEA$_{fossil}$) durchgeführt. Dabei werden unterschiedliche Planziele für die Zielgrößen vorgegeben, die bestmöglich erreicht werden sollen (Zielprogrammierung).

Im Rahmen der Gesamtbewertung werden zunächst die Ergebnisse für die optimierte Anlagenkonfiguration im Hinblick auf das ökonomische Zielkriterium (BE_max) und für die vier optimierten Anlagenkonfigurationen im Hinblick auf die ökologischen Zielkriterien (ES_{KEA}_max, ES_{KL}_max, ES_{VS}_max, ES_{HT}_max) in eine Wertefunktion mit dem Intervall [0;1] transformiert. Dem jeweils besten Zielfunktionswert wird dabei der Wert 1 zugewiesen, dem schlechtesten der Wert 0, die übrigen Werte werden relativ zu diesen Werten ermittelt (vgl. Geldermann, 1999). Die resultierenden Wertefunktionen für die fünf Konfigurationen werden dann gemeinsam in sog. Spinnennetzdiagrammen dargestellt, anhand derer eine Einschätzung der Konfigurationen in Bezug auf die unterschiedlichen Zielgrößen vorgenommen wird. In einem nächsten Schritt werden dann weitere Konfigurationen ermittelt und bewertet, welche bei Einbeziehung aller Zielgrößen und für unterschiedliche Zielvorgaben die besten Alternativen darstellen, d.h. es wird jeweils eine der genannten Zielgrößen unter Berücksichtigung der übrigen Zielgrößen als Nebenbedingungen maximiert.

Darstellung der Wertefunktionen

In Abbildung 54 sind die Wertefunktionen der optimalen Anlagenkonfigurationen (BE_max, ES_{KEA}_max, ES_{KL}_max, ES_{VS}_max, ES_{HT}_max) für zwei Varianten bezüglich der Konfiguration BE_max (K1 und K2) als Spinnennetzdiagramme dargestellt.

In Abbildung 54, oben, werden die Ergebnisse für BE_max bei mittlerem Ligninpreis (pr^{Lig}_mid = 570 €/t) dargestellt (K1) und in Abbildung 54, unten, die Ergebnisse für BE_max bei maximalem Ligninpreis (pr^{Lig}_max = 855 €/t) (K2). Die zugehörigen Ausprägungen der Schlüsselgrößen sind für die Konfiguration BE_max in Kapitel 7.2 und für die Konfigurationen ES_{KEA}_max, ES_{KL}_max, ES_{VS}_max und ES_{HT}_max in Kapitel 7.3 aufgeführt.

Die Variation des Ligninpreises wirkt sich auf die Konfiguration BE_max und damit auf alle Ergebnisse der fünf Zielgrößen für die Konfiguration BE_max sowie zusätzlich auf die Höhe des Betriebsergebnisses für die übrigen Konfigurationen aus. Es ergeben sich somit für K2 veränderte Werte für alle der in Abbildung 54 dargestellten Wertefunktionen. Im Fall der Versauerung kommt es bei K2 zusätzlich zu einer veränderten Rangfolge der Konfigurationen. Für den mittleren Ligninpreis (K1) wird der schlechteste Wert von der Konfiguration BE_max repräsentiert, während bei maximalem Ligninpreis (K2) der schlechteste Wert für die Konfiguration ES_{KL}_max erhalten wird (vgl. Abbildung 54).

In beiden Darstellungen in Abbildung 54 verlaufen die Funktionen für ES_{KEA}_max und ES_{KL}_max sowie von ES_{VS}_max und ES_{HT}_max nahezu deckungsgleich, was auf die sehr ähnlichen optimalen Konfigurationen zurückzuführen ist. Die Kurve für BE_max hebt sich dagegen deutlich von den übrigen Kurven ab. Die Wertefunktion der Konfiguration BE_max bei mittlerem Ligninpreis (K1) nimmt für drei der ökologischen Zielkriterien Werte gleich (ES_{VS}, ES_{HT}) bzw. von nahezu Null (ES_{KEA}) an (vgl. Abbildung 54, oben). Für die Wertefunktion der Konfiguration BE_max bei maximalem Ligninpreis (K2) sind insbesondere für ES_{VS} und für ES_{KEA} deutliche Verbesserungen zu erkennen (vgl. Abbildung 54, unten).

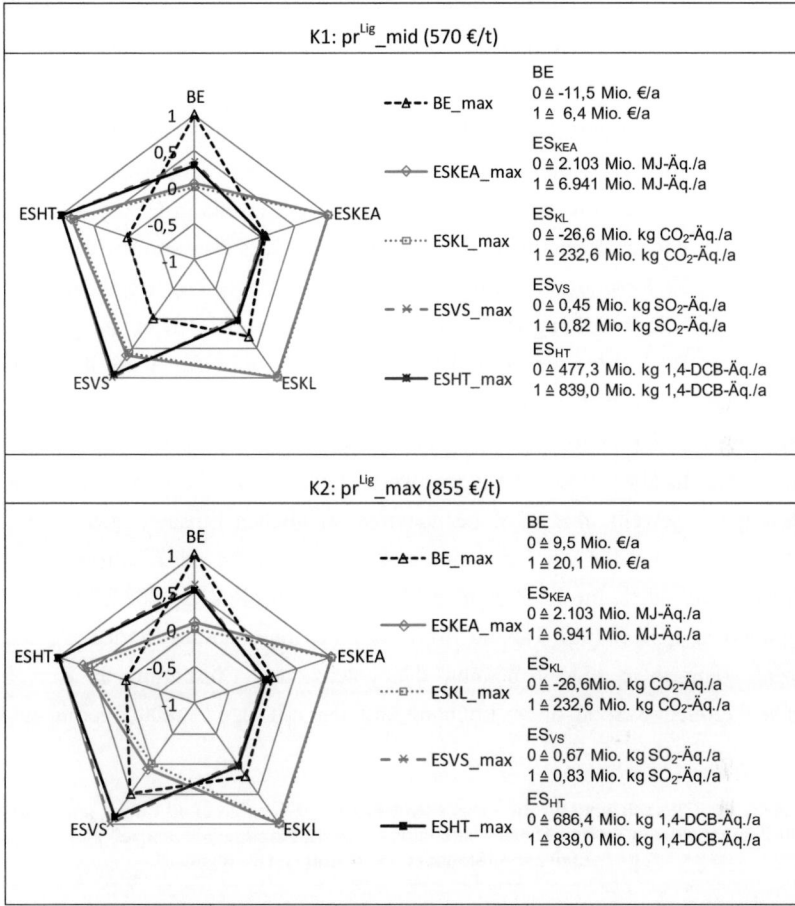

Abbildung 54: Darstellung der Wertefunktionen der Konfigurationen BE_max, ES$_{KEA}$_max, ES$_{KL}$_max, ES$_{VS}$_max und ES$_{HT}$_max für die Zielgrößen BE, ES$_{KEA}$, ES$_{KL}$, ES$_{VS}$ und ES$_{HT}$ bei unterschiedlichen Ligninpreisen (K1, K2), jeweils Standort SA, Holzart KUP, regional

Die Wertefunktionen der Konfigurationen ES_{KEA}_max und ES_{KL}_max nehmen für beide Varianten (K1 und K2) für die Zielgrößen ES_{KEA} und ES_{KL} Werte gleich bzw. von nahezu 1 an und in Bezug auf die Zielgröße BE Werte gleich bzw. von nahezu Null (vgl. Abbildung 54). Die Wertefunktionen der Konfigurationen ES_{HT}_max und ES_{VS}_max nehmen für beide Varianten (K1 und K2) für die Zielgrößen ES_{HT} und ES_{VS} Werte gleich bzw. von nahezu 1 an und für die Zielgrößen ES_{KEA} und ES_{KL} gleich bzw. von nahezu Null (vgl. Abbildung 54).

Maximierung einer Zielgröße unter Berücksichtigung von Nebenbedingungen

In diesem Abschnitt wird auf die Ermittlung und Bewertung von Konfigurationen eingegangen, welche bei Einbeziehung aller Zielgrößen und für unterschiedliche Zielvorgaben die besten Alternativen darstellen. Dabei werden, ausgehend von der Konfiguration BE_max, beispielhaft 3 Varianten (Var 1, Var 2, Var 3) betrachtet.

Wie in Tabelle 38 aufgeführt, beträgt die Zielerreichung für die Konfiguration BE_max für die Zielgröße BE 100 %, für die Zielgröße ES_{KL} 23 %, für die Zielgröße ES_{HT} 57 %, für die Zielgröße ES_{VS} 54 % und für die Zielgröße ES_{KEA} 35 %, jeweils in Bezug auf die maximal mögliche Zielerreichung. Diese Ergebnisse verdeutlichen, dass insbesondere für die Kategorie Klimawandel bei der Konfiguration BE_max ein relativ geringer Zielerreichungsgrad auftritt. Um den Grad der Zielerreichung in der Kategorie Klimawandel, bei einem gleichzeitig nur relativ geringen Rückgang des Betriebsergebnisses, zu erhöhen wird die nachfolgend erläuterte Variante 1 (Var 1) gewählt. Mit der Variante 1 (Var 1) erfolgt eine Maximierung der Einsparung in der Kategorie Klimawandel (max. ES_{KL}) unter der Nebenbedingung, dass das Betriebsergebnis über 80 % des Maximalwertes liegt und die Einsparungen in den übrigen Umweltkategorien jeweils über 35 % der maximal möglichen Einsparungen liegen. Für die ermittelte Konfiguration für Var 1 beträgt die Zielerreichung für die Zielgröße BE 80 %, für die Zielgröße ES_{KL} 29 %, für die Zielgröße ES_{HT} 56 %, für die Zielgröße ES_{VS} 71 % und für die Zielgröße ES_{KEA} 38 % (vgl. Tabelle 38). Durch Verringerung des Betriebsergebnisses um 20 % kann somit zwar eine Erhöhung der potenziellen Einsparung in der Kategorie Klimawandel erreicht werden, diese Erhöhung fällt aber mit ca. 6 % relativ gering aus.

Tabelle 38: Zielerreichung für die Zielgrößen BE, ES_{KL}, ES_{HT}, ES_{VS} und ES_{KEA}, jeweils angegeben als Prozentwerte in Bezug auf den Maximalwert, für die Konfigurationen BE_max, Var 1, Var 2 und Var 3 (Standort SA, Holzart KUP, regional)

Zielgröße	Einheit	Konfiguration			
		BE_max	Var 1	Var 2	Var 3
		Max. BE	Max. ES_{KL} u. d. N. BE > 80 %, ES_{HT} > 35 %, ES_{VS} > 35 %, ES_{KEA} > 35 %	Max. BE u. d. N. ES_{KL} > 60 %, ES_{HT} > 35 %, ES_{VS} > 35 %, ES_{KEA} > 35 %	Max. BE u. d. N. ES_{KL} > 60 %, ES_{HT} > 60 %, ES_{VS} > 60 %, ES_{KEA} > 60 %
BE	% von Maximalwert	100	80	64	45
ES_{KL}		23	29	61	64
ES_{HT}		57	56	59	67
ES_{VS}		54	71	51	77
ES_{KEA}		35	38	55	61

Für den Fall, dass aus der Sicht politischer Entscheidungsträger oder aus Unternehmenssicht eine weitere Verringerung des Betriebsergebnisses zu Gunsten der potenziellen Einsparung in der Kategorie Klimawandel in Kauf genommen wird, können entsprechende Konfigurationen über die Modifikation der Nebenbedingungen ermittelt werden. Mit der Variante 2 (Var 2) wird im Hinblick auf die Erhöhung der Einsparung in der Kategorie Klimawandel eine Maximierung des Betriebsergebnisses (max. BE) durchgeführt, wobei die Einsparung in der Kategorie Klimawandel als Nebenbedingung auf mindestens 60 % und die Einsparungen in den übrigen Umweltkategorien auf jeweils über 35 % der maximalen Einsparungen festgelegt werden. Für die ermittelte Konfiguration für Var 2 beträgt die Zielerreichung für die Zielgröße BE 64 %, für die Zielgröße ES_{KL} 61 %, für die Zielgröße ES_{HT} 59 %, für die Zielgröße ES_{VS} 51 % und für die Zielgröße ES_{KEA} 55 % (vgl. Tabelle 38). Durch eine Verringerung des Betriebsergebnisses um 36 % kann somit eine bedeutende Erhöhung der potenziellen Einsparung in der Kategorie Klimawandel erreicht werden.

Zur Untersuchung der Auswirkungen einer weiteren Erhöhung der möglichen Einsparung in allen betrachteten Umweltkategorien auf das Betriebsergebnis wird eine dritte Variante (Var 3) untersucht. In Var 3 wird das Betriebsergebnis unter der Nebenbedingung, dass die Einsparungen in allen Umweltkategorien über 60 % der maximalen Einsparungen liegen, maximiert. Für die ermittelte Konfiguration für Var 3 beträgt die Zielerreichung, jeweils in Bezug auf den Maximalwert, für die Zielgröße BE 45 %, für die Zielgröße ES_{KL} 64 %, für die Zielgröße ES_{HT} 67 %, für die Zielgröße ES_{VS} 77 % und für die Zielgröße ES_{KEA} 61 % (vgl. Tabelle 38).

Tabelle 39: Betriebsergebnis (BE) und mögliche Einsparungen in den Umweltkategorien (ES_{KL}, ES_{HT}, ES_{VS} und ES_{KEA}) für die Konfigurationen BE_max, Var 1, Var 2 und Var 3 (Standort SA, Holzart KUP, regional)

Zielgröße	Einheit	Konfiguration			
		BE_max	Var 1	Var 2	Var 3
		Max. BE	Max. ES_{KL} u. d. N. BE > 80 %, ES_{HT} > 35 %, ES_{VS} > 35 %, ES_{KEA} > 35 %	Max. BE u. d. N. ES_{KL} > 60 %, ES_{HT} > 35 %, ES_{VS} > 35 %, ES_{KEA} > 35 %	Max. BE u. d. N. ES_{KL} > 60 %, ES_{HT} > 60 %, ES_{VS} > 60 %, ES_{KEA} > 60 %
BE	Mio. €/a	6,4	5,1	4,1	2,91
ES_{KL}	Mio. kg CO_2-Äq./a	53	68	143	150
ES_{HT}	Mio. kg 1,4-DCB-Äq./a	477	473	499	565
ES_{VS}	Mio. kg SO_2-Äq./a	0,45	0,59	0,42	0,64
ES_{KEA}	Mio. MJ-Äq./a	2.403	2.644	3.841	4.228

Die im Rahmen der Gesamtbewertung untersuchten Varianten und die genannten Ergebnisse sind in Tabelle 38 in Bezug auf den Maximalwert und in Tabelle 39 als absolute Werte zusammengefasst. Die zugehörigen Kombinationen der Schlüsselgrößen können Tabelle A.6.2 in Anhang A.6 entnommen werden. Zur Veranschaulichung ist in Abbildung A.3.4 in Anhang A.3 die Konfiguration der Produktionsanlage für Var 3 dargestellt.

Die Wertefunktionen der ermittelten Konfigurationen für die drei Varianten (Var 1, Var 2, Var 3) sind zusammen mit der Wertefunktion für die Konfiguration BE_max (K1) in Abbildung 55 dargestellt. In dieser Darstellung ist, ausgehend von der Wertefunktion für die Konfiguration BE_max, eine Verschiebung auf den entsprechenden Achsen der jeweiligen Umweltkategorien hin zu höheren Einsparungen sichtbar. Für Var 1 wird die Kurve BE_max insbesondere in Richtung einer Erhöhung der Einsparung in der Kategorie Versauerung, für Var 2 insbesondere in Richtung einer Erhöhung der Einsparung in den Kategorien Klimawandel und KEA$_{fossil}$ und für Var 3 in Richtung einer Erhöhung der Einsparung in allen vier Umweltkategorien verschoben.

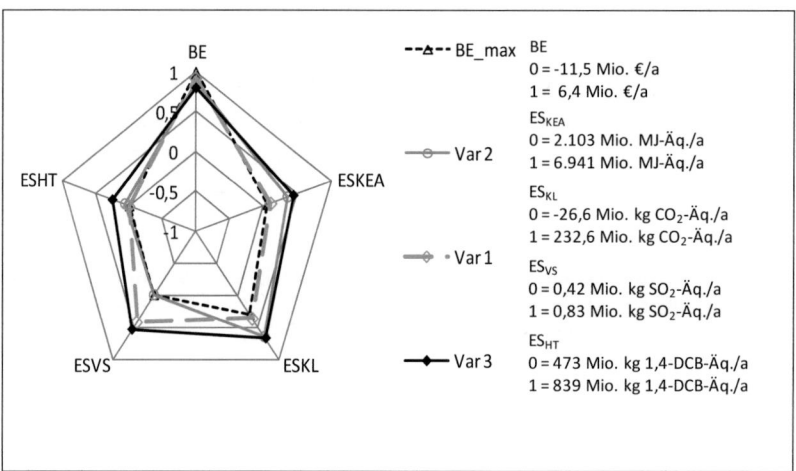

Abbildung 55: Darstellung der Wertefunktionen der Konfigurationen BE_max, Var 1, Var 2 und Var 3 für die Zielgrößen BE, ES$_{KEA}$, ES$_{KL}$, ES$_{VS}$ und ES$_{HT}$ (Standort SA, Holzart KUP, regional)

8 Schlussfolgerungen und Ausblick

In diesem Kapitel werden das entwickelte Energie-und Stoffstrommodell (vgl. Kapitel 8.1) sowie die Ergebnisse der ökonomischen und ökologischen Bewertung der Herstellung fermentierbarer Zucker (Glukose, C_5-Zucker) und schwefelfreien Lignins aus Holz (vgl. Kapitel 8.2) zusammenfassend diskutiert. Darüber hinaus werden die Grenzen des gewählten Ansatzes sowie die Möglichkeiten für eine Weiterentwicklung aufgezeigt.

8.1 Diskussion des entwickelten Energie- und Stoffstrommodells

Mit dem entwickelten Energie- und Stoffstrommodell wird eine integrierte ökologische und ökonomische Bewertung der Herstellung fermentierbarer Zucker und Lignins aus Holz in einer frühen Phase der Prozessentwicklung auf Basis durchgängiger Massen- und Energiebilanzen für unterschiedliche Konfigurationen der Prozesskette durchgeführt. Darauf aufbauend werden Aussagen über die zu erwartende Wirtschaftlichkeit sowie die möglichen Einsparungen von Umweltwirkungen (CO_2-, SO_2-, 1,4-DCB-, MJ-Äquivalente) einer groß-technischen Realisierung abgeleitet und es werden Konfigurationen ermittelt, die im Hinblick auf die Maximierung des Betriebsergebnisses und/oder die Maximierung der potenziellen Einsparung von Umweltwirkungen optimal sind. Die Ermittlung möglicher Einsparungen von Umweltwirkungen erfolgt mittels Vergleich der Prozesskette mit etablierten Referenz-prozessen.

Einen zentralen Punkt des entwickelten Energie- und Stoffstrommodells zur Bewertung und Optimierung der Prozesskette stellen die verfahrenstechnische Modellierung der Produktionsanlage sowie die Stoffstromsimulation unter Einbeziehung der Bereitstellungs-ketten für den Rohstoff Holz dar (vgl. Kapitel 6.1). Diese bilden zusammen die Grundlage für die Abbildung funktionaler Zusammenhänge zwischen den Massen- und Energieströmen und den Schlüsselgrößen der Prozesskette und damit die Basis für die Abschätzung sowohl der Kapazitäten und der Energiebedarfe einzelner Anlagenaggregate, des Bedarfes an Betriebs-stoffen für die Produktionsanlage und die Holzbereitstellung als auch der zugehörigen Emissionen (vgl. Kapitel 5.2 und Kapitel 5.3).

Für den betrachteten Prozess werden insgesamt neun Schlüsselgrößen identifiziert (Verhältnis Lösemittel zu Holz lm, Zugabe H_2SO_4 z, Anzahl Wäschen Ligninfraktion nw_L, Anzahl Wäschen Cellulosefraktion nw_C, Druckstufe Kompressor p, Verweilzeit Hydrolyse t', Zugabemenge Enzyme z', Bereitstellung Dampf b_D, Bereitstellung Ethanol b_{Eth}), die sich auf den Bedarf an Betriebsstoffen und Energie, die Produktausbeuten und die Auslegung der Anlagenaggregate auswirken oder aber auf die Bereitstellungsketten für Energie (Schlüsselgröße b_D) und Betriebsstoffe (Schlüsselgröße b_{Eth}) sowie die damit verbundenen Ressourcenverbräuche und Emissionen (vgl. Kapitel 5.1.4). Des Weiteren werden unterschiedliche Holzarten h (WRH, Holz aus KUP), Standorte st (SA und RP) sowie Arten der Holzbereitstellung re (regional, überregional) betrachtet (vgl. Kapitel 5.1.4).

Zur Abschätzung der Wirtschaftlichkeit werden mit dem entwickelten Modell das Betriebsergebnis, der Kapitalwert, die Amortisationsdauer und die Rentabilität für unterschiedliche Konfigurationen ermittelt (vgl. Kapitel 6.5). Für die ökologische Bewertung werden die CO_2-, SO_2-, 1,4-DCB- und MJ-Äquivalente für unterschiedliche Konfigurationen der Prozesskette und für die Referenzprozesse (Herstellung von Phenol aus Cumol, Herstellung von Zucker-Rohsaft aus Zuckerrüben) sowie die resultierenden potenziellen Einsparungen abgeschätzt (vgl. Kapitel 6.6). Mit der in MS Excel und VBA implementierten vollständigen Enumeration der Schlüsselgrößen ist darüber hinaus eine Optimierung der Prozesskette im Hinblick auf die ökonomische Zielgröße (Maximierung des Betriebsergebnisses) und die ökologischen Zielgrößen (Maximierung der möglichen Einsparung von Umweltwirkungen in den Kategorien Klimawandel, Versauerung, Human-toxizität und kumulierter fossiler Energieaufwand) möglich.

Neben den Annahmen zur Rohstoff-Zusammensetzung und zu den Produktausbeuten stellen die exogenen Eingangsdaten, d.h. bspw. Annahmen zu den Preisen der Betriebsstoffe, zu den Verkaufspreisen der Produkte, zu den Emissionsfaktoren und spezifischen Ressourcen-verbräuchen, einen zentralen Bestandteil des entwickelten Modells dar (vgl. Kapitel 7.1). Diese Eingangsdaten üben einen unterschiedlich großen Einfluss auf das jeweilige Ergebnis aus und sind mit unterschiedlich hohen Unsicherheiten behaftet. Die Höhe der Einflussnahme wird im Rahmen von Sensitivitätsanalysen graphisch dargestellt. Für ausgewählte Größen wird eine Abweichung von +/-50 % von den gewählten mittleren Basisdaten auf das Ergebnis der ökonomischen bzw. der ökologischen Bewertung und Optimierung im Rahmen von Szenarioanalysen untersucht. Darüber hinaus werden für besonders wichtige Eingangsdaten der ökonomischen Bewertung (bspw. Verkaufspreis für Lignin, spezifische Kosten für Anbau und Ernte des Holzes) die minimalen bzw. maximalen Werte für einen wirtschaftlichen Betrieb ermittelt, d.h. die Werte, welche einen Kapitalwert von näherungsweise Null ergeben. Ebenso werden für besonders wichtige Eingangsdaten der ökologischen Bewertung (bspw. CO_2-Emissionsäquivalente aus der Herstellung des Referenzproduktes Phenol) die minimalen Werte, für welche die potenziellen Einsparungen näherungsweise Null ergeben, ermittelt.

Der originäre Beitrag des beschriebenen Ansatzes zur Bewertung von Prozessketten in einer frühen Phase der Entwicklung ergibt sich durch die realisierte Kombination von Werkzeugen der Stoffstromsimulation und der verfahrenstechnischen Modellierung, die Ermittlung optimaler Konfigurationen im Hinblick auf unterschiedliche Zielgrößen sowie die simultane Betrachtung ökonomischer und ökologischer Zielgrößen im Rahmen der Gesamtbewertung. Zudem werden mit der vorgestellten Methodik neue Erkenntnisse in Bezug auf die ökonomische Machbarkeit und die erwarteten ökologischen Vorteile einer vollständigen stofflichen Nutzung der Ressource Holz für die Herstellung chemischer Grundstoffe unter Einsatz eines Organosolv-Aufschlussverfahrens mit anschließender enzymatischer Hydrolyse erlangt.

Mit der Ermittlung optimaler Konfigurationen der Prozesskette können Tendenzen in Bezug auf die Auswirkungen auf die Wirtschaftlichkeit und die Einsparungen von Umwelt-wirkungen, bspw. durch den erhöhten Einsatz von Lösemittel (Schlüsselgröße lm) und Katalysatoren (Schlüsselgröße z) ermittelt werden. Zusätzlich dient die Optimierung der Ermittlung von Gegensätzlichkeiten bzw. Parallelitäten der unterschiedlichen Zielgrößen in Bezug auf eine Verbesserung bzw. Verschlechterung des jeweiligen Ergebnisses durch unterschiedliche Konfigurationen.

Eine Berücksichtigung der Unsicherheiten der exogenen Eingangsdaten beruht ausschließlich auf Sensitivitäts- und Szenarioanalysen unter Variation jeweils nur eines Parameters. Für die simultane Berücksichtigung mehrerer unsicherer Größen bietet sich darüber hinaus für eine gewählte Konfiguration der Prozesskette die Anwendung einer *Monte Carlo*-Simulation an, womit als Ergebnis der Bewertung zusätzlich die Schwankungsbereiche der Ergebnisse (bspw. des Betriebsergebnisses oder der möglichen Einsparungen in der Kategorie Klimawandel) ermittelt werden können. Zusätzlich sind die zu Grunde gelegten Massenbilanzen für den Holzaufschluss einschließlich der Annahmen zur Holz-Zusammensetzung, mit einer Reihe von Unsicherheiten behaftet, welche bei Kenntnis über Art und Ausmaß ebenfalls im Rahmen einer *Monte Carlo*-Simulation berücksichtigt werden können.

Eine Übertragbarkeit der vorgestellten Methodik auf andere Prozesse, Rohstoffe und Produkte ist prinzipiell möglich, jedoch mit mehr oder weniger umfangreichen Modellanpassungen verbunden. Beispielsweise ist eine Erweiterung der Systemgrenzen im Hinblick auf nachgelagerte Prozesse zur Weiterverarbeitung der Produkte Glukose, C_5-Zucker und Lignin oder zur Aufarbeitung weiterer Produkte, bspw. von Furfural aus dem Abwasserstrom oder von Lignin aus der Glukosefraktion, ohne weiteres möglich. Ebenso können zusätzliche Schlüsselgrößen, wie bspw. unterschiedliche Holzwassergehalte, sowie Änderungen in der Prozessführung, wie bspw. die Fällung von Lignin durch destillative Abtrennung von Ethanol anstelle einer Wasserzugabe, mit relativ geringem Aufwand in das Modell integriert werden. Bei Betrachtung anderer Prozessketten oder Verfahren, bspw. eines anderen Aufschluss-verfahrens oder anderer Nutzungspfade, können die prinzipielle Vorgehensweise und die Struktur des Energie- und Stoffstrommodells ebenfalls übernommen werden.

8.2 Diskussion der Ergebnisse

In diesem Abschnitt werden zusammenfassend die Ergebnisse diskutiert und die resultierenden Schlussfolgerungen aus den Ergebnissen vorgestellt. Die nachfolgend aufge-führten Ergebnisse beziehen sich, soweit nicht anders angegeben, auf die Bewertung einer Anlage zur Verarbeitung von 450.000 t TM Holz/a, am Standort SA, die Holzart KUP und die regionale Bereitstellung von Holz.

Diskussion der Ergebnisse der ökonomischen Bewertung und Optimierung

Ausgehend von einer Basis-Konfiguration der Prozesskette, für welche ein negatives Betriebsergebnis (ca. -5,0 Mio. €/a), d.h. keine Wirtschaftlichkeit, erzielt wird, wird die Prozesskette in Bezug auf die Maximierung des Betriebsergebnisses (BE) optimiert (vgl. Kapitel 7.2.2). Die resultierende Konfiguration BE_max zeichnet sich insbesondere durch einen verminderten Lösemitteleinsatz für den Holzaufschluss (lm = 3) sowie den Einsatz von Schwefelsäure als Katalysator für den Holzaufschluss (z = 0,8) und einen erhöhten Einsatz von Enzymen (z' = 0,025) aus. Für die Konfiguration BE_max ergibt sich ein BE von ca. 6,4 Mio. €/a, ein Kapitalwert (KW) von ca. 33 Mio. €, eine Amortisationsdauer (AD) von ca. 5 Jahren und eine Rentabilität (R) von ca. 33 % (vgl. Kapitel 7.2.2). Der betrachtete Standort, die gewählte Holzart und die Art der Holzbereitstellung wirken sich nicht auf die Ausprägung der Schlüsselgrößen aus. Aufgrund der geringeren Verfügbarkeit von landwirtschaftlichen Flächen im Umkreis des Standortes RP fallen die Ergebnisse für die Holzart KUP an diesem Standort schlechter aus (BE = 5,1 Mio. €/a, KW = 25 Mio. €, AD = 5 Jahre, R = 28 %), während die Ergebnisse für die Holzart WRH am Standort RP aufgrund der höheren Verfügbarkeit von Waldflächen besser ausfallen (BE = 7,0 Mio. €/a) im Vergleich zum Standort SA (BE = 4,8 Mio. €/a). Daraus ergibt sich in Abhängigkeit des Standortes eine Präferenz in Bezug auf den eingesetzten Rohstoff bei regionaler Bereitstellung des Holzes. Für den Fall einer überregionalen Bereitstellung (KUP Holz aus Brasilien) konnten keine verlässlichen Daten für die Bereitstellungskosten ermittelt werden. In diesem Fall werden voraussichtlich die zugehörigen Holzmarktpreise und langfristige Lieferverträge über die Bereitstellungskosten des Holzes entscheiden. Eine weitere Alternative mit ökonomischem Verbesserungspotenzial stellt der regionale Holzbezug aus unterschiedlichen Quellen, d.h.

bspw. zum Teil aus WRH und zum Teil aus KUP-Holz dar. Diese Variante wird in der vorliegenden Arbeit nicht näher untersucht.

Für den Basisfall der Eingangsdaten und die Konfiguration BE_max liegt der ROI mit ca. 14–18 % (C^{Anlage} = 450.000 t TM Holz/a) für beide Standorte und Holzarten unter dem in Bohlmann (2006) angegebenen Mindestbereich von 25–30 % für Prozesse zur Umwandlung von Lignocellulose zu Ethanol. Dieser relativ hohe Mindestbereich wird mit großen Unsicherheiten in Bezug auf die Bereitstellung der Biomasse und die bislang ausschließliche Erprobung derartiger Verfahren im Pilotmaßstab begründet und ist damit auf das in der vorliegenden Arbeit untersuchte Verfahren prinzipiell übertragbar.

Im Rahmen von Sensitivitätsanalysen werden die Eingangsdaten, die den größten Einfluss auf das Betriebsergebnis haben, identifiziert und im Rahmen von Szenarioanalysen wird die Auswirkung der Variation dieser Eingangsdaten um +/- 50 % auf die optimale Konfiguration untersucht (vgl. Kapitel 7.2.3). Zu diesen Eingangsdaten zählen die spezifischen Kosten für Anbau und Ernte des Holzes (k^{Anbau}) sowie die Verkaufspreise für Glukose (pr^{Gluk}) und Lignin (pr^{Lig}). Die ökonomische Optimierung bei veränderten Eingangsdaten zeigt, dass die o.g. Konfiguration BE_max relativ robust in Bezug auf die veränderten Eingangsdaten ist und die resultierenden Ergebnisse der geänderten Konfigurationen sich nur geringfügig von den Ergebnissen der Konfiguration BE_max unterscheiden. Die größte Änderung der Konfiguration BE_max ergibt sich für den maximalen Ligninpreis durch eine Erhöhung des Lösemitteleinsatzes ($lm = 6$) sowie keinen Einsatz von Schwefelsäure ($z = 0$) und eine erhöhte Anzahl der Waschschritte für Cellulose ($nw_C = 5$). Für den minimalen Glukosepreis wird für die Konfiguration BE_max bspw. lediglich die Enzymmenge reduziert ($z' = 0,0063$).

Die Untersuchungen zur Ermittlung der minimalen Verkaufspreise für Lignin und Glukose für einen wirtschaftlichen Betrieb der Anlage ergeben für die Konfiguration BE_max ca. 438 €/t für Lignin und ca. 243 €/t für Glukose (vgl. Kapitel 7.2.3). Für diese Preise wird, unter ansonsten unveränderten Preisen und Absatzmengen, jeweils näherungsweise ein Kapitalwert von Null ermittelt. Der Basispreis für Glukose (280 €/t) entspricht dem Mittelwert des Weltmarktpreises für Rohzucker der Jahre 2008 bis 2010 (vgl. Kapitel 7.1.4). Dieser schwankte in diesem Zeitraum zwischen ca. 150 €/t und 470 €/t und fiel seit Januar 2010 nicht mehr unter 250 €/t. Der angenommene Verkaufspreis für Glukose aus Holz ist mit 280 €/t dennoch mit relativ hohen Unsicherheiten verbunden. Insbesondere qualitative Unterschiede der Glukosefraktion (bspw. Verunreinigungen durch andere Holzinhaltsstoffe) im Vergleich zu bspw. Zucker-Rohsaft aus Zuckerrüben könnten geringere erzielbare Verkaufspreise hervorrufen. Der Basispreis für Lignin (570 €/t) entspricht in etwa 50 % des Mittelwertes des Phenolpreises (Spotmarkt Deutschland) der Jahre 2008 bis 2010 (vgl. Kapitel 7.1.4). Während in Bezug auf den Glukosepreis evtl. geringere erzielbare Verkaufspreise aufgrund von

Einschränkungen der Fermentierbarkeit und/oder Verunreinigungen der Glukosefraktion angesetzt werden müssen, kann in Bezug auf das Lignin bei Substitution von Phenol zukünftig evtl. mit höheren Verkaufspreisen gerechnet werden, d.h. mit einer geringeren Differenz zum Phenolpreis. In jedem Fall ist unter derzeitigen Annahmen eine stoffliche Verwertung des Lignins notwendig, da die erzielbaren Gutschriften bei einer energetischen Verwertung des Lignins mit ca. 235–275 €/t deutlich unter dem genannten Minimalpreis liegen (vgl. Kapitel 7.2.3).

Alle vorgestellten Ergebnisse setzen eine vollständig absetzbare Menge der Produkte voraus, d.h. die Basiskapazität der Produktionsanlage ($C^{Anlage} = 450.000$ t TM Holz/a) wird unabhängig von den tatsächlichen Absatzmärkten für Glukose, C_5-Zucker und Lignin festgelegt (vgl. Kapitel 5.1.5). Da insbesondere für qualitativ hochwertiges Lignin derzeit noch kein Markt existiert, könnte sich in Bezug auf dessen Absatzmenge eine Limitierung der Anlagengröße ergeben. In Bezug auf die Wirtschaftlichkeit wird eine Minimalkapazität der Anlage von ca. 190.000 t TM Holz/a ermittelt, ab welcher sich ein Kapitalwert von näherungsweise Null ergibt (vgl. Kapitel 7.2.3). Dies entspricht zugehörigen Mindestabsatzmengen von ca. 20.000 t Lignin/a, ca. 65.000 t Glukose/a und ca. 25.000 t C_5-Zucker/a. In Hesse (2005) wird eine jährliche Produktionsmenge von ca. 230.000 t Phenolharz (Bezugsjahr 1989) für Deutschland angegeben (vgl. Kapitel 2.2.3). Damit ergibt sich für die Herstellung von Phenolharzen ein Phenolbedarf von ca. 215.000 t/a bzw. bei einer angenommenen Substitution von 30 % des Phenols in der Rezeptur aller Phenolharze ein Ligninbedarf von ca. 65.000 t/a (vgl. Kapitel 2.2.3). Die genannte Mindestabsatzmenge für Lignin von ca. 20.000 t/a entspricht in etwa 30 % der einsetzbaren Menge zu Herstellung von Phenolharzen und wird als realistisch eingeschätzt. Die Ligninmenge der Basiskapazität ($C^{Anlage} = 450.000$ t TM Holz/a) von ca. 45.000 t/a entspricht im Hinblick auf deren ausschließlichen Einsatz zur Herstellung von Phenolharzen in etwa 70 % der einsetzbaren Menge, was folglich mit einer Beteiligung eines Großteils der Hersteller verbunden wäre. Aufgrund der Bedeutung dieser Größe ist im Hinblick auf eine großtechnische Realisierung eine verlässliche Einschätzung zu gesicherten Absatzmengen von Lignin durch weitere Analysen zu prüfen. Wie in Kapitel 2.2.2 beschrieben, werden bereits heute in großem Maßstab C_5- und C_6-Zucker als Fermentationsrohstoffe zur Herstellung chemischer Grundstoffe eingesetzt. Im Hinblick auf deren Absatzmärkte sind, unter der Annahme, dass die Verkaufspreise unter den Marktpreisen liegen, für die o.g. Mindestabsatzmengen und die Produktionsmengen der Basiskapazität keine Einschränkungen zu erwarten.

Neben der o.g. absetzbaren Menge der Produkte stellen auch die Annahmen zu den Verfügbarkeiten für WRH und für Holz aus KUP bzw. zu den regionalen Verfügbarkeiten von Wald- und landwirtschaftlichen Flächen für die Rohstoffversorgung der modellierten

Anlage zentrale Annahmen dar, die in der weiteren Entwicklung der Prozesskette einer näheren Analyse bedürfen. Der Anbau von Holz in KUP erfolgt aktuell in Deutschland lediglich auf Versuchsflächen. Die Entwicklung eines verstärkten Anbaus von KUP auf landwirtschaftlichen Flächen ist somit mit Änderungen in der bestehenden Anbaustruktur verbunden und damit letztlich auch eine Frage der Konkurrenzfähigkeit zu anderen Feldfrüchten bzw. Energiepflanzen sowie der politischen Förderung des Anbaus von Holz in KUP. Die tatsächliche Verfügbarkeit und die Kosten der Bereitstellung von WRH sind insbesondere im Hinblick auf Nutzungskonkurrenzen zur Strom- und Wärmegewinnung als auch zu neuen lignocellulosebasierten Prozessen, wie bspw. BtL[114]-Verfahren, ebenfalls mit hohen Unsicherheiten behaftet.

Des Weiteren wird die Möglichkeit der Ansiedlung der Produktionsanlage an die betrachteten Standorte der Chemieindustrie sowie eine Weiterverarbeitung der Produktfraktionen am jeweiligen Standort als realisierbar vorausgesetzt. Diese Annahmen müssen ebenfalls in der weiteren Entwicklung der Prozesskette überprüft und ggf. korrigiert oder für unterschiedliche Standorte differenziert werden. Beispielsweise könnten auch hierbei Beschränkungen in der Kapazität der Anlage und/oder eine Erweiterung der Investitionsschätzung in Bezug auf die Einbeziehung von Zuschlagsfaktoren für Geländeanpassungen, Bauland und Infrastruktureinrichtungen sowie der Kostenschätzung (bspw. in Bezug auf die Einbeziehung zusätzlicher Kosten für Vertrieb und Marketing) berücksichtigt werden. Ebenfalls denkbar wäre eine Differenzierung der Kosten für Betriebsstoffe und Personal an unterschiedlichen Standorten.

Diskussion der Ergebnisse der ökologischen Bewertung und Optimierung

Im Rahmen der ökologische Bewertung der Prozesskette werden die möglichen Einsparungen in den Wirkungskategorien Klimawandel (KL), Versauerung (VS), Humantoxizität (HT) und kumulierter fossiler Energieaufwand (KEA$_{fossil}$) jeweils für die Basis-Konfiguration, die Konfiguration BE_max sowie eine in Bezug auf die jeweilige Wirkungskategorie optimierte Konfiguration (z.B. Konfiguration ES$_{KL}$_max) ermittelt (vgl. Kapitel 7.3.3). Neben der Betrachtung der unterschiedlichen Standorte (SA, RP) und Holzarten (WRH, KUP) werden für die ökologische Bewertung auch die Ergebnisse für die überregionale Bereitstellung von KUP-Holz aus Brasilien ausgewertet. Bei regionaler Bereitstellung von Holz werden für alle o.g. Konfigurationen und Wirkungskategorien positive Einsparungen erzielt, wobei für alle Kategorien, Konfigurationen und Standorte für die Holzart WRH höhere Einsparungen erzielt werden als für die Holzart KUP. Für alle Kategorien sind die möglichen Einsparungen der jeweiligen optimierten Konfiguration deutlich höher im Vergleich zur Konfiguration BE_max und liegen in etwa um den Faktor zwei bis vier darüber. Bei überregionaler Bereitstellung

---

[114] *Biomass to Liquid*

werden nur für die Kategorien HT und KEA_{fossil} positive Einsparungen für alle Konfigurationen erzielt, während für die Kategorie KL nur für die Konfiguration $ES_{KL\_}max$ und für die Kategorie VS für keine der Konfigurationen positive Einsparungen erzielt werden. Damit sind aus ökologischer Sicht eine regionale Bereitstellung sowie die Holzart WRH eindeutig zu präferieren. In Bezug auf die überregionale Bereitstellung von KUP-Holz aus Brasilien werden ausschließlich die zusätzlichen Transporte per Schiff und Zug berücksichtigt, während die Prozesse für den regionalen Anbau und die Ernte, ebenso wie die Annahmen zu den regionalen Erträgen, zur Umtriebszeit etc. unverändert übernommen werden. Die Berücksichtigung der Besonderheiten des Anbaus von KUP-Holz in Brasilien stellt somit eine mögliche Erweiterung des Ansatzes dar.

Für die im Rahmen des Exkurses (vgl. Kapitel 7.3.5) durchgeführte aggregierte Bewertung der Umweltwirkungen mittels der schadensorientierten Methode EI 99 ergeben sich negative Einsparungen, d.h. potenzielle Mehrbelastungen durch die Prozesskette, bei Einsatz von Holz aus KUP (regionale sowie überregionale Bereitstellung) und positive Einsparungen bei Einsatz von WRH. Unter den insgesamt zehn Wirkungskategorien der Methode EI 99 zeigen die Beiträge zur Kategorie Landnutzung für die untersuchte Prozesskette für beide Holz-Varianten die größten Beiträge. Die Schäden der Holzproduktion werden der Schadens-kategorie Ökosystem-Qualität bzw. der Wirkungskategorie Landnutzung zugeordnet, wobei insbesondere die Art der Landnutzung einen ausschlaggebenden Einfluss auf das ermittelte Ausmaß des Schadens hat. Die Nutzung von Ackerland ist mit deutlich höheren Schäden verbunden als die Nutzung von forstlicher Nutzfläche. Aufgrund der hohen Relevanz der Landnutzung scheint es deshalb durchaus sinnvoll, insbesondere bei einem Vergleich der Prozesskette mit anderen Biomasse-Nutzungspfaden, die Untersuchungen zur ökologischen Bewertung um die Kategorie Landnutzung zu ergänzen.

Mit Ausnahme der Wirkungskategorie Klimawandel (KL) fallen die Einsparungen in allen Kategorien (VS, HT, KEA_{fossil}) für die Basis-Konfiguration höher aus als für die Konfiguration BE_max, was insbesondere auf den höheren Einsatz an Lösemittel ($lm = 6$) der Basis-Konfiguration zurückzuführen ist. Dieser Sachverhalt deutet auf gegensätzliche Effekte bei der Ermittlung der optimalen Konfiguration in Bezug auf ökonomische und ökologische Kriterien hin. Allen im Hinblick auf die Maximierung der möglichen Einsparungen von Umweltwirkungen optimierten Konfigurationen gemeinsam ist die deutliche Erhöhung des Lösemitteleinsatzes ($lm = 9$) sowie kein Einsatz von Schwefelsäure als Katalysator für den Holzaufschluss ($z = 0$). In Bezug auf die Bereitstellung von Dampf und Ethanol werden für die Kategorien KL und KEA_{fossil} die Varianten Holz (b_D = HZ) und Zuckerrohr (b_{Eth} = ZR) gewählt und für die Kategorien HT und VS die Varianten Erdgas (b_D = EG) und Ethylen (b_{Eth} = EY), was auf Parallelitäten dieser Wirkungskategorien hinweist. Die Variante Mais für die Bereitstellung von Ethanol (b_{Eth} = MS) wird für keine der ökologischen Zielgrößen gewählt, aufgrund der höheren Umweltwirkungen im Vergleich zur Herstellung von Ethanol aus Zuckerrohr in allen betrachteten Kategorien.

Den Haupteinfluss auf die ermittelten möglichen Einsparungen der Prozesskette haben die jeweiligen spezifischen Emissions- und Energieäquivalente aus der Herstellung des Referenzproduktes Phenol (ef^{Phenol}). Die Auswirkungen der Variation von ef^{Phenol} um +/-50 % auf die optimale Konfiguration der unterschiedlichen Wirkungskategorien werden im Rahmen von Szenarioanalysen untersucht (vgl. Kapitel 7.3.4). Die optimalen Konfigurationen ändern sich für ef^{Phenol}_max, d.h. bei Erhöhung von ef^{Phenol} um 50 % nicht und auch bei Verringerung um 50 % bleiben die Lösungen relativ robust. Ein Einfluss auf die eingesetzte Lösemittelmenge tritt bspw. nur für die Kategorie Versauerung (lm = 6) auf. Bei Verminderung von ef^{Phenol} um 50 % können für die Kategorie KL und die Kategorie KEA$_{fossil}$ nur für die Konfigurationen ES$_{KL}$_max bzw. ES$_{KEA}$_max positive Einsparungen für WRH und KUP erzielt werden. Aus der Ermittlung der minimalen Werte für ef^{Phenol}, für welche die potenziellen Einsparungen der Prozesskette näherungsweise Null sind, können Aussagen über die möglichen Einsparungen bei Betrachtung alternativer Referenzprozesse getroffen werden. Analog der ökonomischen Bewertung ergeben sich deutliche Nachteile der energetischen Verwertung von Lignin im Vergleich zur stofflichen Verwertung (vgl. Kapitel 7.3.4). Bei einer energetischen Verwertung können in den Kategorien KL, VS und KEA$_{fossil}$ nur für die optimierten Konfigurationen positive Einsparungen erzielt werden, während für die Kategorie HT für keine Konfiguration positive Einsparungen erzielt werden können. Eine energetische Verwertung von Lignin ist somit auch aus ökologischer Sicht nicht sinnvoll.

Der große Einfluss der Eingangsgrößen für ef^{Phenol} in Verbindung mit deren relativ hohen Unsicherheiten (vgl. Althaus et al., 2007a) stellt einen Schwachpunkt der vorgestellten ökologischen Bewertung dar. Evtl. könnte durch eine Erweiterung der Systemgrenzen in Bezug auf die Weiterverarbeitung des Lignins ein anderes Referenzprodukt (z.B. DMSO oder Vanillin) mit einer verlässlicheren Datenbasis herangezogen werden.

Gesamtbewertung

Die Ermittlung der CO_2-Vermeidungskosten ermöglicht einen Vergleich der Prozesskette mit anderen Biomasse-Nutzungspfaden im Hinblick auf klimapolitische Ziele (vgl. Kapitel 7.4). Für die Holzart WRH liegen die ermittelten CO_2-Vermeidungskosten mit 168 €/t CO_2-Äq. (Standort SA) bzw. 139 €/t CO_2-Äq. (Standort RP) nach Zimmer et al. (2008) zwar deutlich über denen von bspw. güllebasierten Biogasanlagen und Hackschnitzelheizungen (ca. 50 €/t CO_2-Äq.) aber auch deutlich unter denen der Herstellung von Bioethanol aus Weizen (über 200 €/t CO_2-Äq.). Für die Holzart KUP liegen die CO_2-Vermeidungskosten mit 225 (Standort SA) bzw. 254 €/t CO_2-Äq. (Standort RP) deutlich darüber. Diese Ergebnisse bestätigen die

Präferenz des Einsatzes von WRH gegenüber dem Einsatz von Holz aus KUP als Ergebnis der ökologischen Bewertung.

Für die im Hinblick auf die ökologischen Zielgrößen ermittelten optimalen Konfigurationen werden für alle Wirkungskategorien deutlich negative Betriebsergebnisse erzielt, weshalb diese Konfigurationen unter den getroffenen Annahmen aus wirtschaftlicher Sicht keine Anwendung als industrielle Realisierungen finden können. Aufgrund dessen werden im Rahmen der Gesamtbewertung Konfigurationen ermittelt, welche einen wirtschaftlichen Betrieb der Anlage ermöglichen und dennoch im Hinblick auf die potenziellen Einsparungen von Umweltwirkungen möglichst gute Ergebnisse liefern. Bspw. können bei einer akzeptierten Verminderung des Betriebsergebnisses um 55 % in allen Umweltkategorien Einsparungen von über 60 % des Maximalwertes erzielt werden. Die zugehörige Konfiguration weist einen im Vergleich zur Konfiguration BE_max erhöhten Einsatz von Lösemittel auf (lm = 4), keinen Einsatz von Schwefelsäure als Katalysator für den Holzaufschluss (z = 0), eine Dampferzeugung auf Basis einer Holzfeuerung (b_D = HZ) und eine Ethanolbereitstellung auf Basis von Ethylen (b_{Eth} = EY). Das zugehörige Betriebsergebnis liegt damit bei ca. 2,9 Mio. €/a, der Kapitalwert bei ca. 12,5 Mio. € und die Rentabilität bei ca. 17 %. Eine solche Konfiguration könnte bspw. aus politischer Sicht gewünscht sein, müsste aber für eine tatsächliche Realisierung mit Anreizen oder Subventionen für den Anlagenbetreiber verbunden sein.

9 Zusammenfassung

Ziel der vorliegenden Arbeit ist die Abschätzung der Wirtschaftlichkeit und der Umweltwirkungen der Herstellung chemischer Grundstoffe aus Lignocellulose. Zu diesem Zweck wird in der vorliegenden Arbeit ein Energie- und Stoffstrommodell zur ökonomischen und ökologischen Bewertung und Optimierung von Prozessketten in einer frühen Planungsphase entwickelt.

Der Einsatz nachwachsender Rohstoffe in der chemischen Industrie gewinnt vor dem Hintergrund der Verknappung fossiler Rohstoffe zunehmend an Bedeutung. Eine Möglichkeit zum Ersatz von Erdöl und Erdgas durch nachwachsende Rohstoffe stellt die Herstellung zuckerbasierter Plattformchemikalien und makromolekularer Verbindungen auf Basis lignocellulosehaltiger Biomasse dar (vgl. Kapitel 2.1). Im Rahmen der vorliegenden Arbeit wird die Herstellung fermentierbarer Zucker, d.h. von Glukose und von C_5-Zuckern, sowie von schwefelfreiem Lignin aus Holz untersucht, die wiederum als Ausgangs- bzw. Zwischenprodukte für die Herstellung einer Vielzahl chemischer Grundstoffe und neuer Materialien eingesetzt werden können, wie bspw. zur fermentativen Herstellung von Milchsäure aus Glukose oder zur Herstellung von Phenol-Formaldehyd-Harzen unter Einsatz von Lignin als Phenolersatz (vgl. Kapitel 2.2). Das betrachtete Organosolv-Aufschluss-verfahren unter Einsatz eines Ethanol/Wasser-Gemisches und die anschließende enzymatische Hydrolyse der Cellulose zu Glukose ermöglichen eine stoffliche Nutzung aller Hauptbestandteile des Holzes, d.h. von Cellulose, Hemicellulose und Lignin, und damit eine weitgehend vollständige Nutzung des in der Biomasse enthaltenen organisch gebundenen Kohlenstoffes unter Erhalt vorhandener Funktionalitäten (vgl. Kapitel 2.3).

Einen zentralen Punkt für die Entwicklung des Energie- und Stoffstrommodells stellt die Modellierung der Stoff- und Energieströme entlang der gesamten Wertschöpfungskette dar. In Kapitel 3 werden bestehende Methoden für die Modellierung und die Bewertung von Prozessketten im Planungsstadium vorgestellt und eine geeignete Vorgehensweise für die Erfordernisse der vorliegenden Arbeit wird ausgewählt. Für die Bewertung und Optimierung von Prozessketten in einer frühen Phase der Entwicklung wird eine detaillierte Abbildung der Stoff- und Energieströme unterschiedlicher Konfigurationen benötigt. Hierfür eignen sich insbesondere Werkzeuge zur verfahrenstechnischen Modellierung und zur Stoffstrom-simulation (vgl. Kapitel 3.1). Aufbauend auf den Stoff- und Energieströmen werden im Rahmen der ökonomischen Bewertung der Kapitalbedarf der Produktionsanlage sowie die Kosten und Erlöse geschätzt. Die Schätzung des Kapitalbedarfes der Hauptkomponenten erfolgt auf Basis von Preiskurven, Korrekturfaktoren und Größendegressionsansatz und die

Schätzung der Gesamtinvestition erfolgt mittels differenzierter Zuschlagsfaktoren (vgl. Kapitel 3.2.1). Für die Vorausbestimmung der Kosten und Erlöse wird eine detaillierte Vorkalkulation auf Basis der Stoff- und Energieströme gewählt (vgl. Kapitel 3.2.2). Zur ökologischen Bewertung der Prozesskette wird, ebenfalls aufbauend auf den Stoff- und Energieströmen, eine Wirkungsabschätzung nach Maßgabe der Methode der Ökobilanzierung unter Einsatz von Wirkungsindikatoren durchgeführt (vgl. Kapitel 3.3). Die Darstellung von Unsicherheiten der ökonomischen und der ökologischen Bewertung erfolgt mittels Sensitivitäts- und Szenarioanalysen für ausgewählte Eingangsdaten (vgl. Kapitel 3.4) und zur integrierten ökonomischen und ökologischen Bewertung der Prozesskette werden die CO_2-Vermeidungskosten sowie ein Verfahren zur Zielprogrammierung herangezogen (vgl. Kapitel 3.5).

In Kapitel 4 wird der Stand der Forschung zur ökonomischen und ökologischen Bewertung von Prozessketten zur Herstellung chemischer Grundstoffe aus Lignocellulose skizziert. In Bezug auf den Forschungsbedarf ergibt sich insbesondere die Notwendigkeit der integrierten ökonomischen und ökologischen Bewertung als auch einer Bewertung der weitgehend vollständigen stofflichen Nutzung der Lignocellulose. Die zu diesem Zweck entwickelte Methodik liefert in Verbindung mit aktuellen Ergebnissen zu den Ausbeuten, den Massenbilanzen und der Prozessführung eines Organosolv-Aufschlussverfahrens aus dem BMELV-Verbundvorhaben *Pilotprojekt Lignocellulose-Bioraffinerie* und dem BMELV-Verbundvorhaben *Lignocellulose-Bioraffinerie – Phase 2* zudem neue Erkenntnisse zur Wirtschaftlichkeit und den potenziellen Umweltwirkungen eines sog. Bioraffinerie-Konzeptes.

In Kapitel 5 wird die Modellierung der Stoff- und Energieströme mit der Software umberto® und der Software ASPEN PLUS® als Datengrundlage für die Bewertung der Prozesskette erläutert. Dazu wird die Prozesskette zur Herstellung von Glukose, C_5-Zuckern und Lignin aus Holz in Kapitel 5.1 zunächst ausführlich charakterisiert und die folgenden Schlüsselgrößen zur Optimierung der Prozesskette werden definiert: Verhältnis Lösemittel zu Holz lm, Zugabe H_2SO_4 z, Anzahl Wäschen Ligninfraktion nw_L, Anzahl Wäschen Cellulosefraktion nw_C, Druckstufe Kompressor p, Verweilzeit Hydrolyse t', Zugabemenge Enzyme z', Bereitstellung Dampf b_D und Bereitstellung Ethanol b_{Eth}. Neben den Schlüsselgrößen zur Optimierung der Prozesskette werden Varianten für die Holzart h (WRH und Holz aus KUP), den Standort der Produktionsanlage st (SA und RP) und den Rohstoffbezug re (regional und überregional) betrachtet. Als mittlere Anlagengröße wird eine Verarbeitung von 450.000 t TM Holz/a festgelegt. Die Modellierung der Prozesskette erfolgt entlang der gesamten Wertschöpfungskette, d.h. unter Einbeziehung der Holzproduktion, des Holztransportes und der Produktionsanlage, mittels verfahrenstechnischer Modellierung und Stoffstromsimulation. Die verfahrenstechnische Modellierung mit der Software ASPEN PLUS® dient der

Abbildung des Lösemittel-Kreislaufs der Produktionsanlage zur Ermittlung des Energiebedarfes der Produktionsanlage (Heizbedarf, Kühlbedarf und Bedarf an elektrischer Energie) und der Rückführungsraten des Lösemittelgemisches bestehend aus Ethanol und Wasser sowie der Auslegung zugehöriger Anlagenaggregate (bspw. Heizaggregate, Destillationskolonne) (vgl. Kapitel 5.2). Die Stoffstromsimulation mit der Software umberto® dient insbesondere der Modellierung der Edukt- (Ethanol, Wasser, Enzyme, Schwefelsäure) und Produktströme (Glukose, C_5-Zucker, Lignin) der Produktionsanlage in Abhängigkeit der Schlüsselgrößen sowie der Ermittlung der benötigten Betriebsstoffe und der Emissionen der Holzproduktion und des Holztransportes für die unterschiedlichen Holzarten (vgl. Kapitel 5.3). Die Charakterisierung der Referenzprozesse, welche zur Ermittlung von Einsparpotenzialen von Umweltwirkungen sowie zur Ermittlung der CO_2-Vermeidungskosten herangezogen werden, erfolgt in Kapitel 5.4. Als Referenzprozesse werden die Herstellung von Zucker (Saccharose) aus Zuckerrüben und die Herstellung von Phenol aus Cumol betrachtet.

In Kapitel 6 werden die Struktur und die Berechnungsvorschriften des in MS Excel und VBA implementierten Energie- und Stoffstrommodells zur ökonomischen und ökologischen Bewertung und Optimierung vorgestellt. Die Stoffstromsimulation mit umberto® und die verfahrenstechnische Modellierung mit ASPEN PLUS® bilden die Grundlage für die Bewertung und die Optimierung der Prozesskette und stellen zwei der insgesamt acht Module des Energie- und Stoffstrommodells dar. Die Gesamtstruktur des Modells, d.h. die Zusammenhänge zwischen den Modulen *verfahrenstechnische Modellierung* (vgl. Kapitel 5.2), *Stoffstromsimulation* (vgl. Kapitel 5.3), *Transport, Kapazität, Energie, ökonomische Bewertung, ökologische Bewertung* und *vollständige Enumeration* werden in Kapitel 6.1 erläutert. Im Modul *Transport* wird die mittlere Transportentfernung in Abhängigkeit des Standortes st und der Holzart h berechnet (vgl. Kapitel 6.2). Im Modul *Kapazität* werden in Abhängigkeit der Schlüsselgrößen die Kapazitäten der einzelnen Anlagenaggregate auf Basis der Stoffstromsimulation und der verfahrenstechnischen Modellierung abgebildet (vgl. Kapitel 6.3) und im Modul *Energie* der Bedarf an elektrischer Energie sowie der Heiz- und Kühlbedarf der Produktionsanlage (vgl. Kapitel 6.4). Im Modul *ökonomische Bewertung* (vgl. Kapitel 6.5) werden die Investitionen, die Kosten und die Erlöse und im Modul *ökologische Bewertung* (vgl. Kapitel 6.6) werden die Umweltwirkungen der Prozesskette und der Referenzprozesse ermittelt. Als ökonomische Kennzahlen werden die Herstellkosten (HK), das Betriebsergebnis (BE), der Kapitalwert (KW), die Rentabilität (R) und die Amortisationsdauer (AD) und als ökologische Kennzahlen die potenziellen Einsparungen (ES) von Emissions- bzw. Energieäquivalenten in Bezug auf die Wirkungskategorien Klimawandel (KL), Versauerung (VS), Humantoxizität (HT) und kumulierter fossiler Energieaufwand (KEA_{fossil}) im Modell berechnet. Die Berechnung der ökonomischen sowie der ökologischen Kennzahlen erfolgt in Abhängigkeit der Schlüsselgrößen. Im Modul *vollständige Enumeration* werden schließlich die Kombinationen der Schlüsselgrößen ermittelt, welche im Hinblick auf die jeweilige Zielgröße optimal sind. Als Zielgrößen werden das Betriebsergebnis (BE) sowie die möglichen Einsparungen in den betrachteten Wirkungskategorien (ES_{KL}, ES_{VS}, ES_{HT}, ES_{KEA}) maximiert. Neben der Betrachtung von jeweils nur einer der genannten Zielgrößen ist darüber hinaus eine Optimierung der Prozesskette unter Einbeziehung aller Zielgrößen durch die Definition unterschiedlicher Zielvorgaben möglich.

In Kapitel 7 erfolgt die Anwendung des entwickelten Modells zur Bewertung und Optimierung der Prozesskette für zwei Standorte der Chemieindustrie (SA, RP) und zwei unterschiedliche Holzarten (WRH, KUP) bei regionaler Bereitstellung sowie im Fall der ökologischen Bewertung zusätzlich für KUP-Holz bei überregionaler Bereitstellung. In Bezug auf die Anlagengröße wird von einer mittleren Kapazität der Anlage von 450.000 t TM Holz/a ausgegangen (vgl. Kapitel 5.1). In Kapitel 7.1 werden die Eingangsdaten, d.h. bspw. Flächenerträge und Verfügbarkeit von Flächen, Preise für Betriebsstoffe, Basisinvestitionen, Emissionsfaktoren und spezifische Ressourcenverbräuche, ermittelt. In Kapitel 7.2 werden die Ergebnisse der ökonomischen Bewertung und Optimierung der Prozesskette vorgestellt. Die ökonomische Optimierung, d.h. die Maximierung des Betriebsergebnisses, resultiert für den Standort SA unter Verwendung von Holz aus KUP in einem Betriebsergebnis von ca. 6,4 Mio. €/a, einem Kapitalwert von ca. 33 Mio. €, einer Amortisationsdauer von ca. 5 Jahren und einer Rentabilität von ca. 33 %. Aufgrund der unterschiedlichen Flächennutzung im Umkreis der Standorte fällt das Betriebsergebnis für die o.g. mittlere Anlagenkapazität am Standort RP für die Holzart WRH jeweils günstiger (ca. 2,2 Mio. €/a höher) und für die Holzart KUP jeweils schlechter (ca. 1,3 Mio. €/a niedriger) aus im Vergleich zum Standort SA. Im Rahmen von Szenarioanalysen werden die Auswirkungen besonders einflussreicher Eingangsdaten, bspw. Verkaufspreise für die Produkte Glukose (pr^{Gluk}) und Lignin (pr^{Lig}), spezifische Kosten für Anbau und Ernte des Holzes (k^{Anbau}), auf die optimale Konfiguration untersucht und es werden die minimalen Verkaufspreise bzw. die maximalen Kosten ermittelt, für welche ein wirtschaftlicher Betrieb gewährleistet ist, d.h. der Kapitalwert größer Null ist. Es ergeben sich ein minimaler Verkaufspreis für Glukose von ca. 240 €/t und für Lignin von ca. 440 €/t sowie maximale spezifische Kosten für Anbau und Ernte des Holzes von ca. 73 €/t TM (Holzart KUP, Standort SA). Die ökologische Optimierung, d.h. die Maximierung der potenziellen Einsparung in den betrachteten Wirkungskategorien resultiert bei regionaler Bereitstellung von Holz für alle Wirkungskategorien in deutlichen Einsparungen, d.h. die Umweltwirkungen der Prozesskette liegen deutlich unter den Umweltwirkungen der Referenzprozesse (vgl. Kapitel 7.3). Bei überregionaler Bereitstellung können, mit Ausnahme der Kategorie Versauerung, ebenfalls positive Einsparungen für die optimierten Konfigurationen erzielt werden. Für alle im Hinblick auf die jeweiligen Umweltwirkungen optimierten Konfigurationen ergeben sich deutlich negative Betriebsergebnisse, d.h. mit keiner dieser Konfigurationen ist ein wirtschaftlicher Betrieb der Anlage möglich. Umgekehrt können für die Konfiguration des maximierten Betriebsergebnisses positive Einsparungen in allen Wirkungskategorien bei regionalem Bezug von Holz erzielt werden, die allerdings deutlich geringer als die jeweils maximierten Einsparungen ausfallen. Die Ergebnisse der ökologischen Bewertung hängen sehr stark vom gewählten Referenzprodukt für Lignin ab. Untersuchungen zur Variation des Referenzprozesses für Lignin zeigen, dass eine energetische Verwertung nur in wenigen Fällen in positiven Einsparungen resultiert. Die Untersuchungen zur Ermittlung der CO_2-Vermeidungskosten (vgl. Kapitel 7.4) ergeben für den Einsatz von WRH ca. 168 €/t CO_2-Äq. und bei Einsatz von Holz aus KUP ca. 225 €/t CO_2-Äq. (jeweils Standort SA). Im Rahmen der Gesamtbewertung werden abschließend Konfigurationen der Prozesskette ermittelt, die einen wirtschaftlichen Betrieb der Anlage ermöglichen und dennoch im Hinblick auf die potenziellen Einsparungen von Umweltwirkungen möglichst gute Ergebnisse liefern. Bei einer Verringerung des maximalen Betriebsergebnisses um ca. 55 % können bspw. Einsparungen in allen betrachteten Wirkungskategorien von über 60 % des jeweiligen Maximalwertes erzielt werden.

In Kapitel 8 werden die Schlussfolgerungen aus der gewählten Vorgehensweise sowie den Ergebnissen der ökonomischen und der ökologischen Bewertung und Optimierung gezogen. Mit der vorgestellten Methodik können Aussagen über die zu erwartende Wirtschaftlichkeit sowie die potenziellen Einsparungen von Umweltwirkungen (CO_2-, SO_2-, 1,4-DCB-, MJ-Äquivalente) einer großtechnischen Realisierung der Prozesskette für unterschiedliche Konfigurationen abgeleitet werden. Unter den getroffenen Annahmen kann ein wirtschaft-licher Betrieb bei gleichzeitiger Einsparung von Umweltwirkungen nur bei einer stofflichen Verwertung des Lignins erreicht werden. Aus ökologischer Sicht ist eine regionale Bereit-stellung von Holz sowie der Einsatz von Waldrestholz gegenüber dem Einsatz von Holz aus KUP mit deutlichen Vorteilen verbunden, während aus ökonomischer Sicht die Unterschiede relativ gering ausfallen. Möglichkeiten für eine Erweiterung des Ansatzes ergeben sich insbesondere durch eine genauere Untersuchung der Rohstoffverfügbarkeiten, der Absatzmärkte für die Produkte und der Möglichkeiten für eine Ansiedlung an bestehende Chemiestandorte.

A Anhang

A.1 Ergebnisse der Sensitivitätsanalyse mit ASPEN PLUS®

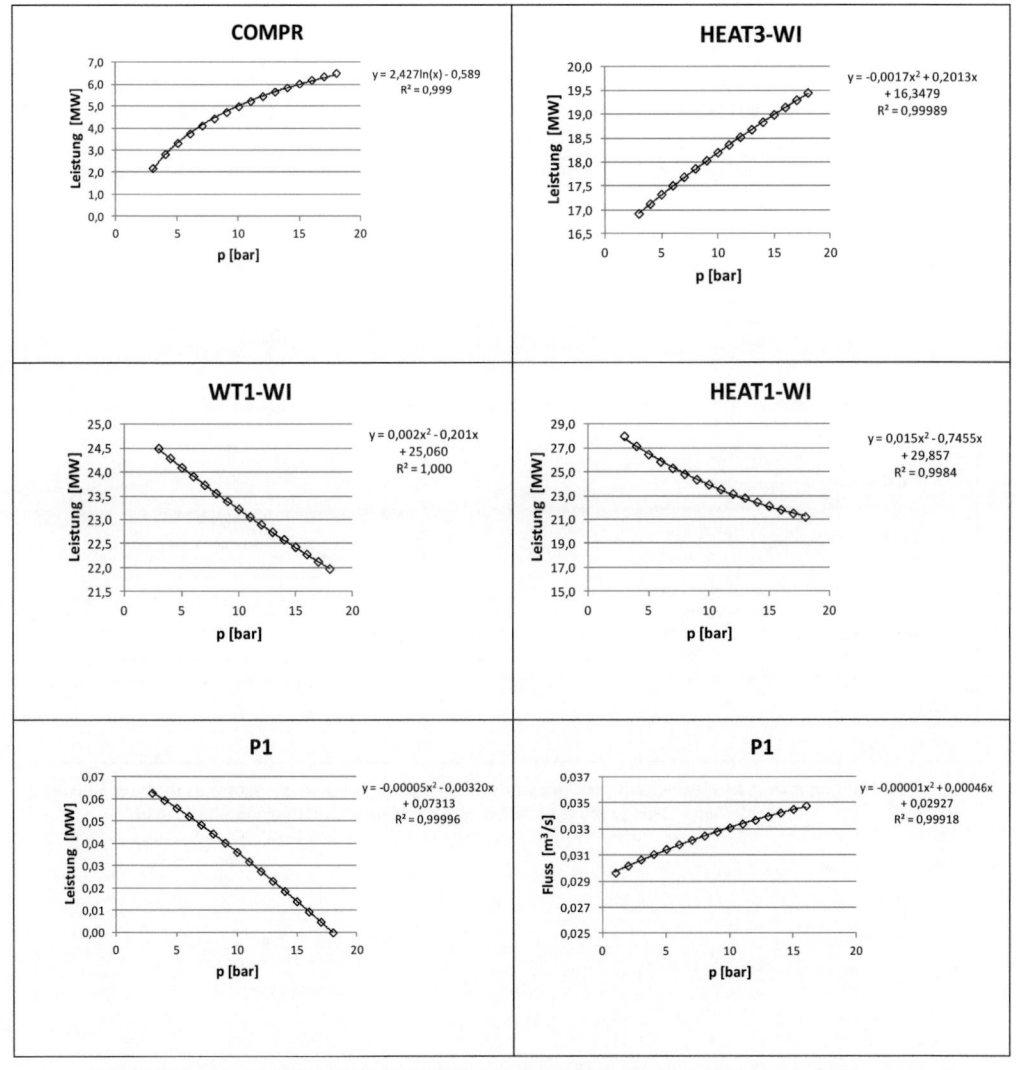

Abbildung A.1.1: Zusammenhang zwischen der Druckstufe des Kompressors (p) und der Leistung verschiedener Anlagenaggregate bei einer Lösemittelmenge von 200 t LM/h

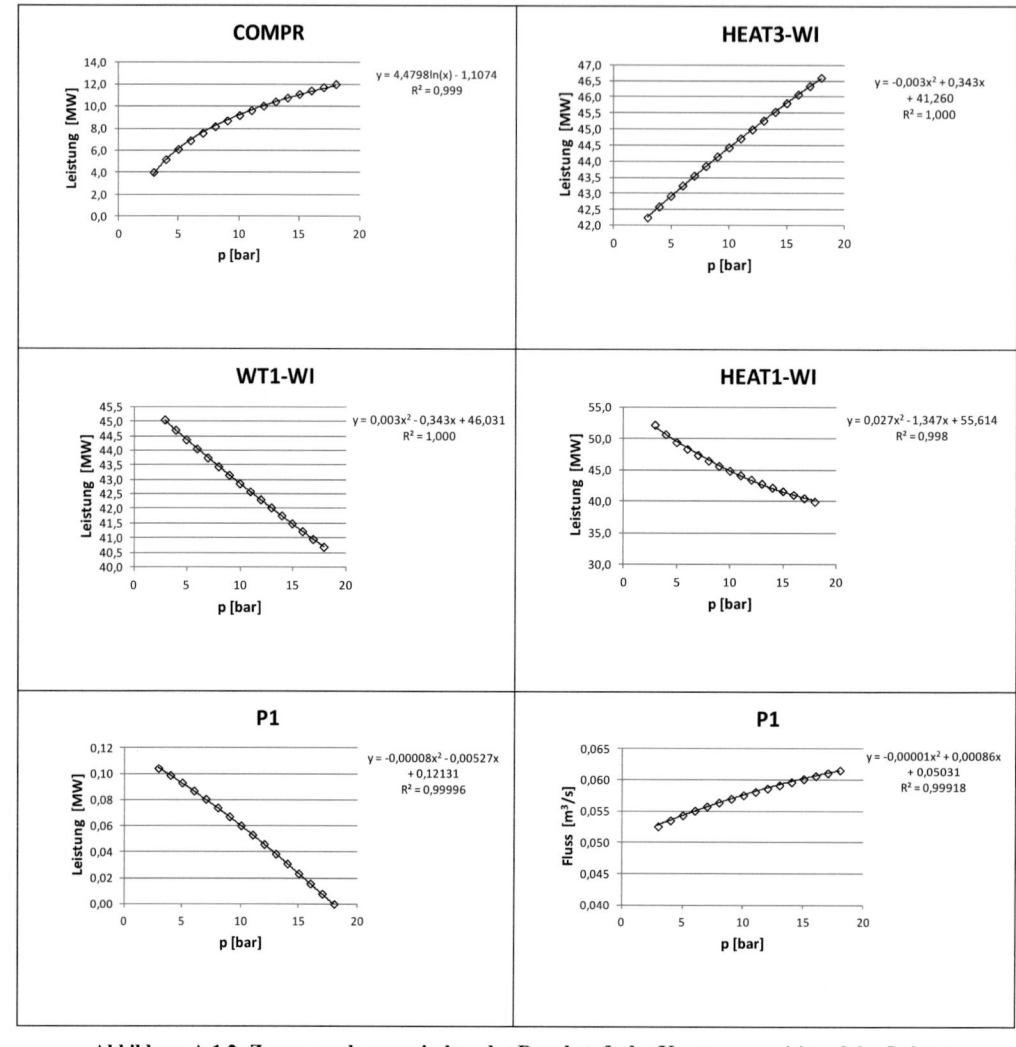

Abbildung A.1.2: Zusammenhang zwischen der Druckstufe des Kompressors (*p*) und der Leistung verschiedener Anlagenaggregate bei einer Lösemittelmenge von 400 t LM/h

Tabelle A.1.1: Ermittelte Auslegungsdaten (logarithmische Mitteltemperatur ΔT^{log} und Fläche A) der modellierten Wärmetauscher in Abhängigkeit der Druckstufe des Kompressors (p) bei einer Lösemittelmenge von 200 t/h

	WT1		HEAT1		HEAT3		WT2		WT3		COOL1	
p [bar]	ΔT^{log} [K]	A [m²]	ΔT^{log} [K]	A [m²]	ΔT^{log} [K]	A [m²]	ΔT^{log} [K]	A [m²]	ΔT^{log} [K]	A [m²]	ΔT^{log} [K]	A [m²]
3	22	2726	56	265	101	119						
4	35	1708	55	262	101	120						
5	45	1314	54	259	101	121						
6	53	1099	54	257	101	122						
7	61	960	53	254	101	123						
8	67	863	53	252	101	124						
9	73	789	52	250	101	125						
10	78	732	52	248	101	125	10	20	60	17	53	1.575
11	83	685	51	247	101	126						
12	87	646	51	245	101	127						
13	91	613	50	243	101	128						
14	95	585	50	242	101	128						
15	99	560	50	240	101	129						
16	102	537	49	239	101	130						
17	106	518	49	237	101	131						
18	109	500	48	236	101	131						

Tabelle A.1.2: Ermittelte Auslegungsdaten (logarithmische Mitteltemperatur ΔT^{log} und Fläche A) der modellierten Wärmetauscher in Abhängigkeit der Druckstufe des Kompressors (p) bei einer Lösemittelmenge von 400 t/h

	WT1		HEAT1		HEAT3		WT2		WT3		COOL1	
p [bar]	ΔT^{log} [K]	A [m²]	ΔT^{log} [K]	A [m²]	ΔT^{log} [K]	A [m²]	ΔT^{log} [K]	A [m²]	ΔT^{log} [K]	A [m²]	ΔT^{log} [K]	A [m²]
3	21	1554	58	137	101	47,77						
4	34	962	57	135	101	48,4						
5	44	737	56	134	101	48,9						
6	52	614	56	133	101	49,4						
7	59	536	55	132	101	49,9						
8	65	480	54	130	101	50,4						
9	71	439	54	129	101	50,9						
10	76	407	53	128	101	51,4	12	17	56	18	53	769
11	81	380	53	127	101	51,8						
12	85	358	52	127	101	52,3						
13	89	340	52	126	101	52,7						
14	93	324	51	125	101	53,2						
15	97	310	51	124	101	53,6						
16	100	297	51	123	101	54,0						
17	103	286	50	122	101	54,5						
18	106	276	50	122	101	54,9						

A.2 Modellierung der Holzbereitstellung mit umberto®

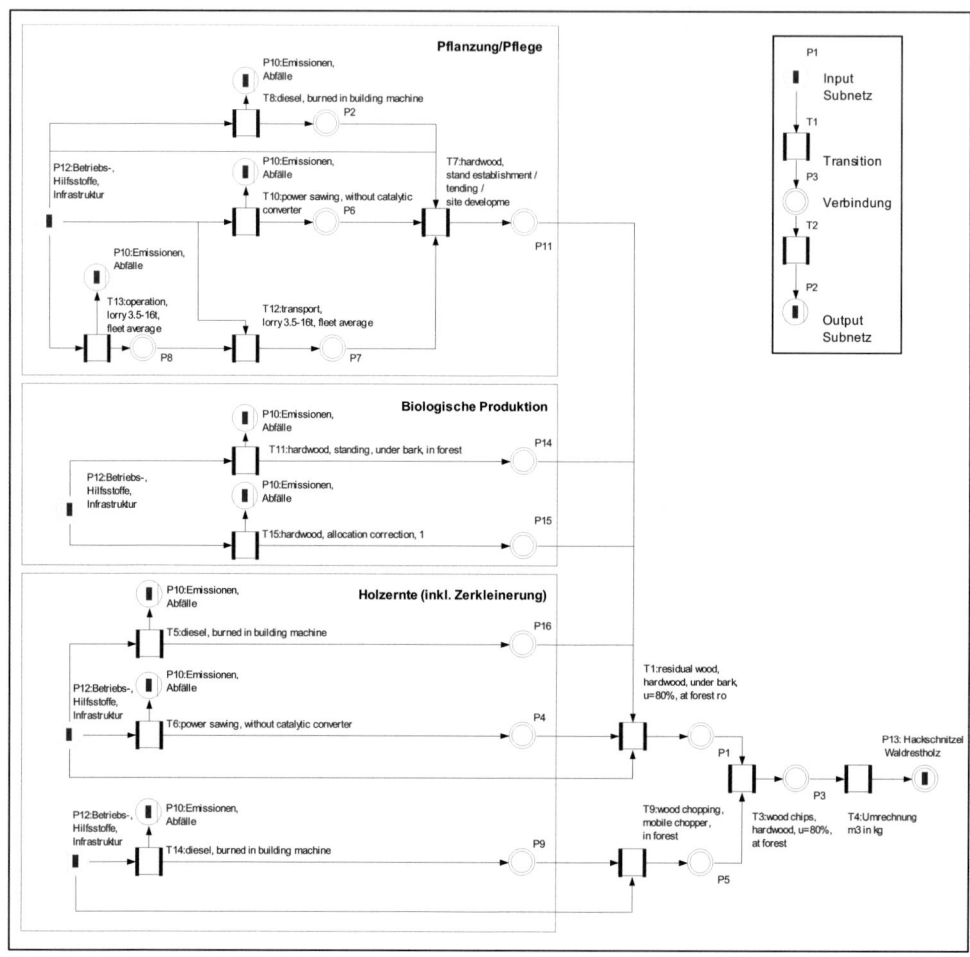

Abbildung A.2.1: Stoffstromnetz der Produktion von Waldrestholz (eigene Darstellung)

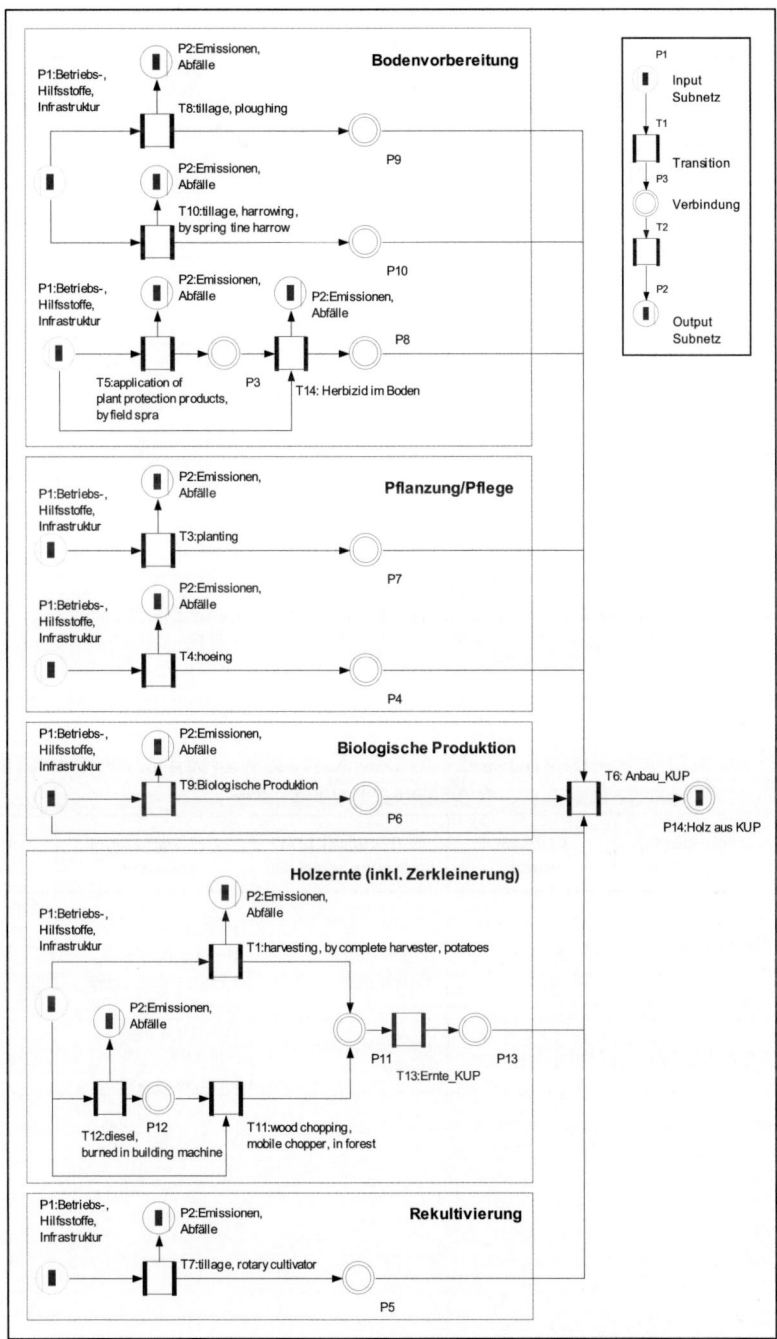

Abbildung A.2.2: Stoffstromnetz der Produktion von Holz in KUP (eigene Darstellung)

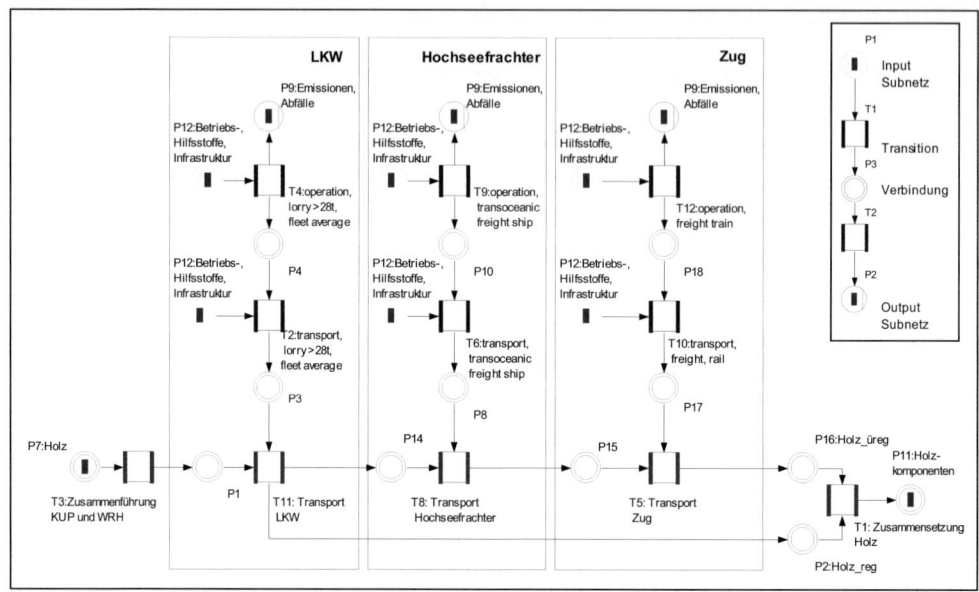

Abbildung A.2.3: Stoffstromnetz des Holztransportes (eigene Darstellung)

Tabelle A.2.1: Verwendete Datensätze der Datenbank ecoinvent v2.0 für die Modellierung der Produktion von Waldrestholz

ID ecoinvent	Beschreibung	Prozess-schritt	Kategorie/Unter-kategorie ecoinvent	Datensatzname ecoinvent	Spezifizierung ecoinvent	
					Ort	Einheit
559	Baumaschine	Waldpflege, Holzernte	Bauprozesse/ Maschinen	Diesel, in Baumaschine	GLO	MJ
564	Säge			Motorsägen, ohne Katalysator	RER	h
1915	LKW 3,5–16 t	Waldpflege	Transportsysteme/ Straße	Betrieb, Lkw 3,5–16 t, Flottendurchschnitt	RER	tkm

Tabelle A.2.2: Verwendete Datensätze der Datenbank ecoinvent v2.0 für die Modellierung der Produktion von Holz in KUP

ID ecoinvent	Beschreibung	Prozess-schritt	Kategorie/Unter-kategorie ecoinvent	Datensatzname ecoinvent	Spezifizierung ecoinvent	
					Ort	Einheit
185	Pflug	Boden-vorbereitung	Landwirtschaftliche Produktionsmittel/ Arbeitsprozesse	Bodenbearbeitung, Pflügen	CH	ha
183	Egge		Landwirtschaftliche Produktionsmittel/ Arbeitsprozesse	Bodenbearbeitung, Eggen mit Federzinkenegge	CH	ha
152	Feldspritze		Landwirtschaftliche Produktionsmittel/ Arbeitsprozesse	Ausbringen Pflanzenschutzmittel, mit Feldspritze	CH	ha
172	Pflanzmaschine	Pflanzung/ Pflege	Landwirtschaftliche Produktionsmittel/ Arbeitsprozesse	Pflanzen	CH	ha
164	Hackgerät		Landwirtschaftliche Produktionsmittel/ Arbeitsprozesse	Hacken	CH	ha
162	Vollernter	Ernte	Landwirtschaftliche Produktionsmittel/ Arbeitsprozesse	Ernten, mit Vollernter, Kartoffeln	CH	ha
559	Baumaschine		Bauprozesse/ Maschinen	Diesel, in Baumaschine	GLO	MJ
187	Bodenfräse	Rekultivierung	Landwirtschaftliche Produktionsmittel/ Arbeitsprozesse	Bodenbearbeitung, Fräsen	CH	ha

Tabelle A.2.3: Verwendete Datensätze der Datenbank ecoinvent v2.0 für die Modellierung des überregionalen Holztransportes

ID ecoinvent	Beschreibung	Prozess-schritt	Kategorie/Unter-kategorie ecoinvent	Datensatzname ecoinvent	Spezifizierung ecoinvent	
					Ort	Einheit
1927	LKW > 28 t	Transport	Transportsysteme/ Straße	Betrieb, Lkw > 28 t, Flottendurchschnitt	CH	vkm
1961	Hochseefrachter	Transport	Transportsysteme/ Wasser	Betrieb, Frachter Übersee	OCE	tkm
1977	Zug	Transport	Transportsysteme/ Schiene	Betrieb, Bahntransport	RER	tkm

Tabelle A.2.4: Verwendete Datensätze der Datenbank ecoinvent v2.0 für die Modellierung des regionalen Holztransportes

ID ecoinvent	Beschreibung	Prozess-schritt	Kategorie/Unter-kategorie ecoinvent	Datensatzname ecoinvent	Spezifizierung ecoinvent	
					Ort	Einheit
1927	LKW > 28 t	Transport	Transportsysteme/ Straße	Betrieb, Lkw > 28 t, Flottendurchschnitt	CH	vkm

A.3 Einfluss der Schlüsselgrößen auf die Konfiguration der Anlage

Tabelle A.3.1: Liste der Anlagenaggregate, zugehörige Einheit der Kapazität, Datenbasis, Einflussnahme der Schlüsselgrößen

Anlagenaggregate g	Einheit Kapazität	Datenbasis[*]	Schlüsselgrößen
Verdichtung Lösemittel			
Flash-Verdampfer 2 (FLASH2)	m^3	U	*lm, z*
Kompressor (COMPR)	kW	A	*lm, p*
Pumpe 1 (P1)	m^3/s	A	*lm, p*
Motor Pumpe 1 (P1-Motor)	kW	A	*lm, p*
Pumpe 2 (P2),	m^3/s	A	*lm*
Motor Pumpe 2 (P2-Motor)	kW	A	*lm*
Pumpe 3 (P3),	m^3/s	A	-
Motor Pumpe 3 (P3-Motor)	kW	A	-
Wärmetauscher 1 (WT1)	m^2	A	*lm, p*
Aufschluss Holz			
Förderband (FOERDER)	kg/s	U	-
Heizaggregat 1 (HEAT1)	m^2	A	*lm, p*
Aufschlussreaktor (REAKT1)	m^3	U	*lm, z*
Flash-Verdampfer 1 (FLASH1)	m^3	U	*lm, z*
Zentrifuge 1 (ZENTR1)	kg/s	U	*lm*
Fällung, Wäsche Lignin			
Zentrifuge 2 (ZENTR2)	kg/s	U	*lm*
Zentrifuge 3 (ZENTR3)	kg/s	U	*lm*
Zentrifuge 3A (ZENTR3$_A$)	kg/s	U	lm, nw_L, nw_C
...	kg/s	U	lm, nw_L, nw_C
Zentrifuge 3G (ZENTR3$_G$)	kg/s	U	lm, nw_L, nw_C
Trocknung Lignin			
Trockner (TROCKN)	kg/s	U	*lm*
Wärmetauscher 2 (WT2)	m^2	A	*lm*
Rückgewinnung Lösemittel			
Destillationskolonne (DEST)	kg/s	A	*lm*
WT Kolonne Kopf (COOL1)	m^2	A	*lm*
WT Kolonne Sumpf (HEAT3)	m^2	A	*lm, p*
Wäsche Cellulose			
Zentrifuge 4 (ZENTR4)	kg/s	U	*lm*
Zentrifuge 4A (ZENTR4$_A$)	kg/s	U	lm, nw_L, nw_C
...	kg/s	U	lm, nw_L, nw_C
Zentrifuge 4G (ZENTR4$_G$)	kg/s	U	lm, nw_L, nw_C
Hydrolyse Cellulose			
Hydrolysereaktor (REAKT2)	m^3	U	lm, t', z', nw_L, nw_C
Rührer Hydrolyse (RUEHR)	m^3	U	lm, t', z', nw_L, nw_C
Wärmetauscher 3 (WT3)	m^2	A	*lm*
Lagerung Produkte/Edukte			
Tank C$_5$-Zucker (TANK1)	m^3	U	lm, nw_L, nw_C
Tank Glukose (TANK2)	m^3	U	lm, nw_L, nw_C, t', z'
Tank Lignin (TANK3)	m^3	U	lm, nw_L, nw_C
Tank Ethanol (TANK4)	m^3	U	lm, nw_L, nw_C
Tank Schwefelsäure (TANK5)	m^3	U	*lm, z*
Tank Enzyme (TANK6)	m^3	U	*z'*
HEN			
Zusätzliche Wärmetauscher (HEN)	kW	A	*lm, p*

[*]A = ASPEN PLUS®, U = umberto®

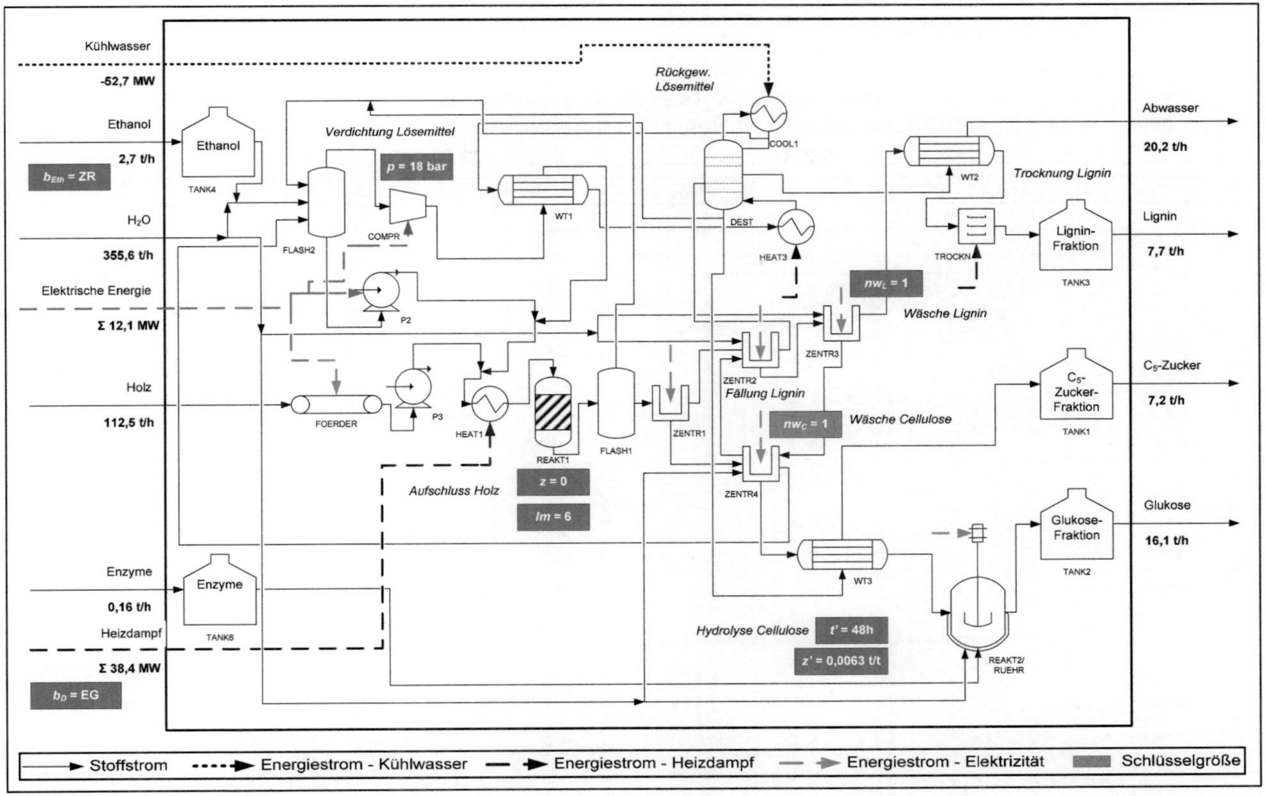

Abbildung A.3.1: Basis-Konfiguration der Produktionsanlage mit Gesamtbedarf an Energie und Betriebsstoffen, Produkt- und Abwasserströmen, zugehörigen Schlüsselgrößen (eigene Darstellung)[115]

Legende:
- → Stoffstrom
- ····▶ Energiestrom - Kühlwasser
- ──▶ Energiestrom - Heizdampf
- ──▶ Energiestrom - Elektrizität
- ▬ Schlüsselgröße

b_D = EG

Σ 38,4 MW Heizdampf

0,16 t/h Enzyme

112,5 t/h Holz

Σ 12,1 MW Elektrische Energie

355,6 t/h H₂O

b_{Ein} = ZR

2,7 t/h Ethanol

-52,7 MW Kühlwasser

Aufschluss Holz

lm = 6

z = 0

Verdichtung Lösemittel

p = 18 bar

Rückgew. Lösemittel

Hydrolyse Cellulose

z' = 0,0063 t/t

t* = 48h

Fällung Lignin

nwc = 1

Wäsche Cellulose

nwL = 1

Wäsche Lignin

Trocknung Lignin

Glukose-Fraktion — 16,1 t/h Glukose

C₅-Zucker-Fraktion — 7,2 t/h C₅-Zucker

Lignin-Fraktion — 7,7 t/h Lignin

20,2 t/h Abwasser

Anlagenkomponenten: TANK4, Ethanol, FLASH2, COMPR, WT1, FOERDER, P2, P3, COMP1, HEAT1, REAKT1, FLASH1, ZENTR1, ZENTR4, ZENTR2, ZENTR3, DEST, HEAT3, COOL1, WT3, WT2, TROKN2, TROKN1, REAKT2/RUEHR, TANK1, TANK2, TANK3, TANK6, Enzyme

---

[115] Aus Gründen der Übersichtlichkeit sind die Energieströme nur zu ausgewählten Bedarfsstellen verbunden

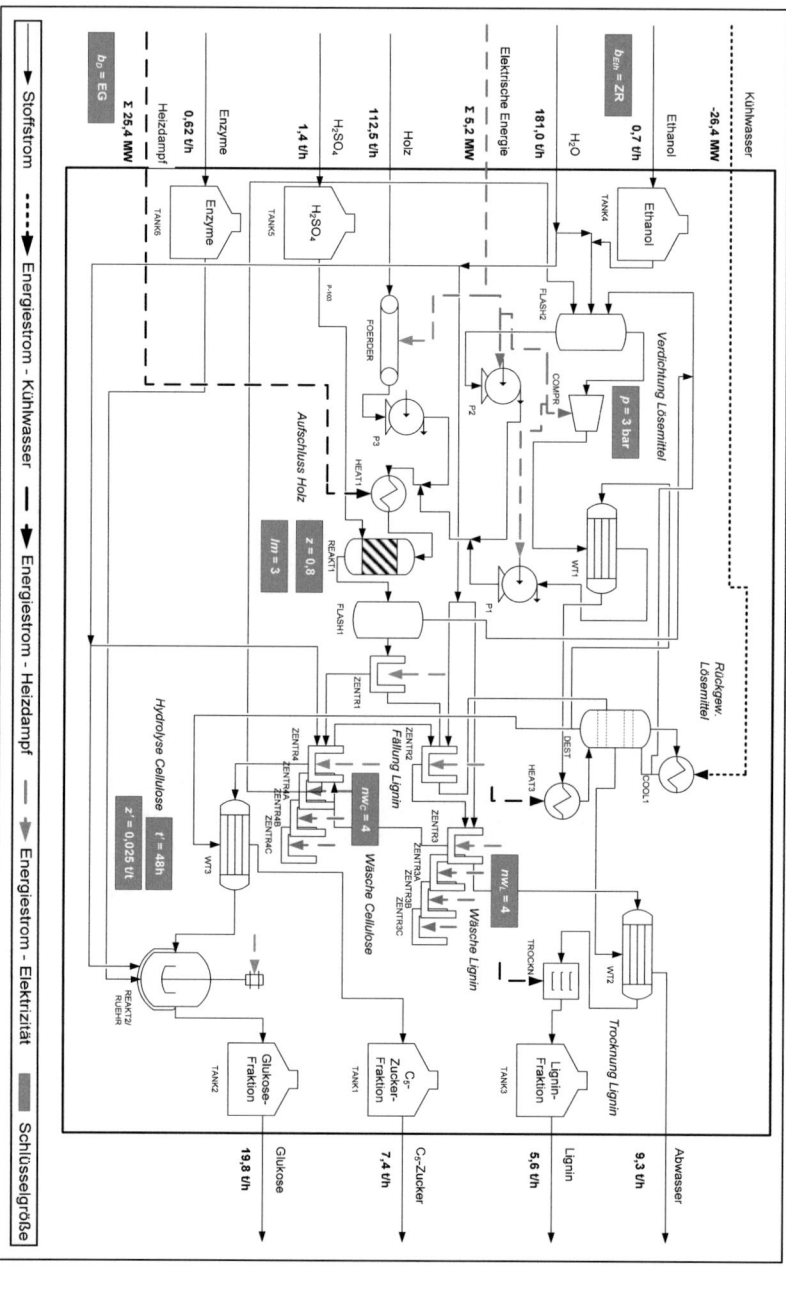

Abbildung A.3.2: Konfiguration BE_max der Produktionsanlage mit Gesamtbedarf an Energie und Betriebsstoffen, Produkt- und Abwasserströmen, zugehörigen Schlüsselgrößen (eigene Darstellung)[115]

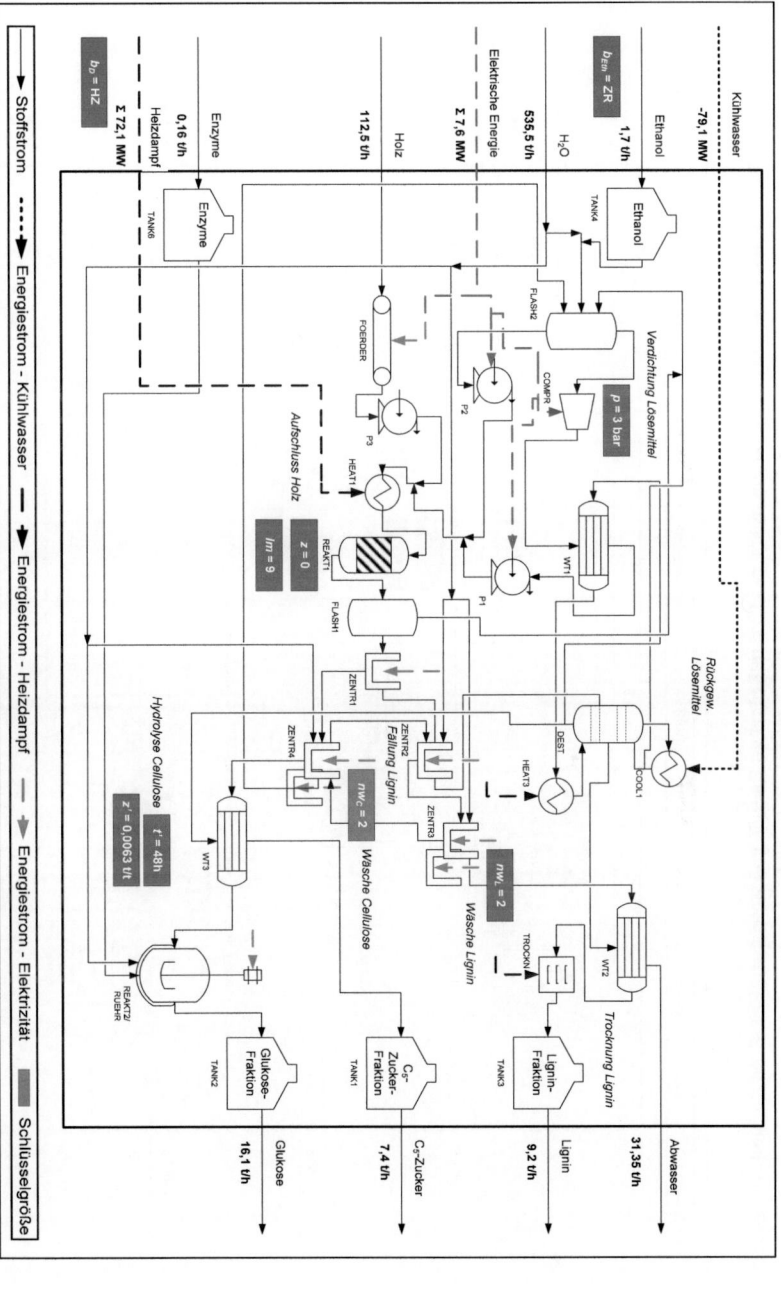

Abbildung A.3.3: Konfiguration ES$_{KL\_max}$ der Produktionsanlage mit Gesamtbedarf an Energie und Betriebsstoffen, Produkt- und Abwasserströmen, zugehörigen Schlüsselgrößen (eigene Darstellung)[115]

Legende:
→ Stoffstrom
⋯⋯▶ Energiestrom - Kühlwasser
—— ▶ Energiestrom - Heizdampf
—— ▶ Energiestrom - Elektrizität
■ Schlüsselgröße

Kühlwasser −79,1 MW
Ethanol 1,7 t/h
b_{Eth} = ZR
H$_2$O 535,5 t/h
Elektrische Energie Σ 7,6 MW
Holz 112,5 t/h
Enzyme 0,16 t/h
Heizdampf Σ 72,1 MW
b_D = HZ

Abwasser 31,35 t/h
Lignin 9,2 t/h
C$_5$-Zucker 7,4 t/h
Glukose 16,1 t/h

Ethanol (TANK4)
Verdichtung Lösemittel
p = 3 bar
FLASH2
COMPR
P2
FOERDER
P3
Aufschluss Holz
HEAT1
REAKT1
lm = 9
z = 0
FLASH1
Rückgew. Lösemittel
WT1
P1
WT2
DEST
COOL1
HEAT3
Trocknung Lignin
WT2
TROCKN
nw_L = 2
Wäsche Lignin
Lignin-Fraktion (TANK3)
C$_5$-Zucker-Fraktion (TANK1)
Wäsche Cellulose
nw_c = 2
ZENTR2 Fällung Lignin
ZENTR3
ZENTR1
ZENTR4
Hydrolyse Cellulose
WT3
z' = 0,0063 t/t
t' = 48h
REAKT2/RUEHR
Glukose-Fraktion (TANK2)
Enzyme (TANK6)

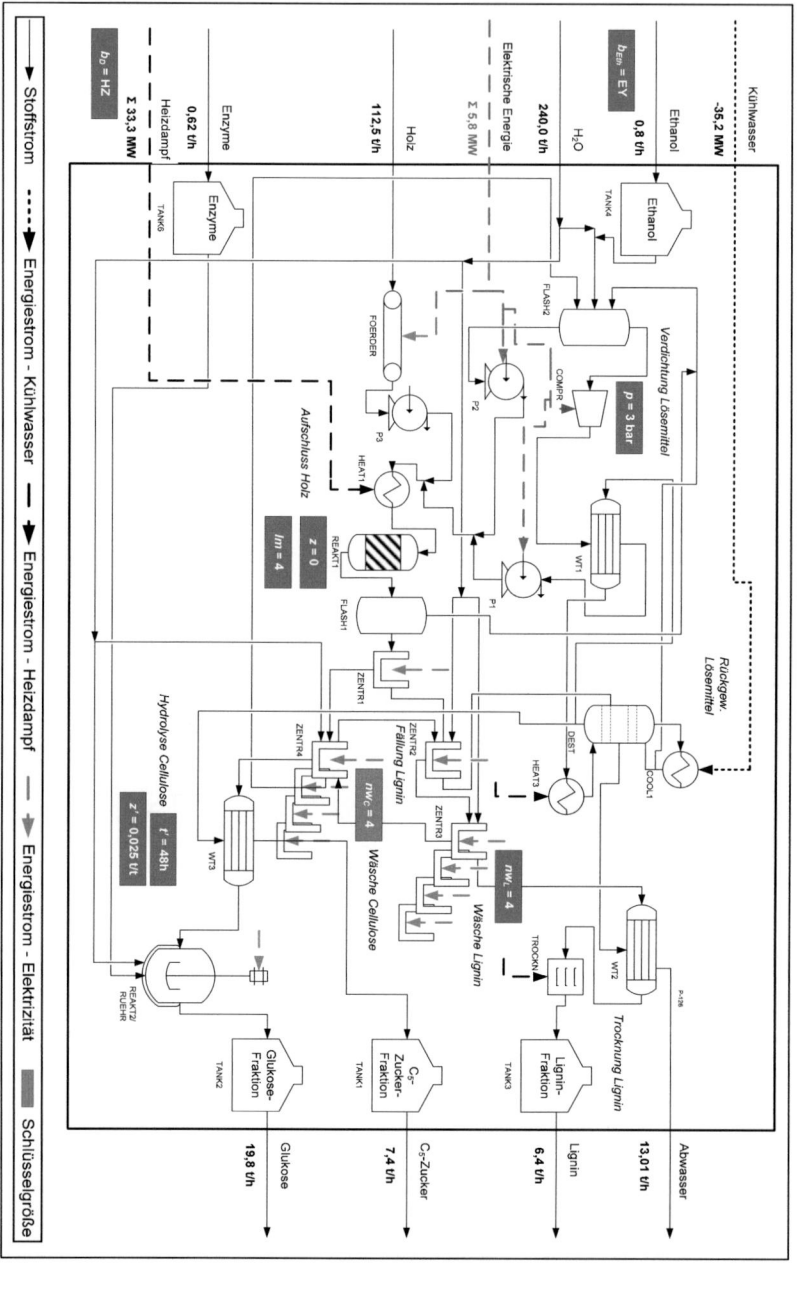

Abbildung A.3.4: Konfiguration Var 3 der Produktionsanlage mit Gesamtbedarf an Energie und Betriebsstoffen, Produkt- und Abwasserströmen, zugehörigen Schlüsselgrößen (eigene Darstellung)[115]

Legende:

→ Stoffstrom

┈┈▶ Energiestrom - Kühlwasser

━━▶ Energiestrom - Heizdampf

──▶ Energiestrom - Elektrizität

■ Schlüsselgröße

Elemente im Diagramm:

- Kühlwasser -35,2 MW
- Ethanol
- b_{Ein} = EY
- Ethanol 0,8 t/h
- H_2O
- Elektrische Energie Σ 5,8 MW
- 240,0 t/h
- Holz 112,5 t/h
- Enzyme
- Enzyme 0,62 t/h
- b_D = HZ
- Heizdampf Σ 33,3 MW

- TANK4 / Ethanol
- FLASH2
- Verdichtung Lösemittel
- p = 3 bar
- COMPR
- P2
- FOERDER
- P3
- HEAT1
- REAKT1
- lm = 4 / z = 0
- FLASH1
- P1
- WT1
- Aufschluss Holz
- TANK6
- Rückgew. Lösemittel
- WT2
- COOL1
- DEST
- HEAT3
- ZENTR3
- ZENTR5
- Fällung Lignin / nw_L = 4
- Wäsche Lignin / nw_L = 4
- ZENTR1
- ZENTR4
- ZENTR2
- Wäsche Cellulose
- z' = 0,025 t/t
- t' = 48h
- WT3
- Hydrolyse Cellulose
- REAKT2i RUEHR
- TROCKN
- WT2
- Trocknung Lignin
- TANK3
- Lignin-Fraktion
- TANK1
- C_5-Zucker-Fraktion
- TANK2
- Glukose-Fraktion

- Abwasser 13,01 t/h
- Lignin 6,4 t/h
- C_5-Zucker 7,4 t/h
- Glukose 19,8 t/h

A.4   Eingangsdaten für das Energie- und Stoffstrommodell

Tabelle A.4.1: Preisindizes für Apparate und Maschinen chemischer Anlagen
nach Kölbel/Schulze (vgl. VCI, 2010a) und Wechselkurse Euro/USD (vgl. EC, 2010)

Jahr	Preisindizes für Apparate und Maschinen nach Kölbel/Schulze (vgl. VCI, 2010a)	Wechselkurse Euro/USD nach EC (2010), jeweils Monat Juni
1997	80,3	1,15
1998	81,7	1,10
1999	80,5	1,05
2000	82,8	0,94
2001	84,7	0,86
2002	85,7	0,94
2003	87,3	1,18
2004	93,0	1,22
2005	100,0	1,25
2006	102,2	1,28
2007	108,5	1,34
2008	114,1	1,56
2009	110,3	1,39

Tabelle A.4.2: Eingangsdaten zur Ermittlung der Transportentfernung

Parameter	Beschreibung	Wert	Einheit
$f_{st,h,ez}^{Nutzung}$	Faktor Landnutzung regional	vgl. Tabelle A.4.3	
$f_{st,h}^{Verfüg}$	Faktor Verfügbarkeit von Flächen regional	vgl. Tabelle A.4.3	
eg_{KUP}^{Holz}	Ertrag Holz (KUP)	8	t TM/(ha·a)
eg_{WRH}^{Holz}	Ertrag Holz (WRH)	1,3	t TM/(ha·a)
$f^{Straße}$	Faktor Straße	1,3	-
te^{LKW}	Transportentfernung LKW (Anbaufläche Brasilien bis Hafen Porto Alegre)	100	km
te^{Schiff}	Transportentfernung Schiff (Hafen Porto Alegre bis Hafen Rotterdam)	10.566	km
te_{SA}^{Zug}	Transportentfernung Zug (Hafen Rotterdam bis Standort SA)	626	km
te_{RP}^{Zug}	Transportentfernung Zug (Hafen Rotterdam bis Standort RP)	477	km

Tabelle A.4.3: Anteile der theoretisch nutzbaren Fläche ($f^{Nutzung}$) und Verfügbarkeit der Flächen ($f^{Verfüg}$) für die Holzarten h (WRH und KUP), im Umkreis der Standorte st (SA und RP) für ausgewählte Einzugsgebiete ez

	$f^{Verfüg}_{st,h}$	$f^{Nutzung}_{st,h,ez}$								
		ez (km)								
		25	30	35	50	60	85	90	130	150
SA										
WRH	0,36	0,156	0,162	0,159	0,170	0,200	0,252	0,255	0,295	0,302
KUP	0,16	0,661	0,661	0,663	0,658	0,635	0,611	0,593	0,556	0,540
RP										
WRH	0,50	0,305	0,345	0,343	0,355	0,368	0,390	0,385	0,392	0,394
KUP	0,12	0,467	0,456	0,464	0,451	0,434	0,429	0,438	0,445	0,447

Tabelle A.4.4: Eingangsdaten zur Ermittlung der Kapazitäten und Energiebedarfe der Anlagenaggregate

Parameter	Beschreibung	Aggregat	Wert	Einheit
$f_{REAKT1}^{Reaktor}$	Faktor Volumenkorrektur	Aufschlussreaktor	1,1	-
$f_{REAKT2}^{Reaktor}$		Hydrolysereaktor		
$f_{FLASH1}^{Reaktor}$		Flash-Verdampfer 1		
$f_{FLASH2}^{Reaktor}$		Flash-Verdampfer 2		
$f_{TANK1}^{Reaktor}$		Lagertank 1	1,0	-
$f_{TANK2}^{Reaktor}$		Lagertank 2		
$f_{TANK3}^{Reaktor}$		Lagertank 3		
$f_{TANK4}^{Reaktor}$		Lagertank 4		
$f_{TANK5}^{Reaktor}$		Lagertank 5		
$f_{TANK6}^{Reaktor}$		Lagertank 6		
$t_{REAKT1,z}^{Verw}$	Verweilzeit, abhängig von z	Aufschlussreaktor	vgl. Abbildung 12, Kapitel 5.1.4	
$t_{FLASH1,z}^{Verw}$		Flash-Verdampfer 1		
$t_{FLASH2,z}^{Verw}$		Flash-Verdampfer 2		
$t_{REAKT2,t'}^{Verw}$	Verweilzeit, abhängig von $t' \in T'$	Hydrolysereaktor	vgl. Tabelle 6, Kapitel 5.1.4	
t_{TANK1}^{Verw}	Verweilzeit	Lagertank 1	48	h
t_{TANK2}^{Verw}		Lagertank 2		
t_{TANK3}^{Verw}		Lagertank 3		
t_{TANK4}^{Verw}		Lagertank 4	168	h
t_{TANK5}^{Verw}		Lagertank 5		
t_{TANK6}^{Verw}		Lagertank 6		
$\rho_{b'}$	Dichte, abhängig von der Stoffart b'	-	vgl. Tabelle A.4.5	
α_{HEAT1}	Wärmeübertragungskoeffizient	Heizaggregat 1	vgl. Tabelle 9, Kapitel 5.2.5	
α_{COOL1}		Kühlaggregat 1		
α_{HEAT3}		Heizaggregat 3		
α_{WT1}		Wärmetauscher 1		
α_{WT2}		Wärmetauscher 2		
α_{WT3}		Wärmetauscher 3		
$f_{ZENTR1}^{Elektr\_Masse}$	Faktor Energiebedarf, bezogen auf die Feststoffmasse	Zentrifuge 1		
$f_{ZENTR3}^{Elektr\_Masse}$		Zentrifuge 3	0,015	
$f_{ZENTR4}^{Elektr\_Masse}$		Zentrifuge 4		kJ/(s·kg)
$f_{ZENTR2}^{Elektr\_Masse}$		Zentrifuge 2	0,058	
$f_{FOERDER}^{Elektr\_Masse}$		Förderband	0,038	
$f_{RUEHR}^{Elektr\_Vol}$	Faktor Energiebedarf, bezogen auf das Reaktorvolumen	Rührer	0,020	kJ/(s·m³)

Tabelle A.4.5: Dichteangaben zur Umrechnung der Stoffströme in das entsprechende Volumen

Parameter	Stoffbezeichnung	Bemerkung	Dichte bei 20 °C (t/m³)	Quelle
$\rho_{Ethanol}$	Ethanol	In Lösung mit Wasser (1:1)	0,914	Bierwerth (2001), S. 119
$\rho_{Ethanol}$		Als Reinstoff	0,789	
ρ_{Wasser}	Wasser	In Lösung mit Ethanol (1:1)	0,914	
ρ_{Wasser}		Als Reinstoff	0,998	Bierwerth (2001), S. 110
$\rho_{Cellulose}$	Cellulose		1,5	Terashima et al. (2009), S. 413
$\rho_{Hemicellulose}$	Hemicellulose		1,5	Lenz et al. (1986), S. 423
ρ_{Lignin}	Lignin		1,4	Terashima et al. (2009), S. 414
$\rho_{Übrige}$	Übrige Holzinhaltsstoffe	Literaturwert bezieht sich auf Proteine	1,3	Töpel (2004), S. 173
$\rho_{Schwefelsäure}$	Schwefelsäure		1,840	Bierwerth (2001), S. 142
ρ_{Enzyme}	Enzyme	Literaturwert bezieht sich auf Proteine	1,3	Töpel (2004), S. 173

Tabelle A.4.6: Eingangsdaten ökonomische Bewertung (1)

Parameter	Beschreibung	Spezifizierung	Wert	Einheit
Investitionen				
$f^{Zuschlag}$	Zuschlagsfaktor Gesamtinvestition		2,8	-
Kosten für die Holzbereitstellung				
$k^{TranspVar}$	Spezifische variable Transportkosten		0,1	€/(t·km)
$k^{TranspFix}$	Spezifische fixe Transportkosten		2,5	€/t
k_{WRH}^{Anbau}	Spezifische Kosten Anbau und Ernte	Waldrestholz	53	€/t TM
k_{KUP}^{Anbau}		Kurzumtriebsholz	60	€/t TM
f^{Wasser}	Faktor Wassergehalt Holz		50	%
$t^{Betrieb}$	Betriebsstunden der Anlage		8.000	h/a
Kosten für Betriebsstoffe, Energie, Abwasserentsorgung				
pr^{Eth}	Preis	Ethanol	500	€/t
pr^{H2SO4}		Schwefelsäure	100	€/t
pr^{Enz}		Enzyme	2.000	€/t
pr^{H2O}		Prozesswasser	0,14	€/m³
pr_{EG}^{Dampf}		Dampf Erdgas	23,5	€/t
pr_{HZ}^{Dampf}		Dampf Holz	27,5	€/t
$pr^{Kühl}$		Kühlwasser	0,043	€/m³
pr^{Elektr}		Elektrizität	0,07	€/kWh
pr^{Abw}		Abwasserentsorgung	2	€/m³
$\Delta T^{Kühl}$	Temperaturdifferenz Kühlwasser		10	K
c_z^{H2SO4}	H₂SO₄ in Aufschlusslösung, abhängig von $z \in Z$		vgl. Tabelle 6, Kapitel 5.1.4	
c^{Cell}	Cellulose im Holz		43,9	%
$f_{z'}^{Enz}$	Zugabemenge Enzyme, abhängig von $z' \in Z'$		vgl. Tabelle 6, Kapitel 5.1.4	
V^{Dampf}	Verdampfungswärme Heizdampf		1.933	MJ/t
ω^{Wasser}	Spezifische Wärmekapazität Wasser		41,9	MJ/(t·K)
Investitionsabhängige Kosten				
n	Nutzungsdauer der Anlage		10	a
f^{St_Vers}	Steuern und Versicherungen		2	%
f^{Rep_Inst}	Reparatur und Instandhaltung		2,5	%
f^{Umlauf}	Umlaufvermögen		5	%
i	Marktzins		8	%

Tabelle A.4.7: Eingangsdaten ökonomische Bewertung (2)

Parameter	Beschreibung	Wert	Einheit
Kosten Personal			
k^{Pers_dir}	Spezifische direkte Personalkosten pro Person	33,40	€/h
f^{Pers_Bedarf}	Faktor Personalbedarf (Personen je Schicht)	5	-
f^{Pers_ind}	Faktor indirekte Personalkosten	30	%
γ^{Pers}	Größendegressionsexponent Personalkosten	0,25	-
Übrige Kosten			
f^{Verw}	Faktor Verwaltungskosten	15	%
$f^{Sonst\_Rep\_Inst}$	Faktor sonstige Kosten – Reparatur und Instandhaltung	32	%
f^{Sonst_Pers}	Faktor sonstige Kosten – Personal	80	%
Erlöse			
c^{Lig}	Anteil Lignin im Ausgangsmaterial	21,2	%
c^{Hemic}	Anteil Hemicellulose im Ausgangsmaterial	25,8	%
$f_{t',z'}^{Cell}$	Faktor Umsatz Cellulose zu Glukose, abhängig von $t' \in T'$ und $z' \in Z'$	vgl. Abbildung 13, Kapitel 5.1.4	
pr^{Gluk}	Verkaufspreis Glukose	280	€/t
pr^{Lig}	Verkaufspreis Lignin	570	€/t
pr^{C5}	Verkaufspreis C_5-Zucker	140	€/t
Kapitalwert			
f^{Ertr_St}	Faktor Ertragssteuern	25	%
i'	Marktzins nach Abzug von Steuern	6	%

Tabelle A.4.8: Eingangsdaten ökologische Bewertung: Emissionsfaktoren (Emissionsäquivalente) und spezifische Ressourcenverbräuche (Energieäquivalente)

Parameter	Beschreibung	Klimawandel (KL)	Versauerung (VS)	Humantoxizität (HT)	Kumulierter fossiler Energieaufwand (KEA$_{fossil}$)
		kg CO_2-Äq./kg	kg SO_2-Äq./kg	kg 1,4-DCB-Äq./kg	MJ-Äq.[*]/kg
ef_{KUP}^{Holz}	Produktion Holz aus KUP	0,0928	0,000583	0,0918	1,3776
ef_{WRH}^{Holz}	Produktion WRH	0,0238	0,000154	0,0252	0,3525
		kg CO_2-Äq./tkm	kg SO_2-Äq./tkm	kg 1,4-DCB-Äq./tkm	MJ-Äq.[*]/tkm
ef_{reg}^{Transp}	Transport regional	0,1364	0,000718	0,0283	2,2141
$ef_{üreg,SA}^{Transp}$	Transport überregional (Standort SA)	0,0134	0,000239	0,0075	0,1906
$ef_{üreg,RP}^{Transp}$	Transport überregional (Standort RP)	0,0131	0,000239	0,0074	0,1864
		kg CO_2-Äq./unit	kg SO_2-Äq./unit	kg 1,4-DCB-Äq./unit	MJ-Äq.[*]/unit
ef^{Bau}	Bau Produktions-anlage	5.604.900	87.542	19.670.000	58.268.000
		kg CO_2-Äq./m³	kg SO_2-Äq./m³	kg 1,4-DCB-Äq./m³	MJ-Äq.[*]/m³
ef^{Abw}	Abwasser-behandlung	0,3683	0,002884	0,5217	2,88
		kg CO_2-Äq./ kWh	kg SO_2-Äq./ kWh	kg 1,4-DCB-Äq./ kWh	MJ-Äq.[*]/ kWh
ef^{Elektr}	Bereitstellung Elektrizität	0,7175	0,001085	0,1574	8,1682
		kg CO_2-Äq./MJ	kg SO_2-Äq./MJ	kg 1,4-DCB-Äq./MJ	MJ-Äq.[*]/MJ
ef_{EG}^{Dampf}	Bereitstellung Dampf Erdgas	0,0713	0,000054	0,0099	1,2459
ef_{HZ}^{Dampf}	Bereitstellung Dampf Holz	0,0035	0,000078	0,0133	0,0367
		kg CO_2-Äq./kg	kg SO_2-Äq./kg	kg 1,4-DCB-Äq./kg	MJ-Äq.[*]/kg
ef_{ZR}^{Eth}	Bereitstellung Ethanol Zuckerrohr	0,5242	0,006775	4,0242	5,4007
ef_{MS}^{Eth}	Bereitstellung Ethanol Mais	2,1854	0,013896	0,5716	23,2920
ef_{EY}^{Eth}	Bereitstellung Ethanol Ethylen	1,2439	0,003617	0,2231	46,2160
ef^{Enz}	Bereitstellung Enzyme	6,2909	0,022180	1,4364	73,8182
ef^{H2SO4}	Bereitstellung Schwefelsäure	0,1379	0,015924	0,1639	1,9251
		kg CO_2-Äq./kg	kg SO_2-Äq./kg	kg 1,4-DCB-Äq./kg	MJ-Äq.[*]/kg
ef^{Phenol}	Herstellung Phenol aus Cumol	3,8727	0,012334	12,5090	109,28
ef^{Zucker_ZR}	Herstellung Zucker-Rohsaft aus Zuckerrüben	0,4009 (0,5486)[**]	0,0032 (0,0034)[**]	0,0485 (0,0758)[**]	2,2120 (4,7309)[**]

[*]MJ-Äquivalente fossiler Energieträger [**]Werte in Klammern entsprechen der Herstellung von kristallinem Zucker

Tabelle A.4.9: Bezeichnung und Spezifizierung der verwendeten Datensätze der Datenbank ecoinvent v2.0 für die Ermittlung der Emissionsfaktoren und spezifischen Energieäquivalente

Parameter	Beschreibung	Kategorie/Unterkategorie ecoinvent	Datensatzname ecoinvent	Spezifizierung ecoinvent		
				Ort	Einheit	ID
ef_{KUP}^{Holz*}	KUP	vgl. Tabelle A.2.2				
ef_{WRH}^{Holz*}	WRH	vgl. Tabelle A.2.1				
ef_{reg}^{Transp}	Transport regional	Transportsysteme/Straße	Transport, Lkw > 28 t, Flottendurchschnitt	CH	tkm	1944
$ef_{üreg}^{Transp*}$	Transport überregional	vgl. Tabelle A.2.3				
ef^{Bau}	Bau Produktions-anlage	Lebensmittel/Verarbeitung	Zuckerraffinerie	GLO	unit	6579
ef^{Abw}	Abwasser-entsorgung	Entsorgungssysteme/ Abwasserreinigung	Behandlung, Abwasser, in Abwasserreinigung, Gr. Kl. 2	CH	m³	2276
ef^{Elektr}	Bereitstellung Elektrizität	Elektrizität/Versorgungsmix	Strom, Niederspannung, ab Netz	DE	kWh	761
ef_{EG}^{Dampf}	Dampf Erdgas	Erdgas/Heizungssysteme	Nutzwärme, Erdgas, ab Industriefeuerung > 100 kW	RER	MJ	1351
ef_{HZ}^{Dampf}	Dampf Holz	Holzenergie/ Wärmekraftkopplung (WKK)	Nutzwärme, ab Holz-WKK 6400 kW$_{th}$, Allokation Wärme	CH	MJ	2333
ef_{ZR}^{Eth}	Ethanol Zuckerrohr	Biomasse/Brenn- und Treibstoffe	Ethanol, 99,7 % in H$_2$O, aus Biomasse, Produktion BR, ab Tankstelle	CH	kg	6225
ef_{MS}^{Eth}	Ethanol Mais	Biomasse/Brenn- und Treibstoffe	Ethanol, 99,7 % in H$_2$O, aus Biomasse, Produktion US, ab Tankstelle	CH	kg	6548
ef_{EY}^{Eth}	Ethanol Ethylen	Chemikalien/Organisch	Ethanol aus Ethylen, ab Werk	RER	kg	6627
ef^{Enz***}	Enzyme	Kein geeigneter Datensatz vorhanden				
ef^{H2SO4}	Schwefelsäure	Chemikalien/Anorganika	Schwefelsäure, flüssig, ab Werk	RER	kg	350
ef^{Phenol}	Phenol aus Cumol	Chemikalien/Organisch	Phenol, ab Werk	RER	kg	435
ef^{Zucker_ZR**}	Zucker aus Zuckerrüben	Landwirtschaftliche Produktion/Pflanzenbau	Zuckerrüben IP, ab Hof	CH	kg	234

*Generierung neuer Datensätze aus vorhandenen Datensätzen der Datenbank ecoinvent
**Anpassung des Datensatzes der Datenbank ecoinvent zur Abbildung der Herstellung von Zucker-Rohsaft aus Zuckerrüben
***Daten werden nicht aus der Datenbank ecoinvent abgeleitet

A.5 Ergebnisse der ökologischen Bewertung

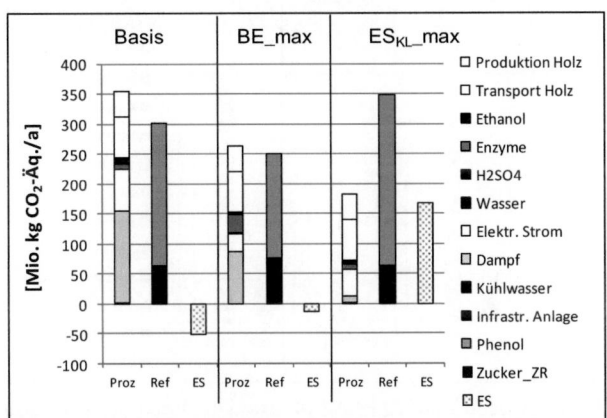

Abbildung A.5.1: CO_2-Äquivalente der Prozesskette (Proz), der Referenzprozesse (Ref) und der möglichen Einsparung (ES) für die Basis-Konfiguration, die Konfiguration BE_max und die Konfiguration der maximierten Einsparung (ES_{KL}_max), Standort SA, Holzart KUP, überregionale Bereitstellung

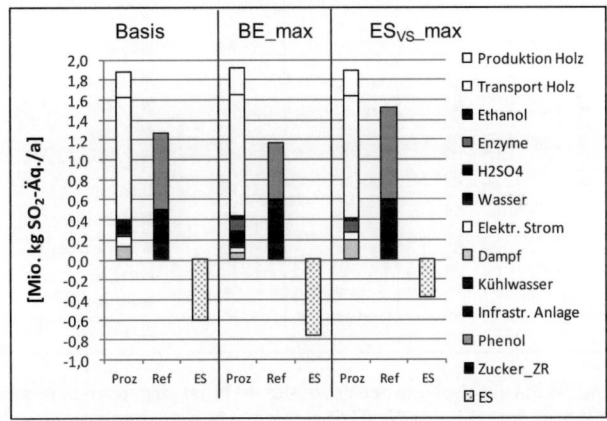

Abbildung A.5.2: SO_2-Äquivalente der Prozesskette (Proz), der Referenzprozesse (Ref) und der möglichen Einsparung (ES) für die Basis-Konfiguration, die Konfiguration BE_max und die Konfiguration der maximierten Einsparung (ES_{VS}_max), Standort SA, Holzart KUP, überregionale Bereitstellung

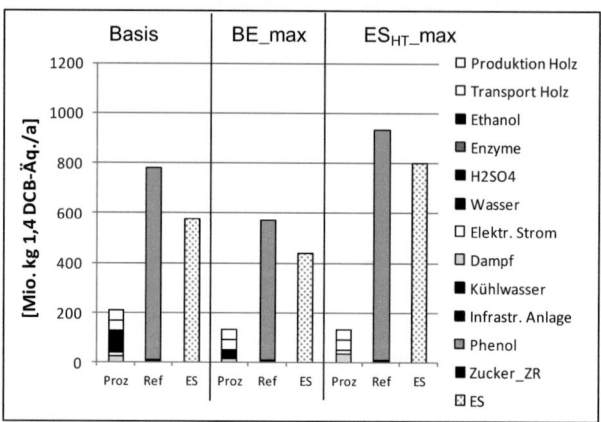

Abbildung A.5.3: 1,4-DCB-Äquivalente der Prozesskette (Proz), der Referenzprozesse (Ref) und der möglichen Einsparung (ES) für die Basis-Konfiguration, die Konfiguration BE_max und die Konfiguration der maximierten Einsparung (ES$_{HT}$_max), Standort SA, Holzart KUP, überregionale Bereitstellung

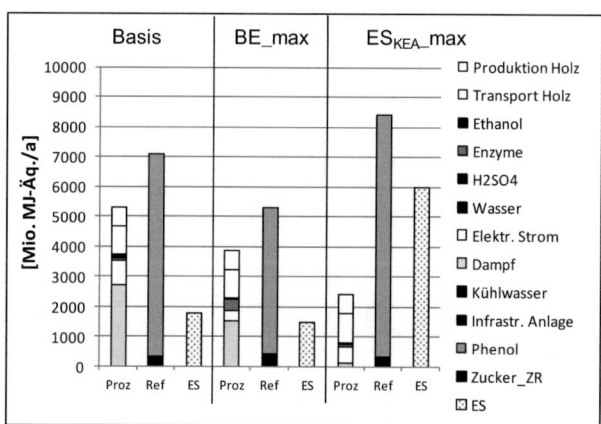

Abbildung A.5.4: MJ-Äquivalente der Prozesskette (Proz), der Referenzprozesse (Ref) und der möglichen Einsparung (ES) für die Basis-Konfiguration, die Konfiguration BE_max und die Konfiguration der maximierten Einsparung (ES$_{KEA}$_max), Standort SA, Holzart KUP, überregionale Bereitstellung

Tabelle A.5.1: Mögliche Einsparungen Kategorie Klimawandel in Mio. kg CO_2-Äq./a bei Variation von ef^{Phenol} um +/- 50 %, Standort RP, Holzarten WRH und KUP, Holzbezug reg und üreg, für unterschiedliche Konfigurationen

Konfiguration	ef^{Phenol}_min (1,94 kg CO_2-Äq./kg)			ef^{Phenol}_max (5,81 kg CO_2-Äq./kg)		
	reg		üreg	reg		üreg
	KUP	WRH	KUP	KUP	WRH	KUP
Basis	-106,6	-76,4	-169,1	132,5	162,7	69,9
BE_max	-34,8	-4,6	-97,4	139,3	169,4	76,7
ES$_{KL}$_max	89,2	119,4	26,6	374,2	404,4	311,7

Tabelle A.5.2: Mögliche Einsparungen Kategorie Versauerung in Mio. kg SO_2-Äq./a bei Variation von ef^{Phenol} um +/- 50 %, Standort RP, Holzarten WRH und KUP, Holzbezug reg und üreg, für unterschiedliche Konfigurationen

Konfiguration	ef^{Phenol}_min (0,0062 kg SO_2-Äq./kg)			ef^{Phenol}_max (0,0185 kg SO_2-Äq./kg)		
	reg		üreg	reg		üreg
	KUP	WRH	KUP	KUP	WRH	KUP
Basis	0,20	0,39	-0,98	0,97	1,15	-0,22
BE_max	0,16	0,35	-1,01	0,72	0,91	-0,46
ES$_{VS}$_max	0,38	0,57	-0,80	1,28	1,47	0,10

Tabelle A.5.3: Mögliche Einsparungen Kategorie Humantoxizität in Mio. kg 1,4-DCB-Äq./a bei Variation von ef^{Phenol} um +/- 50 %, Standort RP, Holzarten WRH und KUP, Holzbezug reg und üreg, für unterschiedliche Konfigurationen

Konfiguration	ef^{Phenol}_min (6,25 kg 1,4-DCB-Äq./kg)			ef^{Phenol}_max (18,76 kg 1,4-DCB-Äq./kg)		
	reg		üreg	reg		üreg
	KUP	WRH	KUP	KUP	WRH	KUP
Basis	224,5	254,2	187,9	996,6	1.026,3	960,0
BE_max	196,0	225,8	159,5	758,3	788,0	721,7
ES$_{HT}$_max	376,4	406,1	339,8	1301,6	1331,3	1265,0

Tabelle A.5.4: Mögliche Einsparungen Kategorie KEA$_{fossil}$ in Mio. MJ-Äq./a bei Variation von ef^{Phenol} um +/- 50 %, Standort RP, Holzarten WRH und KUP, Holzbezug reg und üreg, für unterschiedliche Konfigurationen

Konfiguration	ef^{Phenol}_min (54,64 MJ-Äq./kg)			ef^{Phenol}_max (163,92 MJ-Äq./kg)		
	reg		üreg	reg		üreg
	KUP	WRH	KUP	KUP	WRH	KUP
Basis	-663,4	-216,3	-1.545,6	6.081,8	6.528,9	5.199,7
BE_max	-67,6	379,6	-949,7	4.844,1	5.291,3	3.962,0
ES$_{KEA}$_max	2.899,9	3.347,0	2.017,8	10.958,0	11.405,1	10.075,9

A.6 Ergebnisse der Gesamtbewertung

Tabelle A.6.1: Spezifische Herstellkosten (*hk*), CO_2-Äquivalente (*uw_{KL}*) für Glukose aus Holz (Standort RP, Konfiguration BE_max, 450.000 t TM Holz/a, regionale Holzbereitstellung) und Zucker-Rohsaft aus Zuckerrüben sowie resultierende CO_2-Vermeidungskosten (k_{KL}^{EV})

		KUP			WRH		
		hk	*uw_{KL}*	k_{KL}^{EV}	*hk*	*uw_{KL}*	k_{KL}^{EV}
		€/t	t CO_2-Äq./t	€/t CO_2-Äq.	€/t	t CO_2-Äq./t	€/t CO_2-Äq.
Gluk_Holz	Glukose aus Holz	246	0,070		234	-0,121	
Zucker_ZR	Saccharose aus Zuckerrüben	162	0,401	254	162	0,401	139

Tabelle A.6.2: Optimale Konfigurationen der Prozesskette bei Einbeziehung aller Zielgrößen und für unterschiedliche Zielvorgaben (Var 1, Var 2, Var 3)

Schlüsselgröße	Einheit	Konfiguration		
		Var 1	Var 2	Var 3
		Max. ES_{KL} u. d. N. BE > 80 %, ES_{HT} > 35 %, ES_{VS} > 35 %, ES_{KEA} > 35 %	Max. BE u. d. N. ES_{KL} > 60 %, ES_{HT} > 35 %, ES_{VS} > 35 %, ES_{KEA} > 35 %	Max. BE u. d. N. ES_{KL} > 60 %, ES_{HT} > 60 %, ES_{VS} > 60 %, ES_{KEA} > 60 %
lm	(-)	3	3	4
z	(%)	0	0,8	0
nw_L	(-)	2	4	4
nw_C	(-)	3	4	4
p	(bar)	3	3	3
t'	(h)	48	48	48
z'	(-)	0,0063	0,0063	0,025
b_D	(-)	Erdgas	Holz	Holz
b_{Eth}	(-)	Zuckerrohr	Ethylen	Ethylen

B Abkürzungsverzeichnis

AD	Amortisationsdauer
ADI	Acceptable Daily Intake
AP	Acidification Potential
b_D	Schlüsselgröße – Bereitstellung Dampf
b_{Eth}	Schlüsselgröße – Bereitstellung Ethanol
BE	Betriebsergebnis
BMELV	Bundesministerium für Ernährung, Landwirtschaft und Verbraucherschutz
BREW	Business Resource Efficiency and Waste Program
BtL	Biomass to Liquid
CES	Constant Elasticity of Substitution Production Function
CH	Schweiz
CML	Centrum voor Milieuwetenschappen Universiteit Leiden (Institut für Umweltwissenschaften Universität Leiden)
CTU	Comparative Toxic Units
DALY	Disability Adjusted Life Years
DCB	Dichlorbenzol
DMSO	Dimethylsulfoxid
DP	Degree of Polymerization
EI	Eco-indicator
EPF	Engineering Production Functions
ES	Einsparungen
EUSES	European Uniform System for the Evaluation of Substances
FM	Feuchtmasse
GAMS	General Algebraic Modeling System
GLO	Global
GWP	Global Warming Potential
HCB	Hexachlorbenzol
HCH	Hexachlorcyclohexan
HEN	Heat Exchanger Network
HFC	Hydrofluorcarbone
HT	Humantoxizität
HTP	Human Toxicity Potential
I	Investition

IFP	Institut Français du Pêtrole Publications
IPCC	International Panel on Climate Change
IRR	Internal Rate of Return
KEA	Kumulierter Energieaufwand
KL	Klimawandel
KW	Kapitalwert
KUP	Kurzumtriebsplantagen
LCA	Life Cycle Assessment
lm	Schlüsselgröße – Verhältnis Lösemittel zu Holz
LM	Lösemittel
MADM	Multi Attribute Decision Making
MDF	Mitteldichte Holzfaserplatte
MODM	Multi Objective Decision Making
NEC	National Emission Ceilings
NPV	Net Present Value
NREL	National Renewable Energy Laboratory
NRTL	Non Random Two Liquid
nw_L	Schlüsselgröße – Anzahl Wäschen Ligninfraktion
nw_C	Schlüsselgröße – Anzahl Wäschen Cellulosefraktion
OCE	Oceanic
ODP	Ozone Depletion Potential
p	Schlüsselgröße – Druckstufe Kompressor
PAF	Potentially Affected Fraction of Species
PAH	Polycyclic Aromatic Hydrocarbons
PCB	Polychlorierte Biphenyle
PDF	Potentially Disappeared Fraction
PDI	Predicted Daily Intake
PET	Polyethylenterephtalat
PFC	Perfluorcarbone
PLA	Poly Lactic Acid
POCP	Photochemical Ozone Creation Potential
POP	Persistent Organic Pollutant
R	Rentabilität
RAINS	Regional Acidification Information and Simulation
RER	Europa
reg	Holzbezug regional

RIVM	Rijksinstituut voor Volksgezondheid en Milieu Nationale (Institut für öffentliche Gesundheit und Umwelt)
ROI	Return on Investment
RP	Standort Rheinland-Pfalz
SA	Standort Sachsen-Anhalt
SMART	Simulation Model for Acidification's Regional Trends
t'	Schlüsselgröße – Verweilzeit Hydrolyse
THG	Treibhausgase
TM	Trockenmasse
u	Holzfeuchte
UNECE	United Nations Economic Commission for Europe
UNEP-SETAC	United Nations Environment Programme - Society for Environmental Toxicology and Chemistry
UNIQUAC	Universal Quasichemical
USES	Uniform System for the Evaluation of Substances
UW	Umweltwirkungen
üreg	Holzbezug überregional
vkm	Vehicle Kilometer
VOC	Volatile Organic Compounds
VS	Versauerung
WRH	Waldrestholz
z	Schlüsselgröße – Zugabe H_2SO_4
z'	Schlüsselgröße – Zugabe Enzyme

C Abbildungsverzeichnis

D Tabellenverzeichnis

E Literaturverzeichnis

[Aden 2008] Aden, A. (2008): Biochemical Production of Ethanol from Corn Stover: 2007 State of Technology Model. National Renewable Energy Laboratory, Golden (Colorado).

[Aden et al. 2002] Aden, A., Ruth, M., Ibsen, K., Jechura, J., Neeves, K., Sheehan, J., Wallace, B., Montague, L., Slayton, A., Lukas, J. (2002): Lignocellulosic Biomass to Ethanol – Process Design and Economics Utilizing Co-Current Dilute Acid Prehydrolysis and Enzymatic Hydrolysis for Corn Stover. National Renewable Energy Laboratory, Golden (Colorado).

[Aden und Foust 2009] Aden, A., Foust, T. D. (2009): Technoeconomic Analysis of the Dilute Sulfuric Acid and Enzymatic Hydrolysis Process for the Conversion of Corn Stover to Ethanol. In: Cellulose, 16, 4, S. 535 - 545.

[Ahonen und Lehner 1997] Ahonen, A., Lehner, L. (1997): Umweltverträgliche Holzaufschluss-verfahren. Wissenschaftliche Studie zum Thema "Umsetzung der neu entwickelten umwelt-verträglichen Holzaufschlussverfahren". Schriftenreihe "Nachwachsende Rohstoffe" Nr. 8. Landwirtschaftsverlag GmbH, Münster.

[Alcamo et al. 1990] Alcamo, J., Shaw, R., Hordijk, L. (1990): The Rains Model Of Acidification – Science and Strategies in Europe. Springer Netherlands, Dordrecht.

[Althaus et al. 2007] Althaus, H.-J., Bauer, C., Doka, G., Dones, R., Hischier, R., Hellweg, S., Humbert, S., Köllner, T., Loerincik, Y., Margni, M., Nemecek, T. (2007): Implementation of Life Cycle Impact Assessment Methods. Ecoinvent Centre, Dübendorf.

[Althaus et al. 2007a] Althaus, H.-J., Chudacoff M., Hellweg, S., Hischier, R., Jungbluth, N., Osses, M., Primas, A. (2007): Life Cycle inventories of Chemicals. Ecoinvent report No. 8. Ecoinvent Centre, Dübendorf.

[Amen-Chen et al. 2001] Amen-Chen, C., Pakdel, H., Roy, C. (2001): Production of monomeric phenols by thermochemical conversion of biomass: a review. In: Bioresource Technology, 79, 3, S. 277 - 299.

[Arato et al. 2005] Arato, C., Pye, K., Gjennestad, G. (2005): The Lignol Approach of Woody Biomass to Produce Ethanol and Chemicals. In: Applied Biochemistry and Biotechnology, 123, 1-3, S. 871 - 882.

[Arndt et al. 2007] Arndt, J.-D., Freyer, S., Geier, R., Machhammer, O., Schwartze, J., Volland, M., Diercks, R. (2007): Rohstoffwandel in der chemischen Industrie. In: Chemie Ingenieur Technik, 79, 5, S. 521 - 527.

[Arnold 1998] Arnold, D. (1998): Materialflußlehre. Vieweg Verlag, Wiesbaden.

[aspentech 2003] aspentech (2003): Aspen Plus 12.1 User Guide. Aspen Technology Inc., Cambridge.

[aspentech 2003a] aspentech (2003): Aspen Plus 12.1 Unit Operation Models. Aspen Technology Inc., Cambridge.

[Barchart 2010] Barchart.com, Inc (2010): Sugar #11 Futures Prices. Nearby future monthly average. Detailed Quote, monthly, last. URL www.barchart.com/futures/commodities/SB (Aufruf: Dezember 2010).

[Barchart 2010a] Barchart.com, Inc (2010): No. 5 White Sugar Futures Prices. Nearby future monthly average. Detailed Quote, monthly, last. URL www.barchart.com/futures/commodities/SW (Aufruf: Dezember 2010).

[BASF 2011] BASF (2011): Ökoeffizienz-Analyse. URL www.basf.com/group/corporate/de/sustainability/eco-efficiency-analysis/what-is (Aufruf: Januar 2011).

[Baumgarten 1990] Baumgarten, B. (1990): Petri-Netze. Grundlagen und Anwendungen. Spektrum Akademischer Verlag, Heidelberg.

[Bierwerth 2001] Bierwerth, W. (2001): Tabellenbuch Chemietechnik. Verlag Europa-Lehrmittel, Haan.

[Blaß 1989] Blaß, E. (1989): Entwicklung verfahrenstechnischer Prozesse: Methoden, Zielsuche, Lösungssuche, Lösungsauswahl. Springer, Berlin.

[Bohlmann 2006] Bohlmann, G. M. (2006): Process Economic Considerations for Production of Ethanol from Biomass Feedstocks. In: Industrial Biotechnology, 2, 1, S. 14 - 21.

[Brand et al. 2007] Brand, L., Eickenbusch, H., Hoffknecht, A., Krauß, O., Zweck, A., Pohle, D. (2007): Innovations- und Marktpotenzial neuer Werkstoffe. Zukünftige Technologien Consulting der VDI Technologiezentrum GmbH, Düsseldorf.

[BMELV 2010] Bundesministerium für Ernährung, Landwirtschaft und Verbraucherschutz (2010): Bundeswaldinventur 2. URL www.bundeswaldinventur.de (Aufruf: November 2010). BMELV, Berlin.

[Cardona Alzate und Sánchez Toro 2006] Cardona Alzate, C. A., Sánchez Toro, O. J. (2006): Energy consumption analysis of integrated flowsheets for production of fuel ethanol from lignocellulosic biomass. In: Energy, 31, 13, S. 2447 - 2459.

[Carlson 1996] Carlson, E. C. (1996): Succeeding at simulation: Don't Gamble with Physical Properties for Simulations. American Institute of Chemical Engineers, New York.

[CEPEA 2011] Centro de Estudos Avançados em Economia Aplicada (2010): Indicadores de Precos. URL www.cepea.esalq.usp.br (Aufruf: Dezember 2010).

[Chauvel et al. 2003] Chauvel, A., Fournier, G., Raimbault, C., Pigeyre, A. (2003): Manual of Process Economic Evaluation. Editions Technip, Paris.

[Cherubini 2010] Cherubini, F. (2010): The biorefinery concept: Using biomass instead of oil for producing energy and chemicals. In: Energy Conversion and Management, 51, -, S. 1412 - 1421.

[Cherubini et al. 2007] Cherubini, F., Jungmeier, G., Lingitz, A. (2007): Environmental Evaluation of Biorefinery Concepts – A Case Study for Analysis of Greenhouse Gas Emissions and Cumulated Primary Energy Demand. In: Proceedings of the 15th European Biomass Conference and Exhibition, 15, -, S. 2170 - 2177.

[Cherubini et al. 2009] Cherubini, F., Jungmeier, G., Wellisch, M., Willke, T., Skiadas, I., van Ree, R., Jong, E. (2009): Toward a common classification approach for biorefinery systems. In: Biofuels, Bioproducts & Biorefining, 3, 5, S. 534 - 546.

[Cherubini und Jungmeier 2010] Cherubini, F., Jungmeier, G. (2010): LCA of a Biorefinery Concept Producing Bioethanol, Bioenergy, and Chemicals from Switchgrass. In: International Journal of Life Cycle Assessment, 15, -, S. 53 - 66.

[Cherubini und Stromman 2011] Cherubini, F., Stromman, A. H. (2011): Chemicals from ligno-cellulosic biomass: opportunities, perspectives, and potential of biorefinery systems. Article first published online: 23 May 2011. Biofuels, Bioproducts & Biorefining, Wiley Online Library.

[Christen 2004] Christen, D. (2004): Praxiswissen der chemischen Verfahrenstechnik. Springer, Berlin.

[Chum et al. 1985] Chum, H. L., Douglas, L. J., Feinberg, D. A. (1985): Evaluation of Pretreatments of Biomass for Enzymatic Hydrolysis of Cellulose. U.S. Department of Energy, Washington.

[Chum et al. 1988] Chum, H. L., Johnson, D., Black, S. (1988): Organosolv Pretreatment for Enzymatic Hydrolysis of Poplars: I. Enzyme Hydrolysis of Cellulosic Residues. In: Biotechnology and Bioengineering, 31, -, S. 643 - 649.

[Clark et al. 2006] Clark, J. H., Budarin, V., Deswarte, F. E. I., Hardy, J. J. E., Kerton, F. M., Hunt, A. j., Luque, R., Macquarrie, D. J., Milkowski, K., Rodriguez, A., Samuel, O., Tavener, S. J., White, R. J., Wilson, A. J. (2006): Green Chemistry and the Biorefinery: A Partnership for a Sustainable Future. In: Green Chemistry, 8, -, S. 853 - 860.

[Couper 2003] Couper, J. R. (2003): Process engineering economics. Marcel Dekker Inc., New York.

[Coyle 2007] Coyle, W. (2007): The future of biofuels – A global perspective. In: Amber Waves, 5, 5, S. 24 - 29.

[Cuzens und Miller 1997] Cuzens, J. C., Miller, J. R. (1997): Acid hydrolysis of bagasse for ethanol production. In: Renewable Energy, 10, 2/3, S. 285 - 290.

[Daenzer und Huber 2002] Daenzer, W. F., Huber, F. (2002): Systems Engineering. Orell Füssli Verlag, Zürich.

[DECHEMA 2009] DECHEMA (2009): BMELV-Verbundvorhaben Pilotprojekt Lignocellulose Bioraffinerie. Gemeinsamer Schlussbericht zu den wissenschaftlich-technischen Ergebnissen aller Teilvorhaben. URL www.fnr-server.de/ftp/pdf/berichte/22014406.pdf. BMELV, Berlin.

[DECHEMA 2011] DECHEMA (2011): BMELV Verbundvorhaben "Lignocellulose Bioraffinerie". Aufschluss lignocellulosehaltiger Rohstoffe und vollständige stoffliche Nutzung der Komponenten (Phase 2). Gemeinsamer Zwischenbericht zu den wissenschaftlich-technischen Ergebnissen aller Teilvorhaben. Berichtszeitraum 01.05.2010 bis 30.04.2011. BMELV, Berlin.

[DIN 2006] Deutsches Institut für Normung (2006): DIN EN ISO 14040: Umweltmanagement - Ökobilanz – Grundsätze und Rahmenbedingungen. DIN Deutsches Institut für Normung e. V., Berlin.

[DIN 2006a] Deutsches Institut für Normung (2006): DIN EN ISO 14044: Umweltmanagement - Ökobilanz – Anforderungen und Anleitungen. DIN Deutsches Institut für Normung e. V., Berlin.

[Doherty et al. 2011] Doherty, W. O. S., Mousavioun, P., Fellows, C. M. (2011): Value-adding to cellulosic ethanol: Lignin polymers. In: Industrial Crops and Products, 33, 2, S. 259 - 276.

[Dugan 2000] Dugan, J. S. (2000): Novel Properties of PLA fibers. Fiber Innovation Technology, Inc. URL www.fitfibers.com (Aufruf: Januar 2011).

[ecoinvent Centre 2007] ecoinvent Centre (2007): ecoinvent data v2.0., ecoinvent reports No. 1 - 25. Swiss Centre for Life Cycle Inventories, Dübendorf.

[Effendi et al. 2008] Effendi, A. (2008): Production of renewable phenolic resins by thermochemical conversion of biomass: A review. In: Renewable and Sustainable Energy Reviews, 12, S. 2092 - 2116.

[Erickson 2007] Erickson, J. C. (2007): Overview of thermochemical biorefinery technologies. In: International Sugar Journal, 109, 1299, S. 163 - 173.

[EC 2010] Europäische Kommission (2010): InforEuro – Monatlicher Buchungskurs des Euro, Datenbank der Europäischen Kommission URL www.ec.europa.eu/budget/inforeuro (Aufruf: April 2010).

[FNR 2006] Fachagentur Nachwachsende Rohstoffe (2006): Nachwachsende Rohstoffe in der Industrie. Fachagentur Nachwachsende Rohstoffe e.V., Gülzow.

[Faix et al. 1984] Faix, O., Lange, W., Beinhoff, O. (1984): Orientierende Untersuchungen zum Organosolv-Aufschluß von Buchenholz mit einem Propandiol/Wasser-Gemisch. In: Holz als Roh- und Werkstoff, 42, -, S. 245 - 252.

[Fele und Grilc 2003] Fele, L., Grilc, V. (2003): Separation of Furfural from Ternary Mixtures. In: Journal of Chemical Engineering Data, 48, 3, S. 564 - 570.

[Fengel und Wegener 1984] Fengel, D., Wegener, G. (1984): Wood – Chemistry, Ultrastructure, Reactions. Walter de Gruyter & Co, Berlin.

[FMB 2011] Fertilizer Market Bulletin (2011): Sulphur and Sulphuric Acid report. Fmb Consultants Limited, Hampton Hill (UK).

[Fink-Keßler und Hofstetter 2006] Fink-Keßler, A., Hofstetter, M. (2006): Alternativen des Zuckerrübenanbaus in NRW. Germanwatch, Berlin.

[Frischknecht et al. 2008] Frischknecht, R., Steiner, R., Jungbluth, N. (2008): Ökobilanzen: Methode der ökologischen Knappheit – Ökofaktoren 2006. Bundesamt für Umwelt BAFU, Bern.

[Futterer und Munsch 1990] Futterer, E., Munsch, M. (1990): Flow-Sheeting-Programme für die Prozeßsimualtion. In: Chemie Ingenieur Technik, 62, 1, S. 9 - 16.

[Galbe et al. 2007] Galbe, M., Sassner, P., Wingren, A., Zacchi, G. (2007): Process Engineering Economics of Bioethanol Production. In: Advances in Biochemical Engineering/Biotechnology, 108, -, S. 303 - 327.

[Geldermann 1999] Geldermann, J. (1999): Entwicklung eines multikriteriellen Entscheidungs-unterstützungssystems zur integrierten Technikbewertung. VDI Verlag, Düsseldorf.

[gadm 2010] Global Administrative Areas (2010): URL www.gadm.org (Aufruf: November 2010).

[Gmehling 2002] Gmehling, J. (2002): Moderne thermodynamische Modelle und Dortmunder Datenbank. In: Vakuum in Forschung und Praxis, 14, 5, S. 272 - 279.

[Gnansounou und Dauriat 2010] Gnansounou, E., Dauriat, A. (2010): Techno-economic analysis of lignocellulosic ethanol: A review. In: Bioresource Technology, 101, 13, S. 4980 - 4991.

[Goedkoop et al. 2000] Goedkoop, M., Müller-Wenk, R., Mettier, T., Hungerbühler, K., Braunschweig, A., Klaus, T. (2000): Eco-indicator 99 – eine schadensorientierte Bewertungsmethode. ETH Zentrum HAD, Zürich.

[Goedkoop und Spriensma 2001] Goedkoop, M., Spriensma, R. (2001): The Eco-indicator 99: A damage oriented Method for Life Cycle Impact Assessment. PRé Consultants B.V., Amersfoort (NL).

[Grethlein 1991] Grethlein, H. E. (1991): Common Aspects of Acid Prehydrolysis and Steam Explosion for Pretreating Wood. In: Bioresource Technology, 36, 1, S. 77 - 82.

[Griesbaum et al. 2005] Griesbaum, K., Behr, A., Biedenkapp, D., Voges, H.-W., Garbe, D., Paetz, C., Collin, G., Mayer, D., Höke, H. (2005): Hydrocarbons. In: Ullmann's Encyclopedia of Industrial Chemistry. Wiley-VCH, Weinheim.

[Grundmann und Eberts 2009] Grundmann, P., Eberts, J. (2009): Ökonomische Bewertung von Kurzumtriebsholz: Verfahrensvergleich mit landwirtschaftlichen Kulturen im regionalen Kontext. In: Reeg, T., Bemmann, A., Konold, W., Murach, D., Spiecker, H. (Hrsg.): Anbau und Nutzung von Bäumen auf landwirtschaftlichen Flächen. Wiley VCH, Weinheim.

[Guinée et al. 2002] Guinée, J. B., Gorrée, M., Heijungs, R., Huppes, G., Kleijn, R., de Koning, A., van Oers, L., Sleeswijk, A. W., Suh, S., de Haes, H. A. U., de Bruijn, H., van Duin, R., Huijbregts, M. A. J. (2002): Handbook on Life Cycle Assessment – An operational guide to the ISO standards. Kluwer Academic Publishers, Dordrecht.

[Haase et al. 2009] Haase, M., Skott, S., Fröhling, M. (2009): Ecological evaluation of selected 1st and 2nd generation biofuels – FT fuel from wood and ethanol from sugar beets. Proceedings Biociclo Workshop, March 26th, Karlsruhe, S. 69 - 94.

[Haase et al. 2010] Haase, M., Fröhling, M., Schweinle, J, Susanto, A., Schultmann, F. (2010): Identification of key factors for profitability and environmental effects of a lignocellulose biorefinery. Proceedings 11th European Workshop on Lignocellulosics and Pulp (EWLP), August 16 - 19, Hamburg, S. 21 - 24.

[Hähre 2000] Hähre, S. (2000): Stoffstrommanagement in der Metallindustrie. Zur Gestaltung und techno-ökonomischen Bewertung industrieller Recyclingkonzepte. Fortschritt-Berichte VDI, Reihe 16, Technik und Wirtschaft, Nr. 115. VDI, Düsseldorf.

[Halleux et al. 2008] Halleux, H., Lassaux, S., Renzoni, R., Germain, A. (2008): Comparative Life Cycle Assessment of Two Biofuels. In: International Journal of Life Cycle Assessment, 13, 3, S. 184 - 190.

[Hamelinck et al. 2005] Hamelinck, C. N., van Hooijdonk, G., Faaij, A. P. C. (2005): Ethanol from Lignocellulosic Biomass: Techno-Economic Performance in short-, middle- and long-term. In: Biomass and Bioenergy, 28, -, S. 384 - 410.

[Harth 2006] Harth, M. (2006): Multikriterielle Bewertungsverfahren als Beitrag zur Entscheidungs-findung in der Landnutzungsplanung. ULB Sachsen-Anhalt, Halle.

[Hartmann 2001] Hartmann, H. (2001): Brennstoffzusammensetzung und -eigenschaften. In: Kaltschmitt, M. und Hartmann, H. (Hrsg.): Energie aus Biomasse. Grundlagen, Techniken und Verfahren. Spinger, Berlin.

[Hartmann und Reisinger 2007] Hartmann, H., Reisinger, K. (2007): Brennstoffeigenschaften und Mengenplanung. In: Handbuch Bioenergie Kleinanlagen. Fachagentur Nachwachsende Rohstoffe (FNR), Gülzow.

[Häuslein und Hedemann 1995] Häuslein, A., Hedemann, J. (1995): Die Bilanzierungssoftware Umberto und mögliche Einsatzgebiete. In: Schmidt, M. und Schorb, A. (Hrsg): Stoffstromanalysen in Ökobilanzen und Öko-Audits. Spinger, Berlin.

[Heijungs et al. 1992] Heijungs, R., Guinée, J. B., Huppes, G., Lamkreijer, R. M., Udo de Haes, H. A., Wegener Sleeswijk, A. (1992): Environmental Life Cycle Assessment of Products. Guide (Part 1) and Backgrounds (Part 2), prepared by CML, TNO and B&G. Leiden. Centrum voor Milieukunde, Leiden.

[Hertwich et al. 2001] Hertwich, E. G., Mateles, S. F., Pease, W. S., McKone, T. E. (2001): Human Toxicity Potentials for Life-Cycle Assessment. In: Environmental Toxicology and Chemistry, 20, 4, S. 928 - 939.

[Hesse 2005] Hesse, W. (2005): Phenolic Resins. In: Ullmann's Encyclopedia of Industrial Chemistry. Wiley-VCH, Weinheim.

[Himmel et al. 2007] Himmel, M. E., Ding, S.-Y., Johnson, D. K., Adney, W. S., Nimlos, M. R., Brady, J. W., Foust, T. D. (2007): Biomass Recalcitrance: Engineering Plants and Enzymes for Biofuels Production. In: Science, 315, 5813, S. 804 - 807.

[Hischier et al. 2004] Hischier, R., Althaus, H.-J., Werner, F. (2005): Developments in Wood and Packaging Materials Life Cycle Inventories in ecoinvent. In: International Journal of Life Cycle Assessment, 10, 1, S. 50 - 58.

[Hogan et al. 1996] Hogan, L. M., Beal, R. T., Hunt, R. G. (1996): Threshold Inventory Interpretation Methodology – A Case Study of Three Juice Container Systems. In: International Journal of Life Cycle Assessment, 1, 3, S. 159 - 167.

[Holladay et al. 2007] Holladay, J., Bozell, J., White, J., Johnson, D. (2007): Top Value-Added Chemicals from Biomass Volume II. Results of Screening for Potential Candidates. U.S. Department of Energy, Washington.

[Holland und Wilkinson 1997] Holland, F. A., Wilkinson, J. K. (1997): Process economics. In: Perry, R. H. (Hrsg.): Perry´s chemical engineers´ handbook. Seventh edition. McGraw-Hill Professional, New York.

[Houghton et al. 2001] Houghton, J., Ding, Y., Griggs, D., Noguer, M., van der Linden, P., Dai, X., Maskell, K., Johnson, C. (2001): Climate Change 2001: The Scientifc Basis. IPCC, Geneva.

[Hoydonckx et al. 2007] Hoydonckx, H. D., Van Rhijn, W. M., Van Rhijn, W., De Vos, D. E., Jacobs, P. A. (2007): Furfural and Derivatives. In: Ullmann's Encyclopedia of Industrial Chemistry. Wiley-VCH, Weinheim.

[Huang et al. 2009] Huang, H.-J., Ramaswamy, S., Al-Dajani, W., Tschirner, U., Cairncross, R. A. (2009): Effect of biomass species and plant size on cellulosic ethanol: A comparative process and economic analysis. In: Biomass and Bioenergy, 33, 2, S. 234 - 246.

[Huang et al. 2009a] Huang, H.-J., Lin, W., Ramaswamy, S., Tschirner, U. (2009): Process Modeling of Comprehensive Integrated Forest Biorefinery – An Integrated Approach. In: Applied Biochemistry and Biotechnology, 154, 1-3, S. 205 - 216.

[Huijbregts 1999] Huijbregts, M. A. J. (1999): Life-cycle impact assessment of acidifying and eutrophying air pollutants. University of Amsterdam, Amsterdam.

[Huijbregts et al. 2000] Huijbregts, M. A. J., Thissen, U., Guinée, J. B., Jager, T., Kalf, D., Van de Meent, D., Ragas, A. M. J., Wegener Sleeswijk, A., Reijnders, L. (2000): Priority assessment of toxic substances in life cycle assessment. Part I: Calculation of toxicity potentials for 181 substances with the nested multi-media fate, exposure and effects model USES-LCA. In: Chemosphere, 41, 4, S. 541 - 573.

[Huijbregts et al. 2000a] Huijbregts, M. A. J., Thissen, U., Jager, T., Van de Meent, D., Ragas, A. M. J. (2000): Priority assessment of toxic substances in life cycle assessment. Part II: assessing parameter uncertainty and human variability in the calculation of toxicity potentials. In: Chemosphere, 41, 4, S. 575 - 588.

[Huijbregts et al. 2001] Huijbregts, M. A. J., Schöpp, W., Verkuijlen, E., Heijungs, R., Reijnders, L. (2001): Spatially Explicit Characterization of Acidifying and Eutrophying Air Pollution in Life-Cycle Assessment. In: Journal of Industrial Ecology, 4, 3, S. 75 - 92.

[Huijbregts et al. 2001a] Huijbregts, M. A. J., Guinée, J. B., Reijnders, L. (2001): Priority Assessment of Toxic Substances in Life Cycle Assessment. Part III: Export of Potential Impact over Time and Space. In: Chemosphere, 44, 1, S. 59 - 65.

[Huijbregts et al. 2006] Huijbregts, M. A. J., Rombouts, L. J. A., Hellweg, S., Frischknecht, R., Hendriks, A. J., Van de Meent, D., Ragas, A. M. J., Reijnders, L., Struijs, J. (2006): Is Cumulative Fossil Energy Demand a Useful Indicator for the Environmental Performance of Products? In: Environmental Science and Technology, 40, 3, S. 641 - 648.

[Humbird et al. 2011] Humbird, D., Davis, R., Tao, L., Kinchin, C., Hsu, D., Aden, A. (2011): Process Design and Economics for Biochemical Conversion of Lignocellulosic Biomass to Ethanol. National Renewable Energy Laboratory, Golden (Colorado).

[Humbird und Aden 2009] Humbird, D., Aden, A. (2009): Biochemical Production of Ethanol from Corn Stover: 2008 State of Technology Model. National Renewable Energy Laboratory, Golden (Colorado).

[ifu 2005] Institut für Umweltinformatik Hamburg GmbH (2005): Umberto. Software für das betriebliche Stoffstrommanagement. Benutzerhandbuch, Version Umberto 5. Institut für Umweltinformatik Hamburg (ifu) GmbH und Institut für Energie- und Umweltforschung (ifeu) Heidelberg GmbH, Hamburg/Heidelberg.

[ICIS 2010] International Chemical Information Service (2011): ICIS Chemical Business, Online-Ausgabe der Zeitschrift, Ausgaben der Jahre 2008 - 2010.

[IWR 2011] Internationales Wirtschaftsforum Regenerative Energien (IWR) (2011): Bioethanol-Produktionskapazitäten (Stand: November 2010). IWR, Münster.

[Iogen 2011] Iogen Corporation (2011): Iogen's Cellulosic Ethanol Demonstration Plant. URL www.iogen.ca (Aufruf: Januar 2011).

[Jäkel 2011] Jäkel, K. (2011): Neue Chancen für Zuckerrüben als Rohstoff zur energetischen Verwertung. Landesamt für Umwelt, Landwirtschaft und Geologie, Dresden.

[Johansson et al. 1987] Johansson, A., Aaltonen, O., Ylinen, P. (1987): Organosolv Pulping – Methods and Pulp Properties. In: Biomass, 13, 1, S. 45 - 65.

[Jolliet et al. 2003] Jolliet, O., Margni, M., Charles, R., Humbert, S., Payet, J., Rebitzer, G., Rosenbaum, R. (2003): IMPACT 2002+: A New Life Cycle Impact Assessment Methodology. In: International Journal of Life Cycle Assessment, 8, 6, S. 324 - 330.

[Jungbluth et al. 2007] Jungbluth, N., Emmenegger, M., Dinkel, F., Stettler, C., Doka, G., Chudacoff, M., Dauriat, A., Gnansounou, E., Spielmann, M., Sutter, J., Kljun, N., Keller, M., Schleiss, K. (2007): Life Cycle Inventories of Bioenergy. ecoinvent report No. 17. Swiss Centre for Life Cycle Inventories, Dübendorf, CH.

[Kadam et al. 2008] Kadam, K., Chin, C., Brown, L. (2008): Flexible Biorefinery for Producing Fermentation Sugars, Lignin and Pulp from Corn Stover. In: Journal of Industrial Microbiology & Biotechnology, 35, 5, S. 331 - 341.

[Kaltschmitt und Hartmann 2001] Kaltschmitt, M., Hartmann, M. (2001): Nebenprodukte, Rückstände und Abfälle. In: Kaltschmitt, M. und Hartmann, H. (Hrsg.): Energie aus Biomasse. Grundlagen, Techniken und Verfahren. Springer, Berlin.

[Kamm et al. 2006] Kamm, B., Kamm, M., Gruber, P. R., Kromus, S. (2006): Biorefinery Systems – An Overview. In: Kamm, B., Gruber, P. R., Kamm, M. (Hrsg.): Biorefineries – Industrial Processes and Products, Volume 1. Wiley-VCH, Weinheim.

[Kamm et al. 2006a] Kamm, B., Kamm, M., Schmidt, M., Hirth, T., Schulze, M. (2006): Lignocellulose-based Chemical Products and Product Family Trees. In: Kamm, B., Gruber, P. R., Kamm, M. (Hrsg.): Biorefineries – Industrial Processes and Products, Volume 2. Wiley-VCH, Weinheim.

[Karl 2003] Karl, U. (2003): Regionales Stoffstrommanagement. Fortschritt-Berichte VDI Reihe 16, Nr. 164. VDI, Düsseldorf.

[Kaylen et al. 2000] Kaylen, M., Van Dyne, D., Choi, Y., Blase, M. (2000): Economic feasibility of producing ethanol from lignocellulosic feedstocks. In: Bioresource Technology, 72, 1, S. 19 - 32.

[Kerdoncuff 2008] Kerdoncuff, P. (2008): Modellierung und Bewertung von Prozessketten zur Herstellung von Biokraftstoffen der zweiten Generation. Universitätsverlag Karlsruhe, Karlsruhe.

[Kloock 1969] Kloock, J. (1969): Betriebswirtschaftliche Input-Output-Modelle. Betriebswirtschaftlicher Verlag Gabler, Wiesbaden.

[Kosaric et al. 2007] Kosaric, N., Duvnjak, Z., Farkas, A., Sahm, H., Bringer-Meyer, S., Goebel, O., Mayer, D. (2007): Ethanol. In: Ullmann's Encyclopedia of Industrial Chemistry. Wiley-VCH, Weinheim.

[Kruschwitz 2007] Kruschwitz, L. (2007): Investitionsrechnung. Oldenbourg Wissenschaftsverlag GmbH, München.

[LWK 2011] Landwirtschaftskammer Nordrhein-Westfahlen (2011): Wettbewerbsstellung der Zuckerrübe kalkulieren.
URL www.lwk-test.de/landwirtschaft/beratung/veroeffentlichungen/zuckerrueben-anbaucheck.htm (Aufruf: April 2011).

[Lange 2000] Lange, M. (2000): Strategische und operative Plankostenrechnung in der Chemischen Industrie auf Basis verfahrenstechnischer Material- und Energiebilanzen. Eine Analyse wesentlicher Bestandteile der Herstellkosten von Chemieunternehmen unter Berücksichtigung des Umweltschutzes. Fortschritt-Berichte VDI. Reihe 16 Technik und Wirtschaft, Nr. 118. VDI-Verlag, Düsseldorf.

[Leible et al. 2005] Leible, L., Kälber, S., Kappler, G. (2005): Entwicklung von Szenarien über die Bereitstellung von land- und forstwirtschaftlicher Biomasse in zwei baden-württembergischen Regionen zur Herstellung von synthetischen Kraftstoffen – Mengenszenarien zur Biomassebereitstellung. Forschungszentrum Karlsruhe GmbH, Institut für Technikfolgenabschätzung und Systemanalyse (ITAS), Karlsruhe.

[Leible et al. 2007] Leible, L., Kälber, S., Kappler, G., Lange, S., Nieke, E., Proplesch, P., Wintzer, D., Fürniß, B. (2007): Kraftstoff, Strom und Wärme aus Stroh und Waldrestholz – Eine systemanalytische Untersuchung. Forschungszentrum Karlsruhe GmbH, Karlsruhe.

[Lenz et al. 1986] Lenz, L., Schurz, J., Ujhely, W. (1986): Die Gelierung von Hemicellulose-Suspensionen. In: Rheologica Acta, 25, -, S. 418 - 425.

[Lewandowski 2001] Lewandowski, I. (2001): Energiepflanzenproduktion. In: Kaltschmitt, M. und Hartmann, H. (Hrsg.): Energie aus Biomasse. Grundlagen, Techniken und Verfahren. Springer-Verlag, Berlin, Heidelberg.

[Lignol 2011] Lignol energy corporation (2011): Lignol Company History. URL www.lignol.ca (Aufruf: Januar 2011).

[Lora et al. 1988] Lora, J. H., Katzen, R., Cronlund, M., Wu, C. C. (1988): United States Patent; Patent Number: 4,764,596: Recovery of Lignin. United States Patent and Trademark Office, Alexandria (VA).

[Lüth 1997] Lüth, O. A. (1997): Strategien zur Energieversorgung unter Berücksichtigung von Emissionsrestriktionen: Entwicklung eines Energie-Emissions-Modells für kleine Länder bzw. Regionen. VDI, Düsseldorf.

[Lynd 1996] Lynd, L. R. (1996): Overview and Evaluation of Fuel Ethanol from Cellulosic Biomass: Technology, Economics, the Environment, and Policy. In: Energy Environment, 21, -, S. 403 - 465.

[Mamman et al. 2008] Mamman, A. S., Lee, J.-M., Kim, Y.-C., Hwang, I. T., Park, N.-J., Hwang, Y.-K., Chang, J.-S., Hwang, J.-S. (2008): Furfural: Hemicellulose/xylose-derived biochemical. In: Biofuels, Bioproducts & Biorefining, 2, 5, S. 438 - 454.

[Mantau et al. 2010] Mantau, U., Saal, U., Prins, K., Steierer, F., Lindner, M., Verkerk, H., Eggers, J., Leek, N., Oldenburger, J., Asikainen, A., Anttila, P. (2010): EUwood – Real potential for changes in growth and use of EU forests. Final report. Hamburg.

[Matthes 1998] Matthes, F. (1998): CO_2-Vermeidungskosten: Konzept, Potentiale und Grenzen eines Instruments für politische Entscheidungen. Öko-Institut, Berlin.

[McDonough 1992] MCDonough, T. J. (1992): The Chemistry of Organosolv Delignification. Institute of Paper Science and Technology, Atlanta (Georgia).

[Menrad et al. 2006] Menrad, K., Decker, T., Gabriel, A., Kilburg, S., Langer, E., Schmidt, B., Zerhoch, M. (2006): Industrielle stoffliche Nutzung nachwachsender Rohstoffe, Themenfeld 4: "Produkte aus nachwachsenden Rohstoffen – Markt, makroökonomische Effekte und Verbraucher-akzeptanz". Wissenschaftszentrum Straubing, Straubing.

[Möller 2000] Möller, A. (2000): Grundlagen stoffstrombasierter Betrieblicher Umweltinformations-systeme. Projektverlag, Bochum.

[Möller und Rolf 1995] Möller, A., Rolf, A. (1995): Methodische Ansätze zur Erstellung von Stoffstromanalysen unter besonderer Berücksichtigung von Petri-Netzen. In: Schmidt, M. und Schorb, A. (Hrsg): Stoffstromanalysen in Ökobilanzen und Öko-Audits. Springer, Berlin.

[Mosier et al. 2005] Mosier, N., Wyman, C., Dale, B., Elander, R., Lee, Y. Y., Holtzapple, M., Ladisch, M. (2005): Features of promising technologies for pretreatment of lignocellulosic biomass. In: Bioresource Technology, 96, 6, S. 673 - 686.

[Nemecek und Kägi 2007] Nemecek, T., Kägi, T. (2007): Life cycle inventories of Swiss and European agricultural production systems. Ecoinvent report no. 15a. Agroscope Reckenholz-Tänikon Research Station ART, Swiss Centre for Life Cycle Inventories, Zürich/Dübendorf.

[Neumann und Morlock 2002] Neumann, K., Morlock, M. (2002): Operations Research: Modelle und Methoden des Operations Research. Carl Hanser Verlag, München.

[Neupane et al. 2011] Neupane, B., Halog, A., Dhungel, S. (2011): Attributional Life Cycle Assessment of Woodchips for Bioethanol Production. In: Journal of Cleaner Production, 19, 6-7, S. 733 - 741.

[Nielsen 2009] Nielsen, A. M. (2009): Persönliche Mitteilung (Email vom 19. August 2009) von Anne Merete Nielsen, Senior Life Cycle Economist, Novozymes A/S, Denmark.

[Nielsen et al. 2007]   Nielsen, P., Oxenboll, K., Wenzel, H. (2007): Cradle-to-Gate Environmental Assessment of Enzyme Products Produced Industrially in Denmark by Novozymes A/S. In: International Journal of Life Cycle Assessment, 12, 6, S. 432 - 438.

[Nimz et al. 2005] Nimz, H., Schmitt, U., Schwab, E., Wittmann, O., Wolf, F. (2005): Wood. In: Ullmann's Encyclopedia of Industrial Chemistry. Wiley-VCH, Weinheim.

[Nitsch et al. 2010] Nitsch, J., Pregger, T., Scholz, Y., Naegler, T., Sterner, M., Gerhardt, N., von Oehsen, A., Pape, C., Saint-Drenan, Y.-M. (2010): Langfristszenarien und Strategien für den Ausbau der erneuerbaren Energien in Deutschland bei Berücksichtigung der Entwicklung in Europa und global: Leitstudie 2010. BMU, Berlin.

[Nordhoff et al. 2007]   Nordhoff, S., Höcker, H., Gebhardt, H. (2007): Nachwachsende Rohstoffe in der chemischen Industrie – Weg vom Öl? In: Chemie Ingenieur Technik, 79, 5, S. 551 - 560.

[Nutto 2007] Nutto, L. (2007): Die Eukalyptus-Plantagenwirtschaft in Brasilien. In: Wald und Holz, 88, 6, S. 49 - 53.

[OECD-FAO 2010] OECD-FAO (2010): Agricultural Outlook 2010-2019. OECD-FAO, Paris und Rom.

[Okuda et al. 2004] Okuda, N., Umetsu, M. (2004): Disassembly of lignin and chemical recovery – rapid depolymerization of lignin without char formation in water-phenol mixtures. In: Fuel processing technology, 85, 8-10, S. 803 - 813.

[Pan et al. 2005] Pan, X, Arato, C., Gilkes, N., Gregg, D., Mabee, W., Kendall, P., Xiao, Z., Zhang, X., Saddler, J. (2005): Biorefining of Softwoods Using Ethanol Organosolv Pulping: preliminary Evaluation of Process Streams for Manufacture of Fuel-Grade Ethanol and Co-Products. In: Biotechnology and Bioengineering, 90, 4, S. 473 - 481.

[Patel 2003] Patel, M. (2003): Cumulative energy demand (CED) and cumulative CO_2 emissions for products of the organic chemical industry. In: Energy, 28, -, S. 721 - 740.

[Patel et al. 2006] Patel, M., Crank, M., Dornburg, V., Hermann, B., Roes, L., Hüsing, B., Overbeek, L., Terrahgni, F., Recchia, E. (2006): Medium and Long-term Opportunities and Risks of the Biotechnological Production of Bulk Chemicals from renewable resources – The Potential of White Biotechnology. Utrecht University, Utrecht.

[Penkuhn 1997] Penkuhn, T. (1997): Umweltintegriertes Stoffstrommanagement in der Prozess-industrie. Peter Lang Internationaler Verlag der Wissenschaften, Pieterlen (CH).

[Peters et al. 2004] Peters, M. S., Timmerhaus, K. D., West, R. E. (2004): Plant Design and Economics for Chemical Engineers. McGraw Hill Professional, New York.

[Piccolo und Bezzo 2009] Piccolo, C., Bezzo, F. (2009): A Techno-Economic Comparison between two Technologies for Bioethanol Production from Lignocellulose. In: Biomass and Bioenergy, 33, 3, S. 478 - 491.

[Polley und Kroiher 2006] Polley, H., Kroiher, F. (2006): Struktur und regionale Verteilung des Holzvorrates und des potenziellen Rohholzaufkommens in Deutschland im Rahmen der Cluster-studie Forst- und Holzwirtschaft. Bundesforschungsanstalt für Forst- und Holzwirtschaft Institut für Waldökologie und Waldinventuren, Eberswalde.

[Potting et al. 1998] Potting, J., Schöpp, W., Blok, K., Hauschild, M. Z. (1998): Site-Dependent Life-Cycle Impact Assessment of Acidification. In: Journal of Industrial Ecology, 2, 2, S. 63 - 87.

[Puls 2009] Puls, J. (2009): Lignin – Verfügbarkeit, Markt und Verwendung: Perspektiven für schwefelfreie Lignine. In: Gülzower Fachgespräche, Band 31 – Stoffliche Nutzung von Lignin. Fachagentur Nachwachsende Rohstoffe, Gülzow.

[Ragauskas et al. 2006] Ragauskas, A., Williams, C., Davison, B., Britovsek, G., Cairney, J., Eckert, C., Frederick Jr., W., Hallett, J., Leak, D., Liotta, C., Mielenz, J., Murphy, R., Templer, R., Tschaplinski, T. (2006): The Path Forward for Biofuels and Biomaterials. In: Science, 311, 484, S. 484 - 489.

[Raveendran und Ganesh 1996] Raveendran, K., Ganesh, A. (1996): Heating value of biomass and biomass pyrolysis products. In: Fuel, 75, 15, S. 1715 - 1720.

[Reinhardt et al. 2006] Reinhardt, G., Gärtner, S., Patyk, A., Rettenmaier, N. (2006): Ökobilanzen zu BTL: Eine ökologische Einschätzung. IFEU-Institut für Energie- und Umweltforschung Heidelberg GmbH, Heidelberg.

[Reinhardt et al. 2007] Reinhardt, G., Detzel, A., Gärtner, S., Rettenmaier, N., Krüger, M. (2007): Nachwachsende Rohstoffe für die chemische Industrie: Optionen und Potenziale für die Zukunft. VCI, Frankfurt (Main).

[Remer und Chai 1993] Remer, D. S., Chai, L. H (1993): Process Equipment, Cost Scale-up. In: McKetta, J.J., Cunningham, W.A. (Hrsg.) (1993): Encyclopedia of Chemical Processing and Design: Volume 43 – Process Control, Feedback Simulation to Process Optimization. CRC Press, Boca Raton.

[Remmers 1991] Remmers, J. (1991): Zur Ex-ante-Bestimmung von Investitionen bzw. Kosten für Emissionsminderungstechniken und den Auswirkungen der Datenqualität in meso-skaligen Energie-Umwelt-Modellen. Universität Karlsruhe (TH), Karlsruhe.

[Rentz 1979] Rentz, O. (1979): Techno-Ökonomie betrieblicher Emissionsminderungsmaßnahmen. Erich Schmidt Verlag, Berlin.

[Rödl 2008] Rödl, A. (2008): Ökobilanzierung der Holzproduktion im Kurzumtrieb. Institut für Ökonomie der Forst- und Holzwirtschaft, Universität Hamburg, Hamburg.

[Rödl 2010] Rödl, A. (2010): Production and Energetic Utilization of Wood from Short Rotation Coppice – a Life Cycle Assessment. In: International Journal of Life Cycle Assessment, 15, S. 567 - 578.

[Rosenbaum et al. 2008] Rosenbaum, R., Bachmann, T. M., Gold, L. S., Huijbregts, M. A. J., Jolliet, O., Juraske, R., Koehler, A., Larsen, H. F., MacLeod, M., Margni, M., McKone, T. E., Payet, J., Schuhmacher, M., Van de Meent, D., Hauschild, M. Z. (2008): USEtox-the UNEP-SETAC toxicity model: recommended characterisation factors for human toxicity and freshwater ecotoxicity in life cycle impact assessment. In: International Journal of Life Cycle Assessment, 13, 7, S. 532 - 546.

[Rowell et al. 2005] Rowell, R. M., Pettersen, R., Han, J. S., Rowell, J. S., Tshabalala, M. S. (2005): Cell Wall Chemistry. In: Rowell, R. M. (Hrsg.): Handbook of wood chemistry and wood composites. CRC Press, Boca Raton.

[Saling et al. 2002] Saling, P., Kicherer, A., Dittrich-Krämer, B., Wittlinger, R., Zombik, W., Schmidt, I., Schrott, W., Schmidt, S. (2002): Eco-efficiency Analysis by BASF: The Method. In: International Journal of Life Cycle Assessment, 7, 4, S. 203 - 216.

[Saling und Kicherer 2004] Saling, P., Kicherer, A. (2004): Die Ökoeffizienz-Analyse nach BASF – Ein Beitrag zu mehr Nachhaltigkeit in der Chemie. Gesellschaft Deutscher Chemiker, Frankfurt.

[Sanders et al. 2007] Sanders, J., Scott, E., Weusthuis, R., Mooibroek, H. (2007): Bio-Refinery as the Bio-Inspired Process to Bulk Chemicals. In: Macromolecular Bioscience, 7, 2, S. 105 - 117.

[Sassner et al. 2007] Sassner, P., Galbe, M., Zacchi, G. (2008): Techno-economic evaluation of bioethanol production from three different lignocellulosic materials. In: Biomass and Bioenergy, 32, S. 422 - 430.

[Sattler 2001] Sattler, K. (2001): Thermische Trennverfahren. Wiley-VCH, Weinheim.

[Schiweck et al. 2007] Schiweck, H., Clarke, M., Pollach, G. (2007): Sugar. In: Ullmann's Encyclopedia of Industrial Chemistry. Wiley-VCH, Weinheim.

[Schleef 1999] Schleef, H. (1999): Zur Techno-ökonomischen Bewertung des gestuften Ausbaus von Kombikraftwerken. Universität Karlsruhe (TH), Karlsruhe.

[Schmidt et al. 2004] Schmidt, I., Meurer, M., Saling, P., Kircherer, A., Saling, P., Reuter, W., Gensch, C. (2004): SEEbalance: Managing Sustainability of Products and Processes with the Socio-Eco-Efficiency Analysis by BASF. Greener Management International, Spring 2004.

[Schmitz und Paulini 1999] Schmitz, S., Paulini, I. (1999): Bewertung in Ökobilanzen. Methode des Umweltbundesamtes zur Normierung von Wirkungsindikatoren, Ordnung (Rangbildung) von Wirkungskategorien und zur Auswertung nach ISO 14042 und 14043. Umweltbundesamt, Berlin.

[Schultmann 2003] Schultmann, F. (2003): Stoffstrombasiertes Produktionsmanagement, Betriebs-wirtschaftliche Planung und Steuerung industrieller Kreislaufwirtschaftssysteme. Erich Schmidt Verlag, Berlin.

[Sheehan et al. 2004] Sheehan, J., Aden, A., Paustian, K., Killian, K., Brenner, J., Walsh, M., Nelson, R. (2004): Energy and Environmental Aspects of Using Corn Stover for Fuel Ethanol. In: Journal of Industrial Ecology, 7, 3-4, S. 117 - 146.

[Sims und Taylor 2008] Sims, R., Taylor, M. (2008): From 1st- to 2nd-generation biofuel technologies – An overview of current industry and R&D activities. OECD/IEA, Paris.

[Slaby und Krasselt 1998] Slaby, D., Krasselt, R. (1998): Industriebetriebslehre: Investitionen. Oldenbourg Verlag, München.

[Speight 1998] Speight, J. G. (1998): The chemistry and technology of petroleum. Third edition, revised and expanded. Marcel Dekker Inc., New York.

[Spengler 1998] Spengler, T. (1998): Industrielles Stoffstrommanagement, Betriebswirtschaftliche Planung und Steuerung von Stoff- und Energieströmen in Produktionsunternehmen. Erich Schmidt Verlag, Berlin.

[Spielmann et al. 2007] Spielmann, M., Bauer, C., Dones, R., Tuchschmid, M. (2007): Transport Services. Ecoinvent report no. 14. Swiss Centre for Life Cycle Inventories, Dübendorf.

[StatisDe 2008] Statistisches Bundesamt Deutschland (2008): Statistik regional. Daten für die kreis-freien Städte und Kreise Deutschlands. Ausgabe 2008. Statistische Ämter des Bundes und der Länder, Deutschland.

[Südzücker 2011] Südzucker AG (2011): Zuckerfabriken in Deutschland. URL www.suedzucker.de (Aufruf: Februar 2011).

[Sun und Cheng 2002] Sun, Y., Cheng, J. (2002): Hydrolysis of lignocellulosic materials for ethanol production: a review. In: Bioresource Technology, 83, 1, S. 1 - 11.

[Tacke 2008] Tacke, T. (2008): Chemicals from Biomass. DGKM Tagungsbericht 2008-3. Preprints of the Conference "Future Feedstocks for Fuels and Chemicals" September 29 - October 1, 2008, Berlin, Germany. Hamburg, DGKM.

[Terashima et al. 2009] Terashima, N., Kitano, K., Kojima, M., Yoshida, M., Yamamoto, H., Westermark, U. (2009): Nanostructural assembly of cellulose, hemicellulose, and lignin in the middle layer of secondary wall of ginkgo tracheid. In: Journal of Wood Science, 55, -, S. 409 - 416.

[Teymouri et al. 2005] Teymouri, F., Laureano-Perez, L., Alizadeh, H., Dale, B. E. (2005): Optimization of the ammonia fiber explosion (AFEX) treatment parameters for enzymatic hydrolysis of corn stover. In: Bioresource Technology, 96, -, S. 2014 - 2018.

[Thring et al. 2000] Thring, R., Katikaneni, S. P. R., Bakhshi, N. N. (2000): The production of gasoline range hydrocarbons from Alcell® lignin using HZSM-5 catalyst. In: Fuel processing technology, 62, 1, S. 17 - 30.

[Tokay 2005] Tokay, B. A. (2005): Biomass Chemicals. In: Ullmann's Encyclopedia of Industrial Chemistry 2002. Wiley-VCH, Weinheim.

[Tolan 2002] Tolan, J. S. (2002): Iogen´s process for producing ethanol from cellulosic biomass. In: Clean Technologies and Environmental Policy, 3, -, S. 339 - 345.

[Tolan 2006] Tolan, J. S. (2006): Iogen´s Demonstration Process for Producing Ethanol from Cellulosic Biomass. In: Kamm, B., Gruber, P.R., Kamm, M. (2006): Biorefineries – Industrial Processes and Products, Volume 1. Wiley-VCH, Weinheim.

[Tolle 1997] Tolle, D. A. (1997): Regional Scaling and Normalization in LCIA – Development and Application of Methods. In: International Journal of Life Cycle Assessment, 2, 4, S. 197 - 208.

[Töpel 2004] Töpel, A. (2004): Chemie und Physik der Milch. B. Behr´s Verlag GmbH, Hamburg.

[Trawinski 1982] Trawinski, H. (1982): Zentrifugen und Hydrozyklone. In: Chemie Ingenieur Technik, 54, 12, S. 1160 - 1169.

[Uihlein und Schebek 2009] Uihlein, A., Schebek, L. (2009): Environmental impacts of a ligno-cellulose feedstock biorefinery system: An assessment. In: Biomass and Bioenergy, 33, S. 793 - 802.

[UNECE 1998] UNECE (1998): To the 1979 Convention on Long-range Transboundary Air Pollution on Heavy Metals. UNECE, Genf.

[UNECE 1998a] UNECE (1998): Protocol to the 1979 Convention on Long-range Transboundary Air Pollution on Persistent Organic Pollutants. UNECE, Genf.

[UNEP 2009] UNEP (2009): Stockholmer Übereinkommen über persistente organische Schadstoffe. UNEP, Nairobi.

[van Haveren et al. 2008] van Haveren, J., Scott, E. L., Sanders, J. (2008): Bulk chemicals from biomass. In: Biofuels, Bioproducts & Biorefining, 2, -, S. 41 - 57.

[van Maris et al. 2007] van Maris, A. J. A., Winkler, A. A., Kuyper, M., de Laat, W, van Dijken, J. P., Pronk, J. T. (2007): Development of Efficient Xylose Fermentation in Saccharomyces cerevisiae: Xylose Isomerase as a Key Component. In: Advances in Biochemical Engineering/Biotechnology, 108, -, S. 179 - 204.

[VCI 2010] Verband der chemischen Industrie e.V. (2010): Rohstoffbasis der chemischen Industrie: Daten und Fakten. Stand: 08.03.2010. URL www.vci.de.

[VCI 2010a] Verband der chemischen Industrie e.V. (2010): Chemiewirtschaft in Zahlen 2010. VCI, Frankfurt.

[VDI 1997] Verein Deutscher Ingenieure (1997): Kumulierter Energieaufwand – Begriffe, Definitionen, Berechnungsaufwand VDI-Richtline 4600. VDI, Düsseldorf.

[Vila et al. 2003] Vila, C., Santos, V., Paraj, J. C. (2003): Recovery of lignin and furfural from acetic acid-water-HCl pulping liquors. In: Bioresource Technology, 90, 3, S. 339 - 344.

[Vila et al. 2003a] Vila, C., Santos, V., Parajó J.C. (2003): Simulation of an Organosolv Pulping Process: generalized Material Balances and Design Calculations. In: Industrial & Engineering Chemistry Research, 42, 2, S. 349 - 356.

[Villegas und Gnansounou 2008] Villegas, J. D., Gnansounou, E. (2008): Techno-economic and environmental evaluation of lignocellulosic biochemical refineries. In: Journal of Scientific and industrial research, 67, -, S. 927 - 940.

[Weber et al. 2005] Weber, M., Weber, M., Kleine-Boymann, M. (2005): Phenol. In: Ullmann's Encyclopedia of Industrial Chemistry. Wiley-VCH,

[Wegener 1982] Wegener, G. (1982): Die Rolle des Holzes als Chemierohstoff und Energieträger, Teil 1: Möglichkeiten der direkten Umwandlung von Holz. In: Holz als Roh- und Werkstoff, 40, 5, S. 181 - 185.

[Weiss et al. 1993] Weiss, S., Militzer, K.-E., Gramlich, K. (1993): Thermische Verfahrenstechnik. Wiley-VCH, Weinheim.

[Werner et al. 2007] Werner, F., Althaus, H.-J., Künninger, T., Richter, K. (2007): Life Cycle Inventories of Wood as Fuel and Construction Material. Ecoinvent report No. 9. EMPA, Dübendorf.

[Werpy et al. 2004] Werpy, T., Petersen, G., Aden, A., Bozell, J., Holladay, J., White, J., Manheim, A. (2004): Top Value Added Chemicals from Biomass. Volume I: Results of Screening for Potential Candidates from Sugars and Synthesis Gas. National Renewable Energy Laboratory, Golden, Colorado.

[Wingren et al. 2003] Wingren, A., Galbe, M., Zacchi, G. (2003): Techno-Economic Evaluation of Producing Ethanol from Softwood: Comparison of SSF and SHF and Identification of Bottlenecks. In: Biotechnology Journal, 19, 4, S. 1109 - 1117.

[Wingren et al. 2008] Wingren, A., Galbe, M., Zacchi, G. (2008): Energy considerations for a SSF-based softwood ethanol plant. In: Bioresource Technology, 99, 7, S. 2121 - 2131.

[Wöhe 1996] Wöhe, G. (1996): Einführung in die Allgemeine Betriebswirtschaftslehre. Verlag Vahlen, München.

[Wooley et al. 1999] Wooley, R., Ruth, M., Sheehan, J., Ibsen, K. (1999): Lignocellulosic Biomass to Ethanol. Process Design and Economics Utilizing Co-Current Dilute Acid Prehydrolysis and Enzymatic Hydrolysis. Current and Futuristic Scenarios. National Renewable Energy Laboratory, Golden, Colorado.

[Wooley und Putsche 1996] Wooley, R. J., Putsche, V. (1996): Development of an ASPEN PLUS Physical Property Database for Biofuels Components. National Renewable Energy Laboratory, Golden, Colorado.

[Wright und Brown 2007] Wright, M., Brown, R. C. (2007): Establishing the optimal sizes of different kinds of biorefineries. In: Biofuels, Bioproducts & Biorefining, 1, -, S. 191 - 200.

[Wyman 1994] Wyman, C. E. (1994): Ethanol from lignocellulosic biomass: Technology, economics, and opportunities. In: Bioresource Technology, 50, 1, S. 3 - 15.

[Zah et al. 2007] Zah, R., Böni, H., Gauch, M., Hischier, R., Lehmann, M., Wäger, P. (2007): Ökobilanz von Energieprodukten: Ökologische Bewertung von Biotreibstoffen. Empa Abteilung Technologie und Gesellschaft, St. Gallen (CH).

[Zhao et al. 2009] Zhao, X., Cheng, K., Liu, D. (2009): Organosolv pretreatment of lignocellulosic biomass for enzymatic hydrolysis. In: Applied Microbiology and Biotechnology, 82, 5, S. 815 - 827.

[Zimmer et al. 2008] Zimmer, Y., Berenz, S., Döhler, H., Isermeyer, F., Leible, L., Schmitz, N., Schweinle, J., Toews, T., Tuch, U., Vetter, A., de Witte, T. (2008): Klima- und energiepolitische Analyse ausgewählter Bioenergie-Linien. Landbauforschung, Sonderheft 318. Johann-Heinrich von Thünen-Institut, Braunschweig.

[Zimmer und Wegener 1996] Zimmer, B., Wegener, G. (1996): Stoff- und Energieflüsse vom Forst zum Sägewerk. In: Holz als Roh- und Werkstoff, 54, 4, S. 217 - 223.

[Zimmermann et al. 1999] Zimmermann, B., Wieser, H., Zeddies, J. (1999): Internationale Wettbewerbsfähigkeit der Zuckererzeugung – komparative Kostenunterschiede und Wettbewerbsverzerrungen. Referat 40. Jahrestagung der Gesellschaft für Wirtschafts- und Sozialwissenschaften des Landbaues vom 4. bis 6. Oktober 1999 in Kiel.